KB109444

불교로 풀어보는 **주역철학**

우익지욱, 『주역선해』를 통해 유교와 불교를 아우르다

불교로 풀어보는
주역철학

우익지욱 저, 최세창 강설

운주사

치세治世와 구도(수신)의 학문,『주역』그리고『주역선해』

一. 서序

『주역선해』에서 주목할 키워드(key word)는 '우환의식憂患意識'과 '회통會通과 융화融和'입니다. 이 같은 용어는 치란治亂이 요구되는 시대에 생겨난 용어들입니다. 요순시대처럼 치자(治者: 권력자)가 누구인지 알 필요가 없던 태평시대에는 이런 용어들이 없었습니다. 인간이 탐욕의 울타리를 쳐 놓고 편을 갈라 허상(虛像: 패권)을 다투면서 오늘날과 같은 혼란한 세상(亂世)이 되었습니다.

그렇다면『주역』에서 보여주는 혼란한 세상을 걱정하는 '우환의식憂患意識'과『주역선해』에서 보여주는 '회통과 융화'의 의미를 살펴보는 것도 의미 있는 일일 것입니다.『주역』의 철학은 '우환'의 뜻(憂患意識)에 근거하여 군자와 소인, 길흉선악의 문제는 물론, 인류 전체의 공존과 행복으로 나아가는 '정확한 방향'을 제시하여 왔기 때문입니다.(참조: 高懷民, 鄭炳碩 譯,『周易哲學의 理解』, 文藝出版社, 2004.)

'정확한 방향'이란 바로 우환의식의 '실천방향'을 말합니다. 이것이 『주역』에서의 바른 마음으로(貞) 상황(時)에 맞춰 행하는 시중時中으로 시의時義이자 시의時宜이며, 중생의 근기에 따른 부처님의 '응병여약應病與藥'의 설법과도 같은 것입니다. 아무리 좋은 처방(貞)도 때(時)를 놓치면 가을에 씨를 뿌리는 것과 같이 소용이 없는 것입니다.

『주역선해』는 이 같은 관점에서 격의불교格義佛敎 이래 중국 전통사상과의 충돌이나 불교종파 간의 우열다툼 같은 소모적 갈등에서 벗어나 '회통과 융화'의 전범을 보여주는 책이기도 합니다.

필자가 '우환의식'과 '회통과 융화'를 한 묶음으로 인식하는 틀은 『대승기신론』에서의 삼대(三大: 체대體大, 상대相大, 용대用大)로, '우환의식'의 의식은 바탕(體), 우환은 표상表象으로(相), 회통과 융화는 작용(用)으로 전제합니다.

'의식意識'이란 인류문화의 진화발전과정에서 체험하고 축적된 무형無形의 바탕(體)이며, 우환이란 무형의 바탕이 유형有形으로 드러난 표상表象이며, '회통과 융화'는 우환으로 드러난 의식을 설하는 도구(言語)입니다(用). 무형이 유형으로 드러난 후에 말(說)을 할 수 있게 되었으니, 그 말이 '회통과 융화'입니다.

부처님의 깨달음(體) 또한 아무리 훌륭할지라도 연기니, 사성제니 하는 표상이 있고, 이를 설하는 법사나 법문이라는 말(用)을 통해서만 이 세상에 드러낼 수 있는 것입니다.

의식(선험적 체험이나 자각) ⇒ 표상表象 ⇒ 언어言語라는 체상용體相用의 틀(frame)을 이해한다면 『주역』에 대한 이해와 사유의 폭이 한층 넓어질 것입니다.

二. 난세와 '우환의식憂患意識'

1. 난세亂世

오늘날 우리나라는 경제·안보 전쟁에 직면한 어려운 시대환경을 맞이하고 있으나, 이념적 선전·선동에만 몰두하는 배타적 정치판은 물론 이에 편승한 언론과 종교계도 파당을 지어 사회적 갈등과 증오를 키우고 있습니다. 오늘날처럼 '자유 대한민국의 정체성과 헌법적 가치'가 유린당하는 시대는 일찍이 없었습니다. 누구보다도 헌법적 가치를 지켜야 할 정치판은 극단적·배타적 선전 선동을 일삼는 세력과 부화뇌동하는 지지층이 결합된 아수라(阿修羅, Asura)장이 되고 말았습니다.

급변하는 국제정세가 국가생존과 경제안보를 위협하고 있음에도 이들은 오로지 정쟁에만 몰두하여 국민의 안녕과 국가의 미래를 내팽개치고 있습니다. 기업이 없다면 누가 국가 재정을 책임지며, 누가 고용을 책임지겠습니까? 최소한의 양식良識과 순수이성(純粹理性, pure reason)이 마비된 그들의 일탈로 인해, 정치가 국민을 걱정하는 것이 아니라 국민이 정치를 걱정해야 하는 세상이 되었습니다.

사회적으로는 하루가 멀다 하고 패륜적이고 엽기적인 흉악 사건이 일어나고 있습니다. 살기가 '힘든 세상'이 아니라 '무서운 세상'이 되었습니다. 원인을 찾자면 우리 사회에 만연한, 특히 정치권과 사법부의 수치(羞恥: 부끄러움)를 모르는 '양식良識과 지식의 빈곤'에 있다고 하겠습니다. 일 년에 한두 권의 전문 교양서적이라도 읽기나 하는지 궁금합니다. 공부를 안 한다는 말입니다. 대정부질문이나 SNS에 쏟아내는 막말이나 궤변들이 이를 증명하고 있습니다. 공부를 안 하는 머리에서 무엇이 나오겠습니까?

국민을 선도先導하고 선도善導해야 할 정치권은 물론 최후의 보루인 사법부의 판단마저 정치권의 이념적 잣대로 호불호를 재단하는 세상이 되었습니다. 그럼에도 종교계나 지식층은 입을 닫고 있습니다. 모두가 생각(思惟) 없이 막 산다는 뜻입니다. 이를 『대승기신론』에서는 본래의 마음자리(一心之源, 心源)에서 멀리 떠나 왔다고 합니다. 불통不通의 시대이고 불안의 시대란 뜻이며, 예측이 불가한 난세亂世라는 뜻입니다.

난세에 대한 『주역』에서의 처방은 "비록 어려움이 있을지라도 올바른 생각으로 올바르게 행동하라. 어려움에 처해서도 올바른 생각으로 올바르게 행동하면 크게 형통하다(動乎險中 大亨貞). 또한 작은 일이라도 바른 생각으로 바르게 행하면 길하고, 큰 일이라도 바른 생각만 가지고 안주하면, 즉 행하지 않으면 흉하다(小貞吉 大貞凶)."는 것입니다. 얄팍한 꼼수가 아닌 바름(貞)을 바탕으로 행동(실천)하라는 것입니다.(준괘屯卦 참조) 이것이 『주역』이 제시하는 "인류 전체의 공존과 행복으로 나아가는 정확한 방향"입니다. 따라서 종교계나 지식층이 입을 닫고 있는 것은 죄악입니다.

역사에는 수많은 난세가 있었으나 『주역』과 관련 있는 몇 가지 예를 들어 보겠습니다.

'우환의식'의 기원으로 여기는 은(상)나라 말기는 주왕紂王의 폭정으로 사회가 극도로 혼란한 쇠세(衰世, 난세)의 시기였습니다. 본래 주왕은 총명하고 용맹하였으나 달기妲己의 미색에 홀려 총명함은 사라지고 매일같이 주지육림에 빠져 국정을 돌보지 않게 되었습니다. 간언하는 충신을 처형하는 폭군으로 변하자 주변에는 권력을 탐하는 간신들의 무리들로 넘쳐나게 되었습니다.

당시 희창(姬昌: 사후에 문왕으로 추존)은 주紂 임금이 통치하는 서쪽 땅의 제후(西伯)로 백성들의 신임을 받고 있었습니다. 이에 불안을 느낀 주왕이 희창을 유리옥에 가두었는데, 희창은 감옥에 있으면서도 어지러운 세상과 백성들의 환난을 걱정하여 복희씨 이래로 부호로만 전해오던 8괘를 중첩하여 64괘에 말(卦辭)을 붙이고, 그의 아들인 주공이 효에 말(爻辭)을 붙였다고 합니다.

이로 인해 백성들도 『주역』을 이해하고 길흉화복을 점치게 되었으니, 『주역』을 지은 이는 '우환의식憂患意識'을 가지고 있었기에, 도덕 수양을 강조하며 사람들로 하여금 경거망동하지 말고 몸을 돌이켜 덕德을 닦아(反身修德) 상해를 입지 않도록 한 것입니다.(참조: 『사기, 은본기·주본기』)

우익지욱이 살던 명나라 말기의 정세는 부패한 조정과 가중한 세금, 심한 기근 등으로 전국에서 일어나는 농민반란과 여진족(淸)의 침입으로 나라의 앞날은 바람 앞의 등불(風前燈火) 같았습니다. 1627년 즉위한 숭정제는 천계제(天啓帝, 1620~1627)의 조정을 장악해 악명을 떨치던 환관의 우두머리 위충현을 처형하고 부패한 관리들을 숙청했으나 관료들과 군인들의 파벌당쟁은 날로 심각해지고 장졸將卒들도 부패하여 계획은 뜻대로 되지 않았습니다.

요동의 국방책임자가 적군과 내통하고 있다는 적(淸)의 거짓 소문
(가짜뉴스)을 접한 숭정제가 그를 소환해 투옥하자, 이에 불만을
품은, 그의 휘하에 있던 장수들이 적군에 항복하고 말았습니다.
이윽고 마지막 최대 반란세력인 이자성의 군대가 북경을 함락하자
숭정제는 자결하고 말았습니다. 이로써 명나라는 역사 속으로
사라졌습니다.

『주역선해』는 이 같은 역사적 배경에서 탄생한 '여민동환與民同患'
하는 선승(禪僧, 지식인)의 고뇌에 찬 저술입니다.(자세한 내용은
본문 참조.)

오늘날의 난세란 러시아의 우크라이나 침공에서 보듯 살상殺傷이
난무하며, 살상을 살상으로 되갚는 앙갚음(Revenge)의 시대를 말
합니다. 난세에는 무고한 생명들이 죽어나가는 법입니다. 살상이
란 물리적 살상만이 살상이 아닙니다. 무능하고 부패한 정치권의
독단적인 국정운영도 살상이고, 독설과 궤변을 내뱉는 언어적
폭력도 살상이며, 말꼬리를 잡아 비난·고소·고발을 일삼는 것도
살상입니다. 이 같은 악행들은 피해 당사자는 물론 동 시대를
사는 선량한 다수에 대한 정신적 살상으로, 물리적 살상보다 몇
배 고약하고 악질적이기에 경계하는 것입니다. 물리적 살상은
세월이 가면 어느 정도 치유되고 잊히기도 하지만 정신적 살상
(Trauma)은 쉽게 잊히지 않기 때문입니다.

이 같은 난세의 불안 속에서 살아야 하는 자신은 물론 민초民草들의
삶을 걱정하는 지성智性이 '우환의식'일 것입니다.

2. 우환의식憂患意識

『주역』에서의 '우환의식'은 도덕적 주체로서의 자기인식과 시대와 백성을 걱정하는 사회적·정치적 책임의식을 말합니다. 동기와 견해는 다를지라도 촛불과 태극기를 들고 광화문으로 뛰쳐나오는 마음만큼은 우환의식입니다. 사회공동체나 나라를 걱정하는 그들의 마음이 이타 적利他的이기 때문입니다.

불교에서의 '보살도菩薩道' 역시 '우환의식'입니다. 대승불교에서의 수행은 이타利他의 보살행菩薩行을 위한 자기수양의 과정(自利)으로 출발했기 때문입니다. 『주역』을 포함한 유가儒家에서의 공부 또한 개인의 영달을 위한 것이 아니라, 국가경영에 참여하여 경륜을 펼치기 (利他) 위한 자기수양의 과정(自利)이었습니다. 이렇듯 우환의 정치의 식은 권력을 향한 탐욕에서가 아니라 타자他者로서의 자아自我를 인식 하는 자기수행(求道)의 과정에서 발아發芽됩니다.

또한 우환의식은 '축의 시대(Axial Age, BC 900~200)'의 선각자들처 럼 사회적·정치적 갈등과 혼란이 가중되는 시대적 환경(亂世) 속에서 분출되기 마련입니다. 중국의 춘추전국, 그리스의 페르시아 전쟁·펠 로폰네소스 전쟁 등의 예에서 보듯이 '축의 시대'는 전례 없는 살상의 두려움과 삶의 공허에 직면했던 난세였습니다.

그럼에도 인류정신에 자양분이 될 위대한 철학적·종교적 사상은 모두 '축의 시대'에 태어났습니다. 중국의 유교와 도교, 인도의 힌두교 와 불교, 이스라엘의 유일신교, 그리스의 철학적 합리주의가 그것입니 다. 영국 종교학자 카렌 암스트롱(Karen Armstrong)은 '축의 시대'는 역사상 가장 뛰어난 사유의 천재들의 활동하던 시대로 우리는 '축의 시대'의 통찰을 넘어선 적이 없다고 하였습니다. 이 시기에는 붓다, 공자, 소크라테스, 예레미야, 맹자, 에우리피데스, 플라톤 등 사유思惟의 천재들이 차례로 태어나 시대의 모순에 저항하며 힘겹게 살아가는 민초들의 삶에 아파했습니다. 그들의 아픔이 여민동환與民同患하는 '우환의식'이며, 아픔의 기록이 우리가 교훈으로 삼는 고전들입니다. (참조: 카렌 암스트롱, 정영목 역, 『축의 시대』, 교양인, 2010)

『주역선해』 역시 명말청초明末淸初의 혼란한 시대에 나온 책으로, 명明나라가 망해 가던 1641년에 시작하여, 명나라가 망한 이듬해인 1645년 청淸나라 치하에서 완성하였습니다. 은(상)나라 말기의 혼란스러운 시대를 걱정한 문왕의 '우환의식'과 명말청초의 농민반란에서 왕조교체로 이어지는 혼란의 시대를 걱정한 지욱 선사의 '우환의식'은 결코 다르지 않을 것입니다. 의식(意識: 사상, 종교, 철학)이란 혼란의 시대에 분출하기 때문입니다.

지욱 선사는 『주역선해, 역해발易解跋』에서 문왕이 유리옥에 갇혔던 일, 주공이 유언비어로 모함을 받았던 일, 공자께서 천하를 주유하면서도 틈틈이 '위편삼절韋編三絶'하던 시대정신을 흠모하는 것으로 혼란한 시대에 대한 안타까움(與民同患)을 토로하고 있습니다.

지난날을 생각하니 세상사가 허황한 꿈만 같구나. 천차만별이 그치지 않으니, 교역인가? 변역인가? 천차만별 세상사를 다 겪으면서, 시대도 땅도 다 변했는데, 바뀌지 않은 것은 의연하게 옛날 같구나! 내가 이로써 "해와 달은 하늘에 머무르나 운행하지 않은 듯하고, 강물과 시냇물은 다투어 흘러가나 흐르지 않는 듯하다"라는 조공肇公의 말씀이 나를 속이지 않았음을 알 수 있겠다. 그 불역不易의 이치를 얻어, 그 지극한 역에 대응하고, 그 지극한 역을 관하여, 그 불역을 징험하니, 상과 무상은 두 마리의 새가 한 쌍이 되어 노니는 것이다.

내가 어찌 문왕이 유리옥에 갇혔던 일, 주공이 유언비어로 모함을 받았던 일, 공자께서 천하를 주유하면서도 시간을 내어 '위편삼절'하던 뜻을 알 수 있을까마는, 세 분 모두 이러한 뜻에 동감하지 않았을까? 나는 부끄럽게도 세 분의 성인과 같은 '덕'에 대한 배움은 없지만, 그래도 마음속으로는 세분의 성인이 더불어 백성을 걱정을 함께하던 시대정신(우환의식)을 흠모한다.(자세한 설명은 본문 참조)

이와는 달리 지식인이 어지러운 세태에 침묵하는 일은 그 자체로서 비겁한 혹세무민惑世誣民이며, 그렇다고 정권의 입맛에 맞는 보고서나 제공하는 것은 곡학아세曲學阿世일뿐 지식인의 자세가 아닙니다. 특히 권력에 기생하며 개인이나 진영의 영달을 꾀하는 것은 '지식인의 인류 보편적 가치의 실천(行)'이라는 대의大義에 어긋나기 때문입니다. 『주역』이나 『중용』·『서경』에서의 '우환의식'은 이를 말하고 있습니다. 불교의 보살도菩薩道 또한 우환의식의 다른 이름입니다. 난세에 나라와 백성을 걱정하는 우환의식이나 중생의 삶을 걱정하는 보살의 마음은 다를 바가 없기 때문입니다.

三. '회통과 융화'

회통會通은 『상전, 8장』에 등장하는 용어로 『주역』과 불교처럼 성질이
서로 다른 것들을 모아서(會, 聚) 서로 통通하게 하는 것으로, '회통'은
상대에 대한 인정과 배려에서 시작됩니다. 우리 사회는 지금 융화에
앞서 어떻게 회통을 할 것인가를 고민해야 할 때입니다. 회통을 하면
저절로 융화로 이어지기 때문입니다. 하지만 정치권에서 보여주는
이념과 정파를 분별하는 이분법적 편 가르기 사고思考로는 불가합니
다. 세상의 모든 대립과 다툼은 편익便益에 따라, 이념에 따라, 정파에
따라 능소(能所, 自他, 主客, 是非, 與野)를 분별하는 편 가르기 사고로부
터 시작되기 때문입니다.

　그러나 ①『주역』의 음양호근陰陽互根 ②불교의 연기緣起 ③『노
자』의 유무상생有無相生 ④공자의 기소불욕己所不欲 말시어인勿施於人
⑤예수의 사랑(愛人) ⑥자타自他 등은 모두 상대(他)에 의지하여 내
(我)가 존재하고, 나 또한 상대에게 의지가 되어주는 '삶(존재)의 원리'
를 말하고 있습니다. 삶(生)의 원리란 만물萬物은 본래 그렇게 존재하
며, 그렇게 살게 되어 있으며, 그렇게 살아야 한다(必, must)는 '생생화
육生生化育'의 이치를 말합니다. 또한 『설괘전說卦傳』에서도 "전진하는
(順) 양의 성질(陽動)도 후퇴하는 음의 성질(陰靜), 즉 역逆의 성질이
있어야 비로소 음양이 왕복하여 변화가 생기고, 만물이 생기고, 역도易
道가 드러난다(數往者順 知來者逆 是故易 逆數也)"라고 했습니다. 이것이
또한 불교의 무애無碍이고 무아無我입니다. 또한 회통이고 융화입니

다. 진정한 나(無我)는 상대(他)를 통해서만 나(我)의 존재가 드러나기 때문입니다. 이를 모르는 것이 불교에서 떨쳐버려야 할 제1의 적敵인 무명(無明: 어둠)이고, 이를 아는 것이 유가의 명(明: 밝음)입니다. 명明에 대해서는 『중용』에서는 더욱 분명하게 설합니다.(각주 224 참조)

동서고금의 철학이나 종교는 모두 명明의 발현發顯을 목표로 합니다. 마음에 밝음(明)이 있을 때라야 세상 만물과 이치가 제대로 보이며(正見), 나아가 사유가 바르기 때문입니다(正思惟). 이를 깨우쳐 아는 것이 깨달음(覺)이라면, 명明의 발현은 바로 '우환의식'의 실천으로 회통과 융화일 것입니다.

『주역』에서는 64괘 모두 ① 난세의 대립과 갈등의 상황을 전제하고 ② 다름(異)이라는 대립과 갈등을 극복하고, 어떻게 같음(同)에 이를 것인가 하는 '회통과 상생의 길(道)'을 제시하고 있습니다. 그중에서 몇 가지 예를 들어 보겠습니다.

1. 화택규(火澤睽, ䷥)

1) '규睽' 자의 의미

'규睽' 자에는 다음과 같은 의미가 있습니다.

①'외면할 규', 서로 마주 보지 않고 얼굴을 돌린다.

②'등질 규', 서로 반목하고 배반하다.

③'눈 부릅뜰 규', 눈을 크게 뜨고 주시하다.

①, ②에서는 대립과 갈등이 표출되는 어긋난(睽, 乖離) 세상을 나타내고 있으나, ③에서는 이렇게 대립과 갈등이 표출되는 시대에서는 눈을 크게 부릅뜨고(睽) 난세의 상황을 직시해야 한다는 것을 말하고 있습니다. 난세의 상황을 직시하지 못하고 경거망동하면 목숨을 부지하기 어렵기 때문입니다. 이렇듯 『주역』에서는 어떠한 상황에서도 현실을 직시하고, 이에 대처하는 지혜를 제시하고 있습니다.

2) 괘상(卦象: ䷥): 이상離上, 태하兌下.

'화택규(䷥)'괘는 불은 위로 타오르고(↑), 물(못)은 아래로 흘러드니(↓) 서로 등을 돌려 대립·반목하고 갈등을 겪는 상입니다.

화택규(䷥)괘에 앞서 풍화가인(䷤)괘 단사에서는 "아비는 아비답고(父父), 자식은 자식답고(子子), 형은 형답고(兄兄), 동생은 동생답고(弟弟), 남편은 남편답고(夫夫), 부녀는 부녀다워야(婦婦) 가도家道가 바르게 서고(而家道正), 가정이 바로 서야 나라가 안정이 된다(正家而天下定矣)"라고 하였습니다. 이는 비단 가정에서뿐만 아니라 어디서나 처한 곳에서 본분을 다하는 안정된 모습을 말합니다.

그러나 가도(家道, 효孝)가 무너지면 가족은 뿔뿔이 흩어지고 어지러운 세상이 되어 나라(忠)에 혼란이 오게 되니, 바로 괴리乖離의 화택규(䷥)의 세상이 되는 것입니다. 이를 공자께서는 "二女同居 其志不同行"라고 하였습니다. 즉 "중녀(中女: ☲)와 소녀(少女: ☱)가 부모와 한 집에 살 때(二女同居)는 뜻하는 바(其志)가 같았으나(同), 각기 남편을 만나 시집을 감으로써 같게 행동하지 못하기에(不同行) 다른(異) 것입니다. 이는 대립과 갈등이 표출되는 어긋난(睽) 세상을 뜻합니다. 『주역』은 항상 비유와 상징으로 사유의 계기를 제공합니다.

3) '화택규(䷥)'괘의 교훈

공자께서는 다음과 같은 교훈을 전합니다.

> "象曰 天地睽而其事 同也. 男女睽而其志 通也. 萬物이 睽而其事
> 類也. 睽之時用 大矣哉"
> 천지는 서로 어긋나도(睽) 하는 일은 같으며(同), 남녀는 서로
> 달라도(睽) 그 뜻은 통(通)하며, 만물은 서로 어긋나지만(睽) 그
> 일을 같으니(類), 이처럼 천지, 남녀, 만물 등이 서로 어긋나지만
> (睽), 어긋남 속에서도 마땅히(時用, 時宜) 같고(同), 통하고(通),
> 같게(類) 되는 이치가 있는 것이다(異而同). 이는 간과하기 쉬운
> 것으로, '어떤 때는 다름을, 또 어떤 때는 같음을 인정하는 것(睽之時
> 用)'이야말로 위대한 것이다(大矣哉).

①같은 점(同)은 시집가기 전 부모의 집에서 함께 자란 자매라는
것이고, ②다른 점(異)은 성장해서 각기 남편을 찾아 시집을 가는
것입니다.

여기에서 같으면서도 다르고(同而異), 다르면서도 같은(異而同) 이
치를 깨달아야 합니다(君子以 同而異). 다른 점(異)에 앞서 자매라는
같은 점(同)을 생각하면 다른 점은 극복될 수 있기 때문입니다. 세상에
이보다 더 위대한 사유는 없습니다.

오늘날 다양하게 분출되는 사회적·정치적·이념적 욕구와 갈등을

해소하고, 남북통일을 지향해야 하는 위정자들에게 요구되는 덕목입
니다. 위의 단사에서 "睽之時用 大矣哉"라고 한 것은 이(同而異, 異而同)
를 두고 한 말입니다.

4) 『선해禪解』

『선해』에서 보여주는 '회통'의 모습은 아주 심플합니다.

> 離得坤之中爻. 澤得坤之上爻. 其性同也. 火則炎上. 澤則潤下. 其
> 相異也. 觀相元妄. 則相異而性亦似異矣. 觀性元眞. 則性同而相
> 亦本同矣. 惟君子知其以同而異.

'화택규(䷥)'괘의 리(離: ☲)괘는 건(乾: ☰)이 곤(坤: ☷)의 중효를
얻은 괘이며, 택(澤: ☱)괘는 건(乾: ☰)이 곤(坤: ☷)의 상효를
얻은 괘이므로, 다 같이 건乾에 근거를 두고 있으므로 본성은
똑같다.

불은 위로 타오르고(↑) 못(물)은 아래로 흘러내리니(↓) 그 모습
(相)은 다르다. 모습(相)을 관찰해 보면 모습이란 원래 망령된
것이다. 그럼에도 중생의 눈에는 모습이 다르면 본성도 또한 다른
것처럼 보인다. 본성을 관찰해 보면 본성은 원래 참된 것이다.
그러나 중생들은 본성이 같으면 모습 또한 본래 같다고 여긴다.
오직 '군자'만이 그 같으면서 다른 이치를 아는 까닭에 다르면서도
같다는 이치에도 어둡지 않다.

본성으로 건곤이 체體라면 타오르고(↑) 흘러내리는(↓) 모습은

상相입니다. 본성이 모습으로 나타날 때까지의 보이지 않는 내면의 작용이 용用입니다. 세상은 체상용體相用의 이치로 돌아갑니다. 이보다 더 깊은 사유는 없을 것입니다.

2. 치란治亂

문왕과 주공(作易)이 살던 은말주초殷末周初, 지욱 선사가 살던 명말청초明末淸初, 『주역선해』를 대하고 있는 오늘날과의 시대적 공통점은 바로 '치란'이 요구되는 난세라는 것입니다.

『주역』에서는 이 같은 난세를 "밝은 태양(離, ☲)이 땅(坤, ☷)속으로 들어간(明入地中) 지화명이(地火明夷, ䷣)괘"로 설명합니다. 밝은 태양이 서쪽 지평선 아래로 사라졌으니(日沒), 밝음(明)이 손상당한(夷者, 傷也) 어둠의 세상입니다.

그러나 낙심할 필요는 없습니다. 앞에서도 밝혔듯이 『주역』의 철학은 인류 전체의 공존과 행복으로 나아가는 '정확한 방향'을 제시하기 때문입니다. 다음은 지화명이(地火明夷, ䷣)의 난세에 행하여야 할 공자의 당부입니다.

1) 소인의 처세 – 취길피흉取吉避凶

①"군자의 행동에는 의리義理가 있는 법이니 권력이나 이권利權을 탐하는 복마전에는 끼지 않는다(初九 象曰, 君子于行 義不食也)."

난세에는 타락한 상류층 인사들이 권력이나 이권에 미쳐 날뛰기 마련입니다. 핍박逼迫한 백성들의 삶은 안중에도 없습니다. 역사에서의 난세는 권력자의 탐욕이나 광기狂氣에서 비롯되었지만, 민주화가 된 오늘날의 난세는 지도층이나 지식층의 타락, 즉 '지식의 빈곤'과 '순수이성의 마비'에서 그 원인을 찾을 수 있습니다. 요즘의 정치인, 법조인, 언론 기자 등이 얽히고설켜 있는 대장동 복마전伏魔殿의 경우가 아주 적절한 사례가 될 것입니다.

②"순리로써 하늘의 법칙을 따르라(六二 象曰, 六二之吉 順以則也)."

소인이 귀감으로 여겨야 할 교훈입니다. 이러한 가르침을 따른다면 굳이 점占을 치지 않아도 저절로 '취길피흉取吉避凶'하게 되는 것입니다. 점은 소인이나 치는 것입니다.

2) 군자君子의 처세 – 우환의식

① 문왕의 처세

'안으로는 밝은 지혜(文明)를 갖추고 있으면서도, 겉으로는 드러내지 않는(柔順) 처신을 함으로써 주왕紂王의 광기를 피해 몸을 보존하였다(象曰, 明入地中 明夷. 內文明而外柔順 以蒙大難 文王以之).' – 이것이 지화명이(䷣)괘에서 보여주는 '정확한 방향'으로 주周 문왕이 유리옥에 갇혀 있을 때의 처세입니다.

② 기자箕子의 처세

'어렵더라도 바름을 지키면 이롭다(利艱貞).' 이는 밝은 지혜를 밖으로 드러내지 않는 것이다(晦其明也). 안으로는 어려운 데도 그 뜻을 바르게 하였으니, 기자箕子가 그렇게 하였다(內難而能正其志, 箕子以之). – 주왕紂王의 시기에 마치 미친 사람처럼 행동함으로써 주왕의 광기를 피해 몸을 보존한 처세를 말합니다.

③ 군자는 모름지기 문왕과 기자의 처세에서 교훈을 얻습니다. 이 같은 밝은 지혜(文明)와 유순한 처세로 목숨을 부지하여 주왕은 『주역』을, 기자는 『홍범구주』라는 고전을 남겼습니다.

④ 소인과 대인/군자: '이간정利艱貞'

소인과 대인에 정해진 신분의 차이가 있는 것은 아닙니다. 군자와 소인의 차이는 오직 '어렵더라도 바르게 행동하는가 아닌가(利艱貞)'에 달려 있습니다.

오늘날은 모든 사람이 고등교육을 받은 지식인입니다. 어렵더라도 바르게 행동하는 우환의식을 가진 실천적 지식인이 군자라면 대장동개발 복마전에 끼어든 상류층 인사들은 소인입니다. 오늘날 나라가 어지러운 것은 깜도 안 되는 소인들이 설쳐대기 때문입니다.

3) 화지진(火地晉, ䷢)

지화명이(䷣)의 난세에는 화지진(火地晉, ䷢) 세상으로 돌아가길 기원합니다. 공자의 당부입니다.

비록 밝은 태양이 서쪽 지평선 아래로 사라졌으나(日沒), 밝은 태양은 다시 땅 위로 나오기 마련이니, 군자는 이를 본받아서 스스로 밝은 덕을 밝혀야 한다(象曰 明出地上 晉, 君子 以自昭明德).

이것이 『주역』에서 밝히는 진정한 군자의 '우환의식'입니다. 본래는 화지진(䷢)의 밝은 세상이었습니다. 그러나 인간이 탐욕의 울타리를 쳐 놓고 편을 갈라 허상(虛像: 패권)을 다투면서 지화명이(䷣)의 난세가

시작되었기 때문입니다. (각주 37 참조)

3. 공덕功德

『계사전』에는 '복희伏羲'라는 성인(大菩薩: mahāsattva)의 공덕功德을 이렇게 전하고 있습니다. 동양문명은 복희씨의 우환의식(菩薩行)으로부터 시작되었음을 뜻합니다.

옛날 복희씨가 ①'천하에 왕 노릇'을 할 때, 우러러 하늘의 형상(天文)을 관찰하고, 굽어 땅의 이치(地文)를 관찰하며, 새(天)와 짐승(地)의 무늬와 땅의 특성(宜)을 관찰하여, 가깝게는 몸(身)에서 취하고, 멀리는 사물에서 취하여, 이에 비로소 팔괘를 지어, ②'신명神明한 덕德'에 통하게 하고, 이로써 성질이 비슷한 만물의 모습과 특성(情)을 팔괘八卦에 담아 천하 백성들 모두가 이용하게 하였다.

①'천하의 왕 노릇'이란 정치正治로써 천하 백성을 품는 것을 말합니다. 이것이 정치政治입니다. 역대로 새 왕조가 들어서거나 정권이 바뀔 때마다 적폐청산이라는 이름으로 반대파를 숙청하고, 미운 놈을 몰아내는 것은 탐욕과 증오가 빚은 '왕 노릇'일 뿐, '천하의 왕 노릇'은 아닙니다. 그래서 왕 노릇은 천명天命을 아는 자만이 해야 하는 것입니다. 그렇지 못한 자들의 왕 노릇은 동 시대 사람들을 고통스럽게 하고 역사를 더럽힐 뿐입니다.

플라톤도 『국가론』에서 같은 주장을 했습니다. 천명을 아는 자는 철학자(Philosopher: 진리를 사랑하는 자)를 말합니다. 플라톤이 말하는 철학자는 안으로는 이미 최고의 인격적 경지에 도달하여(修身齊家), 최고의 경지에 이른 인격이 사회적으로 발현되는 이상사회의 건설을 목표로 합니다(治國平天下). 이는 유가, 도가에서의 내성외왕內聖外王 이나, 불가에서의 전륜성왕轉輪聖王이 다스리는 이상사회와 다를 바 없습니다.

이렇듯 고대 희랍의 사상이나 동양의 고대 철학사상은 실천방법이나 관점이 달랐을 뿐 그 궁극적인 목표는 같았습니다. 실천방법이나 관점이 다른 원인을 『상전, 1장』에서는 "方以類聚, 物以群分"이라 했습니다.

②'덕德'이란 『설문해자』에서 "德 升也(덕은 오름이다)"라고 합니다. 이는 올곧은 마음(우환의식)으로 높은 위치로 올라가는 것을 말합니다. 그 높은 곳에 백성들의 마음이 있기 때문입니다. 그 마음은 훌륭하고 도전적인 품성을 가졌기에 백성들을 위할 수 있습니다. 달리 말하자면 나의 수고와 희생으로 백성들에게 이익을 주어(體), 백성들의 마음을 얻는 것(用)을 말합니다. 이것이 『주역』에서 말하는 '손익지도損益之道' 입니다. 이렇듯 덕이란 백성들의 마음을 얻는 것(得)을 말합니다. 이로써 '신명한 덕德'에 통할 수 있는 것입니다. 따라서 덕은 정치적이 며, 이것이 정치의 체용體用으로서의 덕입니다. 이것이 또한 천지의 도道에 이르는(得) 길입니다(得道).

복희씨의 덕은 역을 지어(作易) 천하백성들이 모두 사용하게 한 것입니다. 세종대왕이 한글을 창제하여 만백성이 사용하도록 한 것과 같습니다. 이처럼 '천하의 왕 노릇'이란 천하를 편안하게 하고, 천하의 유정 무정들에게 골고루 이익 되게 하는 것을 말합니다. '천하'라는 단어에는 이미 공평무사公平無私한 하늘의 뜻(天命)이 담겨 있습니다. 그래서 '천하의 왕 노릇'인 것입니다. 불교의 무연자비無緣慈悲와 다를 바 없습니다. 덕이란 이런 것입니다. 『법화경, 약초품』에는 "하늘에서 비가 내릴 때, 약초에겐 더 많이 내리고, 독초라 해서 덜 내리는 차별이 없다"라고 합니다.

『주역』에서는 풍뢰익(風雷益, ䷩)괘의 단사彖辭로 '덕德'을 말합니다.

위의 것을 덜어 아래에 더해 주니 백성들의 기쁨이 끝이 없고(損上益下 民說无疆), 위로부터 내려오니 그 도가 크게 빛난다(自上下下 其道大光). '백성들이 기뻐하는 일을 행하면 이롭다(利有攸往)'라는 것은 모든 일의 중심으로 바른 것이다(中正). 그러면 경사가 있을 것이다(有慶).

『주역선해』에서는 풍뢰익(風雷益, ䷩)괘의 단사彖辭를 『법화경』의 본적이문本迹二門 사구四句[1] 중의 하나인 본고적하本高迹下로 '덕德'을 풀이합니다.

불법으로 말하면(佛法釋者), 불계의 위를 덜어서(損佛界之上) 아래의 중생세계(九界)에 더해 주는 것이니(以益九界之下), 자기를 덜어

---

1 사구四句는 본고적하本高迹下·본하적고本下迹高·본적구고本迹俱高·본적구하本迹俱下를 말한다. 이런 분류는 종파별로 나뉘어 자파의 우열을 논하던 천태지자의 교상판석教相判釋으로 불교공부를 어렵고 복잡하게 하는 것들이다.

서 남을 이롭게 하는 까닭에(損己益人故), 백성들의 기뻐함이 끝이 없는 것이다(民說无疆). 부처님이 중생제도를 위하여 보살의 몸을 드러내 보이는 까닭에(本高跡下故)[2], '위로부터 아래로 내려가니 그 도道가 크게 빛난다'라고 한다(自上下下, 而其道大光). 하늘의 행함과 성인(부처)의 행위를 이름하여 '중정中正'이라 일컫는다(天行, 聖行, 名爲中正).

三. 21세기 구도자

조셉 캠벨은 『신화의 힘』에서 "구도자는 자기만의 삶을 누리기 위해 도를 닦지만(自利), 영웅은 사회의 구원을 위해 행동한다(利他)"라고 하였습니다. 사회의 구원을 위한 행동은 이타의 '우환의식'에서 나옵니다. 21세기 구도자는 자기만의 삶(깨달음)을 위한 이기적 구도자가 아니라 시대가 요구하는 사회적 책임을 다하는 구도자일 것입니다. 조셉 캠벨은 이 같은 구도자를 영웅이라 했습니다.

불교에서는 모든 법회에서 중생구제를 서원합니다. 구제할 중생이 아무리 많더라도 다 건지겠다는 다짐입니다(衆生無邊誓願度). 현실에서는 지키지 못할 공염불 서원입니다. 그래서인지 이어서 '내 마음속에 삐뚤어진 중생(자신)부터 건지겠다(自性衆生誓願度)'고 합니다. 남을 제도하진 못할망정 본인 스스로만 제도해도 대단한 중생제도입니다.

---

2 천태종에서 『법화경』 28품을 본문本門과 적문迹門으로 나눈 후, 다시 이문二門의 높고 낮음을 나눈 사구四句 중의 하나로, 부처님이 중생제도를 위하여 보살의 몸을 드러내 보이는 것을 말한다.

부모님에게 큰 효도는 못해도 부모님 속 안 썩여드리는 것만도 큰 효도이듯이 말입니다. 세상에는 사회에 해악을 끼치며 남에게 고통을 주며 살아가는 중생들이 너무나 많습니다. 남에게 해악을 안 끼치며 살아가는 중생이야말로 시대적·사회적 책임을 다하는 21세기 구도자입니다.

사회적·정치적 난세에는 반드시 사회적·정치적 부흥기가 따릅니다. 사회적·정치적 혼란을 극복하면 바로 부흥기로 이어지기 때문입니다. 정권이 바뀌거나 왕조가 바뀌면 민심이 안정되고 나라가 번창하는 경우는 역사에서 보았습니다. 우리나라는 바야흐로 국가적 부흥기에 접어들었습니다. 정치권의 편 가르기 선전·선동에 부화뇌동할 것이 아니라 가정이든, 직장이든 자기가 있는 곳에서 본래의 마음자리(一心之源, 心源)를 찾는 난세의 구도자가 되어 스스로 위무하며(爲己流汗), 이웃을 걱정하고(爲隣有淚), 나라를 걱정해야(爲國流血) 할 때입니다. 이 땅의 선대 구도자(지식인)들이 그래왔던 것처럼 말입니다.

이것이야말로 '우환의식'의 실천이자 조셉 캠벨이 말하는 '자기만의 삶이 아닌, 사회적 구원을 위한 구도자求道者'의 길입니다. 또한 국가적 부흥기를 맞이하는 21세기 영웅의 자세이기도 합니다. 21세기에는 누구나 '본래의 마음자리'로 돌아가 스스로 사회적·정치적 책임을 다하는 영웅이 되어야 하기 때문입니다. 이를 말하고 있는 『주역선해』는 『주역』에 대한 고준高峻한 법문이자 지욱 선사의 조사록祖師錄입니다.

四. 『주역선해』

『주역선해』는 역리易理와 진여眞如의 '불이不異와 불일不一'의 원칙으로 시종始終했기에 『주역』을 이해하려는 불교인에게는 불교의 책이요, 불교를 이해하려는 주역인에게는 『주역』의 책이 되었습니다.

북위 태무제의 법란(法亂, 446) 이래 도가나 유가로부터 '불교는 강상綱常을 근본으로 하는 중화민족의 문화적 정서에 어긋나는 오랑캐 종교(夷夏)다'라는 공격에 시달려 왔습니다. 그런 불교가 그간의 반감이나 유감도 없는, 이전 세대가 보였던 졸렬한 우월감도 없는 무념無念의 평정平靜으로 『주역』의 역리易理와 불교의 진여眞如를 불러내어 역리는 역리고, 진여는 진여라는 불일不一을 고수하면서도, 역리와 진여는 결코 다름이 없다는 불이不異의 개념으로 회통시키고 있습니다. 이는 나의 가치를 고수하면서도, 상대의 가치를 나의 가치로 수용하고 존중함으로써만 가능한 것입니다. 지욱 선사가 살았던 명말청초는 혼란의 시대였기에 회통과 융화가 더욱 절실하게 다가왔을 것입니다.

필자가 『주역선해』에 천착하는 이유는 『주역』에서 보여주는, 스스로 근신하며 어지러운 세상을 걱정하는 '우환의식'과 불교에서의 '보살도菩薩道'를 회통시키고 융화하는 전범典範을 보여주고 있기 때문이며, 오늘날과 같은 난세에는 더욱 요구되는 시대적 전범이기 때문입니다. 지욱 선사처럼 에고(ego)의 틀(frame)을 벗고, 에고의 울타리를 벗어날 때만이 역사에 이름을 남기고 『주역선해』와 같은 명저를 남깁니다. 이 시대의 지식인으로서 불교와 『주역』를 통한 사유의 폭을 넓히고자 하는 사람에게 일독을 권합니다.

　오늘날까지 필자를 거두어준 사랑하는 자유 대한민국과 깨달음의
지혜를 주신 선현들께 삼배를 올리면서 글을 마칩니다.

　　　　　　　　　일산의 학고재學考齊에서 여산與山 합장

일러두기

"『주역』에 밝은 사람은 점을 치지 않는다(善於易者 不卜)."
이는 수신修身을 강조하는 말입니다.

『주역』은 예로부터 수신修身과 치세治世의 경전으로 제왕학帝王學
으로 불렸습니다. 제왕학은 치세에 앞서 수신을 강조하는 동양철학의
본류로서 서양학에서의 정치학·경영학을 포함하는 학문입니다. 동양
철학에서 수신을 강조하는 이유는 정치 주체들의 이념과 흥망이 동시
대를 사는 백성들의 삶(행, 불행)에 직접적인 영향을 주기 때문입니다.
정치와 백성의 관계는 바람(風)과 풀(草)과 같아, 정치권의 광풍狂風이
몰아치면 백성들은 쓰러지기 마련입니다. 오늘날처럼 정치가 어지럽
고 난세가 계속되는 것은 치세는커녕 수신도 안 된 난신적자亂臣賊子들
이 설쳐대기 때문입니다.

푸틴의 우크라이나 침공에서 무고한 젊은이들을 살상의 전장으로
내모는 위정자의 광기를 목도하고 있습니다. 이러한 위정자들의 광기
나 무능을 사전에 차단하기 위해 동양에서는 수신제가修身齊家 후
치국평천하治國平天下를 강조했습니다.

이렇듯 정치를 떠나 백성들의 삶을 논하기는 불가합니다. 예로부터
정치의 목적이 만백성을 품고 평안케 하는 것(행복)이었다면, 종교는
정치에 소외된 백성을 품고 평안케 하는 것이었습니다. 애초부터
정치가 만백성을 평안케 하였다면, 만백성(중생)의 고통을 보듬겠다는

(利他) 오늘날의 종교는 탄생하지 못했을 것입니다. 만백성을 보듬겠다는 점에서 정치와 종교는 하나입니다. 정치가 돌보지 못하는 백성을 돌보겠다는 종교는 더욱 정치적이어야 한다는 뜻입니다. 요즘의 종교계도 정치판과 별반 다르지 않지만 그래도 정치보다는 종교가 좀 더 정직할 것이란 믿음 때문입니다. 이제 종교는 교회나 사찰의 울타리를 벗어나 오늘날의 혼탁한 정치판의 위선을 꾸짖는 모범을 보여야 하는 것입니다.

본문에서는 위정자의 마음 자세와 개개인의 마음을 닦는 수행을 위주로 설설(設說)할 것입니다. 실로 『주역』은 단순히 점이나 치는 점서가 아니라 지혜의 보고寶庫이자 사유思惟의 원형原形으로 마음을 닦는(修心, 洗心) 수행서이기 때문입니다.

『주역』은 '십익十翼'의 등장으로, 특히 「계사전」의 등장으로 단순한 점서占書에서 삼라만상 천지자연의 모든 이치를 담은 철학서哲學書로 승화되었습니다. 따라서 책의 제목도 『불교로 풀어보는 주역철학』으로 정하였습니다. 『주역』을 점서로만 여기는 사람들이 많지만, 『주역』을 점치는 것에만 국한한다면 광대무변한 지고至高의 지혜가 너무나 협소한 점占의 영역에 갇히고 맙니다.

필자는 60고개에서 "『주역』에 밝은 사람은 점을 치지 않는다(善於易者 不卜)"라는 순자荀子의 말씀에서 또 다른 깨달음(覺)을 얻었습니다. 그러나 「계사전」은 점을 치지 않고도 취길피흉取吉避凶할 수 있는 방법을 설하면서도 한편으로는 점을 치는 방법을 설하고 있습니다. 지욱 선사 역시 점을 치지 않고도 길흉을 취사선택할 수 있는 방법을 설하면서도 「계사전」에서보다도 더 자세하게 점치는 방법을 설하고 있습니다. 여기에 『주역』 공부의 묘미가 있습니다.

하지만 점을 치지 않고도 취길피흉하는 방법은 찾기가 어려울지도 모릅니다. 그러나 "『주역』에 밝은 사람은 점을 치지 않는다(善於易者 不卜)"라는 말씀을 화두話頭 삼아 읽고 또 읽다 보면 어느덧 점을 치지 않아도 되는 경지에 이를 것입니다. 독서백편의자현讀書百遍義自見입니다. 『주역』 공부는 단거리 경주가 아닌 평생을 달려야 하는 장거리 경주라는 사실을 염두에 두어야 한다는 뜻입니다.

끝으로 양해를 구할 것이 있습니다.

1. 한자를 많이 사용했습니다. 이는 동양고전이나 문사철文史哲을 깊이 있게 이해를 하려면, 한자(한문)에 대한 기본적인 이해가 필수라는 지론 때문입니다. 또한 한자는 우리 동이족의 조상이 만든 우리의 글이라는 지론 때문이기도 합니다. 그러나 한자는 결코 어려운 것이 아닙니다. 5~6개월이면 충분합니다. 어느 고전이든 사경하는 마음으로 한자를 쓰면서 읽는다면 금방 친숙해질 뿐더러 그에 대한 이해가 새롭고 흥미로울 것입니다.

2. 주석에는 '『주역』과 불교의 회통'에 중점을 두었기에 이에 대한 설명으로 반복되는 부분이 많습니다. 「계사전」 전편全篇에서 반복되는 우환의식憂患意識과 불교(佛敎: 부처님이 가르침)와의 회통을 설명하기 위한 것입니다.

3. 한글 번역본의 ( ) 표시 안의 문장이나 ①, ②, ③ 같은 원 안의 숫자는 독자의 이해를 돕기 위해 필자가 임의적으로 삽입한 것입니다.

4. 문단(Paragraph)은 『주역선해』에 따라 나누었으며, 긴 단락은 임의로 소단락으로 나누었습니다.

5. 주석은 필자의 독서와 수행 경험을 바탕으로 하였으며, 용어의 뜻풀이에 있어서는 많은 부분 wikipedia, naver, daum 등의 온라인 백과사전 등을 참조하였으나, 그대로 인용하기에는 그 내용이 불충분하거나 산만한 부분은 필자의 알음알이와 관련서적들을 참고하여 가필加筆하였기에 일일이 전거를 밝힐 수 없었습니다. 그러나 필자의 알음알이가 미치지 못하는 전문적인 부분은 그대로 인용하고 전거典據를 밝혔습니다.

6. 『周易禪解』 원문은 대만 중화전자불전협회(CBETA)에서 발췌하였으며, 江蘇廣陵古籍刻印社出版發行本(1997)도 참조했습니다.

1부
『주역선해』는 어떤 책인가?

I. 불교

1. 명나라 불교 – 융화·융합 통일의 시대

명나라(1368~1644)의 일반 사상계는 『선해』와 같은 불교의 저술이 나올 수 있는 융화·융합 내지 통일의 시대였다. 북방민족(元)으로부터 중국인의 중국을 회복한 명나라는 다시 북방민족(淸)의 침입을 받기 시작한 세종(1521~1566 재위)대 이전에는 북방민족의 위협이 없었기 때문에 문화의 전성기를 구가할 수 있는 태평시대였다. 태평시대가 계속되자 학문적 풍조도 유교 경전의 연구에서 벗어나 자유로운 경향으로 변해 갔다.

문화적으로는 우리에게 익숙한 『수호전』, 『삼국지연의』, 『서유기』, 『금병매』 등의 소설이 등장하였으며, 이몽양, 유몽인 등은 의고파擬古派의 주요인물이 되어 당송唐宋의 문文을 비판하고 진한秦漢의 고문古文을 전범으로 삼아야 한다고 주장하였다.

사상적으로는 보다 실증적이고 실용적인 학문이 추구되어 왕수인

(王守仁, 호 양명陽明, 1472~1528)은 송나라 육구연(1139~1193)의 사상을 계승하여 형식화된 주자학을 비판하며 지행합일의 실천을 강조하는 양명학陽明學을 완성시켰다. 이몽양 등에 영향을 받은 왕수인은 그의 양명학을 완성하기 전에 신비 색 짙은 도교와 불교에 심취하기도 했으며, 양명학에 영향을 받은 이탁오(1527~1602)는 '양지良志'[1]는 사람들의 마음에 이미 완성된 형태로 갖추어져 있으므로 인위적인 수행이나 공부를 할 필요도 없고, 그대로 자연에 맞기면 된다는 자연주의를 주장하였다. 이러한 자유분방한 사조思潮는 모두 사회일반의 자유로운 풍조에 기인한다고 볼 수 있다.

명나라 불교교단은 원대의 불교교단을 답습한 것으로, 태조 주원장(朱元璋, 1328~1398)이 원각사 승려였던 관계로 역대 황실의 보호를 받아 흥성했으나 지나친 불사나 불탑의 조성으로 국고의 손실이 문제였다. 교단은 시험제도나 도첩제 등으로 국가권력에 의해 감시 감독을 받았지만 역대 이래로 골칫거리인 부역을 피해 온 사람, 생활고를 견디지 못해 온 사람, 불평분자, 부랑자들로 넘쳐났다. 승려의 질은 저하되고 매첩(賣牒: 승적을 사고파는 일)도 성행하고 부를 축적하는 자들도 있었고, 기근이 들고 나라의 기강이 허술해지자 폭동을 일으키

---

1 양심良心이 '인의지예신'이나 '사단四端' 같은 도덕적인 가치를 판단하여 시비是非, 선악善惡 등을 깨달아 바르게 행하려는 의식의 단계이라면, 양지良志는 의식을 넘어 무의식에서 행하는 지행합일知行合一의 실천적 단계라 할 수 있다. 즉 사리사욕에 가려있던 '양심'이 밖으로 나오면 인仁자하고, 의義롭고, 예禮절바르며, 지智혜로운 '인의예지仁義禮智'가 무위無爲로 실현되는 것이니, 비로소 올바른(義) 사람(人)이 되는 것이다.(참조: 『맹자, 공손추公孫丑』.)

기도 하였다. 헌종(재위 1464~1487) 때는 '승려 수가 50만 명을 넘었다'고 한다.

교학적으로는 당唐·송宋 이후의 선정일치禪淨─致 사상을 계승하고, 송대 이후 싹트기 시작한 제종융합諸宗融合의 혼융混融불교를 수립하려고 하였으며, 더 나아가 유·불·도 삼교는 원래 그 근원이 같다고 하는 삼교동원론三教同源論[2]이 주창되는 사회적 조류에 동화되어 불교역시 통합의 추세를 따르게 되었다. 사대부 지식계급에서도 불교에 관심을 갖기 시작했으며, 미타신앙이 민중의 생활에 침투하여 서민불교의 시대라고 할 정도로 불교가 습속화習俗化되고 있었다. 죽은 자의 극락왕생을 빌어주고, 산 사람의 안녕을 축수하는 '불사공양'과 이를 행하는 부응승赴應僧이 유행하였다. 이는 제종융합諸宗融合의 혼융불교와 함께 명나라 불교의 한 특징이라 할 수 있다.

따라서 수·당의 불교처럼 여러 종파로 나뉘어 논쟁을 통한 경합이나 새로운 종파의 발흥과 같은 순수한 한 종宗의 교의도 없었다. 이것은 불교의 쇠퇴를 의미하기도 하지만 당시의 일반 사상계에는 융합통일의 바람을 일으켰기 때문에 불교도 이런 풍조에 동화한 것이다.

도교 역시 불교처럼 황실의 보호를 받았는데, 특히 세종(재위 1521~1567)은 도교를 신봉하여 스스로를 신선이라 칭하고 궁중에 전관殿觀을 세워 도교의 부흥을 꾀하고 마침내는 폐불까지 감행하였

---

2 불교는 유가와 도교의 비판에 대응하기 위하여 유·불·도 삼교동원론三教同源論이라는 또 하나의 방편적 수단을 채택하였다. 삼교동원론은 일종의 삼교협조론으로서 운서주굉은 『죽창이필竹窓二筆』에서 유불도 삼교는 서로 피해를 주는 것이 아니라 서로 도움을 주는 관계라고 주장하였다.

다. 그러나 목종(재위 1567~1572)에 이르러 세종의 폐정을 시정하기 위해 세종 대에 간언을 하다 죄인이 된 자들을 등용하고, 권세를 누리던 도사들을 일소했다. 이후 도교는 점점 쇠퇴해 갔다. 당시 북방을 풍미하던 전진교全眞敎가 불교의 영향을 받아 과거의 '불로불사不老不死하고 승선昇仙한다'는 미망에서 벗어나 부적과 같은 주술적인 개념을 멀리하고 정신수양과 양생養生을 강조하게 된 것도 명대에 일관된 융합사상의 조류에 동화된 것이다.

유교 측에서도 불경의 주석서를 많이 썼는데 임조은林兆恩은 삼교의 조화를 주장하며 『금강경통론金剛經統論』과 『반야심경략般若心經略』을 썼다. 이와 같이 한쪽에서는 조화론이 주장되었던 반면, 다른 한쪽에서는 불교 배척론이 주창되었다. 대표적인 것으로 첨릉詹陵의 『이단변정異端辨正』을 들 수 있다. 이 책은 이단을 바로잡고 정도를 고취한다는 '이단변정異端辨正'을 논조로 하는 저술이다. 당송 이래의 배불설을 총망라하고 여기에 뒷받침될 만한 증거가 될 글을 첨가하였으며, 도가는 물론 불교의 허虛, 공空, 무無, 돈오첩경頓悟捷徑 등을 이단으로 취급했으며, 특히 교외별전을 주장하는 선禪을 이단 중의 이단으로 보았으며, 후세 유자들이 선학禪學에 빠지는 것도 이단이라 지탄했다. 그는 정통적인 유교 이외는 모두 이단시하였는데 그 공격목표가 선禪에 있는 것이 분명하였다.(참조: 구보타 료온, 최준식 옮김, 『중국 유불도 삼교의 만남』, 민족사, 1990.)

이와 같이 명대의 유·불·도 삼교는 시대적 조류에 따라 법法·상相의 차별을 떠나 점차 융합적인 방향으로 나아갔으며, 이러한 시대적 상황에 호응한 불교계의 인물들은 대부분 선종禪宗 계통의 승려들로 전기에는 초석범기(楚石梵崎, 1296~1370)와 도연(道衍, 1335~1418) 등이 있으며, 후기에는 명말 불교의 4대가로 불리는 운서주굉(雲棲袾宏, 1535~1615), 자백진가(紫栢眞可, 1543~1604), 감산덕청(憨山德淸, 1546~1623), 『주역선해』의 저자인 우익지욱(藕益智旭, 1599~1655) 등이 유명하다.

이들의 사상은 거의 공통적으로 원대元代에 정착을 이룬 선정일치禪淨一致, 제종융합諸宗融合, 제교융화諸敎融和 등의 사상적 기반 위에 있었다. 다만 교학적 범위와 역점을 두는 방법에 약간의 차이가 있을 뿐이었다. 우익지욱을 제외하고는 모두 비슷한 연배로서 여산廬山의 변융編融 선사에게 가르침을 받아 자연스럽게 교유하면서 서로 협력하여 불교부흥에 진력할 수 있었던 것이다.

운서주굉은 제종을 융합하여 통일된 불교를 성립하려고 한 점에 그의 사상적 특색이 있으며, 이런 점에서 명대 불교사상의 선구자이기도 하다. 특기할 것은 일생동안 행한 선악의 공과功過에 따라 사람의 운명이 결정된다는 도교의 공과격功過格 사상을 받아들여 고취한 점이다. 이를 위해 원요범(袁了凡, 1533~1606)의 『요범사훈了凡四訓』[3]을 개정한 『자지록自知錄』을 저술하여, 사람의 일상행위를 ① 충실하고 독실한 행위 ② 이타적이고 자비스러운 행위 ③ 삼보에 이로운 행위 ④ 자잘한 선한 행위들은 공功으로 ⑤ 이에 반대되는 행위는 과過로 분류하여, 매일매일 자신의 행위를 스스로 채점하는 것으로, 민중에게 선행을 권했던 것이다. 이는 유교사상인 동시에 도교사상이기도 하며,

---

3 이 책은 불광출판사(1997)에서 『운명을 뛰어 넘는 길, 요범사훈』, 자유문고(1999) 에서는 『음즐록陰騭錄』으로 출판되었다.

불교의 삼세인과三世因果 선악응보의 사상과 상응하는 것으로 삼교조화사상인 것이다.

그러나 천주교에 대해서는 천박한 사교邪敎라 하여 철저히 배격하였다. 저서로는 지욱 선사가 읽고 불교에 입문하게 됐다는『죽창수필』과『자지록』을 비롯한『선관책진』,『아미타경소초』,『왕생집』등등이 있다.

자백진가紫柏眞可는 화엄을 중심으로 모든 불교학에 통달하였다. 선과 정토교를 습합시킨 선정일치禪淨一致를 주장하였으며, 유불도의 '심心'은 명칭은 다르지만 서로 같은 본심을 말하며, 이 '심'은 삼교의 이상적 인격체의 근거가 된다고 하였다.『주역』의 철학적 의미를 밝힌『해역解易』에서, "무상無常은 바로 변變이다"라고 하였다. 변은 바로『주역』의 근본으로, 역의 본의가 바로 변화이기 때문이다.

만력(萬曆: 신종) 연간에 감산덕청과 함께 대장경을 조인하는 공로가 있으나, 정치적인 사건에 휘말려 옥사했다. 저서로는『반야심경요론』,『자백노인집』,『해역解易』등이 있다.

감산덕청 역시 그의 중심사상인 선과 화엄의 융화로써 제종의 조화를 도모하였다. 유·불·도가 하나의 이치라는 삼교일리三敎一理의 '삼교조화론'을 주창하였으며,『기신론직해』,『법화경통의』,『원각경직해』,『중용직지中庸直指』,『대학중용직해지大學中庸直解指』,『춘추좌씨심법春秋左氏心法』,『노자해老子解』,『장자내편주莊子內篇註』등을 저술하여 유교와 도교사상과의 조화를 도모하였다. 그러나 삼교회통이 아닌 불교적 입장(관점)에서, 즉 불교를 중심에 놓고 '융합과 화해'를 시도했다는 점에서 당시의 시대적인 요구(상황)에 충실했다고는 볼 수 없다. 이 점이 지욱 선사의 『주역선해』와 비교되는 점이다.

그는 삼교의 근본은 모든 욕망欲望을 떠나는 데 있다고 보았다. "인간은 재물, 성애, 명예, 탐욕, 수면 등의 다섯 가지 애욕에 의해서 생겨나고 애욕에 의해 죽기 때문에 세존은 모든 고통의 원인은 탐애를 근본으로 한다"라고 말했는데, 이러한 여러 고통을 벗어나는 길은 욕망을 떠나는 데 있다. 유교나 도교 역시 세간과 밀접한 관계를 맺고 있고, 욕망을 떠나는 것을 행위의 근본으로 삼고 있다(離欲爲本)라고 하였다.

삼교의 교승敎乘은 성인이 사람에 따라 가르침을 설하기 때문에 그 가르침에도 깊고 얕음이 없을 수 없다고 주장하면서, 공자는 인승人乘의 성자, 노자는 천승天乘의 성자, 성문연각은 인천人天을 초월한 성자, 보살은 이승을 초월한 성자, 부처는 오승五乘의 성범聖凡을 초월한 성자이므로 어떤 때는 성인이 되기도 하고, 어떤 때는 범인이 되기도 한다. 따라서 모든 것은 부처에 의해 통섭되는 것이라 할 수 있다면서 불교 우위의 입장을 분명히 하였다. 이 점에서 『주역선해』와는 결을 달리하고 있다.(참조: 구보타 료온, 최준식, 『중국 유불도 삼교의 만남』, 민족사, 1990.)

『주역선해』는 이와 같은 선대 고승들의 활약과 명대불교의 특징인 선정일치, 제종융합, 제교융화의 시대적 조류에서 나온 저술이었다. 『주역선해』는 종래와 같은, 외부의 불교 공격에 대한 반격도 아니고, 불교와 유교 상호 간의 대립이나 갈등의 해소를 위한 저술도 아니다. 단지 유교의 경전을 불교(선)적 사유에서 해석(재해석 아님)함으로써 유가와의 이해와 융화(회통)의 가능성을 보여준 시대적 산물이다.

만약 "외부의 불교 공격에 대한 반격이나 불교와 유교 상호 간의 대립이나 갈등의 해소를 위한 저술"이었다면 불교의 우월적 입장에서 도가사상의 허구성을 지적한 조식(曹植, 192~232)의 『변도론弁道論』[4]과 같은 공격성이나, 『이혹론理惑論』[5]에서 보여준 호불론적護佛論的 해명이 있었어야 했다.

『주역선해』는 그야말로 선사禪師가 선경禪境에서 선해禪解로 일관하고 있음을 인식해야 할 것이다. 선경이란 유무有無·주객主客을 떠난 언어도단言語道斷의 경지로, 조공肇公이 『물불천론物不遷論』에서 피력한 상정常靜, 불류不流, 부동不動, 부주不周의 경지일 것이다.

> 회오리바람이 수미산을 뒤덮는다 할지라도 항상 고요하며(旋嵐偃岳而常靜)
> 강하江河가 다투듯 바다로 흘러든다 해도 흐르는 것이 아니며(江河競注而不流)
> 봄날 야마(아지랑이)가 가물가물 피어오른다 해도 움직이는 것이 아니며(野馬飄鼓而不動)
> 해와 달이 하늘로 지나간다 해도 우주를 도는 것은 아니다(日月歷天

---

4 조식은 조조(曹操, 155~220)의 넷째 아들로 진사왕陳思王이다. 조조는 문학적 재능이 뛰어난 조식을 후계자로 생각할 정도로 재능이 뛰어났으나 술버릇이 나빴던 모양이다. 그런 조식은 불교에 심취해 불경을 읽을 때마다 가슴으로 법열法悅을 느꼈으나, 도교의 불로불사不老不死나 신선술神仙術에 대해서는 허무맹랑한 사술이라고 비난하면서 『변도론』을 지었다 한다. 이후 불교 측에서 도교를 공격할 때마다 『변도론』을 인용해 도교 측에 타격을 가했다.

5 『이혹론』은 중국인들의 불교에 대한 질문이나 공격에 대비한 예상문제집이다.

而不周).

　수미산을 뒤덮는 회오리바람(旋嵐偃岳)은 황제가 목을 매어 자살하고 청나라가 쳐들어와 조국 명나라를 멸망시키는 혼란기와 상정常靜, 불류不流, 부동不動, 부주不周는 그럼에도 의연한 선사의 마음과 너무나 잘 매치(match)가 된다. 이로써 '조공이 자신을 속이지 않았음을 알 수 있다'는 선사의 심중을 알 수 있는 것이다.

　이 같은 시대상과 『주역선해』의 「자서」에서 설한 '사실단'의 의미와 「역해발」에서 인용하는 『물불천론物不遷論』의 의미를 염두에 두고 『주역선해』를 완독玩讀을 하다 보면 항상 고요한(常靜) 무념無念 속에 있는 자신을 발견할 것이다. 여기에 유가와 불가를 논하는 것은 분별이다. 무념의 경지에서 쓰인 글은 무념의 경지에서만 느낄 수 있는 것이다. 차를 마셔본 사람만이 차 맛의 냉온을 알 수 있는 것처럼(如人飮水, 冷暖自知).[6]

---

6 물이 차가운지 따듯한지는 마셔본 사람만이 알 수 있는 것이다. 마치 과일의 맛이 있고 없고는 과일을 먹어본 사람만 알 수 있는 것과 같다. 이런 경지에서는 아는 자(能)와 알려지는 자(所)가 구분되는, 그렇다고 무지無知한 것은 더욱 아니며, 맹목적인 무의식도 아닌, 그야말로 상식적 의미의 지식을 버린, 부지의 지(不知之知)의 경지인 것이다.(참조: 풍우란, 정인재 옮김, 『중국철학사』, 형설출판사, 1989.)
　남송南宋의 무문혜개(無門慧開, 1283~1260)는 『무문관, 23칙』에서 "'본래면목을 보기 위해서는 선도 악도 생각하지 말라(不思善惡)!'라는 육조혜능(638~713)의 법문을 들은 혜명(697~780)이, '내가 오조의 대중으로 있을 때는 실로 나의 면목을 보지 못했는데, 이제 (육조의) 가르침을 받아 깨우치고 보니 마치

2. 우익지욱 선사의 생애[7]

우익지욱(藕益智旭, 1599~1655) 선사禪師[8]는 명나라가 망해 가던 혼란의 시대에 강소성江蘇省 소주부蘇州府 오현吳縣에서 태어났다. 운서주굉과 함께 명대 불교의 이대명성二大明星이라 칭해지는 선사는 부패한 조정, 가중한 세금과 심한 기근 등으로 전국에서 일어나는 반란과 여진족(淸)의 침입으로 조국이 망하는 피폐한 세태를 목도하며 조국 명나라가 망하고도(46세, 1644) 10년 넘게 이민족의 치하에서 살아야 했던 비운의 지식인이었다. 실로 교역의 시대, 변역의 시대를 산 것이다.

선사가 태어나기 7년 전인 1592년 조선에서 임진왜란이 일어나자

물을 마신 사람이 찬지 더운지를 스스로 아는 것과 같다(黃梅賡衆, 實未省自己面目. 今蒙指授入處, 如人飮水, 冷暖自知)'"라고 답했다고 기술하고 있다.

그러나 이상하게도 『육조단경六祖壇經』에는 이 부분이 없다. 후인들은 『무문관』에서의 "여인음수如人飮水, 냉난자지冷暖自知"만 떼어내 육조의 어록이라며 법문에 인용하고 있다.

*혜능과 혜명의 대화는 허구다. 혜흔본 『단경壇經』에 따르면, 혜능의 수법受法은 오조五祖의 사망 후 1년(汝去後一年吾卽前逝)으로 혜능의 나이 36세인 673년이다. 이때는 혜명이 태어나기도 전이다. 혜명은 697년생으로 혜능의 사망 때는 17세로 혜능과는 실로 59년의 나이차가 난다.(참조: 나카가와 다카(中川孝) 주해, 양기봉 옮김, 『육조단경』, 김영사, 1993.)

7 우익지욱 선사의 생애에 관해 참조한 사이트: 弘一大師撰, 蕅益大師年譜, https://book.bfnn.org/books2/1127.htm

8 저자에 대한 존칭으로 문맥상 '지욱 선사'로 칭해야 할 경우를 제외하고는 '선사'로 칭하기로 한다.

명나라(만력제萬曆帝, 1563~1620)는 조선에 구원군을 파견하고 막대한 군사비와 군수물자를 지원하면서 국력이 쇠락하기 시작했다.[9] 이 틈을 노려 여진족의 누르하치가 점차 세력을 확장하고 있었다. 그는 젊고도 유능한 지도자로 금金의 멸망 이래 만주지역에 흩어져 살던 여진부족들을 끌어 모아 만주족(후금)을 형성하여 명나라를 멸망시키고 청나라를 창업하는 기반을 다진 인물이다.

1626년 누르하치가 죽자 그의 여덟째 아들 홍타시가 즉위하여 18년 후 중국을 통일하고 청淸왕조를 창업하게 된다. 홍타시는 우리나라 역사상 가장 치욕적인 상처를 준 인물로, 즉위 다음해인 1627년 1월 3만 명의 군사로 조선을 침범하였으며(인조 5년, 정묘호란), 1636년(인조 14년)에는 국호를 청淸으로 고치고, 스스로 황제라 칭한 홍타시는 같은 해 12월, 12만 군사를 이끌고 조선을 공격하였다(병자호란).

홍타시가 즉위한 다음해인 1627년에 명나라 천계제(天啓帝, 1605~1627, 재위 1620~1627)가 죽고 그의 동생인 숭정제(崇禎帝, 1611~1644, 재위 1627~1644)가 즉위하여 쇠락해 가는 나라를 부흥시키고자 노력했으나 일찍이 겪어보지 못했던 내우외환에 직면하게 된다.

천계제의 조정을 장악해 악명을 떨친 환관의 우두머리 위충현을 처형하고 부패한 관리들을 숙청했으나 관료들과 군인들의 파벌당쟁은 날로 심각해지고 장졸將卒들도 부패하여 계획은 뜻대로 되지 않았다. 한편 숭정제는 의심이 많은 인물이었다. 홍타시는 이를 이용하기로 하고 요동의 국방책임자인 원숭환(1584~1630)이 적군과 내통하고

---

9 이로 인해 조선은 구했으나 재정파탄에 시달리다가 50여 년 후 멸망했다 해서 만력제의 별칭은 '조선황제', '고려천자'이다.

있다는 거짓 소문을 퍼뜨렸다. 요동의 영원성을 굳게 지키고 있던 원숭환은 넘지 못할 장벽이었기 때문이었다. 소문을 접한 숭정제가 원숭환을 소환해 투옥하자 이에 불만을 품은 그의 휘하에 있던 장수들이 산해관을 나와 홍타시의 만주군에 항복하고 말았다. 이윽고 숭정 3년(1630) 원숭환은 저잣거리에서 책형磔刑되고 말았다. 홍타시의 이간책이 적중한 것이다.

홍타시의 계속된 침입으로 군비는 점점 증대되고 기근까지 겹쳤으며 과도한 세금의 부과로 도처에서 농민반란이 일어나 나라의 운명은 절망적인 상황에 처하게 되었다.

1644년 드디어 명나라는 망하고 청나라가 들어서게 된다. 그리고 1년 후인 1645년 선사는 『주역선해』를 마치면서 「역해발易解跋」에서 이 같은 혼란기를 "교역의 시대, 변역의 시대"로 탄식하고 있다. 이 같은 회한은 비단 『주역선해』의 저술 기간 목도한 천이백여 일 동안(명 말청초)의 혼란상만 말하는 것이 아닐 것이다. 선사의 출생 이전인 만력제 때부터 천계제를 거치면서 이미 명나라의 국운은 기울고 있었기 때문이다.

1627년은 역사적 사건들이 발생한 해였다. ①홍타시가 조선을 침범하여 정묘호란을 일으켰으며 ②명나라의 천계제가 사망하고 숭정제가 즉위했으며 ③명나라에서 본격적인 반란이 일어나기 시작한 해이다. 본격적인 쇠락의 길로 들어선 것이다. 명나라를 멸망시킨 이자성의 반란은 섬서성 북부지방에서 1627~1628년 동안 극심하게 발생한 한해旱害로 시작됐다. 먹고 살 길이 없었던 백성들이 굶주림에 폭동을 일으켰다.[10]

홍타시와 계속되는 싸움으로 막대한 군사비를 감당해야 했고, 세금을 과중하게 징수하지 않을 수 없었다. 과중한 세금 부담은 일반 백성들의 생활을 압박하였고 세금을 내지 못하면 도망칠 수밖에 없었다. 백성들이 도망치면 농촌이 황폐해져 기근이 따르게 마련이고, 이로 인해 농민들은 더욱 반란에 가담하게 되었다. 임금의 무능→조정의 파벌과 부패→환관의 발호→가뭄과 기근→농민들의 반란→왕조의 몰락, 이는 중국 역대 왕조들이 멸망하는 공통 패턴이다.(참조: 김희영, 『이야기 중국사』, 청아출판사, 1996.)

선사의 생몰生沒에 관해서는 대부분의 고승들과 같은 전설적인 이야기가 전해진다.

태어날 때는, 그의 부친이 관세음보살 「백의대비주」를 10년간 수지 독송한 끝에 관세음보살을 현몽現夢하고 지욱을 얻었다고 한다.

그의 죽음에 대해서도, 죽은 후 화장을 하여 남은 뼈는 밥에 버무려서 새와 물고기 밥이 되게 하라고 하였으나, 너무 일찍(57세) 세상을 뜬 것을 애석히 여긴 대중들이 입관 후 감실龕室에 모셔 놓고

---

10 "희종 천계 2년에서 사종 숭정 2년 사이(1622~1629), 8년간 내내 가물고 비가 오지 않았다. 숭정 6년(1633), 서안에 가뭄과 기근이 들어 굶어 죽은 시체가 길에 널려 있었다. 몹시 가물어 한 말의 쌀값이 1,000전이나 했고 사람이 서로 잡아먹었다(섬서통지)." 반기성, "명나라의 멸망과 이자성의 난", The Science Times(2010. 9. 27.).

3년간 예배공양한 후 관을 열어보니 머리카락은 자라서 귀를 덮고, 얼굴은 화색이 만연하며, 손발톱이 자라나고, 산 사람과 하나도 다르지 않았다 한다.[11]

그의 법명은 지욱智旭, 자는 우익蕅益, 자호는 팔불도인八不道人[12]이

---

11 유명 도인이나 고승들의 행장에는 이와 같은 사족들이 관례처럼 따라붙는다. 제자나 후학들이 스승에 대한 지나친 존경이나 자파의 우월을 과시하는 표현일 것이다.

감산덕청의 입적과 매월당 김시습으로 더 알려진 생육신의 한 분인 설잠(雪岑, 1435~1493) 선사의 입적에도 지욱 선사와 똑같은 전설이 전한다. 이러한 전설들은 후학들로 하여금 삶이나 수행을 되새겨 보게끔 하는 교훈일 뿐이다. 이를 놓친다면 전설들에 매몰되어 정작 배워야 할 고승들의 가르침이나 진면목은 놓치고 만다. 한 예로 『육조단경』에는 혜능(慧能, 638~713)에 대한 지나친 존경으로 신수(神秀, ?~706)에 대한 지나친 비하가 눈에 들어온다.

신수의 "몸은 보리의 나무요(身是菩提樹), 마음은 명경대와 같으니(心如明鏡臺), 시시때때로 부지런히 털고 닦아서(時時勤拂拭), 먼지가 끼지 않도록 하라(勿使惹塵埃)"라는 게송에, 혜능의 "보리는 본래 나무가 없고(菩提本無樹), 명경 또한 대가 아니다(明鏡亦非臺). 본래에 한 물건도 없거늘(本來無一物), 어느 곳에 먼지가 낄 것인가(何處惹塵埃)?"라는 게송을 대비시켜 신수의 게송을 아직 깨닫지 못한 것으로 비하하고 있으나, 이런 개념 자체가 분별이고 무명이다. 이를 『대승기신론』의 관점에서 본다면, 신수의 게송이 '수염본각隨染本覺'의 입장에서 본 것이며, 혜능의 게송은 '성정본각性淨本覺'의 입장에서 본 것이기 때문이다. (참조: 원효, 최세창 역주, 『대승기신론소별기』, 운주사, 2016.) 과문한 탓인지 모르겠으나, 지금까지 이를 구분하여 설하는 것을 보지 못했다.

12 팔불八不이란 연기설의 진의를 천명하는 용수의 『중론, 제일 관인연품』의 여덟 가지 불(八不)의 중도中道를 말한다. 무언가에 의지하여 생겨난 것이기에

다. 그가 거처하던 영봉산을 지칭해서 영봉노인靈峯老人이라고도 한
다. 그의 전기로는 자전自傳인『팔불도인전』, 홍일 대사弘一大師 찬撰
의『우익대사연보蕅益大師年譜』등이 있다.

선사는 12세 무렵 유학에 뜻을 두고 공부하면서 석가와 노자의
도를 없애기로 맹세하고 수십 편의 벽불론闢佛論을 지었으나, 17세
때 운서주굉의『죽창수필竹窓隨筆』과『자지록自知錄』을 읽고 불교를
비방하는 자신의 글들을 모두 불살라 버렸다(閱自知錄序 及竹窓隨筆
乃不謗佛. 取所著闢佛論焚之).

20세 때는『논어』의 '천하는 인으로 돌아간다(天下歸仁)'는 구절에
의문을 품고, 침식마저 잊은 채 3일 밤낮 궁구 끝에(廢寢忘餐三晝夜)
홀연대오하여 공자와 안자의 심학을 곧바로 깨달았다(忽然大悟, 頓見孔
顏心學).[13] 부친이 59세로 세상을 떠나자『지장경』을 듣고 출가의 마음

(緣起), "새롭게 생겨나지도 소멸하지도 않으며(不生亦不滅), 항상하지도 단멸하
지도 않으며(不常亦不斷), 같지도 다르지도 않으며(不一亦不二), 어디서 오지도
가지도 않는 것(不來亦不去)"의 여덟 가지의 '불不'을 말한다.

13 후인들이 선인의 행록行錄을 읽을 때 배우고 본받아야 할 점은 이런 것이다.
'천하귀인天下歸仁'은 20살 청년 지욱에게는 '화두話頭'였을 것이다. 침식을
잊은 채 꼬박 삼일 밤낮을 화두를 들고, 선가禪家에서 말하는 암탉이 알을
품듯, 고양이가 쥐를 노리듯 의정疑情하여 타성일편打成一片 홀연대오忽然大悟
했다는 이야기다. 즉 출가 전에 이미 유가에서 깨달음을 얻었기에 출가하여
불가에서 숙성했던 것이다.
그렇다면 인仁이란 무엇인가? 인으로 돌아가는 것은 어떤 것인가? 아니면
좀 더 유치하게 '인이 있는 곳은 어디인가?' 조주 선사에 물어보자(趙州錄).
"조주 선사에게 묻는다(僧問): 근원으로 돌아간다는 것(歸根)이 어떤 것입니까
(如何是歸根)? 선사 답한다(師云): 돌아가려고 하면, 곧 어긋나버린다(擬卽差)."

을 내었다(喪父, 享年五十九. 聞地藏本願, 發出世心).

23세에 『대불정경大佛頂經』 법문을 들었는데, '세계는 공에 있고(世界在空), 공은 대각을 생한다(空生大覺)'라는 대목에 이르러 '무슨 까닭으로 대각이 있어(何故有此大覺), 허공계의 장본(根源)이 되었는가(致爲空界張本)?'라는 의문이 들어 답답한 마음을 떨칠 수가 없었다(悶絶無措). 오직 의문만 가중될 뿐 공부에는 타성일편[14]이 없었다(但昏散最重 功夫不能成片). 이로 인해 출가하여 대사를 체득할 결심을 하였다. 7월 30일 48원의 원문願文을 짓고 '대랑우파'라 이름 지었다(時名大朗優婆).

24세 되는 1622년 1월에 감산덕청을 흠모하여 세 번이나 만나는 꿈을 꾸고 감산의 제자가 되고자 하였으나, 멀리 조계曹溪에 머물고 있어 따를 수 없었다. 대신 감산의 문인門人인 설령雪嶺을 은사로 삭발하여 지욱智旭이라는 법명을 받았다.

여름에는 운서산에 들어가 고덕 법사로부터 『성유식론成唯識論』을

---

14 원문 '功夫不能成片'의 '성편成片'은 '打成一片'을 줄인 용어로 생각된다. 이 용어는 23세 때 사용한 용어가 아니라, 깨달음을 얻은 뒤에 23세 때를 회고하며 사용한 용어로 생각된다.

무괴무잡無壞無雜·의단독로疑團獨露·타성일편打成一片·공적영지空寂靈知 등은 모두 똑같은 경지이다. 이는 화두가 무괴 무잡하고 순일純一하여, 기멸起滅이나 무기無記가 없는 경지에 이르면 의단이 독로하여, 타성일편을 이루고, 공적하여 영지에 이른다. 그러나 일단 화두가 무괴 무잡하여 순일하고, 기멸이나 무기無記가 아닌 경지에 이르면 적寂·영靈·공적空寂·영지靈知·공적영지空寂靈知 등의 차서次序가 있는 것이 아니고, 적이 영이고, 공적이고, 영지이고, 공적영지인 것이다.

듣고, 『대불정수능엄경(佛頂)』의 종지와 모순이 있음을 물었으나 "성종과 상종은 화회할 수 없다(性相二宗不許和會)"라는 답을 듣고, 괴이하게 여겨 재차 질문을 하였으나 법사는 등줄기에 진땀을 흘리면서(流汗浹背) 미소만 지을 뿐 답을 하지 못하였다. 이에 경산徑山에 들어가 좌선에 전념하였다.

25세 여름에는 경산에서의 좌선이 지극해지자(逼拶功極) 몸과 마음과 세계가 홀연히 모두 사라졌다(身心世界忽皆消殞). 이로 인하여, 이 몸은 무시이래로 곳곳마다 생멸을 거듭했지만, 이는 단지 견고한 망상妄想이 나타난 그림자일 뿐, 찰나찰나 생각마다 망념이 떠나지 않는 것(念念不住)은 분명히 부모로부터 받은 생生이 아님을 알게 되었다. 이로써 성종과 상종을 한 번에 깨닫게 되었으며, 기본에는 모순이 없음에도 단지 이를 모르는 사람들이 사설邪說을 비교함으로써(交光邪說) 사람들을 크게 오인하게 하는 것임을 알게 되었다. 이때 일체의 경론과 공안이 눈앞에 훤하게 드러나게 되었다(無不現前).

32세에 『범망경』을 주석하면서 ①현수賢首(화엄) ②천태天台 ③자은慈恩(법상) ④자립(自立: 스스로 종을 세움) 중에서 어느 것을 종宗으로 삼을 것인지 고민을 하였다. 이를 제비뽑기로 부처님께 물었는데 천태의 답을 얻었다고 한다. 이후부터 천태에 천착했으나 스스로 종파적 울타리에 갇히길 원하지 않았기에 천태의 자손만을 고집하지 않았다. 당시의 천태종은 자신의 문중과 교의만을 고집하여 선종, 화엄종 및 법상종과 화합을 이루지 못하고 있었기 때문이다.[15] 선사는

---

15 지욱 선사의 이 같은 열린 사고가 부처님의 가르침이며, 회통과 화합의 사고이다. 패를 갈라 대립과 반목을 거듭하는 오늘날의 우리 정치권이나 한국불교가

종파적 울타리에 갇히기에는 너무나 큰 그릇이었다. 후술하는 「역해발」에서 이러한 자부심을 유감없이 드러내고 있다.

43세(辛巳, 1641)에 온릉溫陵 월대月臺에서 동안거를 결제하면서 곽 씨郭氏라는 사람이 역에 대해 묻는 것을 계기로 『주역선해』의 저술을 시작하였다가, 반半도 마치기 전에 (자운법화의) 요청으로 그대로 방치했다(稿未及半, 以應請旋置).

46세(1644)에 명明나라가 망하고, 청淸나라가 들어섰다.

47세(1645, 乙酉年 여름) 실로 4년 만에 『주역선해』의 저술을 마쳤다(撰周易禪解竟).

49세에 유교의 사서인 논어, 맹자, 중용, 대학 등의 주석서인 『사서우익해四書藕益解』를 술述했다.

54세 12월에 자서전을 저술하여 『팔불도인전八不道人傳』이라 명하였다.

55세에 『기신론열망소起信論裂網疏』를 저술하였다.

『기신론』은 마명의 『대승기신론』을 말하며, 진제(眞諦, 499~569)의 구역舊譯과 실차난타(實叉難陀, 652~710)의 신역新譯이 있다. 『기신론열망소』는 실차난타의 신역에 대한 주석서로, 열망裂網이란 그물을 찢어버린다는 뜻으로, 유식설唯識說의 입상(立相: 상을 세움)에만 치우친 유가파瑜伽派의 견해와 중관의 파상(破相: 상을 깨뜨림)에만 치우친 중관파中觀派의 어리석은 미혹을 찢어버린다는 뜻에서 『열망소』라 이름 지었다. 『대승기신론』은 유식과 중관의 대의가 결코 다르지

한 번쯤 되새겨 볼 만한 대목이다.

않다는 것을 밝힌 논서이다.

57세 을미년(1655) 정월 21일 오수시에 침상에서 가부좌를 하고(趺坐 繩床角) 서쪽을 향해 손을 든 채 입적했다(向西擧手而逝). 세수 57세(世 壽五十有七歲), 법랍 34세(法臘三十四)였다.

그는 천태학도이면서도 명대의 가장 유력한 정토교도이며, 계율·법 상·선 등의 부흥자이기도 했다. 그러기에 그는 천태종이라는 한 종파 에 매이거나 어느 종파의 부흥을 꾀한 것이 아니라, "선禪은 불심佛心이 요, 교敎는 불어佛語이며, 율律을 불행佛行이다"라고 하며 제종諸宗의 사상을 통일 융합한 새로운 불교를 제창하였다. 뿐만 아니라 『주역선 해』를 비롯하여 『사서우익해四書藕益解』를 저술하는 등 유가와의 회통 (대화)도 시도하였다.

그러나 천주교에 대해서는, 1582년 마테오 리치(Matteo Ricci)가 『천주실의天主實義』를 통해, 유교의 상제上帝는 기독교의 하느님(天 主)이라고 찬양하면서, 불교의 윤회설이나 불살생을 비난한 글을 접하 고는 『천학초징天學初徵』을 저술하여 이 같은 주장을 반박한 것에서도 볼 수 있듯이, 운서와 마찬가지로 맹렬한 천주교 배격운동을 일으키고 그 중심에 있었다.

이처럼 다방면에 관계하였기에 저술 또한 다양하여, 문집인 『영봉종 론靈峰宗論』을 비롯하여 현재 학계에서 밝혀진 것으로 『대승기신론열 망소』, 『종경록산정』, 『정토십요』, 유교와 관련한 『주역선해』, 『사서 우익해四書藕益解』, 천주교를 반대한 『벽사집』, 『천학초징』 등등을 포함해 총 58종이며, 현존하는 것은 50종이라고 한다.(참조: 미찌하다 료오수 저, 계환 옮김,『중국불교사』, 2003.)

3.『주역선해』의 저술 동기

선사는『주역선해』[16]의「자서自序」에서 다음과 같이 저술 의도를 밝히고 있다.『주역』과의 적극적인 대화(회통)를 시도하고 있는 것이다.

> 내가『주역』을 풀이하는 것은 다름 아니라, 선禪으로 유가儒家에 들어가 유생들로 하여금 선을 알도록 권유하기 위함일 뿐이다(吾所由解易者. 無他. 以禪入儒. 務誘儒以知禪耳).[17]
> 설령 나의 선해가 사실단四悉壇[18]의 네 가지 이익을 얻기보다는

---

16 『주역선해』는 굳이『주역선해』로 칭해야 할 경우를 제외하고는『선해』로 칭하기로 한다.

17 『선해』를 풀이하는 대부분의 사람들이 이 문구에 집착하여 "지욱은 당시의 유생들이 불교를 비방하고 서로 대립하게 된 시대적 상황을 극복하고자 유교와 불교의 사상에 대한 해박한 지식을 바탕으로 유교의 경전을 불교적 관점에서 재해석함으로써 유교와 불교가 지향하고 있는 진리와 가치가 결코 둘이 아님을 설파하고, 나아가 불교와 유교 상호 간의 대립과 갈등을 해소하고 이해와 융합을 모색하고자 하였던 것이다"라고 확대 해석하고 있다. 이는 명말청초의 시대적 상황은 고려하지 않은 견해이다.

『선해』는 유생들로 하여금 선禪을 알도록 하기보다는 오히려 불가 사람들로 하여금『주역』을 알도록 하기 위한 책이라고 할 만큼 모든 설명이『주역』 위주로 되어 있다. 즉 유가에서『선해』를 읽고 불교를 이해하는 비율(%)보다는 오히려 불가에서『선해』를 읽고『주역』을 이해하는 비율이 훨씬 높을 것으로 생각된다.

네 가지 비방[19]을 들을지라도, 마치 땅에서 넘어진 자는 땅을 딛고

---

18 실단悉檀이란 범어梵語인 siddhānta라는 말의 발음을 차용하여 번역한 것인데, 그 뜻은 성취한다는 말이다. 천태종인 지의智顗의 『법화경현의法華經玄義』(제1 권, 하편)에서는 '실悉'을 '두루하다(遍)'라는 뜻으로 보고, '단檀'을 '단나'(檀那: 범어 dāna, 보시)라는 말을 축약한 것으로 보았다. 이는 부처가 이 4가지로 불법을 모든 중생에게 두루 펼친다는 것을 설명한 것이다. (김연재, 「주역선해周 易禪解의 불역학佛易學과 불변不變·수연隨緣의 경계」, 한국연구재단, 『선문화연구』 제24집 6월호, 2018.)

19 사실단의 네 가지 이익(四益)을 설하고, 이어 대구對句로서 네 가지 비방(四謗: 증익增益방, 손감損減방, 상위相違방, 희론戲論방)을 설하고 있다. 불교(佛敎: 부처님 의 가르침)의 공부나 수행은 중도·사성제·팔정도·연기·무상·불성·공空 등등 에 대한 바른 이해와 실천에 있다. 이에 대한 그릇된 견해로 분별과 집착을 낳는다. 즉 고정된 진리가 없는 무상無常하고 공空한 이치를 깨닫지 못하기에 '있다(有)·없다(無)'라는 그릇된 견해를 갖게 된다는 뜻이다.

사실단의 사익四益이나 사방四謗은 사구四句의 형식을 빌린 것으로, 사구란 하나의 개념 혹은 대립되는 개념을 기준으로 현상을 판별하는 4가지 논리형식 (유와 무를 기준)을 말한다. 제1구(세계실단): A이다(有, 있다), 제2구(위인실단): A가 아니다(無, 없다), 제3구(대치실단): A이면서 A가 아니다(亦有亦無, 있기도 하고 없기도 하다), 제4구(제1실단): A도 아니고 A아닌 것도 아니다(非有非無, 있는 것도 아니고 없는 것도 아니다).

『대승기신론』에서는 '여실공如實空의 진여'를 설하면서 "①진여의 자성은 모 습이 있는 것도 아니요(非有相), ②모습이 없는 것도 아니며(非無相), ③모습이 있는 것(有相)이 아닌 것도 아니요(非非有相), ④모습이 없는 것(無相)이 아닌 것도 아니며(非非無相), ⑤유有, 무無를 함께 갖춘 모습도 아니며(非有無俱相), ⑥같은 모습(一相)도 아니요(非一相), ⑦다른 모습(異相)도 아니며(非異相), ⑧ 같은 모습이 아닌 것도 아니요(非非一相), ⑨다른 모습이 아닌 것도 아니며(非非 異相), ⑩같고 다른(一異) 모습을 함께 갖춘 것도 아닌(非一異俱相) 것을 알아야

일어나야 하는 것과 같다(縱令不得四益而起四謗. 如從地倒, 還從地起). ―즉 내가 아니라도 누가 해도 해야 하는 운명과도 같은 것이다. 이는 마치 우유에 다른 성분을 타면 발효가 되어도 그 성분은 그대로 남아있는 것과 같다(轉至醍醐, 厥毒仍在). 이는 변행[20]이 외도들의 스승이 되고, 살차가 니건의 스승이 되는 이치이다(遍行 爲外道師, 薩遮爲尼犍主). 마찬가지로 설령 남들이 내가 하는 선해를 외도라고 비방할지라도, 나의 뜻은 여기에 있는 것이다(意在斯也). ―즉 나를 비방하는 자들도 인도하겠다는 것이다.

이는 격의불교格義佛教 이래로 전통사상(도교나 유교)의 공격에 맞서거나 불교의 우위를 내보이기 위해 궤변詭辯을 생산해야 했던 과거와는 격세지감 정도가 아니라 당당함마저 느껴진다. 궤변[21]이란 지난날

한다"라고 하였다.

20 변행외도는 『화엄경』에서 선재동자가 찾아간 21번째 선지식으로, 그의 법문은 '모든 곳에 이르는 보살행'에 관한 것이다. 명호가 '변행遍行'인 것은 구제의 대상자가 위화감을 갖지 않도록 상대의 수준이나 상황에 맞게 자신의 모습(형상)을 변화시켜서 고통받는 중생들을 구제하기 때문이다. 『법화경, 관세음보살 보문품』에서 "세존이시여, 관세음보살은 어떤 인연으로 관세음이라 이름하나이까(世尊 觀世音菩薩 以何因緣 名觀世音)?"로 시작하는 무진의 보살과 세존과의 문답(Q&A)을 참조할 것.

21 도교 측에서 불교가 자기들보다 한 수 아래라는 주장을 하기 위해 "노자가 만년에 인도에 가서 석가모니로 태어나 오랑캐를 가르쳤다"는 노자화호설老子 化胡說을 주장했다. 이에 질세라 불교 측에서도 "세존의 제자인 마하가섭을 중국으로 보내 노자가 되게 하고, 유동보살을 공자로, 광정보살을 안회로, 보응성보살을 복희로 화현시켰다는 삼성화현설三聖化現說을 주장했다. 참으

유교나 도교로부터의 상식 이하의 공격(질문)에 상식 이하의 반격(답)을 한 것을 말한다.[22]

중국불교는 전래 초기의 토착화 과정에서 주로 주석이나 강경講經에 주력하던 번역의 시대를 거쳐, 서진西晉 시대로 들어서면서 허무주의를 숭상하던 노장사상에 의지해 불교교리를 설명하고 전파하던 '격의불교'의 시대를 겪었으며, 그 후 여러 종파로 나뉘어 자파의 우월을 주장하던 교상판석教相判釋[23]의 시대도 겪었다. 불교가 융성하거나

로 유치하기 짝이 없는 발상이다.(참조: 구보타 료온, 최준식 옮김, 『중국 유불도 삼교의 만남』, 민족사, 1990.)

22 『속고승전』에 의하면, 북위北魏 효명제孝明帝는 끊임없는 불佛·도道 양교 논쟁의 해결을 위하여 정광正光 원년(520) 도사와 승려들을 궁으로 불러들여 청도관淸道觀의 도사 강빈姜斌과 융각사融覺寺의 법사 담무최曇無最로 하여금 노자와 부처 중 누가 먼저 태어났는가를 대론시켰다. 강빈은 『노자개천경老子開天經』을 인용하여 부처는 노자의 시자侍子였음을 주장하며, 노자는 주周의 정왕定王 3년(B.C. 604) 9월 14일 밤 초楚나라에서 태어나 경왕敬王 원년(B.C.519) 산관散關에서 윤회와 함께 서쪽으로 갔는데 그 때 나이 85살이었다고 주장했다. 담무최 또한 『주서이기周書異記』와 『한법본내전漢法本內傳』을 인용하여 부처는 주周의 소왕昭王 24년(B.C. 1029)에 태어나 목왕穆王 52년(B.C. 949) 2월 15일에 열반에 들었기에 출생 연도가 다르다고 답했다. 이에 효명제는 170여 명에게 『노자개천경』의 진위를 조사시켰는데 모두 위경僞經으로 판단을 내렸다. 그에 효명제는 백성들을 미혹시켰다는 죄목으로 강빈의 사형을 명하지만, 바로 당시의 고승 보리유지菩提流支의 간곡한 청원으로 사형을 면하고 유배되었다.(참조: 구보타 료온, 최준식 옮김, 『중국 유불도 삼교의 만남』, 민족사, 1990.)

23 대표적인 것으로는 오늘날의 한국불교에서 그대로 답습하고 있는 천태지자의 오시五時 교상판석이다.

① 화엄시華嚴時: 성도成道 후 최초 21일 동안 『화엄경』을, ② 아함시阿含時:

중화의식이 강하게 표출되던 시대에는 사원의 파괴, 재산의 몰수, 승려의 환속과 같은 삼무일종三武一宗[24]의 법난法難을 겪기도 했다. 명 왕조에 들어서도 도교를 신봉하는 세종(재위 1521~1567)에 의해 불전과 불상이 훼손(폐불)되는 치명적인 법난을 겪었다.

폐불을 단행하게 된 표면적 이유로는 유불도 3교의 대립 항쟁 형태를 취하고 있으나, 당시의 권력자들은 이와 같은 대립을 이용하여 폐불을 단행함으로써 정치적·경제적 위기를 벗어나는 기회로 삼은 것이었다. 한편 불교교단 측에서도 폐불을 단행할 만한 원인을 제공하였다.

녹야원에서 12년 동안 『아함경』을, ③방등시方等時: 그 뒤 8년 동안 『유마경』, 『금광명경』, 『능가경』, 『승만경』, 『무량수경』 등 방등부의 여러 경을, ④반야시般若時: 다음 22년 동안 『반야부경』을, ⑤법화·열반시法華涅槃時: 최후의 8년 동안 『법화경』을, 열반 전에 『열반경』을 설했다.

이에 대해 원효 대사는 『열반경종요涅槃經宗要』에서 다음과 같은 신랄한 비판을 가했다.

천태지자는 선禪과 혜慧에 모두 통해 세상에서 소중하게 여긴다(天台智者 禪慧俱通 學世所重). (그렇지만) 무릇 성인은 가늠하기 어려운 것이다(凡聖難測). 여기서 알아야 할 것은 부처님의 뜻(佛意)은 심원하여 한계가 없다는 것이다(是知佛意深遠無限). 그럼에도(而) 부처님의 말씀(經旨)을 네 가지(四宗)로 나누거나(科) 또한 부처님의 뜻을 오시五時로 한정한다면(而欲以四宗科於經旨 亦以五時限於佛意), 이는 마치 소라껍데기(螺)로 바닷물을 담거나(酌), 대롱(管) 구멍으로 하늘을 엿보는(闚) 것과 같을 뿐이다(是猶以螺酌海 用管闚天者耳).

24 세 명의 무제와 한 명의 세종이 단행한 법난이라 해서 삼무일종이라 한다. 삼무三武: ①북위의 태무제(太武帝, 재위 423~452), ②북주의 무제(武帝, 재위 560~578), ③당의 무종(武宗, 재위 840~846)과 일종一宗種: ④후주의 세종(世宗, 재위 954~959)이 주도자였기 때문에 '삼무일종의 법난'이라 한다.

세금과 노역을 피하기 위해 출가한 방대한 사도승은 국가 재정을 위협하였으며(북위 불교의 사원수는 3만, 승려의 수는 200만이었다고 함), 출가는 표면뿐이고 논을 경작하고, 승적을 사고팔고(買牒), 상업에 종사하며 축재를 하고, 길흉을 점쳐서 민중을 현혹하고, 고리대금업을 하는 등등 그들의 타락과 비행은 더 이상 방치할 수 없는 지경에 이르렀으니, 무조건 전통사상으로부터 배척을 받았다고 할 수만은 없다.[25] 승도僧徒들이 경학經學을 외면하면서 자질은 날로 저열해졌으며 일부는 사도비적邪道匪賊이 되기도 했다. 이 같은 상황은 유자儒者들의 배불론排佛論을 촉발하는 계기가 되기에 충분하였다.

중국불교사는 이와 같이 불교교단 내부와 외부의 공세[26]에 맞서 때로는 강하게 반발·반박을 하면서도 한편으로는 조화를 꾀하면서 발전시켜온 흥망성쇠의 역사였다. 탄압을 겪으면서도 한편으로는 공자나 노자의 논리를 끌어다 불교를 옹호하며[27], 유·불·도의 근본정신은 같다는 삼교조화론 내지 삼교동원론을 주장하기도 하였다. 이는

---

25 미찌하다 료오수(道端良秀) 저, 계환 옮김, 『중국불교사』, 2003.

26 배불론의 배경은, ①출가, 신불멸론, 인과응보 같은 불교윤리는 중국의 전통 고유윤리에 맞지 않는다. ②불교승려들이 왕을 존경하지 않는다. ③불교는 오랑캐의 종교다. ④불교 승려들이 생산적인 작업에 종사하지 않는다.

27 외래종교인 불교가 중국에 뿌리내리는 과정에서 효孝를 중시하는 유가의 강상綱常에 반하는 출가와 같은 전통사상들과의 마찰이 있어 왔다. 따라서 어떤 형태로든 전통사상에 부합하고, 통치계급의 지지와 일반인들의 이해가 절실했다. 이에 따른 불교의 입장을 표명하는 모자牟子의 『이혹론理惑論』 저술과 『불설우란분경佛說盂蘭盆經』이나 『부모은중경父母恩重經』 같은 위경僞經이 찬술되었다.

비단 명말 불교의 특징만은 아니었다.

중국불교사의 또 하나의 특징은, 보리달마에 의해 전래된 선종禪宗이 많은 고승을 배출하면서 선종의 일파가 번창한 것이다. 선종은 법난을 피해 갔으며, 당나라 말기부터 여타 종파들은 쇠퇴해 갔으나 선종만은 전성기를 맞아 이후 중국불교를 대표하게 된 것이다.

그러던 불교가 명말에 와서는 안정된 기반 위에서 자기 울타리를 넘어 유가의 안마당으로 들어간 것이다. 이는 바로 유불儒佛 상호관계의 변화를 말하고 있는 것이다. 지행합일知行合一의 실천을 중시하는 왕양명(1472~1528)의 '심학心學' 유파가 명나라 중엽 이후 쇠퇴기로 접어들자 이후 분위기는 드디어 선학禪學으로 돌아섰으며, 심지어 하층민에 이르기까지 선풍禪風이 크게 일어 전통의 강상명교綱常名敎에 속박되지 않았다.

불교적 입장에서 보면, 명말에 이르러 불교가 조정으로부터 점차 멀어지면서 오히려 거장들이 배출되어 전에 없던 이론들이 나오게 되었다. 불교가 그 본질적 입장으로 되돌아가 법상法相의 차별을 타파하고 혼융불교를 수립하려고 한 것은 원래 당말송초에 이미 그 싹을 보였으나 명대에 이르기까지 학설로 정립되지는 못했다. 이 같은 조류 속에서 명대에 재창되었던 혼융불교야말로 명대 불교의 특색이라 할 수 있다. 유가에서도 왕양명이 나오고 주자학파와 주육朱陸 절충파가 대항하면서 불교의 혼융불교와 마찬가지로 주육조화론이 성행하였다.[28]

---

28 구보타 료온, 최준식 옮김, 『중국 유불도 삼교의 만남』, 민족사, 1990.

중국불교사에서 불교와 『주역』의 융합을 선양하는 데에 승속이 공동으로 참여한 시기는 남북조 시기와 명대의 말엽이다. 남북조 시기(특히 양조梁朝)에 제왕과 대신들이 앞장서서 사람들을 고무하고 제창한 것과는 달리, 명대의 말에 이르면 이러한 노력은 완전히 자발적인 행동에서 나온다. 이것은 한편으로는 국정의 혼란과 환란이 자주 일어나 사대부들이 자신들의 앞길을 예측하지 못하여 역학(주역) 연구를 통해 우환을 예측하려 하였기 때문이기도 하지만, 또 다른 한편으로는 이 시기에 고승들이 유학을 끌어와 선을 파악하는 유불일치儒佛一致 경향을 고취시킨 결과이다. 그러므로 불교와 『주역』이 서로 융합하여 다시 한 번 이 시기에 크게 유행되면서 이와 관련된 내용을 담고 있는 많은 저작들이 출현하게 되었다.[29] 『선해』 역시 이 같은 시대적 조류에 맞춰 타종·타교와의 융합融合 내지 융화融和[30]라는 당시의 대세

---

29 하금화, 정병석·김대수 옮김, 『불교와 주역』, 영남대학교출판부, 2021; 夏金華, 『易學與佛學』, 臺灣 新文豊出版公司, 1997.

30 대부분이 융화와 융합을 혼용하고 있으나 이는 잘못이다. 말이 생긴 이래 말은 형식(틀)이 되었고, 형식은 내용을 지배하게 되었다. 형식은 내용보다 더 중요할 수 있다. 형식에 의해 내용이 곡해曲解될 수 있기 때문이다. *融에는 '녹다, 녹이다', '통하다', '서로 뜻이 맞다', '사이좋게 지내다' 등의 뜻이 있다.

①융화融和는 '서로가 자신을 녹여서(融) 갈등이나 반목 없이 잘 지낸다, 조화를 이룬다'라는 뜻으로, '和=禾+口'는 '수확한 벼(禾)를 서로 나누어 먹는다(口)'는 의미를 합한 글자로 '화목(harmonize, harmony)'을 뜻한다.

②융합融合은 '서로가 자신을 녹여서(融) 서로 구별이 없게 하나로 되게 하다 (合)'의 뜻으로, 영어로는 fuse into one, unite, amalgamate 등의 뜻이다. 불교의 법화(천태)와 화엄, 또는 법성法性과 법상法相은 융화도 할 수 있고,

를 따라 나온 산물이지만 『주역』의 「상·하경」을 비롯해 10익 전편全篇을 선해한 저작은 『선해』뿐이다.

『선해』는 저자가 승려란 점에서 이 또한 불가의 홍보라 할 수 있겠으나 『주역선해』는 "주역의 선해" 또는 "불교로 풀어보는 주역"으로서, 파편적으로 『주역』의 논리를 빌려다 『주역』의 논리는 감춘 채 『화엄경』, 『원각경』 등의 해설에 이용하였던 법장(法藏, 643~712)[31], 이통현(李通玄, 생몰 미상)의 『신화엄경론新華嚴經論』, 징관(澄觀, 738~839)의 『화엄경수소연의초華嚴經隨疏演義鈔』, 종밀(宗密, 780~840)의 『원각

융합도 할 수 있다. 부처님의 가르침(佛敎)을 소의所依로 하기 때문이다. 그러나 불교와 도가 또는 유가는 융화는 할 수 있어도 융합은 할 수 없다. 근본이 서로 다르기 때문이다. 남북한은 한 민족으로 융화도 할 수 있고, 융합도 할 수 있다. 그러나 한국과 다른 나라는 융화는 할 수 있어도 융합(同)은 할 수 없다. 화이부동和而不同, 즉 화和하되 하나가 될 수는 없는(不同) 것이다. 따라서 불교의 천태종, 화엄종, 정토종 등의 제종융합諸宗融合을 주장하는 것은 지극히 마땅한 것이다. 그러나 출신성분이 다른 유불선은 제교융화諸敎融和를 해야 하는 것이다. 또한 불교의 '제종동원諸宗同源'은 있을 수 있어도, 유불선 '삼교동원三敎同源'은 말이 안 된다. 근본 뿌리가 다르기 때문이다.

31 법장은 화엄학설 중에 『역전易傳』의 구성 원리를 암암리에 도입하여 불학사상을 해설한 흔적이 보인다. 예를 들어 그 진여연기眞如緣起(즉 법계연기)를 논할 때, 『역전』의 사유방식을 채용하여 '일생이一生二, 이생사二生四, 사생팔四生八'의 생멸문生滅門 구조를 세웠으며, 후에도 이러한 구조를 '팔합사八合四, 사합이四合二, 이합일二合一'의 방식에 따라 아뢰야식 '종합발생도綜合發生圖' 속에 차례대로 짜 맞춰 넣었다. 이 도식은 진여연기의 이론적 구상을 보여주고 있다. 『주역, 계사전』에서의 "역에 태극이 있으니 양의를 낳고, 양의는 사상을 낳고, 사상은 팔괘를 낳는다"에서 단서를 얻어 다음과 같은 배열방식의 도형을 그렸다.

경대소초圓覺經大疏抄』 등과는 달리 처음부터 끝까지 『주역』을 중심에 놓고 선禪의 사유[32]로 『주역』을 풀이한 책으로서의 『주역선해』이다.

이 같은 "주역의 선해"는 지욱 선사 이전이나 이후에도 없었으며, 오늘날까지도 『선해』와 같은 '주역과 불교' 또는 '불교와 주역'의 대화

『계사전』에 이미 이러한 진화進化 사상이 포함되어 있지만, 법장 이전에는 이런 식의 표현방식이 없었다. 법장 사후 300년이 지난 송대에 이르러서야 비로소 소옹(邵雍, 1011~1077)에 의해 이와 유사한 도형이 만들어졌다. 이 점은 주목할 만하다. 법장은 진여는 '수연불변隨緣不變, 불변수연不變隨緣'이라고 주장했다. 이러한 사상은 『주역』의 '불역不易'과 '변역變易'이라는 관점에 영향을 받은 것으로 보인다. 그러나 법장 자신은 이러한 도식이 『주역』에서 직접 계시받은 것이 아니라 다소 간접적인 영향을 받은 것이라고 주장한다.(참조: 하금화, 정병석·김대수 옮김, 『불교와 주역』, 영남대학교출판부, 2021; 夏金華, 『易學與佛學』, 臺灣 新文豊出版公司, 1997.)

32 선禪의 사유는 마땅히 불교의 사유이지만 불교의 사유가 마땅히 선의 사유는 아니다. 선이라 하면 통념적인 불교의 이미지가 아니라 언어도단의 세속을 떠난, 그러면서도 세속의 언저리에 머무르는 뭔가 산뜻한 또는 신선한 이미지가 연상되기 때문이다. 미국에서는 선의 이미지를 상업에 이용하여 불교 용품을 소개하면서도 불교가 아닌 '선불교禪佛敎'를 강조하고 있기도 하다. 유가의 『주역』 또한 『시경詩經』이나 『서경書經』과는 다른 뭔가 심오하고 신비하면서도 고준高峻한 이미지가 연상된다. 『주역』을 깊이 공부한 사람만의 느낌일 것이다. 『주역』을 점술의 책 정도로 이해하는 수준에서는 공감하기 힘들 것이다.

(회통)는 찾아볼 수 없다. 『선해』는 종래의 호교론이나 불교우위론을 주장하는 역대의 저술들과는 달리 『주역』을 중심에 놓고 선해禪解함으로써 『주역』과의 '회통 내지 대화'를 시도했다는 점에서 의미가 있다. 이 점을 간과하면 "지욱은 당시의 유생들이 불교를 비방하고 서로 대립하게 된 시대적 상황을 극복하고자 유교와 불교의 사상에 대한 해박한 지식을 바탕으로 유교의 경전을 불교적 관점에서 재해석함으로써 유교와 불교가 지향하고 있는 진리와 가치가 결코 둘이 아님을 설파하고, 나아가 불교와 유교 상호 간의 대립과 갈등을 해소하고 이해와 융합을 모색하고자 하였던 것이다"[33]라거나, "이 같은 언급은 『선해』를 저술한 의도가 불교의 입장에서 유교경전인 『주역』을 해명함으로써 『주역』을 매개로 삼아 유교에서 불교를 이해할 수 있는 통로를 열어주고자 하는 것임을 밝히고 있는 것이다. 결국 유교의 대표 경전인 『주역』의 불교적 해석을 통해, 불교에 대한 이해 부족을 원인으로 불교에 대한 비방과 갈등을 일삼고 있는 유학자들에게 불교를 이해시킴으로써 불교와 유교와의 화해와 융합을 의도하였던 것이다"[34]라는 심각한 오해를 하게 되는 것이다.

---

33 청화(길봉준), 『주역선해연구』, 운주사, 2011; 우익지욱, 길봉준 역주, 『주역선해』, 운주사, 2016.

34 김연재, 「주역선해周易禪解의 불역학佛易學과 불변不變·수연隨緣의 경계」, 한국연구재단, 『선문화연구』 제24집 6월호, 2018.
   아마도 김연재는 위의 논문에서 자신의 중국불교사에 대한 연구 없이 길봉준의 주장을 그대로 답습하고 있는 것으로 보인다.

위와 같은 주장에는 다음과 같은 반론이 제기된다.

①명나라 불교의 시대적 변천에 대한 인식이 결여된 주장일 뿐더러 『주역』과 후술하는『선해』의「역해발易解跋」에 대한 이해가 결여된 견해이다.

천계제가 사망하고 숭정제가 즉위한 1627년 이래로 전국에서 반란 군들이 세력을 넓혀가고 있었으나, 부패하고 무능한 조정에서는 이를 진압할 능력이 없었으며, 이 틈을 노리는 청나라의 침략으로 명나라에는 절체절명의 순간이 다가오고 있었다.[35] 자신의 조국이 멸망해 가는

---

35 이 같은 암흑의 세상을 목도한 황종희(1610~1695)는 자신의 조국이 망하고 청나라가 들어서는 어지러운 세상을『주역』36번째의 '밝은 해가 땅속으로 사라진' 지화명이(地火明夷, ䷣)괘로 설정하고, 명나라가 망하게 된 근본적인 원인의 분석과 대안을 제시하는『명이대방록明夷待訪錄』을 저술하였다.

　대방待訪이란 '누군가 찾아오길 기다린다'는 뜻으로 청조淸朝일지라도 찾아와 물으라는 뜻으로, 명나라 멸망에 대한 회한이면서도 학자로서의 대단한 자부심이다. 오늘날의 한국 정치판 '소견少見머리'로 치자면 대단한 친일親日인 셈이다.

　그는「원군原君」편에서 "군주(지도자)는 마땅히 자기 한 몸의 이익을 이익으로 여기지 않고 천하 사람들로 하여금 그 이익을 받게 하며, 자기 한 몸의 해로움을 해로움으로 여기지 않고 천하 사람들로 하여금 그 해로움을 받지 않게 해야 한다(不以一己之利爲利而使天下受其利, 不以一己之害爲害而使天下釋其害)"라고 하였으며,「원신原臣」편에서는 "신하가 벼슬하는 이유는 천하(백성)를 위해서이지 군주 한 사람을 위해서가 아니다"라고 하였다.

　이렇듯『명이대방록』은 명나라의 멸망 원인을 무능한 전제군주와 이로 인한 환관이 설치는 전제군주제의 한계와 폐단이라 비판하며, 제도적 차원에서 정치의 구속으로부터 학문·교육의 자율성을 강조하는 새로운 국가 운영 방식을 모색한 책으로, 당시로서는 획기적이고 대담한 주장이라 할 수 있다.

과정을 지켜보며, 한가하게 불교와 유교 상호 간의 대립과 갈등을 해소하고 이해와 융합을 모색할 상황이 아니었을 뿐더러, 『주역선해』의 저술동기로 삼을 만큼의 유생들의 불교에 대한 비방이나 대립도 없었다.

선사는 그 이상의, 즉 의연한 태도로 명말청초의 혼란기 백성들의 안위를 걱정하는 여민동환與民同患의 마음을 회고하고 있기 때문이다. 조선말에 태어나 일제치하를 살다간 백용성(白龍城, 1864~1940), 한용운(韓龍雲, 1879~1944), 이순재(李淳載, 1891~1944) 같은 불교계 승려들이 한가하게 불교의 안위나 걱정하지 않았기에 독립운동을 하며 감옥살이를 감수하던 상황을 생각해 보면 쉽게 이해가 가는 대목이다.

②1627년 이후 명나라 말기에서 이민족(청)의 통치로 바뀌는 대격변의 시대를 겪어야 했던 당시의 지식층은 물론 중국인들 모두 이같은 치욕에 대한 뼈아픈 성찰과 반성을 하는 상황이었다.

명말청초의 삼유三儒로 추앙받는 황종희(1610~1695), 고염무(1613~1682), 왕부지(1619~1692) 등은 선사(1599~1655)와는 11~20년의 시차를 두고 태어나, 청년시절 명나라가 망해가는 과정을 목도하면서 청나라의 침략에 맞서 반청反淸운동에 전념하고 있던 상황이었다.

③선사는 불교에 대한 해박한 지식보다는 오히려 『주역』에 대한 해박한 지식[36]으로 선禪의 사유로 『주역』을 풀이했다고 보아야 할

또한 『주역』을 공부한 사람만이 할 수 있는 주장이었다.

36 후술하는 「역해발」에서 『주역의 선해』를 공자의 위편삼절에 비유함으로써 자신의 『주역』 공부에 대한 자부심도 함께 드러내고 있다. 적어도 『주역』이라면 공자에 필적한다는 자부심일 것이다.

것이다. 처음부터 끝까지 『주역』을 중심에 놓고 괘사, 상사, 효사 및 10익의 문구 하나하나에 불교의 논리를 대대對待시키는 서술 태도로 일관하기 때문이다.

선禪이란 본래 어떠한 집착과 분별을 떠난, 조사를 만나면 조사를, 부처를 만나면 부처마저도 죽이는 직관의 경지를 의미하기 때문이다. 여기에 불교적 관점에서 『주역』을 재해석했다는 주장은 참으로 민망한 어불성설이라 할 수 있다.

④ 중국불교사에서 격의불교 이래로 유가나 도가로부터의 공격은 대부분 ㉠ 불교에 대한 이해 부족에서 기인하는 것이 아니라 이질적인 불교문화나 교리에 대한 견제와 ㉡ 왕실과 유착관계에 있었던 관계로 왕들의 종교적, 정치적 성향에 교단의 운명이 맡겨져 있었고, ㉢ 불교 교단의 비리, 매첩(買牒: 도첩을 팔아 승려의 자격을 주는 것)과 같은 지나친 축재, 승려들의 사도비적邪道匪賊 행위 등에서 기인하는 것이었다.

앞에서 언급한 불전과 불상을 파괴하고 승려들을 환속시키는 등의 법난은 모두 왕들의 종교적, 정치적 성향과 불교교단이 비대 융성하거나 중화의식이 강하게 표출되던 시대에 일어났다는 사실이 이를 증명하고 있다.

이에 따라 불교계에서는 역대의 대응책으로 호교론이나 불교우위론적 저술이 주를 이루게 되었다고 할 수 있다. 감산덕청의 유불도는 하나의 이치라는 삼교일리三敎一理의 '삼교조화론' 역시 호교론이나 불교우위론적 주장에 불과한 것이다. 『선해』는 이 같은 관점 또는 경지를 초월하는 순수한 최초의 저작이다.

⑤선사는 『선해』의 자서自序에서, 『주역』을 선해禪解하는 자신의 입장을 부처님이 중생을 교화한 사실단四悉壇의 설법을 들어 술회하고 있다. 이는 불가를 비방하는 유생들을 향한 것이라기보다는 오히려 혹시라도 자신을 비난할지도 모를 불가를 향한 것이라 할 수 있다. 불교의 승려라면 당연히 불교우위론적 서술을 해야 한다고 생각하는 것이 일반적인 생각일 것이기 때문이다. 그럼에도 『선해』는 호교론이나 불교우위론적 관점 또는 경지를 초월하는 순수한 저술이라는 뜻이다.

사실단은 중생들의 근기에 따라 설법하는 응병여약應病與藥의 대기설법對機說法이다. 세계·위인·대치의 세 실단이 방편설이라면, 제일실단에서는 곧바로 부처님의 깨달은 진리를 설하는 것이다. 역도易道의 궁극적인 목표도 부처님의 깨달음인 '제일실단'에 경지에 이르는 것과 다를 바 없다.

①세계실단世界悉壇: "내가 불제자이지만 유가의 역易을 풀이한다면 사람들이 기뻐할 것이니 역易이냐고 물으면 '그렇다'라고 하는 것이다." 이는 사람들의 취향과 원하고 바라는 바에 맞춰 법을 설함으로써 중생들에게 즐거움을 주고, 궁극적으로는 불법으로 인도할 수 있기 때문이다.

②위인실단爲人悉壇: "내가 불제자인데 어떻게 유자들과 어울려 역易을 풀이하는가 하며 비난하는 사람이 있을 것이니, 내가 풀이하는 것이 역이 아님(非易)을 알면 호의적인 마음을 낼 것이므로, 역이 아니냐고 물으면 '그렇다'라고 하는 것이다." 이는 사람마다 근기 등이

다르므로 각각의 개별적인 수준에 맞게 법을 설해 가르쳐 인도하는 것을 말한다.

③대치실단對治悉檀: "어떤 사람은 유불儒佛은 나눌 수 없는 것이라고 하는데, 만약 역易과 역 아닌 것(非易, 佛)에 차별이 있어서 다르면서도 같고, 같으면서도 다름을 알게 되면 곧 유불을 모호하게 여기는 병통은 생기지 않을 것이니, 역易이라 해도 되고 역이 아니라고(非易) 해도 되느냐고 물으면 '그렇다'라고 하는 것이다." 이는 탐욕, 분노, 어리석음 등의 번뇌를 평정하기 위해 그에 반대되는 개념으로 법을 설하는 것을 말한다.

④제일실단第一悉檀: "어떤 사람은 유불에는 반드시 고정된 실법實法이 있다고 하는데, 내가 풀이하는 『선해』가 역이 아님을 안다면 유교는 고정된 틀 속의 유교가 아니며, 역이 아닌 것도 아님을 안다면 불교 또한 고정된 틀 속의 불교가 아닌 것이다. 단지 이름만 있을 뿐이지 고정된 실성實性은 없는 것이니 문득 불가사의한 이치를 깨닫게 되는 것이다. 그러므로 역이 아니며(非易), 역이 아닌 것도 아니냐(非非易)고 물으면 '그렇다'라고 하는 것이다." 이는 세계·위인·대치의 세 실단을 통해 곧바로 불법을 설해도 곧바로 알아듣고 실천할 단계가 되었으니, 비로소 상구보리 하화중생의 보살행을 하게 되는 것이다.

제일실단은 부처님의 깨달은 경지로 모든 분별이 끊어진 공空·무無의 원리에 바탕을 둔다. 모든 법(현상)은 무자성無自性·무실성無實性으로 실재하지 않기에 무상無常하다. 역에도 변역變易이라는 무상에 상응하는 개념이 담겨 있다. 따라서 선사는 자신이 선해하는 『주역』은 이름이 '주역'일 뿐 "역도 아니며(非易), 그렇다고 역이 아닌 것도 아니다 (非非易)"라고 한 것이다. 고정된 틀 속의 불교나 『주역』은 이미 없는 것이다. 여기에 '유가다 불가다', 또는 '불법이다 역리다' 하는 속 좁은 분별은 이미 무의미한 것이다. 선사의 제일실단의 언급이야말로 '유가 다 불가다' 하는 분별을 떠난 경지로, 한편으로는 대단한 자부심의 표현이라 할 수 있다. 이는 유생들은 물론 불가를 향한 것이라 할 수 있다. 선사의 사상과 깨달음의 경지만 이해하고자 한다면 「역해발」 과 「자서自序」의 이해만으로도 충분하다.

(2) 선사는 『계사전』의 선해禪解에 앞서 다음과 같이 천명하고 있다. (역리 → 천지만물 → 역서/괘효음양 → 역학/이지간능)

수연하면서도 불변하고(隨緣不變), 불변하면서도 수연하는 것이 '역의 이치'이다(不變隨緣之易理).[37] 천지만물은 역리에 따라 건립되 었다(天地萬物所從建立也). 괘효와 음양의 역서는 천지만물을 본받 아 이루어진 것이다(卦爻陰陽之易書, 法天地萬物而爲之者也). 이지간 능의 역학은 괘효와 음양을 완미하여 이루어진 것이다(易知簡能之 易學, 玩卦爻陰陽而成之者也). 역리로 말미암아 비로소 천지만물이 있게 된 것이다(由易理方有天地萬物).

---

37 '진여는 인연을 따르면서도 불변하고(隨緣不變), 불변하나 인연을 따른다(不變隨 緣)'는 『대승기신론』에서 진여문과 생멸문으로 나누는 기본이론이다. 그러나 하금화는 『불학여역학佛學與易學』에서 "법장이 주장한 것으로, 『주역』의 불역 不易과 변역變易의 관점에 영향을 받은 것으로 보인다"라고 밝히고 있다.

"'수연불변隨緣不變, 불변수연不變隨緣'이 불교다(不變隨緣之佛)"라고 했어야 했다. 이는 이미 『대승기신론』에서도 밝히고 있는 내용으로 대승불교의 핵심인 진여眞如를 말하기 때문이다. 그러나 선사는 "그것이 바로 역리易理다"라고 했다. 이미 『주역』과 회통하고 융화融和하고 있다. 이는 선사의 역리적 사유이면서도 불교적 사유일 뿐 불교적 입장은 아니다. 불교적 사유로 불교적 입장만을 고수하면 회통하고 융화할 수 없다. 상대(유가)도 마찬가지일 것이기 때문이다.[38]

진여는 우주만유의 실체로서 평등하고도 차별이 없는 절대의 진리로, 바탕(體)은 불변이나 수연하는 성질이 있다(用).[39] 이는 『주역』의 불역과 변역의 다른 표현이다. 불가의 불변이 불역이라면 수연은

---

38 필자는 『주역선해』를 접하고부터 떠나지 않는 의문이 있다. 만약 역학계에서 먼저 "수연불변, 불변수연'이 역리다(不變隨緣之易理)"라고 했다면 불교계의 반응은 어떠했을까? 격의불교 이래로 『주역』의 논리를 빌려다 불교의 우위를 내보이거나 홍보하는 수단으로 삼아왔으면서도 애써 『주역』의 논리를 감춰온 불교였기 때문이다. (후술하는 '불교와 주역의 관계'를 참조 바람.)

39 『대승기신론大乘起信論』에서는 "대승의 법法이란, 바로 중생심을 말한다(所言法者, 謂衆生心)"라고 하였다. 중생심이 곧 대승의 법체이고, 진여이다. 그 진여심에는 불변不變하는 성질과 무명의 인연 따라 변하는 수연隨緣의 성질이 있다. 바탕(體)으로서의 불변하는 성질(마음)은 『주역』의 불역不易에 해당하고, 작용(用)으로서의 인연 따라 변하는 성질(마음)은 『주역』의 변역變易에 해당한다. 더 자세한 설명은 본문 참조할 것.

	주역/불교	주역	불교	체용관계
역리易理 진여眞如	불이不異	불역不易	불변不變, 진여문眞如門	체體
	불일不一	변역變易	수연隨緣, 생멸문生滅門	용用

변역이다. 불변과 불역이 체體라면 수연과 변역은 용用이다. 깨달음을 추구하는 불교에서의 '진여'는 깨달음(覺, 佛)의 대상이자 당체當體이다. 이를 '역의 이치(易理)'라고 천명한 것이다. 역리가 바로 진여라는 뜻으로, 역리로 말미암아 천지만물이 나왔다는 것이다.

나아가 『역경』의 출발점인 「중천건重天乾: ☰」괘 단사象辭의 풀이에서는 아예 '건원乾元=진여불성'으로 전제하고, "법계의 어느 한 법도 건원으로 말미암지 않음이 없다. 요약해서 말하자면 '건원'이 바로 '불변수연不變隨緣, 수연불변隨緣不變'이다"라고 천명한 것이다.

1) 불성佛性이 바로 『역경』에서의 건원이다(불성···›건원).
 – 이는 불교적 사유이다.
불성이 상주하고 있는 이치를 이름하여 건원이라 한다(佛性常住之理名爲乾元). 한 법(一法)도 이 법계로 말미암지 않음이 없고(無一法不從此法界而始), 한 법도 이 법계로 말미암아 건립되고 생장하지 않음이 없으며(無一法不由此法界而建立生長), 또한 한 법도 이 법계로써 그 성정을 삼지 않음이 없다(亦無有一法而不卽以此法界爲其性情). 불성이 상주하는 이치가(所以佛性常住之理) 두루 능히 세상의 모든 법을 출생시키고 성취시키지만(遍能出生成就百界千如之法), 실상은 능히 생하는 것과 생하여지는 것도(而實無能生所生), 이롭게 하는 것과 이롭게 되는 것이 없기(能利所利) 때문이다. 이의 요점을 말하자면(以要言之), 곧 불변하면서 수연하고(卽不變而隨緣), 또한 수연하면서 불변하는 것이다(卽隨緣而不變).

이를 『계사상전, 1장』에서는 "건지대시乾知大始"라 했다. 천지창조
나 우주만물은 '건원'으로부터 시작되었다는 것이다. 그래서 "위대한
시작이라는 뜻으로 대시大始"라고 했다. 건원에 대한 이해를 돕기
위해 선사의 위의 글에 '건원'을 대입해 보자.

2) 건원이 바로 불교에서의 불성이다(건원⋯›불성).
 – 이는 역경적 사유이다.
건원이 만물에 상주하는 이치를 불교의 불성佛性이라 한다. 한
법(一法)도 이 건원으로 말미암지 않음이 없고, 한 법도 이 건원으
로 말미암아 건립되고 생장하지 않음이 없으며, 또한 한 법도
이 건원으로 그 성정을 삼지 않음이 없다. 건원이 상주하는 이치
가 두루 능히 세상의 모든 법을 출생시키고 성취시키지만, 실상은
능히 생하는 것과 생하여지는 것도, 이롭게 하는 것과 이롭게
되는 것이 없기 때문이다. 요점을 말하자면, 곧 불역하면서 변역
하고(卽不易而變易), 또한 변역하면서 불역하는 것이다(卽變易而
不易).

이 같은 사유가 『주역周易』에 대한 「선해」이며, 언어도단言語道斷의
선禪이 대승의 언어(言)로 『주역』을 품은 것이다. 이로써 『선해』에서
의 할 말은 다한 것이다. 나머지는 이에 대한 중언부언에 불과하다.
이미 회통을 하고 있기 때문이다.

 (3) 선사는 「역해발易解跋」에서 『선해』의 저술동기, 시대적 상황,

조국 명나라의 멸망에 대한 회한과 깨달음(依然), 명말청초 혼란기의 지식인으로서 민초들의 안위를 걱정하는 여민동환, 『주역』 공부에 대한 자부심 등등을 자세히 회고하고 있다.

지난날을 돌이켜보니, 온릉에서 꿈결처럼 노닐다가 월대사月臺寺에서 동안거 결제를 하고 있었는데, 곽 씨의 아들이 찾아와서 역의 이치에 대해 묻기에 마침내 붓을 들어 원고를 쓰기 시작하였다(憶曩歲幻遊溫陵, 結冬月臺, 有郭氏子來問易義, 遂擧筆屬稿).

먼저 계사전을 비롯한 오전五傳의 해석을 마치고, 다음으로 상경의 해석을 마쳤으며, 하경에 대한 해석을 절반도 마치기도 전에, 우연히 자운법화의 어떤 요청을 받아들여 원고를 높은 전각에 처박아 두었다. (그리고 얼마 후) 손가락을 꼽아 보니 벌써 삼년 반이나 지났다(先成繫辭等五傳, 次成上經, 而下經解未及半, 偶應紫雲法華之請, 旋置高閣, 屈指忽越三載半矣).

금년 봄(乙酉年, 1645, 47세)에 유도(留都: 南京)의 요청에 응하려다가 병란(전란)으로 석성산石城山이 가로막혀 잠시 제생암濟生庵으로 가서 여름을 보내고 있었다(今春應畱都請, 兵阻石城, 聊就濟生庵度夏). 여름이라 낮은 긴데 할 일도 없고 해서 두세 사람에게 무슨 법문을 해 줄까 생각하며 천태지자의 스승인 혜사(慧思, 515~577)의 『대승지관법문』을 연구하였다(日長无事, 爲二三子商究大乘止觀法門).

다시 남는 시간이 있어 여유를 갖고 역학의 이치(易義)를 보여 주고자, 종전의 전각에 처박아 놓았던 원고를 찾아 비로소 마치게

되었다(復以餘力拈示易學, 始竟前稿).[40]

곽 씨의 아들이 찾아와서 『주역』의 이치에 대해 묻기에 원고를 쓰다가, 중간에 사정이 있어 중단하고 있었는데, 몇 년 후 여름날 해는 길고 별로 할 일도 없어서, 역학의 이치(易義)를 보여주고자 남는 시간에 여유를 갖고 마칠 수 있었다라고 저술동기를 술회하고 있다. 이는 표면적인 이유일 뿐이고, 곽 씨의 아들이 찾아와서 역의 이치에 대해 물을 때는 이미 역리易理를 터득한 때였다.

1627년 이래로 전국적으로 번지는 반란에 대처하지 못하는 무능한 조정과 이 틈을 노리는 청나라의 침략으로 명나라의 명운은 이미 종말을 고하고 있었다. 이같이 급변하는 혼란상은 사대부들로 하여금 『주역』의 연구를 통해 자신들의 처신과 우환을 예측하게 하였으며, 또한 선사로 하여금 『주역』에 대한 관심을 갖게 했을 것이다. 『주역』은 본래 지극한 변화(至易)를 관관觀하여 지극한 변화에 응應하고, 변하지 않는 이치(不易)를 깨닫게 하는 방법이었기 때문이다.

한편으로는 『선해』의 순서에 있어서도 주역철학의 핵심인 『계사전 繫辭傳』을 시작으로 나머지 오전五傳, 상경上經, 하경下經의 순으로 풀어 나갔다. 『선해』는 『주역전의대전周易傳義大全』을 능가하는 대작으로, 이 같은 『선해』 순서는 『주역』 공부는 이런 순서로 해야 한다는 것을 보여주고 있기도 하다.

---

40 1645년은 청의 순치順治 2년, 선사 나이 47세로, 이미 명나라가 망하고 청나라가 들어선 이듬해이다.

아아! 민(閩: 복건성)에서 오吳에 이르기까지 거리로는(地) 삼천여 리에 불과하고, 신사년(辛巳年, 1641, 43세) 겨울부터 이번 여름 (1645, 47세)까지는 시간상으로는 천이백여 일에 불과한데, 세상사 는 허황한 꿈만 같아 모두 잠시일 뿐 만萬 가지 천千 가지로 변화하 니, (지금이) 교역의 시대인가, 변역의 시대인가? 천차만별 세상사 를 겪다보니 시대와 땅도 변했건만, (그래도) 변하지 않은 '의연依然 함'만이 옛날 같구나(嗟嗟. 從閩至吳. 地不過三千餘里. 從辛巳冬至今 夏. 時不過一千二百餘日. 乃世事幻夢. 蓋不啻萬別千差. 交易耶. 變易耶. 至于歷盡萬別千差世事. 時地俱易. 而不易者依然如故).

선사의 "교역의 시대인가, 변역의 시대인가?"[41] 하는 탄식은 천이백

---

[41] 선사는 『선해』의 「서문」에서 '교역交易'과 '변역變易'에 대해 다음과 같이 풀이하 고 있다.

> "역易이란 ① 위아래로 오르내림과 안과 밖으로 들고남이 자유롭기에 상황 은 항상 바뀌는 것이다. 그러기에 애초부터 변화가 없는 꽉 막힌(또는 고정불변) 상황이란 없다. 그러므로 교역交易이라 이름한다(可上可下, 可內可 外, 易地皆然. 初無死局 故名交易). ② 동정動靜과 강유剛柔가 자유롭기에 음양 이 불측하다. 그러기에 애초부터 변화가 없는 꽉 막힌(또는 고정불변) 상황이 란 없다. 그러므로 변역變易이라 이름한다(能動能靜 能柔能剛, 陰陽不測 初無 死局 故名變易)."

선사가 말하는 교역과 변역은 명말청초의 극도로 혼란한 시대에 대한 회한일수 도 있지만, 애초부터 꽉 막힌 상황이란 없으니(初無死局) 곧 진정되지 않겠는가 하는 바람일 수도 있으며, 또한 의연하게 지켜보는 체념일지도 모른다. 주희(朱熹, 1130~1200)는 교역交易이란 천지와 상하 사방이 대대對待함을 이르

여(앞에서는 삼 년 반이라 함) 일 동안의 혼란상에 대한 회한만은 아닐 것이다. 명말청초의 천차만별하는 세상사(혼란기)를 겪으면서 시대도 변하고 땅도 변했건만, 변하지 않는 또는 흔들리지 않는 것이 있으니 자신의 '의연함(초연함)'이라는 무념無念을 얻는다. 여기서 변한 것이 현상現相의 교역이라면, 변하지 않은 선사의 의연함은 실상實相으로 불역인 것이다. 이것이 곧 역리易理이다.

『선해』는 선사의 나이 43세(1641, 辛巳)에 시작하여 청나라가 명나라를 멸한(1644) 1년 후(1645)에 마쳤다.[42] 1641~1645년까지(명말청초) 시간상으로는 삼 년 반(아래에서는 천이백 일이라고 함)에 불과하나, 그 사이 1642년 명나라의 명운을 재촉하는 송산성 전투에서의 패배가 있었고, 1644년 3월에는 이자성(李自成, 1606~1645)의 반란군이 북경을 점령하자 33세의 숭정제는 목을 매어 자살을 하였다.

숭정제가 죽자 5월에는 청의 도르곤이 투항한 명의 장수 오삼계吳三桂와 함께 북경에 진입해 이자성을 격파하고 천명天命[43]을 선포하였다(1644). 이로써 277년의 명明 왕조는 역사의 뒷길로 사라지고 만주족의 청淸 왕조가 들어섰다. 명에서 청으로 시대는 변했으나 땅은 그대로이다. 변역과 교역은 이에 대한 회한일 것이다.

는 것이고, **변역變易**은 음양과 주야의 유행流行을 뜻하는 것이라 하였다.

42 49세(1647)에는 유가의 『사서우익해(四書澫益解: 대학, 논어, 맹자, 중용)』, 55세(1653)에는 실차난타(實叉難陀, Śikṣānanda, 652~710) 한역본 『대승기신론』에 대한 『대승기신론열망소大乘起信論裂網疏』도 저술했다.

43 천명天命은 후금 태조 누르하치의 연호이다.

나는 이로써 '해와 달은 하늘에 걸려 있지만 움직이지 않고, 강물과 냇물은 경쟁하듯 흐르지만 흐르지 않는다'라는 조공(승조 법사)의 말씀이 나를 속이지 않았음을 알 수 있었다(吾是以知日月稽天而不歷. 江河競注而不流. 肇公非欺我也).

그 변하지 않는 이치(不易)를 깨달아, 이로써 지극한 변화(至易)에 응하고, 그 지극한 변화를 관하여, 그 변하지 않는 이치(不易)를 체험하고 보니, '상(常: 현재의 지속)함'과 '무상無常함'이란 결국 두 마리의 새가 한 쌍으로 노는 것이 아니겠는가(觀其至易者. 以驗其 不易. 常與無常. 二鳥雙遊)?

조공(肇公, 384~414)[44]의 "사물은 움직이지 않는다(不流)", "만물은

---

[44] 조공은 『조론肇論』의 저자인 승조僧肇를 가리킨다. 가난한 집안에 태어난 승조는 어려서부터 사대부들이 맡긴 경사經史를 필사筆寫, 수리修理하는 일로 생계를 삼았다. 어느 날 『장자莊子, 제물론齊物論』을 필사하다가 "천지는 나와 함께 살아가며(天地與我竝生), 만물도 나와 더불어 하나가 된다(萬物與我爲一)" 라는 부분에 이르러 문득 깨달은 바가 있었다. 그 후 『유마힐경維摩詰經』을 필사하던 중 "나의 갈 길을 알았다"라고 하면서 출가하여 구마라습(鳩摩羅什, 344~413년)의 가르침을 받았다.

『경덕전등록景德傳燈錄』에 따르면, 그를 등용하고자 하는 후진後秦의 황제 요흥姚興의 거듭된 요청을 거부한 죄로 왕필(王弼, 226~249)에 버금가는 30살의 천재는 요절을 해야 했다. 다음은 그가 남긴 임종게이다.

　사대는 원래 주인이 없고(四大元無主)
　오온은 본래 공한 것일세(五蘊本來空)
　칼날로 내 목을 칠지라도(將頭臨白刃)
　춘풍을 베는 것과 같다네(恰似斬春風)

오고감이 없다(不遷)"는 이른바 『조론肇論, 사불천설四不遷說』[45]의 글을 빌려, 속세의 혼란한 세상사 변화 속에서도 자신의 변하지 않는 '의연함'을 드러내면서, 그 의연함을 『주역』의 '불역不易과 변역變易', 불교의 '상常함과 무상無常함[46], 나아가 『종경록宗鏡錄』의 이조쌍유二鳥雙遊[47], 즉 쌍차쌍조雙遮雙照)[48]의 논리로 회통(대화)시키고 있다.

---

45 인연 따라 일어나는 모든 현상의 공성空性과 불이不二를 중시한 「물불천론物不遷論」과 「부진공론不眞空論」, 반야의 참 뜻을 밝힌 「반야무지론般若無知論」, 열반은 언어 밖에서 드러난다고 설한 「열반무명론涅槃無名論」으로 구성되어 있다. 「열반무명론」은 구마라습의 열반 이듬해인 414년 완성하였는데, 스승의 열반을 추모하기 위해 지은 글로 『주역』의 「십익十翼」을 모방하여 썼다고 한다.

46 『역경』 32번째 괘인 뇌풍항(雷風恒, ䷟)괘 괘사(恒亨无咎 利貞利有攸往)의 『선해』에서, "못(澤, ☱)과 산(山, ☶)을 함(澤山咸, ䷞)이라 함은 '항상함(常)'이 곧 무상無常함'을 말하는 것이다. 우레(雷, ☳)와 바람(風, ☴)을 뇌풍항雷風恒이라 이름하는 것은 곧 '무상함이 곧 항상함'임을 말하는 것이다. 또 함咸이 곧 못과 산이라면, 무상은 항상함에 근본하는 것이다. 항恒이 곧 우레와 바람이라면 항상함은 무상함에 근본하니, 『종경록』에서 두 마리 새가 쌍으로 노는 것에 비유한 이치로서 또한 깨달을 수 있다(澤山名咸, 則常卽无常. 雷風名恒, 則无常卽常. 又咸是澤山, 則无常本常. 恒是雷風, 則常本无常, 二鳥雙遊之喩, 于此亦可悟矣)"라고 하였다. *택산함괘는 『역경』의 31번째 괘이다.

47 이조쌍유二鳥雙遊는 『宗鏡錄』에 나오는 비유로, 『열반경涅槃經, 조유품鳥遊品』에 나온다. 이조二鳥는 잉꼬부부의 상징인 원앙을 말한다(二鳥者, 卽鴛鴦鳥). 원앙은 쌍으로 날고 쌍고 멎는다(雙飛雙止). 여기에서 쌍비는 쌍조(雙飛卽況雙照), 쌍지는 쌍차에 비유하여(雙止卽況雙遮), '체와 용, 이와 사' 역시 이와 같은 이치로, 하나가 아니면서도 서로 떨어질 수 없는 것이다(亦是體用理事, 不卽不離). 생사에는 상과 무상이 있으며, 열반도 또한 그러하다(生死俱常無常. 涅槃亦

'변역의 시대, 교역의 시대'에도 변하지 않는 '의연함'이 「사불천설四
不遷說」의 불천不遷으로 체體라면, 명나라에서 청나라로 바뀐 '시대도
변하고 땅도 변한 천차만별의 세상사'는 천류遷流로 용用이다. 변하지
않는 이치(不易)가 체라면 지극한 변화(至易)는 용이며, 상이 체라면
무상은 용이다. 무상과 상이라는 두 마리의 새가 한 쌍으로 노니는
것(二鳥雙遊)이 바로 선사가 견지하는 '의연함'으로, 쌍차쌍조雙遮雙照
의 중도이자 회통(대화)이다. 이를 놓치면 선사의 발문은 의미 없는
글이 되고 만다.

또한 조공의 글을 빌리는 것은, 명나라가 망하고 청나라가 들어섰지

爾). 아래가 있어 위가 있고, 쌍으로 날고 쌍으로 쉬는, 즉 사가 있으면 이가
있고, 이가 있으면 사가 있다(卽事而理, 卽理而事). 이제가 곧 중이며, 중이
곧 이제이다(二諦卽中, 中卽二諦). 이제가 중이 아니면서, 이제가 중이다. 이런
것이 곧 쌍유의 이치이다(非二中而二中. 是則雙遊義成).

48 쌍차쌍조雙遮雙照는 『영락본업경瓔珞本業經』에서 "쌍조이제雙照二諦의 중도中
道를 설한 이래로, 천태지자(智顗, 538~597)가 『마하지관摩訶止觀』에서 인용하
여 중도를 설하였다.

> 종일토록 말해도 종일토록 말하지 않은 것이고(終日說終日不說),
> 종일토록 말하지 않아도 종일토록 말한 것이며(終日不說終日說),
> 종일토록 쌍차雙遮하여도 종일토록 쌍조雙照한 것이니(終日雙遮終日雙照),
> 깨뜨린 즉 세우고(卽破卽立), 세운 즉 깨뜨리는 것이다(卽立卽破)"라고 하였다.

쌍차雙遮가 쌍조雙照이고 쌍조雙照가 쌍차雙遮가 되니, '깨뜨리는 것(遮)'이
곧 '세우는 것(照)'이고, '세우는 것(照)'이 곧 '깨뜨리는 것(遮)'이다. 따라서
차遮가 조고 조照가 곧 차遮로서, 색色과 공空이 원융圓融하고, 선善과 악惡이
무애無碍하며, 시是와 비非가 원융하고, 중생衆生과 불佛이 무애해서, 오직
원융무애한 일심법계一心法界 외에는 없는 것이다.

만 이는 속세의 분주함일 뿐 선사에게는 명나라가 망한 적도 없고, 청나라가 들어선 적도 없는 불류不流·불천不遷의 '의연함'을 내보이기 위함일 것이다. 속세의 중생들만이 명나라가 가고(往), 청나라가 오는 (來) 왕래往來가 분주할 뿐이다.

징관은 『화엄경소, 왕복서』에서 "가고 옴은 끝이 없지만(往復無際) 동정(가고 옴)은 그 근원이 하나이다(動靜一源)"라고 했다. 그것이 곧 부증불감不增不減의 법계이기 때문이다. 조공의 "가고 옴이 없는 것(不遷)"이나 징관의 "가고 옴이 끝이 없는 것(往復無際)"이나 하나의 법계일 뿐이다.

쌍雙이란 능(能, 주관)과 소(所, 객관), 유有와 무(無, 공空), 동動과 정靜, 이것(此)과 저것(彼), 선과 악, 나와 너, 높고 낮음 등등 일체의 상대적(차별적, 분별적)이고 이분법적인 양변兩邊으로, 여기서는 '상常함'과 '무상無常함'을 말한다. 쌍에서 상대적 양변이 나오고, 양변에서 양변(분별)을 떠난 중도中道가 나온다. 선사의 '의연함'이 바로 중도인 것이다.

내가 어찌 문왕이 유리옥에 갇혀 있으면서 작역作易[49]하셨던 일과 주공이 유언비어로 모함을 받으면서도 하셨던 일[50]과 공자께서

---

49 『주역』의 완성에는 네 분 성인의 도를 거쳤다, 또는 네 분의 공로가 있었다 해서 '인경사성人經四聖'이라 한다. ①자연의 물상物象을 보고 괘의 획을 그은 '획역팔괘劃易八卦'의 복희씨, ②괘에 괘사와 효사를 붙인 작역作易의 문왕과 주공, ③역경의 해설서인 십익十翼을 찬술한 찬역贊易의 공자를 말한다.
50 주공은 무왕 희발姬發의 이복동생으로, 무왕이 죽자 직접 왕권을 장악하라는

천하를 주류하시면서도 틈틈이(息機) 위편삼절하신 뜻을 알 수 있겠냐마는, 세 분 모두 이러한 뜻[51]과 같은 마음이 아닐까(吾安知文王之于羑里. 周公之被流言. 孔子之息機于周流. 而韋編三爲之絶. 不同感於斯旨耶)?

나는 부끄럽게도 세 분 성인의 덕에 비견할 배움이 없지만, (그래도) 세 분의 성인들께서 백성과 더불어 근심을 함께하시던 시대(정신)를 감히 따르고자, 놓았던 붓을 다시 들어 발문을 쓴다(予愧無三聖之德之學. 而竊類三聖與民同患之時). 을유(乙酉, 1645, 47세)년 윤6월 29일(時乙酉閏六月二十九日也).

북천목北天目 도인道人 고오古吳의 우익지욱蕅益智旭 쓰다(書).

한편으로는 은말주초殷末周初의 혼란기에 여민동환與民同患하던 문왕과 주공을 언급하며, 자신도 조국 명나라를 멸하고 들어서는 명말청초明末淸初의 혼란기에 민초民草들의 안위를 걱정하는 여민동환에서

주변의 유혹을 뿌리치고 무왕의 어린 아들 성왕成王을 지극히 보좌하며, 성왕의 명을 받아 관숙과 무경이 연합하여 일으킨 난을 평정하는 등 건국 초기의 국가 기틀을 다졌다. 여기서 유언비어란 형 관숙이 동생들과 함께 '주공이 어린 태자에게 이롭지 못할 것이다'라는 중상모략을 한 것을 말한다. 그럼에도 성왕을 보좌하여 은말주초의 혼란기를 극복하고, 주나라를 반석 위에 올려놓았다. 이런 일은 모함을 받더라도, 자신에게 이익이 없더라도 누가 하든 꼭 해야 할 일이다. 이를 소명召命이라고 한다. 주공은 소명을 다했기에 성인聖人 반열에 올라 공자가 꿈에서라도 만나보길 원했던 성인이 되었다.

51 앞 구절인 "得其不易者, 以應其至易, 觀其至易者, 以驗其不易", 즉 상과 무상, 두 마리의 새를 한 쌍으로 보는 '의연함'을 가리킨다.

쓴 글이라고 밝히면서 지식인의 '우환의식'을 드러내고 있다. 이는 구도자이자 지식인의 전범典範이라 할 수 있다. 시대도 변하고 땅도 변했음에도, 변하지 않은 '의연依然함'에서 '여민동환'하는 우환의식이 나오는 것이다. 아마도 선사의 의연함은 백성만 편안하다면야 '명의 시대면 어떻고 청의 시대면 어떻겠는가?' 하는 체념일지도 모른다.

아울러 『주역』을 선해禪解하는 자신을 공자의 위편삼절에 비유함으로써 『주역』 공부에 대한 경지가 공자의 위편삼절 정도는 되지 않겠는가 하는 자부심도 함께 드러내고 있다. 이미 오래전부터 『주역』에 대한 이치(易理)를 터득하고 있었다는 뜻이다.[52] '주역의 선해'는 불법에 대한 지식에 앞서 『주역』에 대한 해박한 지식 없이는 불가한 작업이기 때문이다. 여기에 무슨 "불교와 유교 상호 간의 대립과 갈등을 해소하고 이해와 융합을 모색하고자 했다"라는 생뚱맞은 저술동기가 끼일 수 있겠는가?

선사는 선해의 과정에서도 『주역』과 불법을 대비할 경우는, 먼저 『주역』의 본문을 『주역』의 방법으로 주석을 한 다음, 다시 "불법으로 해석하자면(佛法釋者)"이라고 하면서 『주역』과 불법을 회통시키면서도 결코 어느 한쪽으로 '치우치지 않는 공손한 서술적 태도'를 보이고 있다.

다음은 중천건괘 육효(六龍)를 천태天台의 육즉六卽[53]의 수행계위에

---

52 선사는 이미 초연수(焦延壽, 생몰년 미상)의 『초씨역림焦氏易林』을 상전 10장의 선해禪解에서 언급하기 때문이다.

53 육즉六卽의 '육六'은 천태의 6단계 수행계위에 맞춰 얕은 곳에서 깊은 곳에 이르기 때문에 6이라 하고, '즉卽'은 나타난 이치의 본체에 맞추면 계위가

대입시키는 예이다.

불법으로 건괘의 육효를 해석하자면(佛法釋乾六爻者), 용은 신통변
화를 부리는 영물이니 불성에 비유할 수 있다(龍乃神通變化之物,
喩佛性也).

①초구初九, 이즉위는 불성이 번뇌로 덮여 있기 때문에 쓰지 말라
(理卽位中, 佛性爲煩惱所覆故勿用). 이理라고 하는 것은 이지理智의
뜻으로 번뇌에 파묻혀 아직 원교圓敎의 묘한 가르침을 듣지 못한
때, 또는 일체중생이 모두 불성인 여래장의 이理에 거주함에도
번뇌로 덮여 있어 이를 깨닫지 못한 단계.

②구이九二, 명자위는 스승과 도반을 만나보는 것이 마땅하므로
대인을 만나 봄이 이롭다(名字位中, 宜參見師友. 故利見大人). 선지식
이나 경권(大人)으로부터 부처와 중생이 같은 것이라는 말을 들어
야 하는 단계.

③구삼九三, 관행위는 마땅히 쉬지 않고 정진을 해야 하기에 낮에는
종일토록 노력하고 밤에도 삼가 근신해야 한다(觀行位中. 宜精進不
息. 故日乾夕惕). 가르침(관행)에 따라 수행하는 단계.

④구사九四, 상사위는 사이비 도와 법에 집착하지 않는 까닭에

둘이 아니기 때문에 대립되는 사상事象이 융합하여 차별 없는 하나가 된
경계를 말한다. 따라서 육즉이란 본체 면에서는 부처와 중생이 같은 것이지만,
현상 면에서는 그 차이가 있다는 것을 전제로 한다. 이것은 자신은 부처와
같다고 하는 자만심과 자신은 부처가 될 수 없다고 하는 비굴한 생각으로부터
벗어나게 하려는 뜻에서 세워진 현실적인 계위척도이다.(참조: 『천태사교의天台
四敎儀』.)

혹 용이 승천을 위해 물 밖으로 뛰어올랐으나 다시 물속으로 돌아간 다(相似位中. 不著似道法愛. 故或躍在淵)라고 한다. 시도만 했을 뿐 아직 승천을 못한 것이다. 비슷한 증득을 하므로 상사相似라 한다.

⑤구오九五, 분증위는 여덟 가지 상으로 도를 이루어 뭇 중생들을 이익 되게 하므로 사람들을 이익으로 제도한다(分證位中. 八相成道. 利益群品. 故爲人所利見). 무명의 한 부분을 깨뜨리고, 법성의 한 부분을 보게 되는 분증分證의 단계.

⑥상구上九, 구경위는 열반에 들지 않고 구계에 함께 윤회하므로 뉘우침이 있다(究竟位中. 不入涅槃. 同流九界. 故云有悔). 지혜와 번뇌 의 끊음이 원만한 단계.

일부의 주장처럼 불교와 유교 상호 간의 대립과 갈등을 해소하고 이해와 '융합'을 모색하고자 하였다면 『선해』 역시 이전 세대에 나온 도가나 유가의 논리를 빌려다 불교의 우위를 주장하는 여타 불교우위 론 저술 중의 하나에 불과했을 것이다.

II. ☯주역

• 『주역』에 대한 이해[54]

『주역』은 후대 사람들이 붙인 이름으로 주周나라 때에 만들어졌다
하여 『주역』, 또는 문왕이 만들었다 하여 『문왕역文王易』이라고도
한다.

1. 『주역』의 문자적 의미

1) 나라이름 주周: 조대朝代의 의미로, ①역易이 만들어진 시기가
주대周代라는 시간적 의미와 ②주周나라라는 공간적 의미가 있다.
주대라는 말에는 은대殷代나 하대夏代의 역도 있다는 뜻이니, 하夏나라
의 연산역, 은殷나라의 귀장역도 있었다는 논증이기도 하다.

2) 두루 주周: 두루 미치지 않는 곳이 없는(周偏) 보편적 진리라는

---

54 여타의 저자들이 밝히는 흔하고 진부한 이야기는 생략하고, 30여 년 유불선을
독학讀學·독습讀習하면서 깨달은 바를 밝히고자 한다.

의미로, 역易은 상하上下 사방四方 사유四維에 두루(周) 미치는 광대무
변한 진리(이치)를 담고 있다는 견해이다.

　따라서 『주역』의 공부는 주周나라의 『주역』이 아닌, 두루 미치지
않는 곳이 없는(周徧) 광대무변한 보편적 진리로서의 『주역』에 대한
공부이다. 이런 의미에서의 주역이 역경易經이다.[55] 위에서 보듯이
『주역』이 주나라의 독창적인 역이 아니라 연산역, 귀장역의 발전적
계승이기 때문이다.

2. 역(易＝日＋月)과 밝음(明＝日＋月) – 모든 종교의 연원

1) 역易은 해(日)와 달(月)이 바뀌는 것(易)

이로 인해 밝음(明)이 생겨난다. 빛을 뿜어주는 태양(日)과 태양 주위
를 돌면서 쉼 없이 차고 기울어지기를 반복하며(易) 태양 빛을 반사하는
달(月)의 조화로 밝음(明)과 어둠(暗)이 생겨난다. 『하전 5장』에서는
해와 달이 서로 밀침(相推)으로써 밝음이 생겨난다고 한다.

　해가 지면 달이 뜨고, 달이 지면 해가 뜨니(月往則日來), 해와 달이
　서로 밀쳐서 밝음이 생겨난다(日月相推而明生焉).

---

55 『주역』이라 함은 역경易經＋역전易傳＋역학易學을 포함하는 광의의 『주역』을
　말한다.
　　① 역경은 문왕과 주공의 64괘의 괘사와 효사.
　　② 역전은 공자가 지었다는 십익十翼.
　　③ 역학은 역경과 역전에 대한 학설 연구서.

해(양)와 달(음)이 바뀜(易)으로써 밤낮이 바뀌고(易), 사시(四時, 계절)가 바뀐다(易). 이것이 '바뀐다', '변한다'는 의미의 변역變易으로[56] 불교에서의 무상無常이다.

2) 밝음(明) - 모든 종교의 연원

역易에는 세상의 모든 이치를 드러내(象) 밝혀준다(明), 또는 세상의 모든 이치(밝음, 빛, 明)를 담고 있다는 의미가 있다. 『상전 11장』에는 밝기로는 해와 달보다 밝은 것은 없다고 한다.

형상(象)을 드러내(縣: 허공에 매달아) 뚜렷이 밝힘에는 해와 달보다 큰 것이 없다(縣象著明, 莫大乎日月).

역경易經의 64괘를 설시한 태호 복희太皥伏羲의 태太는 크다, 호皥는 '밝다'는 의미로 이를 합하면 태양(크게 밝음, 明)이 된다. 태양의 밝은 빛은 태고의 인류에게 절대적인 경외敬畏의 대상이었다. 태양에 대한 경외로 말미암아 고대문명은 모두 태양(明)을 숭배하였으며, 이로 인해 태양을 숭배하는 종교가 생겨나게 되었다. 태양이 곧 광명光明으로 하느님이었기 때문이다.

지구상의 모든 생명체의 원초적 동력이 태양에서 비롯한다는 오늘날의 과학적 관점에서 보아도 이러한 인식은 미신이 아니라 태양열과

---

56 『설문해자』에는 '역'을 도마뱀의 상형(象形: 석역蜥易, 언정蝘蜓, 수궁守宮)으로, 도마뱀은 하루에도 12번이나 몸의 빛깔이 변하기 때문에 역易이라 한다고 하였다. 여기에서부터 '바뀌다', 즉 '변화'라는 의미가 도출되었다.

빛의 작용에 대한 순수한 생물학적, 천문학적 이해였다. 농경사회로 접어들면서 태양의 1년의 주기를 계산하여 1년이 365 1/4일이라는 역법曆法을 완성했으며, 후대로 오면서 인간의 인지능력의 발달과 더불어 인간의 욕구에 따라 만들어진 무수한 신神들과 불보살들이 등장하게 되었다.

①인류문명과 모든 종교는 밝음(光明)에 연원淵源한다.

태초의 어두움(無明, 혼돈, Chaos)에서 밝음(光)으로 나오는 것이 지혜이고 종교이고 문명이다. 밝음(光明)은 태양이 떠오르는 동東으로부터 오기에 동은 곧 광명을 상징한다. '동東' 자는 나무(木)에 해(日)가 걸린 형상으로 태양이 떠오르는 쪽은 생명의 탄생, 시작을 상징한다.[57]

태호 복희로부터 시작된 광명사상은 동방 동이東夷족 사상의 원형으로 동방은 문명의 태동을 의미한다. 태호 복희로부터 문명이 시작되었다는 뜻이다. 또한 세상의 모든 종교는 밝음(明)에 연원淵源한다.

불교에서 부처님의 깨달음(緣起)을 아는 것이 밝음(明)이고 지혜이고 해탈이다. 이를 모르는 것이 고苦이고, 미혹이고, 무지이고, 무명(無明, 어두움)이다. 『천수경』에는 법계를 밝히는(明) '옴람(Aum Ram)'이라는 진언이 있다.

람(ram)은 광명光明, 화대火大의 종자(지혜의 불, 번뇌를 태워 법계를 정화하는 불꽃)라는 뜻이다. 따라서 '람'은 법계의 번뇌 망상을 다

---

57 김선주, 『인류문명의 뿌리』, 상생출판, 2010.

태워버린다는 의미 이상이다. 화대火大의 종자(지혜의 씨앗)를 심어, 싹이 나서 열매를 맺고 또 그 씨앗을 심고, 이렇게 반복할 때 법계는 지혜로 가득 찰 것이며, 태워버릴 번뇌 망상도 없을 것이기 때문이다.[58]

『화엄경』과 밀교경전들의 교주인 법신불法身佛로서의 '비로자나불毘盧蔗那佛'은 범어 마하바이로차나(mahāvairocana-tathāgata)의 음역으로 마하(mahā)는 크다(大), 바이로차나(vairocana)는 일(日, 태양)로서 광명(지혜, 진리)을 상징하는 불교의 태양신(明)이다. 비로자나불은 태양이 모든 곳을 두루 비추는 것(大遍照)에 비유하여, 그 신광身光과 지광智光 또는 혜광慧光이 사리事理에 걸림 없이 통하는 것을 상징한다.[59] 밀교에서 대일여래大日如來라고 하는 것도 같은 연유에서다.

비로자나불은 우주의 삼라만상에 두루 충만해 있는 영원무변하고 보편타당한 진리의 부처님으로, 비로자나불의 광명(진리, 혜광)이 우주의 세상 모든 것에 내재해 있기에, 세상 만물이 모두 비로자나불의 화현化現이며, 우주 그 자체가 대일여래의 법문이다. 두루 일체처에 비춘다는 의미로 변일체처遍一切處, 광명변조光明遍照, 대일변조大日遍照 등으로 의역意譯하며, 비로자나毘盧蔗那는 비로사나毘盧舍那, 비로절나毘盧折那, 노사나盧舍那, 페로자나, 자나 등으로 음역音譯한다.

---

58 최세창, 『천수경 제대로 공부하기』, 운주사, 2022.

59 사리(事理: 일과 이치)에 걸림이 없는 것(無礙)을 화엄華嚴에서는 이사무애理事無礙라 한다. 『화엄경』의 가르침을 한마디로 요약하면 무애無礙이다.

서방정토를 추구하는 아미타불阿彌陀佛 역시 무량광불(無量光佛, Amitabha)로, Amita는 '끝없는', abha는 '광명光明'의 뜻이다.[60]

우리나라 전역의 산에는 비로봉毗盧峯이 있다. 비로봉은 대개가 여러 산 중에서 제일 높은 산이다. 제일 높은 산이 아침에 떠오르는 태양 빛을 제일 먼저 받기 때문이다.

고대 이란의 조로아스터(Zoroaster, BC660~583)가 창시한 배화교拜火敎 역시 밝음(明)을 이야기하고 있다. '광명과 선'의 신인 아후라 마즈다(Ahura-Mazda)를 숭배하는 배화교는 천국에는 아후라 마즈다 아래 6개의 선령이 있고, 그 아래에 태양·달·별 등 다수의 선령이 있다고 하며, 불(火, 밝음)을 아후라 마즈다의 아들로서 신성시하며 악을 태워 깨끗이 하는 의례를 중시하였다.

사산 왕조 페르시아 시대(3~7세기)에 완성된 『아베스타(Avesta)』 성전에 의하면 선과 악의 두 원리가 대립, 투쟁하고 있는데 궁극적으로는 '빛과 선의 신(明)'이 승리하며, 인간이 선의 신 편에 서서 싸운다면 최후의 심판에 따라 천국에 태어난다고 한다.(참조: 다음 백과.)

기독교에서도 밝음(明)과 어두움(無明)을 이야기하고 있다. 하느님 (Logos, 말씀)을 아는 것이 밝음(明, 아침, 낮)이고 구원이고, 하느님을 모르는 것이 어두움(無明, 저녁, 밤)이고 지옥인 것이다.

---

60 아미타불의 아미따바(Amitabha), 아미따유스(Amitayus)는 '끝없는 광명', '끝없는 수명'의 뜻으로 무량광불無量光佛, 무량수불無量壽佛이다. 이중 Amita는 '끝없는', abha는 '광명', ayus는 '삶, 수명(생명)'이란 뜻이다.

태초에 하나님이 천지를 창조하시니라. 땅이 혼돈하고 공허하며 흑암黑暗이 깊음 위에 있고 하나님의 영은 수면 위에 운행하시니라. 하나님이 가라사대 빛(明)이 있으라 하시매 빛이 있었고, 그 빛이 하나님이 보시기에 좋았더라. 하나님이 빛과 어두움을 나누사, 빛을 낮(明)이라 칭하시고 어두움을 밤(無明)이라 부르시니라. 저녁이 되고 아침이 되니 이는 첫째 날이니라. ―「창세기」 1장 1~5절

② 일월지도日月之道

역易이란 이와 같이 바로 일월(해와 달, 밝음과 어두움)의 운행과 변화의 원리를 나타낸다 하여 일월지도日月之道, 음양지도陰陽之道라고도 한다. 세상의 어떤 종교나 철학도 이를 벗어날 수 없다.[61] 세계 문명의 발달도 이로부터 시작되었다.

대빙기를 지나 신석기 시대로 접어들면서 추위가 해소되고서야 비로소 어두컴컴한 동굴(穴居)에서 나와 양지바른(明) 언덕에 초막草幕을 짓고, 짝을 찾아 가정을 이루고 씨족과 부족사회(社會: society)를 형성했던 것이다.

53,000~70,000년 전 최후의 빙기氷期가 오기 전까지의 구석기

---

61 일월의 숭배는 세계적인 가치이며, 언제나 중요한 위상을 차지하지만, 수미산을 정점으로 하는 불교의 우주관에서는 일천자日天子나 월천자月天子는 수미산 중턱(허리)을 도는 하급신일 뿐이다. 이는 인도의 '무더운 기후'와 선정문화禪定文化에 의해, 日月보다 높은 가치인 色界와 無色界가 너무 비약적으로 발전했기 때문으로 사료된다.(참조: 엄중섭, 『불교 우주론宇宙論 일월광日月光의 상징 분석』, 동국대학교, 2011.)

시대 사람들은 먹거리에 대한 걱정을 할 필요가 없었다. 당시는 지구가 무척 뜨거워서 시베리아 벌판에도 열대성 수목들이 무성하고 열매가 넘쳐나서 먹거리에 대한 걱정이 없었다. 그저 따먹기만 하면 됐기 때문이었다.

구석기 시대에는 하루의 절반은 밝고(낮) 절반은 어두웠다(밤). 시베리아 벌판에도 맘모스나 공룡과 같은 거대 초식동물들이 우글거리므로 어두운 밤에는 항상 무섭고 불안했다. 태양이 뜨는 낮에는 밝고 따뜻해서 행복을 느꼈다. 따라서 가장 좋고 가고 싶은 곳이 밝은 태양이 뜨는 곳이었다. 유라시아 구석기인들이 태양이 뜨는 밝고 행복한 곳을 찾아 동쪽으로, 동쪽으로 이동을 해 한반도까지 온 것이다. 우리는 유라시아에서 이동해 온 민족이다.

53,000~70,000년 전 대빙기가 오면서 태양광선은 90%가 차단되어 오직 10%만 지구에 닿았다. 식물들은 광합성(photosynthesis) 작용을 못해 말라죽고, 거대 공룡이나 맘모스(mammoth)를 포함한 모든 동물들도 먹을 것이 없어 모두 굶어 죽었다. 구석기인들의 90%가 얼어 죽거나 굶어 죽고, 10% 정도만 따뜻한 곳을 찾아 북위 40도 이남으로 남하했다. 북위 40도 이북에는 얼음이 꽁꽁 어는 툰드라(Tundra)가 되었다. 당시 적도의 평균기온이 섭씨 10도였다고 하니 무척 추운 기후였다. 현재의 중국 북경이나 평안북도 신의주가 북위 40도 접경지이다.

태양광선이 온전히 지구에 닿아 오늘날과 같은 기후가 회복된 것은 12,000~12,500년 전부터다. 이로부터 신석기 시대가 시작된 것이다. 그 이전에는 동굴 속에서 집단생활을 했으나, 이제는 어두컴컴한 동굴에서 나와 양지바른 언덕에 간단한 움집을 짓고, 도구를 만들어 들과 강으로 나가 수렵狩獵과 천렵川獵을 하고, 남녀가 짝을 지어 가정을 이루면서 자기 자식을 구분할 수 있었고, 나아가 씨족 → 부족 → 국가의 형태로 발전해 갔다.[62] 이로부터 문명이 시작된 것이다.

이렇듯 지구상(地)의 모든 생명은 태양(日, 天, 明)의 영향을 받는다. 따라서 태양(하늘)이 하느님이고, 태양(하늘)이 신앙이고 종교였다. 역易에서 일월지도日月之道를 바탕으로 천지의 도(天地之道)를 세워 '인간의 도(人間之道)'로 삼는 것은 너무나 당연한 것이다.

그러나 역易에서는 무엇을 섬기거나 빌고, 기원하는 것이 없다. 단지 '천지의 도'를 따를 때만이 '천인합일天人合一·천인합덕天人合德 하는 삼재지도三才之道'의 '인간다운 인간'이 되는 것을 말할 뿐이다.

3. 『주역』 – 사유의 원형

『주역』을 공부하는 목적은 '올바르게(正)' 사유思惟하는 깨어 있는 국민(시민)이 되는 데 있다. 국내외적으로 표출되는 갈등이나 충돌은 모두가 자기만의 올바른 사유(邪惟, 삿된 생각)에 집착하기 때문이다. 우리나라 정치권에서 보여주는 국론의 분열상은 이를 극명하게 보여주고 있다. 이대로 가다가는 나라의 존립이 위태로울 지경이다.

---

[62] 신용하, "한민족의 기원 및 형성과 고조선 문명의 탄생", 제18차 대동재단문화포럼, 2018, 9, 11. https://youtu.be/8NKkujjKZ20

1) 국가존립에 대한 사유

사유 1

대한민국 국민으로서 우리나라의 현실과 미래에 무관심한 사람은
없을 것이다. 우리나라가 보다 나은 미래로 나아가길 바라는 마음은
우리나라 축구팀을 응원하는 붉은 악마의 마음과 다르지 않을 것이다.
우리나라가 보다 나은 미래로 나아가기 위해서는 무엇보다도 국민
모두가 우리나라 축구팀이 승리하길 바라는 붉은 악마의 마음과 같은
일치되고 단합된 마음가짐이 필요하다. 이 같은 우리나라의 현실과
미래에 대한 마음가짐을 국민들의 정신적 자세 내지 가치관이라 할
때, 이 같은 가치관의 정립이 시급하다. 가치관이란 행동을 지배하는
'의식意識'이기 때문이다.[63]

'의식'은 순간순간 떠오르는 단세포적인 생각이 아니라, 환경·교육
(강의)·독서·여행·직간접 경험·명상 등등을 통해 접한 사물(事·物)에
대한 생각 생각들이 '발효醱酵 숙성熟成'의 과정을 거쳐 형성된 가치관
을 말하며, 단세포적인 생각 생각들이 '발효 숙성'의 과정을 거쳐 '의식'
에 이르기까지의 과정을 사유思惟라 한다.

이로써 생각과 지혜의 근육을 튼튼하게 키워 인문학적 소양[64]을

---

63 金泰吉,『人間回復序章』, 三星文化財團, 1973; 필자가 50년 전에 읽은 책이지만
  지금도 가끔씩 꺼내 읽는 책이다.

64 인문학人文學이란 인간의 인간다움과 그 근원을 탐구하는 학문이다. 그러나
  동양에는 'Humanities'의 번역어인 '인문학'은 물론 '과학'이란 용어가 없었다.
  사서삼경을 비롯한 동양의 고전 자체 또는 전체가 서양에서 말하는 인문학이자
  과학이었기 때문이다.

가진 건전한 사회인으로 성장하는 것이다. 인문학적 소양을 가진
깨어 있는 사회인(지식인)이라면 이념이나 진영의 논리에 부화뇌동하

사서삼경을 비롯한 동양고전을 동양학東洋學이라 할 때, 동양학은 학문(知識,
앎)과 실천의 지행합일知行合一을 목표로 하는 수신修身과 치세治世의 학문이
다. 아무리 많이 안다 할지라도 실천(行)이 따르지 못하면 온전한 앎이 아니다.
따라서 동양에서의 인학문이란 인간다움에 대한 탐구와 인간다움(지식, 앎)을
어떻게 실천할 것인가를 탐구하는 학문이라 할 수 있다.

인간다움이란 인간이 동물과 구분되는 근본적 특징으로, 사람이 다른 사람에게
차마 할 수 없는 마음(不忍人之心)이 있어서, 그 마음에 따라 해야 할 것은
행하고, 하지 말아야 할 것은 행하지 않는 것을 말한다. 누군가 어린 아이가
깊은 웅덩이 쪽으로 기어가는 것을 본다면 달려가 어린 아이를 구하는 것은
남의 불행을 차마 그대로 보아 넘기지 못하는 마음, 즉 '측은지심惻隱之心'이
있기 때문이다. 아이를 구하고 어떤 보상이나 아이를 구하지 않았을 때의
주변으로부터 받을 비방은 애초부터 생각 밖의 일이다. 따라서 인간다움이란
바로 측은지심으로부터 시작된다.

남의 어려움을 보고 측은하게 여기는 마음(惻隱之心, 仁), 자신의 잘못을 돌아보
고 부끄러움을 느끼는 마음(羞惡之心, 義), 타인을 배려하고 사양하는 마음(辭讓
之心, 禮), 옳고 그름을 가리는 마음(是非之心, 智), 이 네 가지(四端)가 인간다움의
근본이라 할 수 있다. 유가의 인仁, 불가의 자비, 기독교의 사랑 등등은 모두
여기에 포함된다.

따라서 자신의 잘못을 인정하지 않고 궤변을 일삼으며 거짓말을 밥먹듯이
하는 인간, 남의 불행으로 자신의 행복을 사는 인간, 부끄러움이나 수치심을
못 느끼는 철면피 인간, 옳고 그름에 대한 판단력이 없는 인간은 자신은
물론 주변과 사회공동체에 해악만 끼치는 인간들이다. 맹자는 이같이 인의예
지仁義禮智 사단四端을 저버린 자를 '잔적殘賊'이라 했다. 잔적이란 사회나
국가를 좀 먹는 자를 말한다. 우리 사회는 지금 잔적들이 너무나 많다.(참조:
『맹자, 공손추상公孫丑上』)

여 그들의 선동 수단으로 동원되는 소모품은 되지 않을 것이다. 또한 스스로 보람 있고 가치 있는 삶을 살고자 노력할 것이기 때문이다.

사유 2

고구려 멸망 이후의 우리 역사에서 중국보다 경제적으로 풍요롭고 과학과 문화가 앞선 시대는 일찍이 없었다. 지금의 대한민국은 국운 상승기에 접어들었다는 뜻이다. 그럼에도 핵무장한 동족과 대치하고 있는 오늘날만큼 '자유 대한민국'의 존립(生存)에 대한 '사유'가 요망되는 때도 또한 일찍이 없었다. 불행인지 다행인지는 모르나 한·중·일 삼국 중에 한국만이 자신의 울타리(自存)를 넘어 패권을 지향하거나 세계경영을 해본 경험이 없다. 패권이나 세계경영을 지향했다는 것은 적어도 자기 생존의 능력(自存)을 넘어섰다는(침략) 의미이다. 국운 상승기에 접어든 지금 우리가 시급히 할 일은,

첫째, 어떻게 생존生存할 것인가이다.

생명을 가진 존재에게 생존보다 중요한 것은 없다. 생존은 타의에 간섭받지 않고 스스로를 지키며 살아갈 수 있는 능력을 가질 때만이 가능한 것이다. 오늘날 러시아의 우크라이나 침공과 북한의 핵무장, 중국의 대만에 대한 협박의 예에서 보듯이 생존은 수시로 도전받는다.

생존을 보장하는 것은 스스로를 지킬 수 있는 자위능력이다. 자위는 공격에 대한 방어만 말하는 수동적 개념이 아니다. 생존을 위협하는 잠재적 상황에 대해서는 선제적 공격도 불사하는 적극적인 개념이다. 자위능력도 없이 평화를 운운하는 것은 공염불에 불과하다는 것은 무수한 역사가 증명하고도 남는다. 생존 없이 철학이니 깨달음이니

하는 것 또한 공허한 헛소리에 불과하다. 국가나 국민의 모든 역량은 우선적으로 스스로를 지킬 수 있는 자위능력에 집중되어야 한다.

둘째, 어떻게 자존自尊할 것인가에 대한 '사유'이다.

자존은 배타적인 사유가 아니다. 생존은 하되 어떻게 지역공동체에서 주도적인, 주체적인 역할을 하며 공존共存할 것인가에 대한 '사유', 즉 자존에 대한 사유가 있어야 한다. 우리의 자존에 대한 주체적인 사유가 없다면 생존은 하되 타의에 의한 맹목적인 추종과 굴종을 강요당하는 종속적인 삶을 살아야 할 것이다.

결론, 세계 2위, 3위의 경제 대국인 중국과 일본과는 어떻게 하면 EU나 ASEAN처럼 서로의 국경을 넘어 하나의 문화권 내지 경제 및 안보 연합체로 묶을 수 있을까?

사유 3

중국과 일본의 틈바구니에 낀 우리가 "자유 민주주의의 통일 대한민국(Unified Korea)"으로 발전 영속永續하기 위해서는 무엇보다도 한·중·일 삼국을 선도할 수 있는 사유체계의 재정립이 시급하다. 중국과 일본의 공감을 얻기 위해서는 우리끼리만 통하는 사유체계(Philosophical Concept)나 주제(Main subject/theme)로는 불가하다.

다행히도 한·중·일 삼국에는 2천여 년을 공유해 왔던 유·불·선은 물론 나아가 『주역』이라는 동이족의 사유체계가 있다. 『주역』의 사유체계는 갈등과 대립이 아닌 공존을 위한 이해와 협력의 사유체계이다.

오늘날 기초과학을 육성하고, 기술과 산업발전을 이루고, 국력(국방력)을 신장하는 국가경영은 각자도생各自圖生이 아닌 공존을 위한 이해와 협력의 사유체계여야 한다. 이해와 협력이 아닌 갈등과 대립은 분명 인류 보편적 가치[65]는 물론 『주역』의 사유에도 반하는 것이다. 보편적 가치는 정치·경제·사회·문화·예술 등 모든 분야에서 우선해야 하는 근본가치로서 '올바른(正)[66] 사유(思惟: 생각, 이성, 사상, 철학, 진리)'에 바탕한다.

그럼에도 21세기 동아시아의 국제정세는 북한의 핵무장과 패권을 지향하는 중국의 급부상, 우경화로 치닫는 일본의 야망으로, 이해와 협력을 통한 지역공동체의 발전이 아닌 대립과 갈등 속에서 한·중·일 삼국이 각자도생해야 하는 불안하고도 불길한 환경이 조성되고 있다. 이대로 넋을 놓고 있다가는 빛바랜 막시즘(Marxism)과 동북공정의 수렁으로 빠져들어 사대事大와 조공朝貢으로 연명하던 조선시대로

---

65 인간의 존엄한 인권·자유·평등 등과 같이 시대와 장소를 초월하고, 인종·민족·국가·이념·종교·성별·당파 등등을 초월하여 협력하고 추구하여야 할 '인간다움'의 가치를 말한다. 종교나 철학에서 표방하는 사랑·인·자비·휴머니즘 등등이 '인간다움'의 가치이다. 동양에서는 이를 도道라고 하였다. 필자는 이 같은 도의 추구를 '사유'라고 한다.

66 세상에는 사람의 수만큼 '올바름'이 존재한다. 각기 자기의 '올바름'만을 주장함으로써 대립과 충돌이 생겨난다. 각기 주장하는 '올바름'은 불교에서 지양止揚하는 분별이고 차별이다.

페르난도 사바테르는 자신의 책이 "'올바르게' 생각하는 시민을 만들어 내는 데 있는 것이 아니라, 스스로 생각하는 사람들의 정신적 성장을 돕는 데 있다"라고 하였다. 우리는 자신만의 올바른 생각보다는 각기 다양하고 폭넓은 생각을 함으로써 정신적 성장을 이루어 그 생각이 올바르게 하여야 한다.(참조: 페르난도 사바테르, 안성찬 옮김, 『윤리, 최대한 쉽게 설명해 드립니다』, 이화북스, 2019.)

돌아갈지도 모르기 때문이다.[67] 세계 10대 경제대국의 반열에 오른 '자유 대한민국'이 무색해지는 가정이다.

2) 다스림(治)에 대한 사유

전한시대의 사마천(司馬遷, B.C. 145?~B.C.91?)은 그의 「태사공자서太史公自序」에서 다음과 같이 말하였다.

『계사, 하전 5장』에 이르길 "천하가 이르는 곳은 하나(목표, 목적)이나 이르는 곳을 향한 생각은 수백 가지이다(天下一致而百慮). 이르는 곳은 같지만 가는 길은 다른 것이다(同歸而殊塗)." 대저 (춘추전국시대의) 음양가·유가·묵가·명가·법가·도덕가 등은 모두 '다스리는 것(治)'에 힘쓴 사람들이다(夫陰陽·儒·墨·名·法·道德 此務爲治者也). 단지 (그들이) 따르는 바로 말하면(直所從言之) 길이 다를 뿐인데(異路) (어떤 것은) 후세에 전해져 성찰이 되고, (어떤 것은) 성찰되지 못했을 뿐이다(有省不省耳).

---

67 중국의 김경방은 『주역전해』에서 "마르크스주의를 널리 알려야 한다"라고 했다. 순순해야 할 『주역』에 이념의 빨간 물이 든 것이다. 참으로 섬뜩했다.

　　가장 먼저 얘기해 둘 것은 이 책의 해설은 공자가 『역대전易大傳』을 지으면서 열어 놓은 길을 정성을 다해 힘써 지키고 있다. 이 점은 『주역』이 점치는 책이라는 것을 결코 부인하지는 않지만 착안점은 오히려 점치는 것에 있는 것이 아니라 그 속에 담겨 있는 사상에 있다. 몇 가지 분명한 것은 우리는 미신을 널리 알리는 것이 아니라 마땅히 진리를 널리 알려야 하며, 마르크스주의를 널리 알려야 한다.(김경방·여소강, 안유경 옮김, 『주역전해』, 심산, 2013.)

이처럼 춘추전국시대의 제자백가들이 공통적으로 주장한 사유思惟는 '다스림(治)'에 관한 것이었다. 치治란 바로 바른(正) 다스림(治)으로서의 정치(正治)를 말한다. 바른 다스림으로서의 정치는 통치자의 권력 행사만을 의미하지 않는다.

치治에는 ①세상을 다스리는 치도(治道, 질서, 利他)에 앞서 ②자신을 다스리는 수신(修身, 修行, 自利)의 의미가 함께 있기 때문이다.

동양학에서의 '치治'는 전통적으로 수기치인修己治人·성기성물成己成物·내성외왕內聖外王[68]을 의미한다.

---

[68] 내성외왕은 이상적인 제왕의 모습을 가리키는 말로, 맹자가 주장한 왕도정치王道政治와 같은 의미이다. 내성외왕은 안으로는 성인의 덕을 갖추고 밖으로는 제왕으로서의 능력을 갖춘다는 뜻으로, 『장자, 천하』편에 전한다.

천하가 크게 어지러워지자 현인이나 성인은 모습을 감추었고, 도덕은 하나로 통일되지 않아 천하 사람들은 일부만 알고 스스로 만족하는 경우가 많아졌다. 비유컨대 귀·눈·코·입이 각기 밝게 아는 부분이 있지만 서로 소통하지 못하는 것과 같다. 마치 제자백가의 여러 학술이 서로 소통하지 못하는 것과 같고, 모두 나름대로 뛰어난 점이 있어서 때로 그 기술을 쓸 곳이 있지만, 전체를 포괄하거나 두루 미치지 못하여 일부분밖에 알지 못하는 사람들이다. 그들은 본래 하나인 천지의 미덕을 제멋대로 가르고, 본래 하나인 만물의 이법理法을 쪼개며, 고인古人들이 체득한 도술道術의 체계를 갈기갈기 조각내어, 전체의 아름다움을 갖춘 천지의 신묘하고 밝은 모습을 제대로 말할 수 없게 되었다.(오늘날의 혼란스런 우리나라 정치판의 모습과 너무나 흡사하다.)

이로 인해 안으로는 성인의 덕을 갖추고, 밖으로는 제왕의 정치를 하는 **내성외왕內聖外王**의 도道가 어둠에 묻혀 세상을 밝히지 못하고 엉클어져 힘을 쓰지 못하자, 천하의 모든 사람들이 제멋대로 각기 하고 싶은 대로 하면서 스스로 그것이 방술이라고 여기니, 슬프도다(是故內聖外王之道, 闇而不明, 鬱而不發, 天下之人, 各爲其所欲焉, 以自爲方, 悲夫).

① 수기지학修己之學: '수기·성기·내성'이 수양·수행을 통한 자기교육으로서의 '자기완성'의 과정이라면,

② 위인지학爲人之學: '치인·성물·외왕'은 개인완성을 통한 타자교육으로서의 '사회완성'의 과정이다.

개인완성과 사회완성의 유기체적 연계가 동양학의 지배 이데올로기(Ideologie)로서의 치治이다. '자기완성' 후의 '사회완성'은 작게는 가정에서부터 이웃 → 사회 → 국가 → 세계로 펼쳐지는 유기적인 관계로, 사회완성은 공동체의 완성을 말한다.

3) 올바른 사유 – 궁리진성

『설괘전』에서는 "도덕에 화순하고 의에 맞게 하며(和順於道德而理於義), 올바른(폭넓은) 사유를 함으로써 천명에 이른다(窮理盡性, 以至於命)"라고 하였다. 올바른(폭넓은) 사유란 "다양한 사건과 사물의 이치를 궁구하며(窮理), 이 같은 노력을 게을리하지 않는 것(盡性)"을 말한다. 이로써 천명天命에 이르는 것이다. 천명이란 바로 인간에 내재한 인류의 보편적 가치(Universal value)를 말한다. 보편적 가치의 실현이라는 명제의 실천적 방법으로서 올바른(폭넓은) 사유가 요구되는 것이다.

유·불·도는 물론 풍수지리에까지 통달했던[69] 풍류도인 최치원(崔致

---

69 이로 인해 조선의 후학들과 퇴계 이황으로부터 "최치원은 온몸으로 불교에 아첨한 사람인데 외람되게 문묘에 배향되어 제사를 받고 있다.(崔孤雲 而全身詔佛之人 濫厠祈禮)"라는 비난을 받기도 했다.

조선은 동방의 한 귀퉁이에서 오직 성리학에 매몰된 편협한 유생들이 파당을 지어 죽고 죽이는 모략과 모함이 판치는 살벌한 사회이기도 했다. 조정은

遠, 857~?)은 왕명으로 지은 하동 쌍계사 진감선사탑비문(河東 雙磎寺 眞鑑禪師塔碑文)에서 올바른(폭넓은) 사유에 대해 다음과 같이 설했다.

무릇 도는 사람에게서 멀리 떨어져 있는 것이 아니며(夫道不遠人), 사람의 도는 나라에 따라 달라지는 것이 아니다(人無異國). 이런 까닭에 우리나라 사람들이 불교를 배우고 유교를 배우는 것은 필연적이다(是以東人之子 爲釋爲儒必也).

사람의 도(道, 사유, 진리, 이성, 올바름)가 어찌 사람에 따라, 종교에 따라, 나라에 따라, 지역에 따라, 시대에 따라, 이념에 따라 달라질 수가 있겠는가? 『주역』과 노장老莊에 통달했던 동진東晉의 여산廬山 혜원(慧遠, 334~416)은 이 같은 이치를 깨닫지 못하는 것은 만물을 함께 받아들이지 못하는 편협함(분별) 때문이라고 했다. 도가 발현發顯되지 못한 것이다.

여래가 주공, 공자와 드러낸 이치는 비록 다르지만 돌아가는 바는 한 길이다. 지극한 이치를 체득함에 있어 아울러 응하지 못하는 것은 만물을 능히 함께 받아들이지 못하기 때문이다(如來之與周孔 發致雖殊 所歸一揆 體極不兼應者 物不能兼受受故也).[70]

칼과 창만 없는 전투장이었다. 원효나 최치원 같은 유불선의 통달은 목숨을 내어놓지 않는 한 불가한 사회였다. 오늘날의 우리나라 정치판 역시 중상과 모략이 판치던 조선시대의 피비린내 나는 파당정치의 판박이다.

[70] 이 글은 최치원이 쓴 하동 쌍계사 진감선사탑비문에서 인용한 글이다.

이처럼 한·중·일 삼국에는 유·불·선이라는 2천여 년을 공유한 '보편적' 사유체계가 있다. 나아가 유·불·선을 아우르는 동양 최고(最古, 最高)의 지혜로서 『주역』이 있다. 『주역』이 유·불·선을 아우를 수 있는 이유는 우주자연의 이치를 꿰뚫는 심오함과 종교가 아니기에 편협한 분파적 종교관에서 자유롭기 때문이다.

『주역』은 제자백가의 어느 유파에도 속하지 않으면서도 역도易道는 광대하여 포괄하지 않음이 없어 널리 천문, 지리, 악률樂律, 병법, 운학韻學, 산술의 영역에까지 미친다. 예를 들면 천문天文은 방위와 역曆을 말하고, 지리地理는 지의地宜와 지리地利에 대해 말하고, 악률·음운은 모두 음양의 변화를 말한다. 병법의 기문둔갑奇門遁甲, 태을太乙, 육임六壬 등의 여러 술수에서는 『주역』에 연원을 대고 있다. 또한 『주역』에는 상수(象·數)가 있고 또 수학 등을 언급하고 있다. 제자백가의 여러 사상들은 모두 『주역』을 인용하여 설說로 삼고 기이함을 좋아하는 자들 또한 『주역』을 이용하여 그들의 설로 만든다. 그리하여 『주역』의 이론들이 더욱 번쇄하게 되어 마침내 지엽이 무성하여 다양한 역학易學 유파를 형성하고 저명한 학설인 현학顯學이 되었다.[71]

이처럼 광대하고 다기多岐한 『주역』을 제대로 공부하면 자연히 유·불·선과 통하게 되어 있다. 오늘날 동양 인문학을 유·불·선이라

---

71 하금화, 정병석·김대수 옮김, 『불교와 주역』, 영남대학교출판부, 2021; 夏金華, 『易學與佛學』, 臺灣 新文豊出版公司, 1997.

할 때 『주역』과 괴리되어 독립된 유·불·선은 존재하지 않는다. 유·불·선 공히 『주역』의 논리가 스며들었으며, 서로에게 영향을 주고받으면서도 독자적인 영역으로 발전해 왔기 때문이다. 『주역』을 태극이라 할 때, 음陰은 형이상학의 무위법으로 도가이며, 양陽은 형이하학의 유위법으로 유가이다. 불교에서는 '격의불교' 이래로 노장은 물론 『주역』의 논리를 빌려다 불교사상을 널리 홍보하였다. 석두희천(石頭希遷, 700~790)은 선학禪學의 『참동계』를 저술하였으나 도가의 위백양이 저술한 『주역참동계』를 본뜬 것이었다. 화엄종의 법장, 이통현, 징관, 종밀 등도 『주역』의 논리를 빌려다 『화엄경』과 『원각경』의 소초(疏鈔: 해설서)들을 저술하였다.

　이 같은 『주역』은 우리의 영토가 한반도로 밀려나기 훨씬 이전의 중원中原에서 우리 동이족의 조상인 태호 복희씨에 의해 태어났다. 복희씨는 팔괘를 처음 그은(劃) 분이다. 『주역』은 동아시아 문명의 원천으로 동이(東夷, 황제 헌원과 치우천왕)족끼리 중원의 패권을 놓고 다투던 웅혼한 역사적 사실을 담고 있다. 당시의 중원에는 중국민족이 말하는 하화夏華족은 존재하지 않았었다.[72] 한자 또한 하화족의 문자가 아니라 은殷대의 동이족이 발명한 문자이다.[73] 오늘날의 『주역: 주나라

---

72 중국민족은 유방이 세운 한漢나라를 따서 한족漢族이라고 부르기도 하고, 우禹임금의 하나라에서 '하夏' 자를 따고 섬서성 화산에서 '화華' 자를 따서 하화족夏華族이라고 부르기도 한다. 그러나 우임금의 하나라는 동이족의 나라이다.(참조: 사마천, 배인, 사마정, 장수절 지음, 한가람역사문화연구소 사기연구실 옮김, 『신주사기』, 한가람역사문화연구소, 2020; 사마천, 문성재 옮김, 『정역 중국정사 조선·동이전 I』, 우리역사연구재단, 2021; 안호상, 『배달동이는 동아문화의 발상지』, 흔뿌리, 2006.)

역』이 동이족의 『역』으로부터 시작됐다는 증거이다.

필자는 사서오경을 중국철학이라 부르는 것에 거부감을 느낀다. 중원의 동이족에서 시작된 동양의 문명은 하화족의, 중국만의 철학이 아니라 3천년 이상을 한·중·일 삼국이 함께한 동양의 철학이기 때문이다. 동이족의 후예인 우리가 사유의 원천인 『주역』을 배워야 하는 근본적인 이유이다. 통일 대한민국의 역사와 전통적 사유는 물론 한·중·일을 선도할 보편적 사유체계 또한 『주역』에서 찾아야 한다.

---

73 박문기, 『한자는 우리 글이다』, 양문, 2001; 안호상, 『배달동이는 동아문화의 발상지』, 흔뿌리, 2006.

III. ☯주역과 卍불교의 공통점

1. 주역과 불교는 변화를 말한다

변화란 고정된 실체는 없다(空)는 뜻이다. 세상에 변하지 않는 것은 없다. 『주역』이 변역變易을 말한다면 불교는 무상無常을 말한다. 단지 관점이 다르기에 『주역』에서의 변화는 변역이라 이름하며, 불교에서의 변화는 무상이라 달리 이름할 뿐이다. 변역과 무상은 '이명사의어異名似意語'[74]이다. 『주역』에서의 도(易道)와 불교의 도(佛道)가 결코 다르지 않기 때문이다(不異). 그렇다고 똑같다(同)는 뜻은 아니다.

　아래의 표에서 보듯이 『주역』의 관점이나 불교의 관점을 버리면(空) 태극이라 해도 좋고, 불도라 해도 좋다. 그 이치를 따져보면 연기와

---

[74] '이명동의어異名同義語'가 아닌 '이명사의어異名似意語'라고 하는 것은 '동同'은 100% 똑같다는 뜻이고, '사似'는 '같다, 비슷하다'의 의미로 100%가 아닌 거의 비슷하게 같다는 뜻이다. 불교와 『주역』은 100% 같을 수는 없다. 100% 같다면 불교와 『주역』으로 구분 지을 필요가 없을 것이다.

중도에 바탕하기 때문이다. 『주역』의 관점이나 불교의 관점을 고집하면 분별이 되고 갈등이 시작된다. 인간사의 모든 갈등은 내면이 아닌 외면의 관점을 달리하기 때문에 파생된다.

태극太極 역도易道 불도佛道 연기緣起 중도中道 상생相生	주역의 관점	생멸문生滅門 용用	양陽, 동動, 변變, 무상無常, 불각 不覺, 염染, 색色, 유有, 수연隨緣, 유전流轉, 번뇌煩惱, 현상現相	기세간 器世間
	불교의 관점	진여문眞如門 체體	음陰, 정靜, 불변不變, 상常, 각 覺, 정淨, 공空, 무無, 성사成事, 환멸還滅, 보리菩提, 실상實相	출세간 出世間

①불교에서의 궁극적 목표는 변하지 않는 상정常靜한 '진여의 세계'에 대한 깨달음이다. 따라서 설법도 변하지 않는 것(체, 불생불멸, 眞如門)을 바탕으로 변하는 것(無常, 生滅門)을 설한다. 무지한 중생들이 무상한 것에 집착하여 번뇌하기 때문이다. 이는 변하지 않는 진여에 초점을 맞춘 연역법적 법문이다.

②『주역』에서의 궁극적 목표는 '변화의 이치(變易之道)'에 대한 깨달음이다. 따라서 변하는 것(易)으로 변하는 것(易)을 설한다. 그래서 '변화의 경'이라는 뜻으로 역경易經이다. 변하는 것은 '생멸의 세계'이다. 불교가 변하지 않는 것(진여문)으로 변하는 것(생멸문)을 설한다면, 『주역』은 변하는 것(생멸문)으로 변하는 것(생멸문)을 설함으로써 변하지 않는 것(진리, 진여문)을 추구한다. 이는 귀납법적 논설이다.

『주역』에서 변화를 나타내는 상징적 구절이 "일음일양지위도一陰一陽之謂道"이다. 한 번은 음이 되고, 한 번은 양이 되는 변화를 일러 도道[75]라고 한다. 한 번은 음이 되는 것도 변화이고, 한 번은 양이 되는 것도 변화이다. 불교적 관점에서 보자면 변하는 것(無常)은 세속적 생멸의 세계이다. 우리는 어떤 깨달음을 얻는다 해도 세속적 생멸의 세계를 떠날 수 없다. 따라서 세속에서, 세속으로, 세속을 깨달을 때, 비로소 세속적 생멸의 세계를 떠난 생멸의 세계에 온전히 머물 수 있는 것이다.

이같이 변화를 변화로 직시하여 변화의 이치(變易之道, 物理)를 깨달으면『주역』공부는 끝이다. 공부란, 아니 삶이란 변화에 끌려가는 것이 아니라, 변화를 리드하는 삶이어야 하기 때문이다. 이것이『주역』에서의 도道, 즉 변화의 도(變易之道)이다.

『주역』이나 불교에서 다 같이 변화(變易, 無常)을 설하지만,『주역』에서의 변역이 동적(動的, 陽)이라면, 불교에서의 무상은 정적(靜寂, 陰)이라 할 수 있다.『주역』이 세속적 생멸문의 관점에서 도(易道)를 추구한다면, 불교는 출세간적 진여문의 관점에서 도(佛道)를 추구한다. 역도와 불도는 단지 이름이 다를 뿐이다. 이를 고정지어 논한다면 분별일 것이다. 역도가 되었든 불도가 되었든 도道에는 고정된 실체(自我, 自性, 實性)가 없기(空) 때문이다. 공은 또한 시변(時變, 생멸)한다는 뜻이다. 이를「법성게」에서는 "불수자성수연성不守自性 隨緣成"이라 했다.

『주역』이 치열하게 생멸하는 '번뇌의 연못(蓮池)'을 설한다면, 불교

---

75 道는 'ㄴ(쉬엄쉬엄 나아갈 착)'과 '首(머리)'의 합자로서, '머리(首)가 가는(ㄴ) 곳' 또는 '머리(首)를 향해 가는 것(ㄴ)'의 의미이다. '머리, 최고, 목적지' 등을 향해 나아가는 길이 도道이다. 즉 '머리, 최고, 목적지' 등이 사람이 목적으로 삼아 가야 할 도道 또는 도리道理이다.

는 번뇌의 연못에서 피어나는 '보리의 연꽃(蓮花)'을 설한다. 연못은 연이 있음으로써 연못이다. 연이 없는 못은 연못이 아니다. 또한 연못 없는 연꽃이나 연꽃 없는 연못은 존재할 수 없다. 앞에서 '우리는 어떤 깨달음을 얻는다 해도 세속적 생멸의 세계를 떠날 수 없다'라고 한 이유이다.

『주역』의 입장에서 '번뇌즉보리'라면, 불교의 입장에서는 '보리즉번뇌'인 것이다. 이것이 불교의 연기이고, 『주역』의 호근이다. 이로써 『주역』과 불교는 회통會通하여 융화融和하는 것이다. 『주역선해』는 이를 말하고 있다. 어느 때보다도 사회적 갈등이 심화되는 오늘날 『주역선해』를 통해 소통과 융화의 지혜를 얻는 것도 의미 있는 일이다.

2. 주역과 불교는 '공존 공생의 세계관'을 지향한다

불교의 연기緣起나 『주역』의 호근互根은 이를 말하고 있다. 연기와 호근은 비록 사유思惟의 출발점은 다를지라도 지향점은 결코 다르지 않다. 연기와 호근은 '이명사의어'로 이분법적 차별이나 변견邊見의 사고를 지양止揚한다. 세상의 모든 존재는 상대에 의지해 존재한다고 인식하기 때문이다(相互依存). 이를 무시하고 편견이나 독단에 빠져 상대를 무시하고 차별하고 갈등하는 것은 '공존 공생의 세계관'에 반하는 이분법적 분별分別이다. 『주역』이나 불교에서 가장 꺼리는 것이 상대의 존재를 무시하는 차별이나 이분법적 분별(차별)이다.

연기緣起란 일체현상의 생기소멸生起消滅하는 법칙을 말한다. 연기는 '~에 의존해서(緣) 발생(起)한다'는 뜻으로 일체현상은 어떤 조건에 의존해서 생기生起하고, 어떤 조건에 의존해서 소멸消滅한다. 이 세상의 모든 존재는 독자적으로 생기生起하는 것이 아니라, 그것이 생겨날 원인(因)과 조건(緣)[76]하에서 서로 의지하고 서로 바탕이 되는(相依相資) 관계로서 생겨나고 존재한다. 소멸하는 것 또한 '상의상자'하는 인연이 다하면 소멸한다. 인간사 또한 예외일 수 없다.

부처님은 『잡아함경』에서 "이것이 있기 때문에 저것이 있고(此有故彼有), 이것이 생기기 때문에 저것이 생긴다(此起故彼起). 이것이 없기 때문에 저것이 없고(此無故彼無), 이것이 사라지기 때문에 저것이 사라진다(此滅故彼滅)"라고 했다. "이것이 있기 때문에 저것이 있다"는 것은 서로의 공간적인 인연을, "이것이 생기기 때문에 저것이 생긴다"는 것은 서로의 시간적인 인연을 말한다. 따라서 모든 존재는 시간적인 면에서 무상無常하며, 공간적인 면에서 무아無我·무자성無自性이다.

---

76 인연因緣의 인因은 종자(種子: 씨앗)로 직접원인이고, 연緣 또는 반연攀緣은 간접원인으로 환경·조건·토양 등이다. 반연이란 의지해서 잡고 올라갈 밧줄을 말한다. 씨앗만으로는 나지 못하고, 씨앗을 싹 틔울 수 있는 조건(환경)이 조성되어야 비로소 싹이 나올 수 있는 것이다. 아무리 좋은 종자(씨앗)라도 자루에 담아 놓거나 나뭇가지에 매달아 놓는다면 결코 싹을 틔울 수 없기 때문이다. 세상에 인연 아닌 것이 없다. 모든 인은 연을 바탕으로 과를 맺고, 모든 과는 인연으로 시작되기에, 일체의 존재는 이 인과의 법칙(틀)을 벗어나지 않는다.

불교에서는 일체의 우연偶然은 인정하지 않는다. 삼라만상 우주만유는 천차만별이지만 독자적으로 존재하는 것은 없고, 모두가 피차(彼·此)의 인연으로 얽혀 있다는 것이다. 이를 법계연기法界緣起, 법계무진無盡연기, 법계무애無碍연기라고도 한다.(참조: 최세창, 『대승기신론소별기』, 운주사, 2016.)

이 같은 연기가 바로 유有나 공空 또는 고苦나 락樂의 양극단에 치우치지 않는 진실한 도리 또는 올바른 수행법으로서의 중도中道이다.

만유萬有는 모두 연기의 소산으로 실체가 없기에(無自性) 집착의 대상이 될 수 없다(空). 즉 현상계의 일체 존재는 독자적인 자성을 갖고 있는 실체가 아니기에(無自性, 空, 假有) 다른 것에 상호 의존하는 상인상대相因相待로서 존재한다. 이는 '공존 공생의 세계관'으로 『주역』에서의 '호근'과 같은 의미를 갖는다.

호근互根[77]이란 불교에서의 '연기'와 같은 개념으로 상대에 의지해 또는 뿌리를 두고 존재하는 것을 말한다. 호근의 '호互' 자는 '갈마들다, 번갈아들다'는 뜻으로 새끼줄처럼 서로 꼬여 의지하고 있는 원리를 말한다. 이렇게 상대적으로 존재하는 것을 『노자, 2장』에서는 난이難易, 장단長短, 고하高下, 음성音聲, 전후前後 등의 예를 들어 "유무상생有無相生"[78]이라 했다. 유무상생은 끝이 없다. 유有 속에도 유무가 있고, 무無 속에도 유무가 있어 서로가 끝없이 이어지기(相隨) 때문이다.

태극太極에서 양이 음에 의지하여 능동能動하며, 음은 양의 자극을 받아 수동受動하는바[79] 서로 떠나지도(相離) 서로 합하지도(相合) 아니하기에, 음과 양은 하나도 아니면서(不一) 그렇다고 둘도 아닌(不二) 관계를 갖는다. 마치 두 가닥으로 꼬여있는 새끼줄이 하나가 아니면서

---

77 한장경, 『역학원리총론』, 青林社, 1971.

78 『노자, 2장』, "有無相生 難易相成 長短相較 高下相傾 音聲相和 前後相隨."

79 양이 음에 의지하여 능동能動하며, 음은 양의 자극을 받아 수동受動한다 해서 양과 음에 차서次序가 있는 것이 아니다. 양이 음에 의지하여 능동한다는 말은 양이 능동할 때 이미 음이 있다는 뜻으로 동시에 있다는 뜻이다.

(不一), 그렇다고 둘도 아닌(不二) 관계로 존재하는 것과 같다. 새끼줄이 태극이라면 새끼줄의 두 가닥은 양의(兩儀: 음과 양)로 호근의 관계를 갖는다.

호근하고 있는 음과 양은 교호交互작용에 의해 어느 한쪽이 동(動, 陽)하면 다른 한쪽은 정(靜, 陰)하며, 어느 한쪽이 발산하면(陽) 다른 한쪽은 수렴하는(陰) 가운데서 자연스럽게 작용과 반작용의 움직임(動力)이 발생하게 된다. 이같이 서로에 의지하여 작용과 반작용을 할 수 있는 바탕이 호근이며, 관계가 대대對待이다.

천지간의 형체를 가진 만물은 모두 하늘의 기(氣, 陽)와 땅의 정(精, 陰)을 취하여 이루어진 존재로서[80], 음과 양의 교호작용에 의한 움직임(動力)이 일어 '한 번은 음이 되고, 한 번은 양이 되길 반복하며, 낳고 또 낳는 생생生生작용을 끊임없이 이어나간다. 상호 의존(互根)하여 상보적相補的으로 공존 공생한다.

『상전, 2장』에서는 "강(陽)과 유(陰)가 서로 밀쳐서 변화를 낳는다(剛柔相推而生變化). 그런고로 길흉이란 변화의 과정에서 무엇이 사라지고 나타나는 상이다(是故吉凶者 失得之象也)"라고 하였다. 선사는 『선해』에서 "서로(互) '강에는 유의 성질을, 유에는 강의 성질'을 갖추고(具) 있는 까닭에(剛柔又本互具剛柔之理故), 이러한 이치를 깨닫는(悟) 자는 능히 강유가 서로 밀쳐냄으로(相推) 생생生生하는 변화의 이치를 통달하게 된다(悟理者能達其相推而生變化)"라고 하였다. 여기서 변화가

---

80 『계사, 상전 5장』에서는 "정과 기가 모여 만물이 된다(精氣爲物)"라고 하였으며, 『설괘전, 5장』에서는 "땅은 만물을 받아 기른다(坤也者地也 萬物皆致養焉)"라고 하였다.

바로 생생이다. 길흉은 변화의 과정에서 나타나는 일부일 뿐이다. 변화가 없다면 길흉 또한 없다.

생생이라 함은 생명을 부여받는 것에서부터 생명을 보존하여 또 다른 생명을 낳는 것이 끊임없이 이어지는 것을 말한다. 모든 존재는 태어나면서부터 또 다른 생명을 낳을 의무를 부여받는다. 따라서 살생은 물론 독신이나 자살은 생생이 아니다. 낳고 또 낳는 것이 끊임없이 이어지는 생생의 원리에 어긋나기 때문이다. 불교에서 열 가지 죄악(十惡重罪)에 대한 참회懺悔에서 살생중죄에 대한 참회를 첫머리에 두는 것도 여기에 있다.

지구가 존재하는 한 생생의 작용은 잠시도 멈출 수 없는 것이기에 공간적으로는 무한히 뻗어나가는 확대 팽창운동을 하며, 동시에 시간적으로는 낳고 자라고 열매 맺고 휴식하는 생장수렴生長收斂의 운동을 끊임없이 반복하게 된다. 이같이 생생하는 음양의 움직임(動力)으로 인해 밤낮이 바뀌고(자전), 계절이 바뀌는(공전), 우주의 변화가 있게 되는 것이다.[81]

위에서 설명한 음과 양이 호근하는 교호작용으로 대대待對하며 생생하는 이치가 역(易理)이고, 역이 곧 도(易道)이다. 동양학은 이 같은 형이상적 논리에서 출발한다.[82]

---

81 『계사, 상전 11장』에서는 "천지는 태극太極이라는 운동체에서 음과 양의 두 기운이 생겨나는바(易有太極是生兩儀), 음과 양의 두 기운은 사상을 낳고(兩儀生四象), 사상은 팔괘를 낳는다(四象生八卦)"라고 하였다.

82 역리에 바탕을 둔 한의학이나 선도仙道는 형이상形而上의 분야이다. 형이상의 분야는 서양과학의 기준으로는 증명할 길이 많지 않다. 그러나 한의학이나

3. 성인의 우환의식

1) 『주역』에서의 우환의식

『주역』을 지은 뜻은 성인의 우환의식[83]에 기인한다. 모종삼은 홍콩대학
(香港大學)에서의 강의 원고를 모아 출간한 『중국철학적특질中國哲學
的特質』에서 다음과 같이 정의했다.

‘우환憂患’은 기인우천(杞人憂天: 기杞나라 사람이 하늘이 무너질까 늘
걱정하였다)과 같이 쓸데없는 것이 아니고, 또한 환득환실(患得患
失: 얻기 이전에는 얻을 것에 대하여 걱정하고, 얻고 난 후에는 잃을까
하는 걱정)처럼 평범하여 보잘것없는 것도 아니다. 이러한 일들은
단지 소인小人만이 항상 근심하고 두려워할 뿐이고, 군자君子는
영원히 마음에 아무런 거리낌이 없다. 군자가 근심하는 일은 재화
나 권세가 충분하지 못함이 아니라 덕德이 아직 닦이지 않음과
학문을 아직 이야기하지 못함이다. 군자의 이러한 근심은 죽는
날까지 계속되는 것으로, 영원히 끝없이 넓은 마음속에 간직되어
있다. 주周 문왕[84]이 유리羑里라는 곳에 억류되었지만 『주역』을

선도는 환자의 치료나 건강의 개선을 통해 형이상의 논리를 실증하고 있는
형이하形而下의 분야이기도 하다.

83 근래에 ‘우환의식’이란 용어를 처음으로 사용한 사람은 대만의 서복관(徐復觀,
1903~1982)이고, 이를 계승하여 철학적 개념으로 발전시킨 사람은 모종삼(牟宗
三, 1909~1995)으로 그의 저서 『中國哲學的特質』에 의해 널리 알려지기 시작하
였다. 우리나라에는 『모종삼 교수의 중국철학강의』(2011)로 예문서원에서
출판되었다.

서술할 수 있었던 것에서 그에게 많은 우환이 있었고, 우환憂患할 수 있는 성왕이었음을 알 수 있다.[85]

이에 대해 『중국철학적특질中國哲學的特質』을 번역한 『모종삼 교수의 중국철학강의』에서는 다음과 같이 주석을 달았다.

이러한 우환은 기본적으로 어떻게 자신의 생명이 바르고 가치 있게 현실 속에서 표현될 것인가에 대한 도덕적인 반성이다. 즉 내가 무엇을 잘못하고 있는 것은 아닌지? 이렇게 하는 것이 참으로 올바른 행동인지 아닌지? 어떻게 하는 것이 가장 참되고 바른 행동인지? 이러한 의식意識들은 도덕적 자각에서 출발한다. 그러므로 곧 자기 생명에 대한 반성과 고뇌의 표현이며, 이는 곧 자기 자신이라는 주체에 대한 자각의 표현이라고 할 수 있다.

이 같은 주석은 우환의식의 궁극적 목표인 이타利他의 '사회적 완성(利他)'보다는 자리自利의 '개인의 완성'에 치중한 주석이다. 물론 이타의 '사회적 완성'이 자리의 '개인의 완성'에 바탕을 두고 있지만, "주

---

84 당시 희창(姬昌: 사후에 문왕으로 추존)은 주紂 임금이 통치하는 서쪽 땅의 제후(西伯)로 백성들의 신임을 받고 있었다. 이에 불안을 느낀 주 임금이 희창을 유리옥에 가두었는데, 그때 희창은 어지러운 세상과 백성들의 환난을 걱정하여 복희씨 이래로 전해 오던 8괘를 중첩한 64괘에 말(卦辭)을 붙이고, 그의 아들인 주공이 효에 말(爻辭)을 붙였다.

85 牟宗三 지음, 김병채 외 옮김, 『모종삼 교수의 중국철학강의』, 예문서원, 2011.

문왕이 유리라는 곳에 억류되었지만 『주역』을 서술할 수 있었던 것에서 그에게 많은 우환이 있었고, 우환할 수 있는 성왕이었음을 알 수 있다'라는 구절에서 볼 수 있듯이 우환의식은 이타의 사회적 완성을 목표로 하는 것이라 할 수 있다.

한편 『상전, 11장』에서는 '우환의식'의 또 다른 이름으로 '여민동환與民同患'을 이야기하고 있다.

공자께서 이르길, 무릇 역易이란 어찌하여 만든 것인가? … 성인이 역으로써 천하의 이치(志)에 통달하며, 역의 이치로써 뜻한 바(事業)[86]를 정定하며, 역으로써 천하의 의심스러운 문제를 판단하는 것이다. … 성인이 역으로써 마음의 때를 씻어내고(洗心) 물러나(退) 세상사와 거리를 두지만(退藏于密), 길흉에는 항상 백성과

---

[86] 남회근은 『易經繫傳別講』에서 천하 사업(天下之業)이란 "성인이 천하의 백성들을 위해 베푸는 것(擧而措諸天下之民)을 일러 사업이라 한다(謂之事業)"고 하였다. 필부가 평생에 걸쳐 인류의 평화와 복리증진에 기여했다면 그것이야말로 '천하 사업'이다. 오늘날 필부가 삼성이나 현대와 같은 대기업을 이루어 스마트폰이나 자동차와 같은 생필품을 생산하여 동시대인들의 삶에 편리함을 제공하면서도 국가경제에 기여하고 일자리와 종업원들의 복리福利를 책임지는 일이야말로 '천하 사업(天下之業)'이라 할 수 있다.
이와 달리, 필부가 왕조를 세워(創業) 전 왕조와 반대파를 도륙屠戮하며 사직社稷을 보존하던 일은 가업家業일 뿐 천하 사업은 아니다. 오늘날 거짓선동으로 편을 갈라 백성들을 기만하며 적폐청산의 이름으로 정적과 반대파를 몰아내는 일은 악업惡業일 뿐 정치도 아니다. 정치는 허업虛業이다. 천하를 통일한 진시황은 만세토록 자손들이 제왕의 자리를 계승할 것으로 여겼으나(子孫帝王萬世之業也) 불과 13년 만에 허물어지고 말았다. 악업을 쌓았기 때문이다.

더불어 근심을 함께한다(與民同患).[87]

은(상)나라 말기에는 주紂왕의 폭정으로 역도易道가 쇠미衰微한 망국의 길로 접어드는 시기였다. 이와 같은 쇠란衰亂의 시대에는 사회가 급변하고 천명天命이 변이變移하여 왕조가 바뀌는 때로서 무고한 백성들만 죽어나는 법이다. 이 같은 쇠란의 시대를 맞이하여 『주역』을 지은이는 우환의식[88]을 가지고 있었기에, 개인의 도덕 수양을 강조하며 경거망동하지 말 것과 백성들로 하여금 몸을 돌이켜 덕을 닦아(反身修德) 상해를 입지 않도록 한 것이다.

그렇다면 백성들의 삶을 걱정하고 세상을 걱정하는 성인의 가르침을 따르는 군자(위정자, 지식인)의 마음가짐은 어떠해야 하는가? 맹자는 『맹자, 이루 하』에서 '군자의 걱정(憂)'을 '소인의 근심(患)'과 구분하여 다음과 같이 말한다.

군자에게 종신의 걱정거리(憂)는 있어도(君子有終身之憂) 하루아침의 근심은 있을 수 없다(無一朝之患). 종신의 우환이란 바로 이런 것이다(乃若所憂則有之). 순임금도 사람이요(舜人也), 나도 사람이

---

87 길흉에 백성과 더불어 근심을 함께한다는 여민동환與民同患은 우환의식이나 보살도의 다른 이름이다.

88 여기서 우환憂患의 '憂'는 '가엾게 여기다, 불쌍히 여기다, 걱정하다', '患'은 '재앙, 질병, 불행(禍)'의 뜻으로 '우환'은 백성들의 재앙이나 불행을 걱정한다, 불쌍히 여긴다는 의미로 이해할 수 있다. 관세음보살의 자비이며 대승불교의 하화중생下化衆生이다. 오늘날의 우환의식은 공직자, 지식인, 상류층 등의 사람들이 저소득층이나 소외계층의 사람들에게 가져야 하는 '마음씀씀이'이다.

다(我亦人也). 순임금은 천하에 모범이 되어 이를 후세에 전했는데 (舜爲法於天下 可傳於後世), 나는 아직 촌뜨기 신세를 면치 못하는구 나(我由未免爲鄕人也)! 이것이야말로 내가 걱정해야 할 바이로다 (是則可憂也). 이것을 걱정거리로 삼는다면 어떻게 해야 할 것인가 (憂之如何)? 순임금처럼 할 따름이다(如舜而已矣). 이것 말고는 군자가 소소하게 근심할 것은 없다(若夫君子所患則亡矣).

인仁이 아니면 하지 않고(非仁無爲也), 예禮가 아니면 행하지 않는 다(非禮無行也). 비록 하루아침의 근심거리가 있을지라도(如有一朝 之患), 군자는 이를 근심하지 않는 법이다(則君子不患矣).

군자 역시 사람인지라 소소한 걱정이나 근심이 없는 것이 아니다. 다 만 하루아침의 끼닛거리를 걱정하는 것이 아니라 순임금 같은 덕德이 닦이지 않고, 자신의 학문에 발전이 없는 것을 걱정한다.

따라서 "군자에게는 죽을 때까지 지녀야 할 스스로의 걱정거리(憂) 는 있으나, 하루아침(일시적인)의 근심(患)은 있을 수 없다(君子有終身 之憂, 無一朝之患)"라고 하는 것이다. 군자(Leader)가 사회적·도덕적 자아의 완성(利他)을 이루지 못할까 하는 걱정거리(憂)는 순임금과 같은 선한 본성을 지닌 사람의 내면에서 생겨나는 것이고, 소인 (Follower)이 개인이나 가문의 영달(自利)을 이루지 못할까 하는 근심 (患)은 외부적인 요인에 의해 생겨나기 때문이다.

2) 붓다의 우환의식 – 전도 선언

부처님의 '우환의식'도 다르지 않다. "많은 사람들의 이익을 위해,

많은 사람들의 행복을 위해, 세상에 자비를 베풀기 위해 길을 떠나라!"
이 같은 부처님의 '전도 선언'이 바로 우환의식이다.[89]

부처님이 태어난 기원전 7~6세기경의 인도사회는 바라문교를 정점
으로 하는 전통적인 질서가 무너지고 사회적으로나 사상적으로 커다란
변화를 겪었다. 특히 갠지스강 중류 지역은 상업이 발전하고 수공업이
번성하면서 신도시가 형성되고, 상업의 발달과 함께 막강한 경제력을
가진 상인 세력이 등장하고 있었다. 출신 계급을 중시하는 전통종교
베다에 반발하는 경향이 나타나면서 바라문의 영향력이 약해지기
시작한 것은 당연한 일이었다. 이러한 사회적 배경을 바탕으로 바라문
교에 반대하는 '사문(沙門, śramaṇa)'이라 불리는 자유사상가들이 나타
났다. 사문은 '노력하는 사람'이라는 뜻으로, 바라문이 베다성전을
신봉하는 전통적 사상가라면, 사문은 베다성전의 권위를 부정하는
혁신적 사상가인 것이다.

새로운 도시 분위기에 젖은 사람들은 사문들의 설(說)에 공감하였으
며, 심지어 국왕이나 자산가들도 사문들을 존경하였다. 사회적으로
사문들의 걸식을 감당할 만큼의 경제적 기반을 갖추게 되자 출가자들
이 늘어났다. 당시는 사문들이 어떠한 주장을 하더라도 처벌받는
일이 없을 만큼 언론의 자유가 보장되어 있었다.

---

89 아래의 기술은 다음의 자료들을 참조했다. 『잡아함경』; 대한불교 조계종,
『부처님의 생애』, 조계종출판사, 2012; 와타나베 쇼코, 법정 옮김, 『불타석가모
니』, 문학의 숲, 2010; 이로 사치야, 강기희 옮김, 『소승불교와 대승불교』,
민족사, 2006; 마스타니 후미오, 이원섭 옮김, 『아함경』, 현암사, 2012; 마스타
니 후미오, 박경준 옮김, 『근본불교와 대승불교』, 대원정사, 1987.

부처님 역시 사문 중의 한 사람이었다. 당시의 사상계에는 정통바라
문교의 범아일여론을 비롯하여 유물론, 쾌락주의, 숙명론, 도덕부정
론, 회의론, 고행주의 등등의 다양한 사상들이 난무하는 혼란의 시대
였다.

부처님 당시 삿된 법을 행하던 96종의 외도外道[90]들이 있었는데
이들을 6사師 외도라 하며, 각기 15명의 제자가 있어(15×6) 스승의
수(6)를 합하여 96종의 외도라 한다. 이 중 한 가지는 불법과 통할
수 있다 하여 이를 제외하고 95종이라고도 한다. 이들 모두 종지宗旨도
있고 수행도 하지만 이로理路가 불분명한 것이기에 96가지의 삿된
견해를 갖는 것이다. 예를 들어 푸라나 캇사파(Pūrana Kāshyapa)는
도덕부정론자道德否定論者로, 살인이나 절도를 해도 그것은 악행이
아니며, 제사, 보시, 수양 등을 해도 선행이 아니므로 선악의 과보를
초래하지 않는다고 주장했다. 그는 나중에 강물에 뛰어들어 생을
마쳤다 한다.

이와 같은 삿된 견해가 그들만의 문제가 아닌 것은 진리에 접할
기회가 없는 사람들까지 삿된 견해에 물들게 한다는 것이다. 이는
다른 사람의 수행을 방해하고 깨달음(진리)의 길에서 멀어지게 하는
것으로서 크나큰 죄악이 되는 것이다. 수행은 고苦에서 벗어나고자
하는 것인데, 다른 사람의 수행을 방해하여 고에서 벗어나지 못하게

---

90 외도는 삿된 견해라 하여 사도邪道라 한다. '외도'라 한 이유는 불교의 교리에
   반하기 때문이다. 이에 반하여 부처님의 가르침을 내도內道라 한다. 불교에서
   진리란 부처님의 깨달음인 중도, 팔정도, 사성제, 삼법인, 십이연기 등등을
   말한다. 불교에서의 무명이란 이 같은 내도內道를 모르는 것을 말한다.

하는 죄는 무거운 것이다. "많은 사람들의 이익과 행복을 위해 세상에 자비를 베풀라"라고 한 '전도 선언'은 이 같은 세태의 반영이었을 것이다.

붓다가야(buddhagayā)에서 깨달음(無上正等覺: anuttara-samyak-sambodhi)을 이룬 부처님이 생각한 최초의 설법 상대는 '아라라 카라마(Āḷāra Kālāma)'와 '우드라카 라마푸트라(Uddaka Rāmaputta)'였다. 출가 직후 그들로부터 무념무상의 평온한 상태에 이르는 '무소유처정(無所有處定: 아무것도 없다고 관觀하는 선정)'과 인도에서 최고 단계로 여기는 '비상비비상처정(非想非非想處定: 상념想念이 있는 것도 없는 것도 아니라고 관하는 선정)'의 가르침을 받았기 때문이다. 비록 궁극적인 깨달음에 이르지는 못했지만, 당시에는 많은 제자들을 거느린 훌륭한 종교 지도자들이었다. 그러나 그들은 이미 세상을 떠나고 없었다. 다시 생각한 것이 자신을 따라다니며 고행을 함께하던 다섯 친구들이었다. 그들은 바라나시의 녹야원에 머물며 여전히 고행苦行을 하고 있었다.

고행이 문제였다. 깨달음을 얻기 전 두 스승을 떠난 고타마 싯다르타(부처님)는 고행에 적합한 곳을 찾아 우루벨라(uruvelā) 마을에 있는 네란자라(尼連禪河: nerañjarā) 강 근처로 갔다. 그곳에서 단식을 하며 죽을 것 같은 육체적 고통을 이겨내며 해탈의 경지에 도달하려 노력하였다. 6년의 고행에도 궁극적 깨달음은 얻을 수 없었다. 육체적 고통으로는 궁극의 경지에 도달할 수 없음을 깨달은 부처님은 고행을 포기하였다. 6년의 고행으로 육신은 너무 쇠약해 있었다. 옷은 모두 헤어져 벌거숭이 같았고, 몸을 일으켜 세우려 했으나 일어설 수조차 없었다. 우선 극도로 쇠약해진 육신을 돌보기로 했다. 인근 마을 촌장의 딸인

수자타(Sujata or Sujatha)라는 소녀의 우유죽 공양을 받았다. 이를 본 다섯 친구들은 "고타마는 타락했다"라며 그의 곁을 떠나고 없었던 것이다. 험난한 수행의 길을 함께 걸은 이들은 떠날 때까지 부처님에게 많은 도움을 주었다.

보리수 밑을 떠나 그들 곁으로 가기로 했다. 녹야원은 보드가야에서 250km가 넘는 거리에 있다. 그야말로 천리를 멀다 않고 오직 설법을 위해 찾아 나선 것이니 첫 설법에 대한 부처님의 열정은 짐작이 간다.

이들을 만난 부처님은 자신의 가르침대로 수행한다면 그들도 머지않아 출가의 목적을 이룰 것이라고 용기를 주었다. 이제 더 이상 그들의 친구 '고타마'가 아니었다. 이들은 '여래如來'에 대한 예를 올렸다. 그리고 설법이 시작되었다. 중도中道[91]에 관한 것이었다. 부처님 성도

---

[91] 중도를 뜻하는 'madhyamā-pratipad'는 '알다', '행하다'의 뜻을 내포하고 있다. 따라서 중도는 이해하고(知) 실천한다는(行) 지행합일의 의미를 갖는다. 중도는 초기불교부터 근본진리의 특징을 나타내는 용어로 사용되었다. ① 부처님이 녹야원에서 교진여 등 다섯 사람에게 설한 정견正見・정사유正思惟・정정진正精進・정업正業・정어正語・정정正定・정념正念 등의 팔정도八正道, ② 부처님이 반대한 수행법으로 고행주의와 쾌락주의의 양극단에 치우치지 않는 바른 것, ③ 공空을 이해하고 실천하는 것 등등으로 달리 설명할 수 있으나, 따지고 보면 중도, 팔정도, 사성제, 십이연기, 삼법인, 공 등등의 용어는 같은 의미의 다른 표현들이다(異名同義語). 그럼에도 중도를 먼저 언급하는 것은 부처님이 보리수 아래에서 좌선(명상)을 시작하기 이전, 즉 보리수 아래에서 새벽별을 보고 깨닫기 이전에 이미 고행주의로는 바른 깨달음(正覺)에 이를 수 없다는 사실을 깨달았기(自覺) 때문이다. 그렇지 않았다면 고행주의를 계속 견지하였을 것이며, 바른 깨달음은 없었을지도 모른다. 이를 모르는 다섯 사람은 부처님이 타락했다며 네란자라를 떠나 녹야원으로 갔던 것이다.

후 최초의 설법인 초전법륜初轉法輪은 이렇게 '중도/8정도/사성제'로
시작되었다.

> 수행자들이여!
> 귀기울여 들어라. 여래의 가르침을 따라 수행하면 머지않아 그대들
> 도 출가한 목적을 이룰 것이다.
> 수행자들이여!
> 세상에는 두 가지 극단이 있다. 수행자는 그 어느 쪽에도 기울어서
> 는 안 된다. 두 가지 극단이란 무엇인가? 하나는 욕망이 이끄는
> 대로 관능의 쾌락에 빠지는 것이다. 그것은 천박하고 저속하며
> 어리석고 무익하다. 또 하나는 자기 자신을 괴롭히는 데 열중하는
> 것이다. 그것은 피로와 고통만 남길 뿐 아무런 이익이 없다.
> 수행자들이여!
> 이 두 가지 극단을 떠난 중도中道가 있다. 그것은 눈을 밝게 하고
> 지혜를 증진시키며, 번뇌를 쉬고 고요하게 한다. 신통을 이루며
> 평등한 깨달음을 얻어 미묘한 열반에 이르게 한다.
> 수행자들이여!
> 중도란 무엇인가? 그것은 지혜롭고 성스러운 8정도正道다. ①정견
> 正見 ②정사유正思惟 ③정어正語 ④정업正業 ⑤정명正命 ⑥정정진
> 正精進 ⑦정념正念 ⑧정정正定이 바로 그 길이다.

중도/팔정도에 대한 설법을 들은 다섯 친구들은 환희에 찬 눈빛으로
다음 설법을 들었다. 그것은 사성제四聖諦에 관한 것이었다.

수행자들이여!

네 가지 성스러운 진리가 있다. ①괴로움에 관한 성스러운 진리, ②괴로움의 발생에 관한 성스러운 진리, ③괴로움의 소멸에 관한 성스러운 진리, ④괴로움의 소멸에 이르는 길에 관한 성스러운 진리이다.

①괴로움이란 무엇인가?

생로병사가 괴로움이고, 미운 사람 만나는 것도, 사랑하는 사람과 헤어지는 것도, 구하는 것을 얻지 못하는 것도 괴로움이다. 요컨대 오온五蘊에 대한 집착도 괴로움이다.

②괴로움의 발생이란 무엇인가?

온갖 괴로움은 원인에 의해 생겨난다. 끊임없이 윤회하며 온갖 괴로움을 받게 하는 원인은 바로 기쁨과 즐거움을 추구하는 욕망이다. 감각적인 욕망과 생존하려는 욕망과 죽음에 대한 욕망이다.

③괴로움의 소멸이란 무엇인가?

그릇된 욕망을 남김없이 없애고 단념하고 내던지고 해탈하여 집착이 없는 것을 말한다.

④괴로움의 소멸에 이르는 길은 무엇인가?

그것은 팔정도다. 이 네 가지 성스러운 진리는 일찍이 누구도 가르친 적 없는 법이니 바르게 사유해야 한다. 그러면 눈·지혜·밝음·깨달음이 생길 것이다.

부처님의 말씀은 끝없이 이어졌다. 사성제에 대한 심층 학습의 시간이었다.

수행자들이여!

① 이것이 괴로움이다. 이것이 괴로움의 발생이다. 이것이 괴로움의 소멸이다. 이것이 괴로움의 소멸에 이르는 길이다.

② '이것이 괴로움이다'라고 나는 알아차렸다. '이것이 괴로움임을 완전히 알아야만 한다'라고 나는 알아차렸다. '이것이 괴로움임을 완전히 알았다'라고 나는 알아차렸다. '이것이 괴로움의 발생이다'라고 나는 알아차렸다.

③ '괴로움의 발생은 끊어 없애야만 한다'라고 나는 알아차렸다. '괴로움의 발생을 완전히 끊어 없앴다'라고 나는 알아차렸다. '이것이 괴로움의 소멸이다'라고 나는 알아차렸다.

④ '괴로움의 소멸을 이미 똑똑히 보았다'라고 나는 알아차렸다. '이것이 괴로움의 소멸에 이르는 길이다'라고 나는 알아차렸다. '괴로움의 소멸에 이르는 길을 닦아야만 한다'라고 나는 알아차렸다. '괴로움의 소멸에 이르는 길을 완전히 닦았다'라고 나는 알아차렸다.

수행자들이여!

이것은 일찍이 누구도 가르친 적 없는 법이니 바르게 사유해야 한다. 그러면 눈·지혜·밝음·깨달음이 생길 것이다.

이윽고 부처님의 마지막 당부의 말씀이 이어졌다. 사성제의 수행에 확신을 주는 말씀이었다. 그러나 깨달음의 사상적 내용인 '연기의 법칙'과 비교할 때, 얼핏 보아 완전히 다른 것처럼 보인다. 그러나 이 두 가지는 완전히 다른 것이 아니라, 부처님의 주도면밀한 배려에 의해 조직되고 체계화되어 사성제라는 '네 가지 진리'로서 제시되었던 것이다.

따라서 연기의 법칙과 사성제의 관계가 어떻게 조직되어 사상적 체계를 이루는가를 이해하는 것이야말로 불교를 제대로 이해하는 초석이 될 것이며, 이후 45년간의 말씀은 이에 대한 응병여약應病與藥 의 대기설법對機說法이었다고 할 수 있다.

수행자들이여!
내가 만약 네 가지 성스러운 진리를 각각 세 차례씩 열두 가지 양상(三轉十二行相)으로 바르게, 사실 그대로, 완벽하게 알고 보지 못했다면 나는 모든 하늘의 신들과 인간들 가운데서 '가장 높고 바른 깨달음(無上正等覺)을 얻었다'라고 선언하지 못했을 것이다. 네 가지 성스러운 진리를 각각 세 차례씩 열두 가지 양상으로 바르게, 사실 그대로, 완벽하게 알고 보았기 때문에 가장 높고 바른 깨달음을 얻고, 해탈하여 흔들림이 없는 것이다.

부처님의 설법을 들은 다섯 친구들은 꼰단야(koṇḍañña)를 시작으로 차례로 깨달음을 얻어 설법을 시작한 지 닷새째 되는 날 다섯 비구(五比 丘)가 된다. 이어서 바라나시의 장자의 아들 야사(Yasa)와 그의 친구들 의 합세로 녹야원에는 어느새 부처님을 포함한 61명의 아라한(부처님+ 교진여 등 오비구+야사와 그의 친구 4명+그 뒤를 이은 젊은이들 50명)이 있게 되었다.

인도의 여름철은 계절풍의 영향으로 우기가 계속된다. 폭우가 그치

고 맑은 하늘이 드러난 어느 날 부처님께서는 이렇게 선언했다. '전도
선언'이었다.

수행자들이여!
나는 이미 신과 인간의 속박에서 해방되었다. 그대들 또한 신과
인간의 속박에서 해방되었다. 이제 법(진리)을 전하러 길을 떠나라.
많은 사람들의 이익과 행복을 위해, 세상에 자비를 베풀기 위해
길을 떠나라. 길을 떠날 때는 두 사람이 함께 같은 길을 가지
말라.[92]
수행자들이여!
처음도 좋고, 중간도 좋고, 마지막도 좋게 논리정연하고 정확한
표현으로 법을 설하라. 진정으로 원만하고 청정한 수행 상像을
보여주어라. 세상에는 때가 덜 묻은 사람들이 있다. 그들은 진리를
듣지 않으면 퇴보하겠지만, 진리를 들으면 곧 깨달을 것이다.
수행자들이여!
나도 법을 전하러 우루벨라 마을로 갈 것이다.

---

92 더 많은 사람들에게 더 많은 진리를 전하기 위해서는 두 사람이 함께 같은
   길을 가서는 안 된다.

2부

『주역선해周易禪解』 역주

- 북천목도인北天目道人 우익지욱蕅益智旭 저著

【선해】 伏羲設六十四卦. 令人觀其象而已矣. 夏商各於卦爻之下. 繫辭
焉以斷吉凶. 如所謂連山歸藏者是也.

　복희씨가 64괘를 설시設施하여, 사람들로 하여금(令) 64괘(其)의
상象만 보여주었을 뿐이다. 하夏나라와 상商나라에 들어 각각 그 괘卦
와 효爻 아래에 말(辭)을 붙였으니(繫), 이로써 길흉을 판단하게 되었
다. 소위 연산역連山易과 귀장역歸藏易 같은(如) 것이 바로 이것이다.[1]

─────────

1 『주례周禮, 춘관春官』에 따르면, ① 간괘艮卦로 시작하는 하나라의 『연산역』,
　② 곤괘로 시작하는 은나라의 『귀장역』, ③ 건괘乾卦로 시작하는 주나라의 『주
　역』을 합쳐 삼역三易이라 하며, 주대周代에는 삼역을 관장하는 대복大卜이라는
　직제와 복사卜史라는 관리를 두고, 국가 대사에 앞서 복서卜筮한 결과들을
　기록 보관하게 하였다고 한다.
　그러나 이 같은 행정조직은 은나라에서 주나라로 이어졌다고 보는 것이 합당할
　것이다. 따라서 전부터 보관하여 전해지던 하나라 은나라 점서占筮들을 주나라
　에서 교훈적이고 효험 있던 것들을 취사하여 괘·효에 말(辭)을 붙이기(繫)
　시작하였다고 보는 것이 타당할 것이다.
　사마천의 『사기』에 따르면 은나라를 멸한 주周왕조의 조상은 중국 서북부
　변방의 유목민이었던 부족으로 융적戎狄의 땅에 거주하였는데, 고공단보古公亶
　父에 이르러 융적의 풍속을 바꾸고 촌락의 제도를 확립하여 정착생활에 들어갔
　다고 한다. 고공단보의 손자인 문왕이 유리 감옥에서의 7년 수감생활 중에,
　전에 없던 또는 하나라 은나라 역과 다른 독창적인 주나라의 『주역』을 만든다는
　것은 불가능한 일이다. 따라서 『주역』을 '주나라 역'으로만 받아들이는 것은

【강설】

복희伏羲

복희는 태호 복희씨太皥伏羲氏는 포희씨庖犧氏라고도 하며[2], 동양문명의 개조로 불리는 황제보다도 선대의 인물로 삼황三皇 중의 하나이다. 그의 출생에 관해 강단학계에서는 전설상의 인물로, 『한단고기』를 신봉하는 증산도 등 민족종교 계열이나 사계에서는 실존 인물로 '우리 동이족의 조상'이라는 주장이 상존한다. 전설상으로는 사람의 얼굴에 소의 몸(人面牛身), 사람의 머리에 뱀의 몸(人面蛇身) 또는 용의 몸(龍身)을 가진 인물로 알려지고 있다. 그가 다스린 부족은 뱀이나 용을 토템으로 삼았다고 한다.

① 문화재청 홈페이지에는 다음과 같이 나온다.

중국의 대표적인 정사正史인 『사기』에는 태호太皥 포희씨庖犧氏는 성이 풍風씨이다. 수인씨燧人氏를 대신해 천하의 왕이 되었다.

잘못이다. 주나라 때 완성한 역易이라는 의미의 『주역』이라는 명칭도 후대에 붙여진 이름일 뿐 처음부터 『주역』이라고 한 것도 아니다. 즉 『주역』은 중국 한족이 아니라 동이족에서 기원한다는 뜻이다. 또한 십익十翼 역시 동이족인 공자에 연원한다.

2 복희伏羲에게 붙이는 '씨氏' 자는 요즘의 김씨, 이씨와 같은 씨가 아니라 고대의 왕에게만 붙이는 호칭이다. 또한 '왕王' 자는 왕이 된다는 의미가 아니라, 복희씨 로부터 문명이 시작되었다는 것을 말한다. 『하전, 2장』에서의 "古者包犧氏之王天下也"를 "옛날 복희씨가 천하에 왕 노릇을 할 때"로 옮기는 것도 이러한 연유에서다.

어머니는 화서華胥의 신모神母인데 뇌택雷澤[3]에서 대인大人의 발자
국을 밟고 성기成紀에서 포희씨를 낳았다. 뱀의 몸에 사람의 머리로
성인의 덕을 지니고 있었다. 하늘을 우러러 일월성신을 관찰하고,
구부려 지형의 법칙을 관찰하고, 널리 새와 짐승의 무늬를 관찰하
고 각종 식물과 가까이는 자신의 몸에서 취하고, 멀리는 사물에서
상을 취하여, 비로소 8괘를 그렸다. 신명神明의 덕[4]을 통함으로써,
이로써 만물의 성정性情을 분류하여 서계(書契, 한자)를 만들어
결승結繩의 정치를 대신하였다. 이에 비로소 장가들고 시집가는
제도가 있었으니 한 쌍의 사슴가죽으로써 예물로 삼았다. 그물을
엮어서 이로써 사냥하고 고기 잡는 것을 가르쳤으므로 복희씨宓羲
氏라고도 한다. 짐승을 길러서 부엌에서 익혀서 먹는 법을 가르치
고, 용의 상서로움이 있어서, 용으로써 벼슬 이름에 붙여 용사龍師
라고 불렀다. 35줄의 거문고를 만들고, 목덕木德의 왕으로 봄철의
정령政令을 주재한다. 그러므로『주역』에, "제왕이 동방에서 나왔
다"고 하였으며,『예기』월령月令과『여씨춘추』맹춘기孟春紀에,
"봄철의 제왕은 태호 복희씨이다" 한 것이 이것이다. 진陳에 도읍을
정하고 동쪽으로 태산에 올라 봉선封禪하고, 111년간 다스리다
붕어하였다.

그러나 이 내용은 사마천의『사기』가 아니라, 그의 후손인 당나라

---

3 『역경』54번째 괘가 뇌택귀매(雷澤歸妹, ䷵)괘이다.

4 덕德은『주역』은 물론『서경』과 불교를 이해하는 중요한 개념이다. 뒤에 설명할
것이다.

사마정(司馬貞, 679~732년)이 사마천의 『사기』에 삽입한 『보사기補史記, 삼황본기三皇本紀』의 번역이다. 「삼황본기」는 동이족인 복희, 신농, 수인씨에 대한 기록으로, 사마천이 『사기』에 넣지 않은 것은 삼황시대를 사실史實이 아닌 신화로 보았기 때문이 아니라, 삼황본기를 명기함으로써 중국의 역사가 동이족으로부터 시작되는 것을 인정하기 싫었기 때문이었다.[5]

②『삼국유사』「기이紀異, 제일第一」편 서문序文에는 "황하黃河에서 하도河圖가 나왔고, 낙수洛水에서 낙서洛書가 나오면서 성인이 나타났는데(而聖人作), 무지개가 신모神母를 휘어감아 복희伏羲를 낳았다(河出圖, 洛出書, 而聖人作, 以至虹繞神母而誕羲)"고 나온다.

③이일봉은 『실증한단고기』에서 이맥의 『태백일사, 신시본기』편을 인용한다.

배달국 5대 태우의太虞儀 환웅의 막내아들로 성은 풍風씨이며, 이름은 태호太皥 또는 복희씨伏犧氏라고도 한다. 어머니 화서씨華胥氏가 어느 날 동쪽에 있는 뇌택雷澤이라는 연못가에서 대인大人의 발자국을 밟고 난 뒤 잉태했다. 뇌택의 뇌雷는 팔괘八卦 중 진괘震卦를 말하며, 동방에 배치된 괘이다. 동방을 상징하는 나무(木)의 덕으로 제왕이 되었기 때문에 그를 동방의 제왕이라고 한다. 그가

─────────

5 사마천, 배인, 사마정, 장수절(지은이), 한가람역사문화연구소 사기연구실(옮긴이), 『신주사기』, 한가람역사문화연구소, 2020.

우사雨師라는 관직에 있을 때 역易을 만들었는데 이것이 바로 환역桓易이며, 후대로 내려오면서 이를 복희팔괘伏羲八卦 혹은 선천팔괘先天八卦라 한다.

【강설】

계사繫辭와 계사전

계사繫辭는 64괘의 길흉을 서술한 괘사卦辭와 64괘의 여섯 효爻에 설명을 붙인 효사爻辭를 합한 것을 말한다. 64괘는 8괘를 상하로 두 개씩 중첩하여 우주의 만물과 이치를 상징하는 원리를 나타낸 것으로, 각 괘에는 각기 하나씩의 괘사가 있으므로 괘사의 수는 64개이다. 또한 64괘에는 각기 6개의 효가 있으므로 효사의 수는 총 384(64×6)개가 된다.

『역경』의 형성과정에 대해『한서漢書, 예문지藝文志』의 작자인 반고(盤古, 32~92)는 "사람으로는 세 사람의 성인을 거쳤다(人更三聖)"라는 설을 제기하면서, 『주역』은 세 단계 과정을 거쳐 이루어진 것이라 주장했다.

첫 번째 단계는 복희가 8괘를 그린 단계로, 아직 문자가 없던 시기이다.

두 번째 단계는 주문왕周文王이 8괘를 중첩하여 64괘를 이루고, 매 괘효 뒤에 괘효사를 두었던 시기이다.

세 번째 단계는 공자가『역전』을 지어서 전傳으로 경經을 해석했던 시기이다.

얼마 뒤에 동한東漢의 경사經師들은 주공周公 단旦이 효사를 창작했다고 생각했으며, 마침내 주희(朱熹, 1130~1200)에 이르러서는 주공 단이 분명하게 『역경』의 작자 계열에 포함되었다. 그래서 『역경』은 부분적으로 복희와 문왕, 주공 세 사람의 공동 작업에 의해 완성된 것으로 알려지게 되었다.

그러나 괘사와 효사의 작자에 대하여는 이론이 분분하다. ① 둘 다 주나라 문왕이 지었다는 설, ② 괘사는 문왕이 짓고, 효사는 문왕의 아들 주공이 지었다는 설이 있으나 괘사와 효사는 어느 특정인의 저작이기보다는 여러 사람들에 의해 오랜 세월에 걸쳐 이룩된 문헌이라고 보아야 한다는 여론이 지배적이다.

근대 이후에는 반고와 주희의 주장이 부정되었는데, 이유인즉 괘사와 효사에서 언급하는 많은 역사적 인물과 사건 가운데 일부는 문왕과 주공 이후에 일어난 일이었기 때문이다. 일례로 『역경』 35번째 「화지진火地晉: ䷢)」괘에는 무왕의 동생인 강후康侯[6]가 등장하고, 『역경』 36번째 지화명이(地火明夷卦: ䷣)의 단사象辭에는 기자箕子가 등장하는

---

6 『역경』 35번째 화지진괘(火地晉卦: ䷢)의 괘사(晉: 康侯用錫馬蕃庶, 晝日三接)에 등장하는 강후康侯는 ① 고유명사로 볼 경우: 무왕의 동생이자 문왕의 아들을 말한다. 처음에는 강康이라는 곳에 봉해졌고, 후에 위衛나라 제후에 봉해졌다 해서 강숙康叔 또는 위강숙衛康叔으로 불린다. ② 일반명사로 볼 경우: 백성과 나라를 잘 다스려 세상을 평안하게 해 주는 제후를 말한다.

괘사의 해석에도 두 가지 설이 존재한다. ① 강후는 성왕에게 하사받은 말들을 번식시켰는데, 하루에 세 번 교접하게 했다. ② 백성과 나라를 잘 다스려 세상을 평안하게 해 주는 제후에게 많은 말을 하사하며, (총애하여) 낮에 세 번이나 접견하였다.

데, 『서경書經, 주서周書』에 따르면 기자는 문왕의 아들인 무왕에게 홍범구주洪範九疇[7]를 전했다는 인물이다. 이때는 무왕이 은나라를 멸망시킨 지 2년이 되던 해로, 문왕은 이미 죽고 무왕이 즉위한 지 4년이 되던 해이다. 문왕에 대해서는 『하전, 11장』에서 "역이 부흥한 시기는, 은나라 말기에서부터 주나라의 덕이 성하는(周初) 때까지가 아닐까? 은말주초의 문왕과 주紂왕[8] 때일 것이다"라고 전한다.

【선해】 周之文王. 則繫辭于每卦之下. 名之曰彖. 逮乎周公. 復繫辭于每爻之下. 名之曰象. 孔子旣爲彖傳象傳以釋之.

주나라 문왕이 곧 매每 괘의 아래에 말(辭)을 붙였으니(繫) 이름하여 단彖[9]이라 하였고, 주공에 이르러서는(逮) 다시(復) 매 효의 아래에

---

7 『서경, 홍범』에 따르면, 주나라 무왕이 은나라를 멸하고 2년 후에 은나라 삼현三賢으로 불리는 기자를 찾아가, 천하 백성들을 다스려 나라를 안정시키는 방도를 묻자 홍범구주, 즉 나라를 다스리는 9가지 큰 규범을 말하였다. 홍弘은 크다, 범範은 규범이라는 뜻으로 홍범구주는 나라를 다스리는 9가지 큰 규범이라는 뜻이다.

8 주 문왕은 중국 은(商)나라 말기 주족周族의 통치자로 성은 희姬, 이름은 창昌이다. 유능한 인재들을 등용하고, 백성들의 삶을 넉넉하게 해 주는 정책을 시행하니 국력이 날로 성하게 되었다. 이는 은나라 마지막 왕인 주왕紂王이 꺼리는 바가 되어 유리羑里에 있는 옥(羑里獄)에 갇히게 되었다. 그는 감옥에 갇혀 있으면서도 8괘를 64괘로 풀이하는 괘사를 지었다고 한다.

이로 미루어 볼 때, 『주역』 점占의 기반이 되는 8괘는 이미 오래전부터 있었으며, 『주역』의 골격은 은나라 말기에서 주나라 초에 이루어진 것으로 추측된다. 그러나 오늘날과 같은 통용본의 완성은 후대의 일이다.

말(辭)을 붙여(繫) 이름하여 상象이라 하였다. 공자는 이에(旣爲) 단전
象傳과 상전象傳으로 64괘를 해석하였다.[10]

【선해】今又統論伏羲所以設卦. 文周所以繫辭. 其旨趣. 綱領. 體度.
凡例. 徹乎性修之源. 通乎天人之會. 極乎巨細之事. 貫乎日用之微.
故名爲繫辭之傳. 而自分上下焉.

이제 또 오늘날 통용되는 논리로는(統論) 복희씨가 괘를 설시하고,
문왕과 주공이 말(辭)을 붙인 것(繫)은, 그 지취旨趣, 강령綱領, 체도體
度, 범례가 성수性修의 근원을 관철하고, 하늘과 사람의 회합을 통관하
며, 크고 작은 일을 극진히 하며, 일상의 미세한 것에까지 관철하는
까닭에, 이름하여 계사전繫辭傳이라 하였으니, 자연스레 상전과 하전

---

9 '단象'은 본래 '판단하다, 점치다'의 뜻으로, 단사象辭로 그 괘의 의미를 판단하는
  것이다.

10 「단전」, 「상전」, 「계사전, 상, 하」, 「건문언전」, 「곤문언전」, 「설괘전」, 「서괘
  전, 상, 하」, 「잡괘전」 등의 7전傳 10편篇은 『역경』의 경문을 이해하는 데
  도움을 주는 열 가지라는 뜻으로 십익十翼, 『역경』을 주석하거나 그 이치를
  설명하는 저작물이라는 뜻으로 『역전易傳』이라 한다. 선사가 『역전』의 저자
  로 공자를 언급한 것은 사마천(BC145~?)이 『사기』에서 언급한 전통적 견해에
  따른 것이다.
  그러나 북송의 구양수(歐陽修, 1007~1072)는 『역동자문易童子問』에서 역전의
  형성 연대 및 작자에 대해 의문을 제기한 이래 전통적 견해는 부정되고,
  각 전傳들의 형성 시기는 전국시대 이래로 보며, 『문언전』, 『계사전』 등에서
  "자왈子曰"이라는 언급이 있다 해도 공자의 말이 아니라, 공자의 말을 차용한
  후대 경사經師들의 말이라고 한다.

으로 나뉘었다.

【강설】

성수불이性修不二

성수불이의 '성性'이란 불성佛性, 자성청정自性淸淨의 '성'으로, 중생이 성불할 수 있는 근원 또는 원천적 근거를 말한다. '수修'는 수증修證으로 인간 본래의 청정淸淨한 불성을 믿고, 이를 증득하기 위한 능동적이고 적극적인 노력(수행)을 말한다. 그러나 청정한 불성은 수행과 상관없이 본래부터 갖추어 있다 해서 자성청정自性淸淨이다. 이렇게 나누는 것은『대승기신론』에서 진여를 설명하기 위해 ① 말을 떠난 진여(離言眞如)와 ② 말에 의존한 진여(依言眞如)로 나누는 것과 같다. 그렇다고 말을 떠난 진여가 따로 있고, 말에 의존하는 진여가 따로 있는 것이 아니라, 말을 떠나든 말에 의존하든 진여는 항상 같은 진여일 뿐이다.

실상을 따지고 보면, 그렇게 나누는 것 또한 분별分別일 뿐, 성수불이 이다. 불이不二라 해서 하나(一)라는 뜻이 아니며(不一), 불일이면서 불이(不二, 不異)이고, 불이不二이면서 불일不一이다.

'수修'에 대해 임제의현(臨濟義玄, ?~867) 선사는 말한다. "수니 뭐니 하며 닦겠다고 하나, 실은 닦을 것도 없는 것이다. 본래가 청정한데 무엇을 닦겠다는 것인가?"

그대들은 제방에서 도道를 말하면서, 무엇을 닦고 증득할 것이 있다고들 하는데, 착각하지 마라. 수행은 무엇을 닦고 증득하는

것이 아니라, 무엇을 닦고 증득하겠다는 그 마음(집착)을 내려놓는
것이다. 사람은 본래가 완전무결하여 더 이상 닦고 말고 할 것이
없는, 더 이상 꾸미거나(化粧) 장엄할 것도 없는, 이미 아름답고
완벽한 존재이다. 그러니 무엇을 닦아 증득하겠다거나 장엄하겠다
고 하는 것은 조작造作으로 외도의 짓이며, 생사 업을 짓는 것이다.
부처를 구하고 법을 구하는 것은 바로 지옥 업을 짓는 것이고,
보살을 구하는 것 또한 업을 짓는 것이며, 경을 보거나 가르침을
듣는 것도 또한 업을 짓는 것이다. 부처와 조사는 바로 일 없는
사람(無事人)이라, 억지가 있고 조작이 있는 '유루유위有漏有爲'나
억지가 없고 조작이 없는 '무루무위無漏無爲'가 다 불조佛祖에게는
청정한 업인 까닭이다(儞諸 方言道 有修有證. 莫錯 設有修得者 皆是生死
業. 求佛求法 卽是造地獄業. 求菩薩亦是造業. 看經看敎 亦是造業. 佛與祖
師是無事人. 所以有漏有爲 無漏無爲 爲淸淨業).

무엇을 구하겠다거나 닦아 증득하겠다고 하는 그런 마음이 집착이고
망상이고 망념이고 번뇌인 것이기 때문이다. 그런 집착, 망상, 망념,
번뇌가 있기에 늘 쫓기듯 바쁜 것이다. 무사인無事人이란 바로 무엇을
구하겠다거나 닦아 증득하겠다고 하는 그런 일(事)에 매달리지 않기에
밤에는 달을 보며 한가하고(閒), 낮에는 초목을 보며 한가한(閑) '한도
인'[11]을 말한다. 이는 진여의 관점에서 본 인간의 참 모습인 것이다.(참

---

[11] 밤에는 달을 보며 한가한(閒) 도인은 '한도인閒道人', 낮에는 산천초목을 보며
한가한(閑) 도인은 '한도인閑道人'으로 구분하면 어떨까? 한자의 묘미란 이런
것이다.

조: 『임제록, 시중示衆』.)

【선해】隨緣不變不變隨緣之易理. 天地萬物所從建立也. 卦爻陰陽之
易書. 法天地萬物而爲之者也. 易知簡能之易學. 玩卦爻陰陽而成之
者也. 由易理方有天地萬物. 此義在下文明之.

　인연을 따르면서도(隨緣) 불변不變하고, 불변하면서도 인연을 따르
는 것이 역의 이치(易理)[12]이다. 천지만물이 이에 따라(所從) 건립建立
되었다. 괘효와 음양을 다루는 역서易書는 천지만물의 이치를 본받아
(法) 이루어진 것이다. (그래서) 알기 쉽고 간결하여 쉽게 능숙할
수 있는 것이 역학易學이다. 역의 공부는 괘효와 음양을 완미(玩味:
깊이 생각하고 탐구함)함으로써 일가견을 이룰 수 있는 것이다.[13] 역리易

---

12 역의 이치(易理)란 '자연섭리의 이법理法'으로 바로 건원지도乾元之道를 말한다.
　건원은 우주만물의 근원(생명)으로 창조성(Creativity)이자 만유萬有의 시작(생
　명)이며, 또한 시간과 공간 그 자체로서 하늘을 주재한다. 이를 『역경』 첫
　번째 「중천건: ䷀」괘의 단사彖辭에서 "건원으로부터 만물이 시작되며, 이로써
　하늘을 다스린다(乾元萬物資始 乃統天)"라고 하였다. 이처럼 건원은 시공時空
　자체이면서 시공을 주재하는 최고 원리이다. 이것이 『역경』의 핵심인 천도天道
　이며, 하늘이 명령한(天命) 인간이 따라야 하는 성품인 『중용』에서의 "천명지위
　성天命之謂性"이다. 인간이 하늘이 명한 성품을 따를 때, 비로소 유가의 최고
　덕목인 '천인합일天人合一'의 인간이 되는 것이다.
13 완미玩味는 음식을 꼭꼭 씹어 맛보는 것을 말한다. 음식을 꼭꼭 씹어 맛보
　듯 괘효사의 의미意味도 말씀(辭)이 지닌 깊은 뜻을 ①조용히 ②곰곰이 새겨
　알라는 뜻이다. 이것이 사유思惟이고 명상瞑想이다. 이를 굳이 구분하자면
　①'조용히'가 사마타(止)라면 ②'곰곰이 새겨 아는 것'은 위빠사나(觀)이다.

理로 말미암아 비로소 천지만물이 있다. 이런 뜻을 아래의 글(계사전)에서 밝힌다(明).

【선해】 今先明由天地萬物而爲易書. 由易書而成易學. 由易學而契易理.

이제 (계사전은) 먼저(先) 천지만물로 말미암아(由) 역서易書가 있게 되고(爲), 역서로 말미암아 역易이라는 학문(易學)이 형성되고(成), 역학으로 말미암아 역리易理에 계합契合됨을 밝힌(明) 것이다.

【강설】
"수연하면서도 불변하고, 불변하면서도 수연하는 것이 역의 이치이다(隨緣不變不變隨緣之易理)."

'수연불변隨緣不變, 불변수연不變隨緣'은 대승불교의 핵심인 진여眞如의 성질을 설명하는 말이다. 진여는 우주만유의 실체로서 평등하고도 차별이 없는 절대의 진리로, 그 진리의 바탕(體)은 불변이나 수연하는 성질이 있다.[14] 이것이 바로 역의 이치(易理)라고 천명한 것이다.

이는 동전의 양면과 같아서 별개의 것이 아니라, 수행에서는 동시에 일어나는 것이다. ①사마타(止)에 들면 ②자연스럽게 위빠사나(觀)로 이어지기 때문이다. 위빠사나(觀)로 이어지지 않는다면 아직 사마타(止)에 들지 않았기 때문이다. 반대로 무엇을 완미하고 있다면 자신도 모르게 이미 사마타의 경계에 들어 있는(入) 것이다.

14 이 같은 진여의 성질은 『대학大學』의 '명덕明德'과 상응한다. 주자는 『대학장구』에서, "명덕은 인간이 하늘에서 부여받은 것으로, 텅 비어 있으되 영묘하며,

이로써 불교와 『주역』은 이미 회통하고 있다.

　『역경』 첫 번째 「중천건: ☰」괘의 단사彖辭 "크도다(大哉), 건원이여(乾乎)!"의 건덕乾德에 대해 『선해』에서는 '건원＝진여불성'으로 설명하면서, "법계의 어느 한 법도 건원乾元으로 말미암지 않음이 없다"라고 하면서, 복잡한 것 같아도 요약해서 말하자면 바로 '불변수연, 수연불변'이라는 것이다.

　불성佛性이 상주하는 이치를 이름하여 건원이라 한다(佛性常住之理名爲乾元). 한 법(一法)도 이 법계로 말미암지 않음이 없고(無一法不從此法界而始), 한 법도 이 법계로 말미암아 건립되고 생장하지 않음이 없으며(無一法不由此法界而建立生長), 또한 한 법도 이 법계로써 그 성정을 삼지 않음이 없다(亦無有一法而不卽以此法界爲其性情). 불성이 상주하는 이치가(所以佛性常住之理) 두루 능히 세상의 모든 법을 출생시키고 성취시키지만(遍能出生成就百界千如之法), 실상은 능히 생하는 것과 생하여지는 것도(而實無能生所生), 이롭게 하는 것과 이롭게 되는 것이 없기(能利所利) 때문이다. 이를 요약해서 말한다면(以要言之) 곧 불변하면서 수연하고(卽不變而隨緣), 또한 수연하면서 불변하는 것이다(卽隨緣而不變).

밝아서 모든 이치를 다 갖추고 있기에 모든 일에 응한다(明德者, 人之所得乎天而虛靈不昧, 以具衆理而應萬事也)"라고 풀이하고 있다.
'허령불매虛靈不昧'는 마음에 잡스러운 것이 없고 텅 비어 영묘하여(虛靈) 어둡지 않다(不昧)는 뜻으로, 허령은 마음의 체(體, 바탕)이고, 불매는 마음의 용(用, 쓰임)이다.

『선해』의 독자들이 이 점을 염두에 두고 일독—讀한다면 『주역』과 불교는 결코 멀리 있는 사상이나 교리가 아니라, 『주역』이면서 불교이고, 불교이면서 『주역』인 '불일不—', '불이不異'의 묘미를 맛볼 것이다.

일심—心 진여眞如 여래如來 건원乾元 태극太極	불도佛道 역도易道	진심眞心: 음陰 진여문眞如門	불변不變	진여문眞如門	불변 체공	음陰	지관止觀 사마타
			수연隨緣				
		망심妄心: 양陽 생멸문生滅門	체공體空	생멸문生滅門	수연 성사	양陽	관관觀觀 위빠사나
			성사成事				

진여에는 불변하면서도 무명의 인연을 따라 동動하는 수연의 성질이 있다. 진여자성에는 이와 같은 불변不變의 체성과 인연 따라 동하는 수연隨緣의 성질이 있으니, 이를 수연진여隨緣眞如라 한다.

①불변不變이란 천변만화千變萬化의 조화造化가 있다손 치더라도, 그 본바탕(當體, 體性, 心體)은 변치 않고 늘 그대로인 것을 말한다.

②수연隨緣이란 연緣을 따른다(隨)는 뜻으로, 어떠한 환경이나 물질적 자극, 촉觸, 계기, 교섭 등을 연緣이라 하며, 이 연에 따라 일어나는 어떤 변화나 작용을 인연을 따른다 하여 수연이라 한다. 이처럼 진여에는 무명(욕망)의 인연을 따라 동하는 성질이 있다. 이를 의상 대사는 「법성게」에서 "불수자성수연성不守自性隨緣成"이라 했다.

진여에는 무명(욕망)의 인연을 따라 동動하는 성질이 있으므로, 선지식으로 만나면 그 인연으로 수행을 하여 성불도 하고, 악지식을 만나면 그 인연으로 악업을 지어 지옥에 떨어진다. 이렇게 이루는 것을 망심에 있는 성사成事라 한다. 수행을 하여 부처도 될 수 있는 것은 그 바탕이 허공처럼 텅 비어 있으므로(體空) 가능하다. 그러나 허공은 부처를 이루든(性佛) 지옥에 떨어지든 부증불감不增不減으로 진공묘유眞空妙有이다.

따라서 진여의 마음은 진심眞心과 망심妄心이 혼합한 아리야식으로, 진심과 망심의 관계는 불일불이不一不異이다. 욕망欲望의 망심이 무조건 나쁜 것이 아니다. 수행을 하여 부처를 이루고, 자비를 베푸는 것은 무엇을 이루고자 하는(욕망) 마음妄心이 없으면 안 된다. 진여의 마음에 이처럼 이루고자 하는 망심에서 무명을 따라 동하는 것이 수연隨緣이고, 수행을 하여 뜻한 바(욕망)를 이루는 마음이 망심에 있는 성사成事이다.

『대승기신론』에서 체공과 성사를 생멸문이라 하며, 불변과 수연을 진여문이라 했다. 수행이란 생멸문에서 진여문으로 드는 것을 말하며, 우리 중생의 삶이란 진여문과 생멸문을 끊임없이 윤회(왕복)하는 과정이다. 『역경』에서 음과 양, 분열과 통일이 반복 순환하는 과정과 다를 바 없다.

이처럼 일미평등一味平等한 체성體性을 진여(眞如: 진심眞心)라 하며, 인연 따라 변하는 모습(相)을 차별상 또는 생멸상(生滅相: 妄心)이라 한다. 선사는 "이것이 바로 역의 이치(易理)"라 했다. 역의 이치를 체용體用의 관계로 보면, 불변의 체성은 내재적 근거(실상, 체)로서 『역경』의 불역不易이며, 인연 따라 변하는 수연은 외재적 표현(현상, 용)으로『역경』의 변역變易이다. 진여자성의 내재적 실상이 진공眞空이라면, 외재적 현상은 묘유妙有이다.

이렇듯 깨달음의 눈으로 보면 불교의 이치나 역의 이치나 같다(似). 그렇다고 같다는 것(同)은 아니다. 그래서 회통會通할 수 있는 것이다.

이렇듯 '같으면서도 같은 것이 아닌 것'을 표현할 수 있는 한자는
참으로 편리하다. 어떻든 부처님의 지혜를 추구하는 깨달음의 경지가
부처님의 '무분별無分別'이라면, 불교니 『주역』이니 따지는 자체가
분별이다. 2,500~3,000년 전 히말라야 산맥을 가운데 두고 내왕이
없었던 인도대륙과 중원에서의 철학이나 사상은 이미 회통을 하고
있었기 때문이다. 그럼에도 후인들이 파당을 지어 교파나 종파의
우열을 논하며 상대를 배척하던 논쟁들을 '불교사상사'나 '중국사상사'
라는 거창한 이름으로 구분(분별)지어 공부한다는 자체는 한 번쯤
되짚어 봐야 할 것이다. 선사는 이를 지적한 것이다.

"수연하면서도 불변하고, 불변하면서도 수연하는 것이 역의 이치
이다(隨緣不變不變隨緣之易理)."

계사상전 제1장

【주역】天尊地卑. 乾坤定矣. 卑高以陳. 貴賤位矣. 動靜有常. 剛柔斷矣. 方以類聚. 物以群分. 吉凶生矣. 在天成象. 在地成形. 變化見矣.

是故剛柔相摩. 八卦相盪. 鼓之以雷霆. 潤之以風雨. 日月運行. 一寒一暑.

　하늘은 높고(尊) 땅은 낮으니(卑) 건乾과 곤坤이 정定해지는 것이다. 낮은 곳에서 높은 곳으로(卑高) 펼쳐짐으로써(陳) 귀한 것과 천한 것 등의 위位가 정해지는 것이다. 동動함과 정靜함의 이치에는 변하지 않는 상도常道가 있기에, 양의 강剛하고 음의 부드러움(柔)이 구분되는 (斷) 것이다.[15] 지방이나 지역에 따라 그 지방이나 지역에 맞는 부류들이 모여들어(類聚), 여러 부류의 무리(群)로 나뉨으로써(分) 길흉(吉凶: 다툼)이 생겨나게 된다.[16] 하늘에서는 상象을 이루고, 땅에서는 형(形,

---

15　우주(하늘, 자연)에서의 변화를 동정, 육효(六爻, 땅)에서의 변화를 강유剛柔라 한다.

16　길흉은 다툼에서 생기며, 다툼은 욕심에서 생긴다. 한동석은 『우주변화의 원리』에서 "무릇 형상形象을 보유하고 생활하는 인간이나 동물들은 끊임없이

像)을 이룸으로써[17], 그 사이에 변(變: 陰 ⇒ 陽)과 화(化: 陽 ⇒ 陰)가 나타난다(見: 현).[18]

형상간形象間에 모순矛盾과 대립對立을 나타내면서 자기를 보존하는 것이니 이것이 바로 육체와 정신의 공공체적公共體的 사회생활이다. 이러한 육체와 정신의 공공생활 과정에서 필연적으로 감정感情과 욕심慾心이 생기게 되는 것이다. 만일 인간이나 동물이 육체와 정신의 이원적二元的 조직체가 아니라면 여기에는 욕심이 생길 수가 없는 것이다. 육체란 사욕私慾의 주체이므로 무욕無慾인 정신에 항상 도전하려고 하기 때문이다. 그리하여 욕심은 목적의 원인이 되고 목적은 욕심의 결과가 되는 것이다"라고 하였다.

17 하늘에서는 일월성신이 운행하며 변화를 상象으로 드리워주나(天垂象), 우매한 중생은 땅에서 형形이 이루어지기 전에는 하늘의 뜻(天命)을 알지 못한다. 하늘에 드리운 천수상은 무형(無形, 氣化)의 상象으로 볼 수도, 들을 수도 없기 때문이다. 이를 자각한 성인이 우매한 중생들을 깨우치고자 괘를 만들었으니, 괘卦는 하늘의 상(象: 天命)을 보고 듣기 위한 유형(有形, 形化)의 가상假象으로서의 상象이다. 칠정육욕七情六慾에서 벗어나지 못하는 범부(중생)는 유형의 괘상을 통해서만이 하늘의 뜻을 보고 들을 수 있다. 그것도 불가의 출가자와 같은 마음을 닦는(洗心) 수행을 통해서만 가능하다. 『주역』의 공부는 유형의 가상(卦)으로 무형의 하늘의 상(象: 天命)을 탐구하는 것이다.

18 변화란 역(易, change)을 말하는 것으로 '삼라만상 우주변화의 대명제大命題'를 천명한 것이다. 이를 『황제내경, 천원기대론天元紀大論』에서는 "만물이 태어나는 것을 '화化'라 하고(物生謂之化), 태어난 물이 극에 이르는 것을 '변變'이라 한다(物極謂之變)"라고 하여 변과 화를 구분하였다.
가을에서 겨울까지의 음이 변變하여 양(春)을 맞이하는 과정(陰變陽)과, 봄에서 여름까지의 양이 화化하여 음(秋)으로 전화轉化하는 과정(陽化陰)이 바로 천지의 작용으로 변화이고 역易이다. 즉 화化는 봄에서 여름에 이르는 생장生長 분열分裂의 과정이며, 변變은 가을에서 겨울에 이르는 통일統一 수렴收斂의 과정으로, 변화란 화化가 극점에 이르면 변變으로, 변이 극점에 이르면 다시 이런 까닭으로(是故), 강함(剛: 양)과 부드러움(柔: 음)이 서로 마찰해서(摩: 비빌 마) (팔괘가 만들어지고), 팔괘가 서로 갈마들어(盪: 번갈아들다),[19] 우레(雷)와 번개(霆)로 (기운을) 북돋우며(鼓), 바람과 비로 대지를

화로의 과정을 순환 반복하는 것을 말한다.

주렴계는 『태극도설太極圖說』에서 "정이 극점에 이르면 다시 동한다(靜極復動)" 라고 하였다. "일음일양위지도一陰一陽謂之道"란 이를 두고 하는 말이다. 이는 바로 음양오행의 운동법칙으로 ①우주의 변화법칙, ②만물의 생사법칙, ③인간 정신의 생성법칙을 아우르며, 삼라만상 우주의 어떤 원리 원칙도, 동서양의 어떤 철학이나 종교도 이 법칙을 벗어날 수 없다. 또한 이보다 더 위대한 법칙도 없다.

한동석은 『우주변화의 원리』에서 "일반적으로 변화라는 말은 만사나 만물의 부침소장浮沈消長하는 불가사의적 현상을 지칭하는 것으로, 변變이란 만물이 화하였다가 다시 내용을 충실充實시키는 과정을 말하며, 화化라는 것은 일정한 형태에서 다시 분열무화分裂無化되어 가는 과정을 말하는 것이다. 즉 화하는 과정에서는 생장生長을 촉진시키고, 변하는 과정에서는 성숙成熟이 매듭짓는 것으로, 본체면에서 보면 변화요, 작용면에서 보면 생성生成인 것이다"라고 하였다.

19 **마摩**는 음양이 '섞이다, 마찰하다, 부딪치다, 교류交流, 교감交感, 교구交媾하다' 등의 뜻으로, 건(☰, 양)과 곤(☷, 음)이 교감하여 8괘를 형성하는 것을 말한다. 즉 ①초효가 교감하면 손(巽: ☴)이나 진(震: ☳)이 되고, ②중효가 교감하면 리(離: ☲)나 감(坎: ☵)이 되고, ③상효가 교감하면 태(兌: ☱)나 간(艮: ☶)이 된다. 이를 '서로 섞인다, 교구한다' 해서 상마相摩라 한다.

탕盪은 서로 번갈아드는(일음일양 하는) 의미로, 8괘가 서로 섞여(重疊) 64괘로 운행 변화하는 것을 말한다. 건(☰)와 곤(☷)의 경우, 건이 아래에 오면 지천태(地天泰: ䷊)가 되고, 건이 위에 가면 천지비(天地否: ䷋)가 된다. 이를 상탕相盪이라 한다.

삼라만상(우주)의 변화는 스스로 상마하고 상탕하는 작용에 의해 스스로 변화

윤택하게(潤) 하며, 해(陽)와 달(陰)이 운행함으로서, 한 번 춥고 한 번 더웠다 하는 것이다.[20]

【선해】 此先明由天地萬物而爲易書也. 易之乾坤. 卽象天地. 易之貴賤. 卽法高卑. 易之剛柔. 卽法動靜. 易之吉凶. 卽法方物. 易之變化. 卽法形象. 是故易之有剛柔相摩. 八卦相盪. 而變化無窮. 猶天地之有雷霆風雨. 日月寒暑. 而萬物皆備. 蓋無有一文一字是聖人所杜撰也.

이는 먼저(先) 천지만물로 말미암아(由) 역서易書가 만들어졌음을

하는 것일 뿐 외부의 간섭이나 힘에 의해 변화하는 것은 아니다. 상마 상탕이 멈출 때는 지구의 종말이다. 8괘와 64괘는 바로 이를 상징하는 것으로, 만물은 음양의 교감, 교구에 의하여 새 생명이 창조되고 생명이 유지되는 것을 상징한다. 모든 생물의 번식은 물론이고, 음극과 양극의 마찰을 통해 전기를 얻는 것도 같은 이치이다. 음양의 상마 상탕하는 작용에 의해 생주이멸·성주괴공이 순환 반복된다.

불교에서의 무상無常도 이러한 이치를 말하는 것으로, 우리의 마음도 이와 같아, 선한 마음과 악한 마음, 이기심과 이타심의 상마 상탕의 과정에서 스스로 업보를 지어 천당과 지옥을 오르내리는 것이니 이를 윤회라 한다. 살아생전에 가치 있고 보람 있는 삶을 사는 것이야말로 해탈이며, 죽어서 천당을 가고 극락에 가겠다고 하는 믿음은 어리석은 미신迷信일 뿐이다.

20 태양계의 법칙으로 만물의 생존원리와 생명의 근원에 대한 천명이다. 해와 달의 운행으로 한서寒暑가 생기고, 음양의 기류(氣類, 氣流)가 발생한다. 음양의 기류가 마찰하고 팽창하면 번개와 천둥이 뒤따르며, 음양의 기류가 형성되면 변화가 생기므로 바람이 불고 비가 온다. 비(水)가 내림으로써 대지가 윤택하게 되어 새로운 생명이 태어나 생존과 성장을 할 수 있기에 물(水)이 바로 생명의 본질이다. *고鼓에는 '고무하다, 북돋우다'의 뜻 외에 '팽창하다'의 뜻도 있다.

밝힌 것이다. 역의 건곤(乾, 坤)은 곧(卽) 천지(天, 地)를 상징한 것이며, 단사나 효사에서 말하는 역의 귀천은, 곧 높고 낮음을 본받은(法) 것이며, 역의 강유(剛, 柔)는 곧 동정(動, 靜)을 본받은 것이며, 역의 길흉(吉, 凶)은 방물(方物)[21]을 본받은 것이며, 역의 변화(變, 化)는 사물의 형상(形, 像)을 본받은 것이다.

　이런 까닭으로, 강함과 부드러움이 서로 부딪혀(相摩) (팔괘가 만들어지고), 팔괘가 서로 섞여서(盪) 변화의 무궁함이, 마치 천지(天, 地)에 우레(雷), 번개(霆), 바람(風), 비(雨), 해(日), 달(月), 추위(寒), 더위(暑)가 있어 만물이 다(皆) 갖춰지는(備) 것과 같다. 모두(蓋) 역의 한 문장 한 글자도 성인이 근거 없이 허투虛套로 지은 것(杜撰)이 없다.[22]

---

21 방方은 지방 또는 장소를, 물物은 만물(또는 사물)을 말한다.

22 송宋나라 왕무王楙의 『야객총서野客叢書』에 "두묵杜默이 시를 짓는데 율律에 맞지 않는 것이 많아, 그 때문에 일이 격에 맞지 않는 것을 두찬이라 한다(杜默爲詩 多不合律 故言事不合格者 爲杜撰)"라는 내용이 있다. 송대에 구양수(毆陽修, 1007년~1072년) 등과 시작詩作 활동을 하던 두묵杜默이란 사람의 시가 율과 격에 맞지 않는 것이 많아, 그 후로 무엇이든 격에 맞지 않는 것을 두찬杜撰이라 했다고 한다.

그러면서 왕무는 다음과 같이 부연한다. "두杜라는 자는 두전杜田, 두원杜園의 예에서처럼 고래로 나쁘다든가 덜 좋다는 뜻으로 사용되었다. 그래서 집에서 빚은 맛없는 술을 두주杜酒라고 하는데, 임시 대용품이나 엉터리라는 의미가 들어 있다"라는 것으로 보아 왕무 자신도 두찬이란 말 자체의 전거에 확신을 가지지 못한 것 같다.(참조: 네이버 두산백과.)

【강설】

천존지비天尊地卑, 건곤정의乾坤定矣, 비고이진卑高以陳, 귀천위의
貴賤位矣

(1) 천지건곤(天地乾坤): 天地卽父母, 父母卽天地, 부모 없는 자식 없고, 씨앗 없는 싹은 없다.

하늘(天: 건 ☰)과 땅(地: 곤 ☷)을 제일 먼저 언급하는 것은 세상만물은 천지天地에 바탕을 두기 때문이다. 세상 만물은 머리에 이고 있는 하늘(天)과 딛고 있는 땅(地)을 떠나서는 존재할 수 없다. 이를 『서괘전』에서는 "천지가 있은 후에 만물이 생긴다(有天地然後 萬物生焉)"라고 하였다. 이 말은 천지가 바로 만물(자신)을 생하는 부모라는 뜻이다. 따라서 천지를 안다는 것은 자신의 근원·근본 또는 존재의 의미를 안다는 뜻이다. 음수사원飮水思源[23]이라는 말이나, 깨달음(覺)을 추구하는 불교에서의 일심지원一心之源(心源), 부모미생전父母未生前, 본래면목本來面目도 같은 의미라 할 수 있다. 64괘 중 천지건곤 2괘가 심원으로서의 진여문眞如門이라면, 나머지 62괘는 생멸문生滅門이라 할 수 있다.

---

23 양나라 유신庾信의 징조곡徵調曲 '물을 마실 때 그 물의 근원을 생각하고, 우물을 판 사람을 생각하며 마셔야 한다(飮水思源, 掘井之人)'라는 글에서 유래하는 말로, 본래는 '과일을 먹을 때는 그 과일을 맺게 한 나무를 생각하고(落其實者 思其樹), 물을 마실 때는 그 물의 흘러온 근원을 생각해야 한다(飮其流者 懷其源)' 이다. 이와 비슷한 말로 불교에는 "이 음식이 어디서 왔는가, 내 덕행으로는 받기가 부끄럽네. 마음의 온갖 허물을 모두 버리고 육신을 지탱하는 약으로 알아 도업을 이루고자 이 공양을 받습니다"라는 공양게供養偈가 있다.

『주역』철학의 핵심인 '천지건곤'은 유불선儒佛仙을 포함한 인성론
(Ethology), 수행론(Asceticism)은 물론 서양철학에서의 존재론(Onto-
logy), 인식론(Epistemology), 가치론(Axiology) 등등은 모든 론論을
포함한다.[24] 천지天地의 인문학적·철학적·형이상적 사유의 세계가
건곤乾坤이다. 천지건곤이 만유萬有의 근본, 즉 본원本源이라는 뜻이
다. 본원은 만유가 수만 갈래로 나눠지고 펼쳐지더라도 그 근본은
결국 하나(一)라는 뜻이다. 『설문해자』에서는 제일 먼저 '일一'부部로
시작하며, "일은 태극의 시초로, 도道는 일一에 기초하여 상천하지上天
下地로 나누고, 천지가 변화하여 만물을 이루었다(惟初太極 道立於一
造分天地 化成萬物)"라고 설했다.

결국 공부라는 것은 유불儒佛을 떠나 만물 속의 하나(一, One of
them)인 자신의 존재 의미와 근원(一, Root)을 깨닫는 것이다. 세상에서
또는 삶에서 이보다 더 중요하고 가치 있는 것은 없다. 각각의 위대한
존재와 삶이 모여 위대한 사회와 국가를 이루는 것이다. 이를 깨닫는다
면 적어도 권력의 주구走狗 노릇을 한다든가 또는 이념이나 진영논리에
갇힌 공허한 삶은 살지 않을 것이다.

『역경』의 64괘도 건·곤(천지)괘를 근간(부모)으로, 나머지 62괘가
일음 일양하면서 만물이 생생生生해진다. 즉 건(純陽, 父 ☰)과 곤(純陰,

---

24 『주역』의 철학에는 이 같은 개별적·분석적 개념은 없고, 한 덩어리의 우주본체
론(Universal ontology) 속에 존재론, 인식론, 가치론 등등의 개별적·분석적
개념이 혼재한 전일全一한 철학체계를 이루고 있다. 『주역』이라는 한 뿌리의
고구마 줄기를 잡아당기면 크고 작은 고구마가 주렁주렁 매달려 나오는 것과
같다.

母 ䷁)의 교구(交媾, Intercourse)를 통해 펼쳐지는 변화(만물의 생육)가 62괘라는 뜻이다. 건곤의 역은 64번째의 화수미제(火水未濟, ䷿)괘로 끝나는 것이 아니라 다시 건곤으로 돌아와 끊임없이 순환하기를 반복한다.

여기에 차서次序를 두어서는 안 된다. 건·곤(천지)괘를 펼치면(用) 62괘이고, 접으면(體) 건·곤(천지)괘라고 이해해야 한다. 소성팔괘에서도 건(☰)·곤(☷)부모 괘에서 진괘(☳, 장남)·손괘(☴, 장녀)·감괘(☵, 중남)·리괘(☲, 중녀)·간괘(☶, 소남)·태괘(☱, 소녀)의 육괘가 펼쳐지는 것도 같은 의미이다. 62괘와 6괘는 건곤괘와 별개의 괘가 아니라 이미 건·곤의 DNA가 들어 있다는 뜻이다. 이를 왕부지(王夫之, 1619~1692)[25]는 "건곤병건乾坤竝建"이라 했다. 역을 변화라 할 때, 변하지 않는 순양의 건괘와 순음의 곤괘는 부모 괘로서 '불역不易'이라면,

---

[25] 황종희, 고염무와 더불어 명말청초의 삼유三儒로 불리는 왕부지는 만년에 형양衡陽의 석선산石船山에 거처를 정하고 있었으므로 선산船山선생으로도 불린다. 일찍부터 영재라는 칭찬이 높았고 청년시대에 향시에 우등으로 합격하였으나, 회시會試에 나아갈 기회가 없던 중에 조국 명明이 멸망하였다. 그로부터 향리鄕里, 광둥廣東, 광시廣西의 각지에서 반청反淸 저항운동을 하였다. 이자성의 군대가 베이징을 함락시키자 백여 개의 운韻에 달하는 비분시悲憤詩를 짓고 대성통곡했다. 얼마 후 청나라 병사들이 남하하자 왕부지는 후베이 순무(巡撫, 지방장관)에게 상소를 올리고 대항했는데, 그때 둘째 형과 숙부, 부친이 모두 전사했다. 명조 회복의 가망이 없는 것을 깨닫는 순간이었다. 그 후 그는 반만反滿 민족의식과 명조에의 절조를 지켜 청조에 벼슬하지 않고 향리에서 학문연구에 전념하며 고고한 생애를 보냈다.(위키백과, 중국인물사전 참조.)

62괘는 자식 괘로서 '변역變易'이라 할 수 있다. 작용면에서 보면 그렇다는 뜻이다.

『역경』 첫 번째 중천건(重天乾: ䷀)괘의 단사彖辭에서는 ①"건원은 우주만물의 근원(존재)이자 만유萬有의 시작(생명)이며, 또한 시간과 공간 그 자체로서 하늘을 주재한다(乾元萬物資始 乃統天)"라고 하였고, 『하전, 6장』에서는 ②"건곤은 역의 문이다(乾坤其易之門耶)"라고 하였으며, 『주역참동계周易參同契』[26]에서는 ③"건곤은 역의 문호로 모든 괘의 부모다(乾坤者 易之門戶 衆卦之父母)"[27]라고 하였다. ④동학의 창시자인 최수운(1824~1864)은 『동경대전』에서 "천지는 부모이며(天地卽父母), 부모가 바로 천지이다(父母卽天地)"라고 하였다.

『천자문』에서 "천지天地 현황玄黃"으로 시작하는 것이나 『중용』에서 "천명지위성天命之謂性"으로 시작하는 것도 같은 이유이다.

여기서 정定해진다는 것은 하늘과 땅의 자리(位)가 정해짐으로써 천지만물의 생장소멸生長消滅·생주이멸生住異滅·성주괴공成住壞空하는 우주질서(理法, 이치, 법칙)가 있게 된다는 뜻이다. 천지만물이 각각의 정해진 위位가 없다면 천지가 뒤집어지고 세상은 온통 뒤죽박죽

---

26 2세기경 중국 오吳나라 사람 위백양魏伯陽의 저술로서, 우주변화의 원리(周易)에 순응하여 '기욕嗜欲을 버린 허정虛靜한 마음'으로 단丹을 연마하여 연명장수延命長壽를 목표로 하는 도교의 연단서鍊丹書이다. '참동계參同契'란 연단鍊丹, 신선사상神仙思想, 『주역』의 세(參) 가지가 맞물려 통하고(同), 대의가 합한다(契)는 뜻이다.

27 우주변화의 원리를 탐구하는 『주역』의 체계는 부모 괘인 건곤을 바탕으로 나머지 62괘가 서로 연계되어 있으면서도 괘마다 하나의 전일全一한 세계관을 형성하고 있기에, 어느 괘로도 우주변화의 이치를 설명할 수 있다.

될 뿐더러 천지만물은 존재하지도 못할 것이다. 『중용』에서 "천지가 바르게 자리(位) 잡아야 만물이 제대로 잘 자랄 수 있다(天地位焉 萬物生焉)"라고 하는 것은 이를 말하는 것이다.

(2) 천존지비天尊地卑

'천존지비'는 '천지'에 대한 정의로서 '하늘은 높고(天尊) 땅은 낮다(地卑)'는 객관적 사실(位)을 밝히는 것으로, '천존'의 존尊은 '높다, 우러러보다, 공경하다, 중하게 여기다', '지비'의 비卑는 '낮다, 낮추다, 겸손하다, 가깝다'의 의미를 갖는다. 한편 천존은 하늘(尊)에서 베푸는 정기精氣를, '지비'는 땅(卑)에서 하늘의 정기를 받아들이는 땅의 위位를 말한다. 이는 세상 만물, 만사의 변치 않는 근본 원칙을 밝히는 것이다(體).

그러나 작용면에서는 높은 하늘(天, 乾, 陽, 剛)은 자신을 낮추어 땅(地, 坤, 陰, 柔)을 받들어야 천지의 원만한 교구(交媾, Intercourse)가 있게 되어 억조창생億兆蒼生의 생생이 가능하다. 천지 교구를 위해서는 '천존지비'의 천지비(天地否: ䷋)가 아닌 '지존천비地尊天卑'의 지천태(地天泰: ䷊)가 되어야 남녀가 통하고, 아래위가 통하고, 세상이 통해서 만물이 세세생생 형통할 수 있는 것이다(用).

> 지천태(䷊)괘의 단에 이르기를(彖曰), 천지가 교구하여 만물이
> 서로 통한다(天地交 而萬物通也). 아래와 위가 교구하여 그 뜻이
> 하나가 되는 것이다(上下交 而其志同也).
> 지천태괘의 상에 이르기를(象曰), 천지 교구하는 것이 태이니(天地交

泰), 제후는 이를 본받아 천지의 도를 바르게 이루어(后以財成天地之
道), 천지의 뜻을 도와 백성을 다스려야 한다(輔相天地之宜, 以左右民).

천지비(☷)괘의 단에 이르기를(彖曰), 천지가 교구하지 않아서
만물이 서로 통하지 못한다(天地不交 而萬物不通也). 아래 위가 교
구하지 못하면 천하에 다스릴 나라도 없는 것이다(上下不交 而天下
无邦也).
천지비괘의 상에 이르기를(象曰), 천지가 교구하지 못하는 것이
비이다(天地不交否)

그러나 '지존천비地尊天卑'의 지천태(地天泰: ☷)를 이루고 나면(用)
본래의 자리인 '천존지비'의 천지비(天地否: ☷)로 돌아가고(體), 다시
교구의 지천태를 이루기를 순환 반복하게 된다. 이것이 천지의 정위正
位이자 정위定位로서, '천존지비'의 천지비가 체體로서 진여문眞如門이
라면, '지존천비'의 지천태는 용用으로서 생멸문生滅門이다.
  풍운우설風雲雨雪의 순환으로 말하자면, 대지에 있는 물(陰)은 상승
하는 양의 기운으로 증발하여 하늘로 오르지만, 하늘에는 하강하는
음의 기운을 가지고 있기에 비(雨)나 눈(雪)이 되어 다시 본래의 곳(땅)
으로 되돌아오는 것이다. 음(水)은 높이(天) 있어야 아래로 떨어지는
힘이 생기고, 양(火)은 아래(地)에 있어야 위로 올라갈 수 있는 힘이
생기기 때문이다.
  신선을 목표로 하는 도가에서도 감(☵)괘의 양효를 취해 리(☲)괘의
음효(양중음)를 메움으로써 리괘를 건(☰)괘로 변화시키고, 반대로

리(☲)괘의 음효를 취해 감(☵)괘의 양효(음중양)를 비워 감괘를 곤(☷)
괘로 변화시킴으로써 천지로 순환하는 수련을 한다. 이것이 생명의
원천인 물(水)의 유동성에 근거한 '수승화강水升火降'의 원리이다.

　세상에 강한 자가 강함만을 주장한다면 약한 자는 발붙이고 살
수 없다. 따라서 양보는 강한 자가 하는 것이다. 세상 이치가 그러하다.
약한 자는 양보하고자 한들 양보할 것이 없기 때문이다. 역사에서도
양보를 모르는 강한 나라는 곧 망하며, 정치에서도 다수의 의석수로
양보를 모르는 강한 정당은 곧 망하게 되어 있다. 강함만으로는 강함을
지키지 못하기 때문이다. 강함은 강으로 지키는 것이 아니라 양보로서
지키는 것이다. 천지비괘와 지천태괘는 이러한 이치를 말하고 있다.

　특히 지비地卑의 의미는 가치의 낮음이 아니라 땅이 낮으므로 항상
딛고 밟고 있는 까닭에 가깝고 친근하다는 의미를 갖는다. 만물은
땅을 떠나서는 존재할 수 없기에, 인류문화의 발전이란 땅에 의지한
발전이고, 땅에 의지한 문화이다. 그래서 가깝다고(卑) 한 것이다.

(3) 비고이진卑高以陳

세상의 모든 것은 낮은(가까운) 곳에서 높은(먼) 곳(位)으로 이동한다
(陳). 땅에 뿌리를 박은 식물은 아래에서 위로 자란다. 다 자란 식물은
열매를 맺고 시들어버린다(上爻). 그 열매가 땅에 떨어져 다시 싹을
틔워 위로 자란다(初爻). 양(☰)이 성하면 음(☷)이 생하기 시작하고,
음(☷)이 성하면 양(☰)이 생하기 시작한다. 낙엽귀근落葉歸根의 순환
이다. 우리 인생도 마찬가지다. 『주역』은 이같이 쉽고 평범한 진리를
선사한다. 그래서 이간易簡이라 했다.

『중용, 33장』에서는 "아득하게 먼 것이라도 가까운 것에서 시작됨을 알라(知遠之近)"라고 하였으며, 『도덕경, 64장』에서도 "아름드리나무도 털끝 같은 싹에서 생겨나고(合抱之木 生於毫末), 구층 누대도 한 삼태기 흙에서 세워지며(九層之臺 起於累土), 천릿길도 발밑에서 시작된다(千裏之行 始于足下)"라고 하였다.

학문을 함에 있어서도 마찬가지다. 공자는 『논어, 헌문편』에서 "인간으로서 마땅히 익혀야 할 것(仁, 자비, 사랑)들을 배우고 실천함으로써 하늘이 알아주는 심오한 이치에까지 도달하였다(下學而上達, 知我者, 其天乎)"라고 하였다. 불교적 표현으로는 "상구보리上求菩提 하화중생下化衆生"이다. 이로써 인간은 성불을 하고, 하늘과 감통感通하는 천인합일의 인간으로 거듭나게 되는 것이다.

하늘에서 내리는 비나 눈도 땅에 있던 물이 증발하여 구름이 되었다가 비(雨)나 눈(雪)으로 다시 내려온다. 권력 또한 이와 같아 권불십년權不十年이라 했다. 화무십일홍花無十日紅이라고도 했다. 변화하고 순환한다는 뜻이다. 이같이 자연의 이치를 따르는 것이 무위無爲이고[28], 이를 어기고 권력에 취해 자신을 속이고 세상을 속이면서 국민까지 속이면 후회가 따르는 것이 유위有爲로서 바로 『주역』의 항룡유회亢龍

---

28 무위無爲란 자연의 이치나 순리에 따르는 것을 말한다. 아무 짓도 안하는 것이 무위가 아니다. 그것은 태만이고 나태이다. 동양학을 공부하면서 유불선을 가려 우열을 논하며, 유위는 유가의 것이며, 무위는 도가의 것이고, 연기는 불가의 것이라고 고정된 틀에 박혀 어느 하나만을 고집하는 것은 편협한 공부이다. 또한 『주역』에는 유불선의 원리가 모두 포함되어 있다. 이를 찾아 깨닫는 것은 공부하는 사람의 몫이다.

有悔이다.

   이러한 이치로 ①괘를 그릴 때 초효(初爻: 卑)부터 하나씩 그려 상효(上爻: 高)에 이르는 것이다. 이는 아래에서 하늘에 드리운 무형의 상(天垂象)을 살펴(觀象) 하늘의 뜻(天命, 하느님의 뜻)을 알고자, 또는 따르고자 하는 의지의 표현이다. 반대로 ②괘를 읽을 때는 하늘에 드리운(天垂象) 뜻(天命)을 읽는 것이므로 위에서 아래로 내려 읽는다. 이것이 『설괘전』의 "이미 펼쳐진 지난(往) 일을 헤아리는 것은 순(數往者順), 앞으로 펼쳐질(다가올) 일을 아는 것은 역(知來者逆)으로 한다. 이렇듯 과거의 일이 아닌 미래의 일을 알고자 하므로 역은 역수이다(是故易逆數也)"라고 하는 것이다. 즉 하늘에서 드리워진 무형의 상을 살펴(觀) 하늘의 뜻(天命)을 헤아리는 것(數)이므로 순(順)이다. 그러나 하늘에서 드리운 것을 무형의 상을 쳐다보고(逆: 맞이하여) 감히(?) 하늘이 감춰 놓은 다가올 일(來, 天機, 변화, 천명)을 알고자 하는 것이므로 역逆이다. 역逆은 역易으로 하늘에 드리운 무형의 상을 맞이하여 앞으로 전개될 변화를 탐구한다는 뜻이다. 이 같은 천명의 탐구를 통해 인간은 도를 이루어 천인합일의, 또는 천지인삼재天地人三才의 인간으로 거듭나는 것이다. 이것만이 진정한 역의 공부이다.

(4) 귀천貴賤

귀천은 자리(位)에 따라 변하는 것이며, 자리가 변하면 주어지는 역할이나 기능 또한 달라진다(變). 세상에 정해진 귀하고 천한 자리는 없다. 귀貴하다는 것은 있어야 할 곳에 있으며, 주어진 자리에서의 역할을 올바르게 수행하는 것이며, 천賤하다는 것은 이와 반대이다.

괘효에서 음의 자리에 양이 오거나, 양의 자리에 음이 오면 천한 것이다. 본래 2효와 5효의 자리는 중정中正이나, 2효 자리에 양이 오고, 5효 자리에 음이 오면서, 초효와 4효, 3효와 상효가 음양의 조화를 이루지 못하면, 즉 불응不應하면 힘을 쓰지 못한다.

또한 처해진 자리(환경)에서의 처신과 행위에 따라 귀·천이 정해진다. 전직 대통령들의 구속에서 보듯이 아무리 귀한 제왕의 자리일지라도 그 자리에서 쫓겨나거나 목숨을 잃는다면 그들이 머물던 자리(궁궐, 청와대)는 천한 것이다. 월越나라 왕 구천(句踐·勾踐)은 쓸개를 씹으며 (嘗膽) 복수의 일념으로 20년의 세월을 보냈으나, 오왕吳王 부차夫差를 굴복시키고 회계산會稽山의 굴욕을 씻었기에 와신臥薪하며 상담嘗膽했던 20년의 자리는 귀한 자리였다.

천존지비가 천지자연 삼라만상의 질서로서의 위位의 체계이라면, 귀천은 위의 역할에 따른 윤리적 가치체계이다. 전직 대통령의 구속과 구천의 예에서 보듯 스스로 지키지 못하는 위位는 가치가 없는 것이다. 아무리 귀한 고려청자라 하더라도 박물관이 아닌 개 밥그릇으로 쓰인다면 아무런 가치도 없는 비루鄙陋한 것이다. 이런 이치는 특히 위정자에게 주는 교훈이다. 대통령도 국민의 행복을 책임지는 자리의 역할이 높고 귀한 것일 뿐 대통령 개인의 신분 자체가 높고 귀한 것이 아니다. 스스로 지키지 못하는 자리(位)는 가치가 없기 때문이다. 『노자』의 "상선약수上善若水", 「중천건: ䷀」괘의 "항룡유회亢龍有悔" 등은 위位의 역할에 따른 가치체계를 말한다.

【강설】

동정유상動靜有常

　건곤의 동정動靜이란 우주의 움직임(변화)을 말하며, 여기에는 변하지 않는 일정한 질서나 법칙이 있기에(常) 우주의 동정이 끊임없이 이어지면서도, 질서정연하게 움직이며 주야와 사시(四時: 계절)가 일정하게 순환 반복된다. 이는 지구가 만물(인간과 사물)을 가득 싣고 음양이 교차하는 일월日月과 맞물려 공전과 자전을 계속하는 것을 말한다.[29] 이는 외부의 하느님이나 부처님의 힘을 빌리지 않고 스스로(老子) 또는 저절로(莊子) 그러한 것이다. 이것이 동양 인문학에서의 자연(自然, 스스로 그러함)이고 유상有常이다. '상(常: 현재의 지속)'에는 '항상恒常, 항구恒久, 일정一定, 지속持續' 등의 뜻이 있다.

　만약 건곤의 동정에 항상·항구하는 일정한 질서나 법칙이 없이 제멋대로 동動하고 정靜한다면, 지구상에 만물은 존재할 수 없다. 갑자기 아침이 되었다 밤이 되었다 한다거나, 갑자기 여름이 되었다 겨울이 되었다 할 것이기 때문이다.

　건곤의 동정이 유상有常한 것은 동動에는 양의 정해진 법칙이 있고, 정靜에는 음의 정해진 법칙이 있으며, 동(動: ━, 陽, 剛) 속에는 정(靜: ╌, 陰, 柔)이 있고(動中靜: ☵), 정(靜: ╌) 속에는 동(動: ━)이 있기(靜中動: ☲) 때문이다. 동이라 해서 오직 동의 성질만 있고, 정이라 해서

---

29 『역경』 16번째 「뇌지예雷地豫: ䷏」괘의 단사彖辭에서 "하늘과 땅이 순행하는 까닭에(天地以順動故) 해(日)와 달(月)의 운행이 지나치지 않으며 사시(사계절)가 어긋남이 없다(日月不過而四時不忒)"라고 했다. 이것이 유상有常이다.

오직 정의 성질만 있다면 결코 유상할 수 없다. 동이란 양만의 동(양=동)이 아니라 음양의 동이며, 정 역시 음만의 정(음=정)이 아니라 음양의 정이다. 음양과 동정은 이질적인 양자가 서로에게 의지하며(互根) 대대對待하는 관계로, 불교에서의 불일不一이면서 불이不二의 이치로 연기緣起한다.

불교의 좌선坐禪에서, 입정入定의 순간에 모든 번뇌 망상으로부터 벗어나 고요한 지(止: 사마타, 靜)의 상태가 되는 것으로 이해하지만, 실은 멎어(止) 고요한 것이 아니라 그 고요함 속에 더 큰 움직임(大動)이 작용하고 있기에 고요한 것이다. 더 큰 움직임이 작용하고 있기에 더 큰 깨달음(大悟)을 얻을 수 있는 것이다. 이를 『상전, 8장』에서는 "천하의 지극한 움직임은 아무렇게나 어지럽게 말할 수 없다(言天下之至動而不可亂也)"라고 하였다. 우주의 움직임은 한 순간도 멈출 수 없기에 절대적 고요(靜)란 존재할 수 없다. 단지 더 큰 움직임은 마치 고요한 것처럼 보일 뿐이다. 동중정動中靜이다. 지구가 시속 1,667Km의 속도로 자전을 하고, 태양 주위를 시속 107,300Km의 속도로 공전을 하지만, 우리가 인지하지 못하는 것과 같다. 이 같은 내재적 이치를 '유상有常'이라고 한 것이다. 유상에서 세상만사가 변하는 외재적 변화는 무상無常이다. 호근 대대의 관계이지만 유상이 무상이고, 무상이 유상은 아니다. 무상 속에 유상의 이치가 내재해 있기 때문이다. 이 같은 물리物理의 세계를 이해하면 물질의 세계는 저절로 이해된다. 음양이 물리적 시간(天)의 세계라면, 강유剛柔는 물질적 공간(地)의 세계이다.[30]

『노자, 16장』에서 "만물은 무성하게 자라지만, (끝내는) 저마다 근원(根源: 자기 뿌리)으로 돌아간다. 근원으로 돌아가는 것을 고요함 (靜)이라 하고, 자기 본성(命: 자연 질서, 一心)으로 돌아간다고 한다. 자기 본성(근원)으로 돌아가는 것을 영원히 반복하는 것(常)이다. 마치면(終, 靜, 無) 다시 시작(始, 動, 有)하기 때문이다(終始). 이를 아는 것이 참다운 지혜이다(夫物芸芸, 各復歸其根. 歸根曰靜, 是謂復命. 復命曰常, 知常曰明)"에서의 '상常'은 자연의 끊임없이 순환 반복하는 계절적 시간의 흐름(패턴), 즉 봄이 가면 여름이, 여름이 가면 가을이, 가을이 가면 겨울이, 겨울이 가면 다시 봄이 오는 내재적 이치가 변하지 않는 것(현재의 지속)을 말한다. 봄이 가고 때로 가을이 오고 겨울도 온다면 '상常'이 아니다. 자연의 시간적 흐름(패턴), 즉 자연의 내재적 질서가 영원히 순환 반복되는 것(動)이 '상'이고, 그 '상'이 곧 도道이다. 강물의 끊임없이 흐르는 속성 또는 그 이치가 상이며, 이것이 유상有常이다.

이러한 노장에서의 '상常'과 불교에서의 '상常'에는 미묘한 차이가 있다. 불교에서의 근본교설은 상주불변常住不變에 대대對待한 무상전 변無常轉變의 사상인 무상無常(anitya)이다. 모든 사물은 변한다는 무상 의 법칙은 "제행무상諸行無常"으로, 여기서 행行은 '실로 무상하다'라는 의미로 형성된 모든 사물이나 과정(行, 有爲)이 변천하여 무상하다는

---

30 고요함(靜)을 움직임(動)이 멎어 고요한 것으로 이해하지만, 고요함은 움직임을 떠나 따로 있는 것이 아니다. 비록 고요하지만 움직임을 떠나지 않기에 움직임 또한 고요함을 떠난 적이 없다. 움직임을 버리고 고요함을 찾는 것은 분별이다. 진여법신은 가고 오는 것이 없기 때문이다. 가고 오고 분주한 것은 중생들의 몫이다. 이를 「법성게」에서는 "구래부동명위불舊來不動名爲佛"이라 했다.

뜻이다. 즉 모든 존재는 인연 화합에 의해 결합한 일시적 존재이므로 항상 머물러 있는 것(靜)이 아니라는 뜻에서 무상이다. 모든 것이 변한다는 외재적 변화인 무상에 주안점을 두고 있다. 따라서 모든 것은 생주이멸生住異滅하고 성주괴공成住壞空하기 때문에 무상은 괴로운 것(苦)이다. 사고四苦 팔고八苦 등을 종합하여 일체개고一切皆苦인 것이다.

【강설】

방이유취方以類聚와 물이군분物以群分

방이유취方以類聚는 각각의 방소(方所: 열대나 온대 한대지역, 고산이나 야산지대, 강이나 바다, 지방, 위치 등등)에 따라 그곳(方)의 공통적 특성이 형성되고, 그 곳의 공통적 특성에 적응하는 '류(類: 조수류, 어패류)'의 동식물이 모여 살게 되는 것(聚)을 말하며, 물이군분物以群分은 그곳(방소)의 특성에 따른 농경, 성정, 성향, 문화, 종교, 역사, 철학 등등의 각기 다른 물物의 '무리(群: 종種, 족族)'로 나누어지는 것(分)을 말한다.[31]

---

31 이것이 철학적인 용어로 분류分類이다. 분류는 전체 사물을 집단적으로 인식하여 각기 사물의 공통되는 특성에 따라 종류별로 나누는 것을 말한다.
일찍이 공자께서도 『논어, 양화陽貨』편에서 "천성은 서로 비슷하나(性相近也) 풍습으로 인해 서로 멀어진다(習相遠也)"라고 하였다. 방소가 처해진 장소나 기후 환경 등을 말한다면, 풍습은 처해진 장소나 기후 환경에서 익힌 습성, 습관, 문화, 관습, 사고방식 등등을 말한다. 같은 한국 사람임에도 해외 교포들이 이질적인 사고방식을 보이는 것이 좋은 예이다.

오늘날 사용되는 '분류分類'라는 용어도 여기에서 연유한다. 분류는 전체 사물을 집단적으로 인식하여 각기 사물의 공통적 특성에 따른 종류별로 나누는 것으로, 서양 철학적 관점에서는 분석적 사고이다. 화엄華嚴의 관점에서는 방이유취가 집단적 인식으로 전체(一)라면, 물이군분은 다양하게 나누어지는 분류로 다多이다. 즉 '일즉다一卽多 다즉일多卽一'이다. 의상 대사의 「법성게」에서는 "일중일체다중일一中 一切多中一"이라 했다.

'방이유취'하고 '물이군분'함으로써 그곳에 적합한 생존방식을 터득하여 그들만의 문명을 이루고 문화가 고착되기에 방소와 무리에 따라 각기 다른 가치관과 선호選好와 친소親疏와 이해관계가 나타나게 된다. 이 같은 태생적 유별類別에 따라 공통적 특성이 형성되고, 나아가 서로 다른 세계관이 형성되며, 사막의 종교와 숲의 종교에서와 같은 관점의 차별(Discrimination)과 차이(Difference)가 있게 되며 또한 원하든 원하지 않든 일류一流와 이류二流, 일군一群과 이군二群, 강자(선진국)와 약자(후진국), 독점獨占과 과점寡占 등등의 무수히 많은 2분법적 또는 다분법적 물적物的 우열과 등급이 형성되기 마련이다. 이에 따라 다툼이 생기고 상대적 실득失得 길흉吉凶[32]이 생겨남으로써 흥망과

『황제내경, 오상정대론五常政大論』에서도, 금목수화토 오운五運의 태과太過와 불급不及에 따른 자연의 변화가 우리의 환경에 영향을 미치고, 각 지역의 자연환경에 따라 인간의 수명은 물론 동식물의 생장과 번식에 절대적인 영향을 미치기 때문에 병리病理나 치료방법에도 차이가 있게 된다고 하였다.

32 앞에서 "현상(변화)은 음양의 취산聚散으로 양陽 기운이 목화(木火: 봄, 여름)에서 발산發散 분열分裂하고, 음陰 기운인 금수(金水: 가을, 겨울)에서 수렴收斂 통일統一을 반복하는 일진일퇴一進一退의 음양 오행운동이다"라고 하였다. 이같이

성쇠가 달리 나타나게 된다.

예로부터의 외교분쟁, 국토분쟁, 종교분쟁, 통상마찰, 지역갈등(동서갈등, 남북갈등), 문명충돌 등등의 모든 분쟁이나 갈등과 충돌은 '방이유취'와 '물이군분'의 현상들이다. 인류의 역사는 일류의 패권에 대한 이류의 도전과 저항의 역사이다. 작금의 미국과 중국의 충돌 또한 마찬가지다. 이런 갈등이나 충돌은 인류가 존재하는 한 계속될 것이나, 이러한 갈등을 예방하고, 조정하고, 화쟁和諍시키려는 노력 또한 지성(智性, 至性, 至聖)의 이름으로 계속될 것이다. 이 같은 노력은 종교의 이름으로도 지속되겠으나 종교는 지성의 일부일 뿐이다. 즉 지성이 있고 종교가 있는 것이지, 종교가 있어 지성이 있는 것이 아니다. 역사 이래로 사랑(愛, 仁, 慈悲)을 표방하면서도 배타와 독선과 갈등의 중심에 있어온 종교가 먼저 '방이유취'와 '물이군분'의 본뜻을 깨달아 실천했다면 오늘날의 이슬람과 서양문명과의 다툼 또한 없을 것이다.

새뮤얼 헌팅턴(Samuel Huntington, 1927~2008)은 1996년 『문명의 충돌: The Clash of Civilizations and the Remaking of World Order』에

분열과 통일을 반복하는 분합分合 과정에는 반드시 기운의 편차偏差가 발생하기 마련이다. 이로 인해 예측할 수 없는 변화나 길흉이 발생하게 된다. 화분에 물을 주는 것을 예로 든다면 ①물을 알맞게 주는 경우(平氣), ②지나치게 많이 주는 경우(太過), ③지나치게 적게 주는 경우(不及)에 따라 식물의 성장에는 각기 다른 결과가 나타날 것이다. 우주변화는 물론 모든 일에는 이 같은 이치가 적용되지만, 세상사에는 화분에 물을 주는 것과 같이 인간의 의지로 제어할 수 있는 것이 있고, 천재지변과 같이 인간의 의지로 제어할 수 없는 것이 있기에 인간사에 각기 다른 길흉이 발생하게 된다.

서 문화적 동질성을 가진 국가들이 이념적 동질성을 가진 국가보다 더 잘 협력한다고 밝히고 있다. 문화적 동질성이란 바로 "방이유취"와 "물이군분"에 바탕한 것으로, 그 같은 이유는 같은 류(同類)에 속하는 것들은 같은 기(同氣)를 갖고 있기에 서로 감응하며(同氣感應), 서로 끌리기(同類相動) 때문이다.[33]

세계정치는 문화와 문명의 궤적軌跡을 따라 재편되고 있다. 여기서 가장 전파력이 크며 중요하고 위험한 갈등은 상이한 문화적 배경이나 세계관을 가진 사람들 또는 국가들 사이에서 나타날 것이다. 이는 같은 류(同類)가 아니기에 동기감응이나 동류상동이 일어날 수 없기 때문이다. 종족 전쟁이나 민족 분쟁은 한 문명 안에서도 여전히 발생할 것이다. 탈냉전 세계에서 문화는 분열과 통합의 양면으로 위력을 발휘한다. 문화적으로 통합되어 있지만 이념적으로 갈라져 있던 국가

---

33 『춘추번로春秋繁露』에서는 "아름다운 일은 아름다운 부류를 부르고(美事召美類), 악한 일은 악한 부류를 불러서(惡事召惡類), 같은 부류끼리 서로 응하여 일어나는 것이다(類之相應而起也). … 장차 제왕이 일어날 때는(帝王之將興也) 그 아름다운 상서가 먼저 나타나고(其美祥亦先見), 그가 망할 때가 되면(其將亡也) 요상한 재앙의 징조가 먼저 나타나는 것이다(妖孼亦先見). 사물은 진실로 같은 부류끼리 서로 부른다(物故以類相召也)"라고 하였다.

『여씨춘추呂氏春秋, 응동편應同篇』에서는 "같은 부류의 사물은 실로 서로 끌어당기는데, 기가 같으면 합해지고(類固相召, 氣同則合), 소리가 같으면 서로 응해서, 궁음을 치면 궁음이 울리고, 각음을 치면 각음이 울린다(聲比則應, 鼓宮而宮動, 鼓角而角動)"라고 하였다.

「중천건(☰)」괘의 「문언전文言傳」에는 "같은 소리는 서로 응하며(同聲相應), 같은 기는 서로 끌린다(同氣相求)"라고 하였다. 이 문구는 풍수에서 동기감응同氣感應을 주장하는 사람들의 입에 회자되는 문구이기도 하다.

들이 다시 뭉치고 있다. 이념이나 역사적 상황으로는 통합되어 있지만 이질적 문명으로 구성되어 있던 사회는 다시 갈라지거나 극심한 긴장을 겪고 있다. EU(유럽연합)처럼 문화적 동질성을 가진 국가들에 토대를 둔 국제기구가 문화의 장벽을 뛰어넘어야 하는 국제기구보다 훨씬 원활하게 굴러간다.

1998년 9월 유엔총회에서 이란의 하타미 대통령이 '문명의 충돌'을 방지하기 위한 대책으로 '문명의 대화'를 제창한 것이 계기가 되어 2000년을 '문명 간의 대화의 해'로 정하는 결의가 채택되었다. 이는 1993년 새뮤얼 헌팅턴 교수가 『Foreign Affairs』에 기고한 「문명의 충돌」이라는 논문을 의식한 것이었다.(참조: 세예드 모함마드 하마티, 이희수 역, 『문명의 대화』, 지식여행, 2002.)

【강설】

재천성상在天成象 재지성형在地成形

정신적인 동정은 상象으로 나타나지만 물리적인 동정은 형(形, 像)으로 나타난다.

주자는 『본의』에서 하늘에서의 상象을 변變, 땅에서의 형(形, 像)을 화化로 구분하여 설하였다. 상象이 상수라면 형은 종속적 변수라 할 수 있다.

상象은 천상의 일월성신 등의 '변變'이 있어서 주야와 사계절이 생기는 것을, 형形은 지상의 산천·동식물 등의 '화化'가 있어서

소장消長과 대사代謝와 변화가 생기는 것을 말한다. 변變과 화化는 역易 중에 시책과 괘효가 음陰이 변變하여 양陽이 되고, 양이 화化하여 음이 되는 것이다(象者 日月星辰之屬, 形者 山川動植之屬. 變化者 易中蓍策卦爻 陰變爲陽, 陽化爲陰者也).

『황제내경』의 「오상정대론五常政大論」에서는 "만물은 천기天氣가 아니면 생할 수 없고(非天不生), 지기地氣가 아니면 자랄 수 없다(地不長也)"라고 하였으며, 「오운행대론五運行大論」에서는 하늘로부터 무형의 정기를 받아 땅에서 유형의 형상을 이루는 것으로 설했다.

무릇 변화의 작용은 하늘에서는 해, 달, 28수 등의 상을 드리우고(夫變化之用 天垂象), 땅에서는 형상을 이룬다(地成形). 금목수화토일월은 허공에 매달려 있고(七曜緯虛), 오행은 땅에 붙어 있다(五行麗地). 땅은 생성하는 형류를 싣고 있고(地者 所以載生成之形類也), 허공은 하늘의 정기를 펼친다(虛者 所以列應天之精氣也). 땅의 형과 하늘의 움직임은 마치 근본이 줄기와 잎과의 관계와 같아서(形精之動 猶根本之與枝葉也), 하늘의 상象을 관찰하면 비록 멀리 있더라도 땅에서 펼쳐질 상像을 알 수 있다(仰觀其象 雖遠可知也).

이 같은 변화의 흐름에 내재한 이치가 "재천성상在天成象, 재지성형在地成形"이다. 어떤 변화나 일이 있기 전에 반드시 하늘이 먼저 상(象, symbol)을 드리우는데(天垂象), 그 상이 기미(조짐, 징조)이다(在天成象). 그 상은 하늘에서 실체화될 수 없기에(無形) 땅에 의지하여 실체화되는 것이다(有形, shape, 像). 그것이 형(形: 形像, 形狀)이다(在地成形). 그 기미인 무형의 상상에서 유형의 상(像, 形)으로 실체화(有形)되는 과정이 변화이다. 인간을 포함한 삼라만상의 현재는 모두 과거로부터의 변화의 결과물(坤作成物)이다. 그리고 현재의 결과물 또한 미래의 어떤 모습(결과물)으로 변해간다. 세상만물은 사람이든 사물이든, 행운이든 불행이든 끊임없이 변화하기 때문이다. 세상에 변화하지 않는 것은 없다. 그 무상한 변화는 하늘에 드리우는 무형의 상象으로부터 시작된다. 그렇다고 무無가 있고 나서 유有가 있는 것은 아니다. 차서次序가 없다는 뜻이다. 하늘에서 무형의 상象이 시작될 때, 땅에서도 동시에 유형의 상像이 시작된다. 동動 속에 정靜이 있고, 정 속에 동이 있듯 무無 속에 유有가, 유 속에 무가 있기 때문이다. 불교에서의 불이不二이면서 불일不一인 것이다. 단지 어떤 변화를 육안으로 볼 수 없을 때는 무형의 상象이고, 볼 수 있을 때는 유형의 상像이다. 형形을 기준으로 형이상(形而上, 象)과 형이하(形而下, 像)로 나눌 수 있다.

형이상도 형이하도 아닌 것을, 또는 형이상과 형이하로 나뉘기 이전(chaos)에서부터 상과 형으로의 변화, 즉 태극에서 한 번은 음이 되고 한 번은 양이 되는 '일음일양'의 이법理法을 무어라 이름 지을 수 없기에 그냥 도道라고 하였다(一陰一陽謂之道).

앞에서 "어떤 변화나 일(사건)이 있기 전에 반드시 하늘이(또는 하늘에) 먼저 상象을 드리운다(天垂象)"에서의 '하늘'은 꼭 하늘(天: heaven)만을 말하는 것이라기보다는 '먼저(天: 先, early, in advance, ahead of)'라는 의미도 있다. 일국의 흥망에도 이 같은 상(조짐, 기미)을 먼저

(先) 드리우는 것이다. 우매한 중생은 형상으로 보여줄 때까지는 그 변화를 모를 뿐이다.

옛날 은殷나라 주紂왕이 상아로 젓가락을 만들자 기자箕子가 그 결과를 두려워하며 말했다. "상아 젓가락은 옥玉그릇과 어울릴 것이며, 옥그릇에는 사슴, 코끼리, 표범 등의 태아胎兒로 요리한 진귀한 음식을 담을 것이다. 그같이 진귀한 음식은 아홉 겹의 비단옷을 입고 고대광실 화려한 궁궐에 앉아 먹어야 할 것이다. 나는 이런 사태가 몰고 올 결말이 겁나기 때문에 그 시작을 보고 두려워한 것이다."
다섯 해가 지나자 주왕은 주지육림酒池肉林을 만들었고, 이 같은 사치와 낭비로 주왕은 주周 문왕에게 망했다. 기자는 주왕이 상아로 젓가락을 만드는 것을 보고, 머지않아 주왕에게 재앙이 닥칠 것을 미리 안 것이다(箕子見象箸以知天下之禍). 그래서 『노자, 52장』에서 "보통 사람은 보지 못하는 하찮은 일을 보고 (미리) 아는 것을 '밝다(明)'라 한다(見小曰明)"라고 말한 것이다.(참조: 『한비자, 유노 喩老』.)

이처럼 우주 간의 변화나 일들은 ― 인간의 눈에 변화나 결과(形)로 드러나기 전에 ― 항상 상象을 드리우고(天垂象), 상을 통해 앞으로 전개될 변화를 미리 보여주기 마련이다. 64괘는 괘마다 기미와 징조를 담고 있는 하나의 전일全―한 세계이면서도 또한 연결된 유기有機의 세계이기에 『역경』을 공부한다는 것은 64괘의 괘상卦象을 연구함으로써 선행先行하는 기미와 징조를 포착하여 앞으로 전개될 변화 또는 결과에 대처하는 삶의 지혜를 배우는 것이다. 이를 통해 인간은 무위자연의 진리를 터득한 천인합일의 우주적 존재로 거듭나게 된다.

기미(조짐)는 하인리히 법칙(Heinrich's law)과도 유사성이 있다. 큰 재해는 우연히 발생하는 것이 아니라, 반드시 그와 관련된 작은 사고나 징후들이 사전에 일어난다는 것이다. 1931년 미국 여행보험사의 손실통제 부서에 근무하던 하인리히(H. W. Heinrich)는 '큰 재해로 1명의 사상자가 발생할 경우, 그 전에 같은 문제로 경상자가 29명 발생하며, 역시 같은 문제로 다칠 뻔한 사람은 300명 존재한다는 것을 실증적으로 밝혀냈다. 하인리히 법칙은 어떤 상황에서든 문제되는 현상이나 오류를 초기에 신속히 발견해 대처해야 한다는 것을 의미함과 동시에 초기에 신속히 대처하지 못할 경우 큰 문제로 번질 수 있다는 것을 경고한다는 점에서 『역경』과 비슷한 점이 있다 하겠다.(참조: 『다음백과』.)

【강설】

고지이뢰정鼓之以雷霆

우레(雷)와 번개(霆)는 움직임(動)을 나타내는 진괘震卦로 천지天地를 뒤흔들어(動) 두려움과 일깨움을 주는 것으로 받아들였다. 우레와 번개는 천둥으로 한자로는 천동天動이다. 천지를 뒤흔드는 천둥은 소리(雷聲)와 빛(번개)을 동반한 자연현상이지만 과학이 발달한 오늘날에도 천둥이 치며 번쩍하는 불꽃이 일면 왠지 기분이 스산하고 두려운 느낌이 든다. 우레와 번개가 천지만 뒤흔드는 것이 아니라 사람들의 마음까지 뒤흔들어 공포감을 주기 때문이다. 영국 록그룹 퀸(Queen)의 '보헤미안 랩소디(Bohemian Rhapsody)'의 가사에서도 "천둥번개는 나를 아주 많이 두렵게 하고 있어요(Thunderbolt and lightning very very Frightening me)"라고 밝히고 있는 것을 보면 서양 사람들이 느끼는 감정 또한 별반 다르지 않는 것 같다. 이는 소인의 두려움(恐)이다. 군자에겐 천둥번개가 무서운 것이 아니다. 천둥번개는 자연현상일 뿐이기 때문이다.

옛날 선비들은 하늘의 소리를 듣지 못하고, 하늘의 뜻을 따르지 못할까 하는 두려움에 천둥번개가 치는 날이면 자다가도 벌떡 일어나 의관을 정제整齊하고 자신을 뒤돌아보는 성찰의 시간을 가졌다고 한다. 또한 천둥에서 하늘의 소리(天命)를 들었으며, 번쩍하는 찰나의 불꽃에서 밝음(明, 진리)의 의미를 찾았던 것이다. 이것이 군자의 두려움이고 '천지지도天地之道', '천지합덕天地合德'이며, 이러한 성찰의 시간이 무념無念, 무위無爲의 시간이다. 이렇듯 하늘의 소리를 듣고, 천도를 따름으로써 형통하게 된다. 복을 빌고 기도를 함으로써 형통해지는 것이 아니다.

『역경』 51번째 중뢰진(重雷震: ䷲)괘의 단사에서 "진震은 형통亨通하니, '천둥번개(하늘의 소리)가 치면 놀라서 두려워하고 또 두려워한다(震來虩虩)'라고 함은 혹여 하늘의 뜻을 따르지 못할까(하늘의 소리를 듣지 못할까) 두려워함으로써만이 복에 이를 수 있는 것이다(恐致福也)"라고 하였다. "진이 형통하다는 것"은 '진震'에 조심하고 두려워한다는 의미가 이미 들어 있기에 "진은 형통하다"라고 한 것이다. 「중천건,

■■」괘 삼효의 "종일건건終日乾乾"과 의미가 통한다.

앞에서의 '자연현상'이란 외부나 타他의 작의作意도 없이 사시四時 변화의 과정에서 드러나는 '스스로 늘 그러한 현재의 모습(現像, 자연, What is so of itself)'을 말한다. 『주역』이나 불교에서의 공부는 '스스로 늘 그러한 현재의 모습'을 찾는 것이다. '늘 그러한 현재의 모습'이란 오늘 현재의 고정된 모습이 아니라, 내일에 가서는 내일의 현재의 모습이고, 모레에 가서는 모레의 현재의 모습을 말한다. 이는 자연(스스로 늘 그러한 현재의 모습) 속으로 들어가 자연과 하나가 되는 것이다. 이것이 동양적 사유의 자연이고 철학이고 과학이다. 동양에서는 서양의 철학(Philosophy)과 과학(Science)이 들어오기 전에는 별도의 철학이나 과학이 없었다. 동양적 사유가 철학과 과학을 품고 있었기 때문이다.

고대 그리스에서의 과학 역시 독립적인 학문이라기보다는 철학의 한 분야로 인식되고 있었다. 동양의 사고와 별반 다르지 않다. 당시 그리스 과학을 대변하는 철학자로는 플라톤(Plato)과 그의 제자 아리스토텔레스(Aristotle)를 들 수 있다. 특히 아리스토텔레스의 과학사상은 중세를 통해 그 가치를 인정받아 근대과학 출현의 배경이 되었다. 자연과학의 역사가 언제 시작되었는가는 자연과학을 보는 관점에 따라 우주의 탄생으로부터 지구의 생성, 생물과 인간의 출현까지 거슬러 올라갈 수 있으나 고대 그리스의 자연철학자들로부터 과학이 시작되었다고 보는 견해가 일반적이다. 이는 철학이 과학은 물론 모든 학문의 근간임을 말하는 것이다. 그 근간을 알기 위해 철학을 공부하는 것이다. (참고: 네이버 지식백과, 학문명백과: 자연과학, 형설출판사.)

【강설】

성인聖人

동양철학에서 성인이란 천하 백성을 돌볼 수 있는 ①지혜(明哲, 明智, 밝은 지혜)와 ②성덕(聖德, 실천)을 갖추고 인류문명을 이끌어갈 수 있는 사람을 말한다. 대체적으로 전설상의 임금인 요, 순을 비롯하여 문왕, 무왕, 주공, 공자를 성인으로 숭앙한다. 이들은 인류 문명의 창도자唱導者로서 예악禮樂과 제도를 제정 정비하였으며, 특히 공자는 인간 최고의 윤리가치인 인의도덕仁義道德의 도道를 구현한 이상적인 인격자로서 숭앙된다. 이러한 공자가 꿈에서도 보고 싶어 할 만큼 숭앙한 인물이 '주공'이다.

①지혜란 이들이 밝혀놓은 예악, 제도, 인의도덕 등 인간이 추구해야 할 최고의 가치이며, 그 길이 도道이자 문명이고, 우리가 배워야 할 인문학이다. ②덕이란 지혜의 실천(行)을 의미한다. 따라서 지혜(智)와 실천(行)의 합일合一을 이룬 자를 성인이라 한다. 동양학에서의 앎이란 앎의 실천을 통해서 비로소 알게 되는 것을 말한다. 실천이 없는 앎은 앎이 아니다.

『장자, 지북유知北遊』에서는 "천지는 만물을 키워내는 큰 공덕이 있으나 자랑하지 않고(天地有大美而不言), 사계절은 어김없는 밝은 법도를 지니고 있으나 내색하지 않고(四時有明法而不議), 만물은 생성하는 이치를 지니고 있으나 떠벌리지 않는다(萬物有成理而不說). 성인이란 이 같은 원초적인 아름다움에 근원한 만물의 이치에 통달한 사람이다(聖人者 原天地之美而達萬物之理). 그러므로 지인(至人: 덕이

높은 사람, 진인眞人)은 무위하며, 위대한 성인은 억지로 하는 법이
없는데(是故 至人無爲 大聖不作), 천지자연의 이치를 꿰뚫고 있기 때문
이다(觀於天地之謂也)"라고 하였다.

『주역』에서의 성인은 구체적으로 어느 누구를 지칭하는 것이 아니
라, 하늘의 뜻(天命)을 자각하여 백성들을 천도로 인도하는 상징적인
존재(스승)를 일컫는다. 하늘의 뜻은 모양도 없고 소리가 없어 보통
사람은 볼 수도 없고 들을 수가 없지만, 성인聖人은 눈(目)과 귀(耳)가
밝아 보통 사람이 보고 듣지 못하는 것을 보고 들을 수 있어서 만물의
근원根源을 꿰뚫어볼 수 있기에 인류의 스승으로 추앙하여 성인이라
하는 것이다. 불교로 말하자면 대승경전에 등장하는 붓다(Buddha),
여래, 아미타불, 관세음보살, 지장보살 등과 같이 중생들이 존경하여
그 가르침을 받드는 상징적인 존재(스승)라 할 수 있다.

군자君子란 성인의 가르침(聖人之道)에 대한 주체적 자각을 통해
끊임없이 교학상장敎學相長하며 '인仁'을 실천하는 존재로 유가에서의
이상적인 인간상을 말한다. 요즘 말로는 인격, 즉 교양과 덕을 갖추고
사회를 이끌어 가는 사람(지도자, 리더)을 말한다. 불교적으로 말하면
끊임없이 보살도菩薩道를 행하는 대승보살과 같은 존재이다.

불교에서의 ①지혜는 육바라밀의 반야지혜를 말하고, ②덕은 실천
의 영역으로 육바라밀의 보시, 지계, 인욕, 정진, 선정을 말한다.
보살은 범어 Bhodhisattva-Mahāsattva의 음사로 보살(Bhodhisattva)과
마하살(Mahāsattva)이 결합된 말이다. 보살은 대승불교의 이상적인
인간상으로 고해苦海를 건너 저 언덕(彼岸)으로 인도하는 뱃사공과
같은 자이다. 보디(Bhodhi: 보리菩提, 깨달음)와 삿트바(Sattva: 유정,

중생)의 합성어로 깨달음과 중생의 두 가지 의미를 갖는다. 그래서 '각유정(覺有情: 깨달은 중생)' 또는 '도중생(道衆生: 도과를 구하는 중생)' 이라 번역하며, 마하(Mahā)는 크다(大)의 뜻이므로 마하살은 대보살大菩薩의 뜻으로 대중생大衆生 혹은 대유정大有情을 말한다. 또한 보살의 많은 계위階位 중 10지地 이상의 보살을 구분하기 위해서 마하살(대보살)이라 한다. 그러나 이름(名)과 모양(相)을 떠난 공空, 무아無我가 부처님의 근본 가르침임을 상기하면 이렇게 이름을 짓고 분별하는 것이 무의미하나, 사찰에서 노장 스님을 큰스님 또는 대덕大德이라 하여 예우하는 것과 같은 것으로 이해하면 되겠다.(참조: 원효, 최세창 역주, 『대승기신론소별기』, 운주사, 2016.)

【주역】乾道成男. 坤道成女. 乾知大始. 坤作成物. 乾以易知. 坤以簡能. 易則易知. 簡則易從. 易知則有親. 易從則有功. 有親則可久. 有功則可大. 可久則賢人之德. 可大則賢人之業. 易簡而天下之理得矣. 天下之理得. 而成位乎其中矣.

　건도乾道는 남자(聖人)를 이루고, 곤도坤道는 여자(君子)를 이루니, 건은 우주만물의 위대한 창조(大始)를 주관하며(知)[34], 곤은 만물을 키워낸다(成物).[35] 건은 쉬움을 주관하고(知), 곤으로 능히 간명하게

---

34 주자朱子의 견해에 따라 지知를 주(主: 주관하다)의 의미로 새긴다(知, 猶主也).
35 건乾은 모든 생명에너지(창조성, Creativity)의 원천(元氣)으로, 천지만물·삼라만상이 모두 건으로부터 나왔으나(乾知大始, 창조성), 그 생명에너지(창조성)가 구체적 형태를 띠는 것(成形)은 곤坤에서 이루어지므로, '곤작성물坤作成物'이

하는 것이다.[36] 쉬우면(易) 쉽게 알 수 있으며, 간단하면 쉽게 따를(從)
수 있다. (역은) 쉽게 알 수 있으므로 친근하며, 쉽게 따를 수 있기
때문에 성과(功)를 낼 수 있다. 친근하기 때문에 오래가며(久)[37], 성과를

라 한 것이다. 즉 곤은 건의 대시를 이어받아 만물을 키워내는 것이다. 쉽게
말해 아버지의 정기를 받은 어머니가 자식을 낳아 기르는 것을 말한다. 건이
생명의 본질, 본체로서 본기本氣이라면, 곤은 겉으로 드러나는 형체로서 표기表
氣이다. 건(大始)과 곤(成物)의 운동이 우주의 운동이고, 건과 곤의 운동의
진행과정이 우주의 변화이다. 그 변화가 곤이 완성하는 개개의 사물(坤作成物)
로, 1차원이 하늘의 상象이라면(在天成象), 2차원은 하늘의 원기를 받은 땅에서
의 형形이며(在地成形), 3차원은 땅에서 각기의 형들이 상탕, 상마하면서 빚어내
는 물물들이다(坤作成物). 즉 건지대시 ⇒ 재천성상 ⇒ 재지성형 ⇒ 곤작성물
⇒ 만물.

36 이는 "乾知大始, 坤作成物"의 작용에 대한 설명으로, '건지대시'하고 '곤작성물'
을 어떻게 하는가? 바로 쉽고(易) 간결한(簡) 방법으로 한다. 이것이 이간易簡이
다. 무슨 일이든 쉽고 간결해야 오래 지속할 수 있다. 건곤(천지)의 생육生育
작용이 알기 쉽고 간결하지 않고, 어렵고 복잡하다면 땅에서 만물은 생장
발육되지 못할 것이다. 또한 하늘에는 어떤 가림막이나 장애물도 없기에
고개만 들면 있는 그대로의 맑은 하늘을 볼 수 있다. 눈이 오면 눈을, 비가
오면 비를 볼 수 있다. 단지 언제 올지(時)만 모른다. 오늘날은 일기예보에
의존해 파종播種도 하고 고기잡이를 나가지만, 얼마 전까지만 모든 일은『주
역』에 의존해 때(時)를 알았다.『주역』은 바로 이 시의時宜를 알기 위한 시중時中
의 학문이다. 모든 일에는 마땅히 해야 할 때가 있어(時宜), 때에 맞춰 행해야
하는 것이다(時中). 예를 들어 파종은 봄에 하고, 추수는 가을에 해야 하는
것이 '시의'이고, 시의에 맞춰 봄에 씨를 뿌리고, 가을에 추수를 하는 것이
'시중'이다. 일의 성패는 시의와 시중에 달려 있다. 전쟁에서도 진격할 때와
후퇴할 때를 알아(시의) 작전을 행하는 것(시중)이 성패成敗의 관건이다.
37 무슨 일이든 친근해야 오래 지속할 수 있는 것이다. 공자는『중용, 20장』에서

이루기 때문에 더 큰 성장을 할 수 있는 것이다(可大). 오래가는 것은 현인의 덕이며, 큰 것은 현인의 업적이다.[38] (역은) 쉽고 간명하지만 천하의 이치를 모두 담았으니(得), 천하의 이치를 깨달음으로써 비로소 삼재三才 중의 하나로 자리(位)할 수 있는 것이다.[39]

정치에 대해 묻는 애공哀公에게 "①배우지 않으려면 몰라도, 배우려고 마음을 내었으면 능숙해질 때까지 포기하지 않는다. ②묻지 않으려면 몰라도, 물을 바에는 알 때까지 묻는다. ③생각하지 않으려면 몰라도, 생각할 바에는 파악할 때까지 포기하지 않는다. ④변별하지 않으려면 몰라도, 변별할 바에는 분명해질 때까지 포기하지 않는다. ⑤행하지 않으려면 몰라도, 행할 바에는 독실해질 때까지 포기하지 않는다. ⑥남이 한 번에 능하면 나는 백 번을 하며, ⑦남이 열 번에 능하면 나는 천 번이라도 한다"라고 말했다. 이렇게 해서 배움이 몸에 배면 능히 오래갈 수 있는 것이다(能久). '영어 3개월 완성'과 같은 요령과 속성速成이 판을 치는 세상이지만, 이보다 더 훌륭한 교훈이 또 있을까?

2009년 말콤 그래드웰(Malcome Gladwell)의 『아웃라이어(Outliers)』가 번역되어 "1만 시간의 법칙"이 회자된 적이 있었다. 2010년에는 이를 본뜬 국내 작가의 『1만 시간의 법칙』도 나왔다. 필자는 한학을 하시는 선친으로부터 무슨 일이든 10년은 해야 물리物理와 문리文理가 트인다는 말씀을 듣고 자랐다. 하루에 3시간씩 10년을 투자하면 1만 시간이 된다. 프로골퍼들은 10대 초중반부터 하루에 5~6시간씩 연습해서 20대 전후에 LPGA를 석권한다. 골프에 물리物理가 트인 것이다. 별것도 아닌 것을 외국 사람이 하는 말이라 해서 호들갑 떠는 세태가 씁쓸했다.

38 덕(德, 體)이 자신의 마음속에 체득해 있는 성품이라면, 업(業, 用)은 그러한 성품(덕)이 바깥으로 드러나 행동하는 것을 말한다.

39 이간이천하지리易簡而天下之理의 '이간지리易簡之理'가 바로 '이간지도易簡之道' 이며, '천하지도天下之道'이다. 이는 천(乾)은 만물을 생生하는 원천으로 원기(元氣, 또는 精氣)를 천하에 베풀며, 지(坤)는 천의 원기를 받아들여 지상에서

【선해】此明由易書而成易學. 由易學而契易理也. 萬物雖多. 不外天地. 易卦雖多. 不出乾坤. 聖人體乾道而爲智慧. 智慧如男. 體坤道而爲禪定. 禪定如女. 智如金聲始條理. 定如玉振終條理. 智則直心正

만물을 생육하는 이치를 말하는 것으로, 앞서의 "乾知大始. 坤作成物. 乾以易知. 坤以簡能"에 대한 결론이다. "易則易知. 簡則易從. … 可大則賢人之業"은 "이간이천하지리"에 대한 설명이다.

'이간이천하지리'의 세상의 모든 이치(天下之理)는 만물을 생육하는 생명창조의 이치(生生之謂易)로서, 그 이치는 쉽고(易) 간명하다(簡)는 뜻이다. 쉽고 간단한 이유는 무위無爲하기 때문이다. 그 이치가 유위有爲하여 복잡다단하다면 세세생생의 억조창생은 불가할 것이다.

『노자, 7장』은 말한다. "하늘과 땅이 장구할 수 있는 것은 자기만 살려고 하지 않기 때문이다(以能長且久者 以其不自生). 이러한 이유로 성인은 뒤에 있음에도 앞서게 되고(是以聖人 後其身而身先), 자신을 돌보지 않음에도 잘 보존한다(外其身而身存). 이는 사욕이 없기 때문이 아닌가(非以其無私耶)? 그래서 자기 자신을 완성할 수 있는 것이다(故能成其私)"라고.

공자는『논어, 위령공衛靈公』에서 "기소불욕己所不欲 물시어인勿施於人, 즉 내가 원하지 않은 것은 남에게도 행하지 말라"고 했다. 얼마나 쉽고 간단명료한가? 이것이 또한 불보살의 보살도菩薩道이다.

자공(子貢, BC520?~BC456?)이 공자에게 "제가 평생 동안 행하여야 할 한 마디 말이 있습니까(子貢問曰, 有一言而可以終身行之者乎)?"라고 묻자, 공자는 "그것은 상대의 입장에서 동정하는 것이다(其恕乎). 자기가 원하지 않는 것은 남에게도 하지 말아야 한다(己所不欲勿施於人)"라고 대답하였다. 세상 사람들 모두가 이 말만 지킨다면 굳이 부처님의 찾고 하나님을 찾지 않아도 세상은 참으로 아름다울 것이다. 이로써 유불선은 물론 기독교까지 회통이 되는 것이다.

*서恕를 '용서하다'로 해석하면 의미가 반감된다. '恕'자는 '如+心'으로 상대의 마음(心)과 나의 마음(心)을 같게(如)한다는 뜻이다. 그럼으로써 내가 당하기 싫은 일은 남에게도 하지 않게 되는 것이다.

念眞如. 故易知而無委曲之相. 定則持心常在一緣.

이것은 역서로 말미암아 역학이 이루어지고, 역학으로 말미암아 (만물이) 역의 이치에 계합됨을 밝힌 것이다. 만물이 비록 많을지라도 천지를 벗어나지 않으며, 역의 괘가 비록 많을지라도 건곤을 벗어나지 않는다. 성인은 건도를 체득하여 지혜로 삼으니, 지혜는 남자와 같고, 곤도를 체득하여 선정으로 삼으니, 선정은 여자와 같다. 지혜는 쇳소리로 조리를 시작하는 것과 같고, 선정은 옥 소리로 거두어 조리를 마치는 것과 같다.[40] 지혜는 곧 곧은 마음(直心)으로 진여를 바르게 생각하는(正念)[41] 까닭에 (지혜는) 쉬이 알 되, 자세仔細하고 소상昭詳

---

40 이는 『孟子, 萬章下』의 인용으로, 『선해』의 『역경』 44번째 「천풍구天風姤: ䷫」괘의 설명에도 인용되었다.

　　모든 것을 모아서 크게 이룬다(集大成)는 것은 공자를 이르는(謂) 말이다. 집대성集大成이란(也者), 쇳소리(金聲)로 시작해서 옥玉 소리로 끝내는 것(振之)이다. 쇳소리란 일을 도리에 맞게(條理) 시작함(始)이고, 옥 소리로 마친다는(振) 것은 일을 도리에 맞게 마치는(終) 것이다. 일을 도리에 맞게 시작하는 것은 지혜로움(智)에 속하는 일(事)이고, 일의 도리에 맞게 마친다(終)는 것은 성스러움(聖)에 속하는 일이다(孔子之謂集大成. 集大成也者, 金聲而玉振之也. 金聲也者, 始條理也 玉振之也者, 終條理也. 始條理者, 智之事也. 終條理者, 聖之事也).

41 "곧은 마음(直心)으로 진여를 바르게 생각하는 것(正念)"은 8정도의 '정념(samma-sati)'으로, 바르게 깨어 있음, 바르게 알아차림, 바른 관찰 등으로 이해된다. 곧은 마음이란 집착이 없는 바른 마음을 말한다. 집착으로 인해 괴로움(苦)이 발생하므로, 4념처四念處, 즉 몸(身), 느낌(受), 마음(心)과 모든 현상(法)은 항상 변하며, 변하지 않은 실체는 없음을 확실하게 인식해야 한다.

함이 없는(無委曲)⁴² 상상相이다. 선정은 마음을 다잡아 항상 한 가지
연(一緣)에 두는 것이다.

【선해】故簡能而無作輟之歧. 正念眞如. 故吾無隱乎爾而易知. 持心一
緣. 故無入不自得而易從. 易知. 故了知生佛體同而有親. 易從. 故決
能原始要終而有功. 有親. 不惟可大而又可久. 卽慧之定也. 有功.
不惟可久而又可大. 卽定之慧也. 德業俱備. 以修顯性. 故得理而成
位矣.

고故로 간결하고 능능能하여, 할까 말까(作輟)의 망설임(歧)이 없다.
진여를 바르게 생각하는(正念) 까닭에, 내가(吾) 남(爾)에게 감추는
것이 없으니(無隱) 쉬이 아는 것이다. 마음을 다잡아 항상 한 가지
연(一緣)에 두는 까닭에⁴³, 들어가 스스로 깨닫지(自得) 못함이 없어
쉬이 따르는(易從) 것이다. 쉬이 아는(易知) 까닭에, 중생과 부처의
바탕(體)이 같음을 분명하게 알아(了知) 친함이 있다.⁴⁴ 쉬이 따르는(易

그러면 찰나찰나 생각마다 망념이 일어나더라도, 곧 알아차려 집착하는 마음
을 차단하게 된다. 그러나 말처럼 쉬운 것은 아니다. 알아차리는 마음(正念)과
집착하는 마음(妄念)과의 갈등이 바로 수행의 시작이자 마지막이기 때문이다.
또한 알아차리려는 마음도 지나치면 망념이 되기 때문이다.

42 선禪의 수행은 중언부언, 미주알고주알의 자세하고 소상한 설명이 아닌 언어도
단言語道斷의 직관直觀 수행이다.

43 지관止觀 선정을 말한다. 지止는 모든 망념을 그치는 것을 말한다. 망념을
그침으로써 소소영영昭昭靈靈할 수 있다. 망념은 거울로 치면 뿌옇게 먼지가
낀 것인데, 이를 걷어내면 거울은 본래대로 맑게 드러나게 된다. 이것이
소소영영이다.

從) 까닭에 결단코 능히 시작에 근원하며 끝을 맺을 수 있으니 공功이 있다. 친함이 있으니, 크게 되고 또한 오래가지 않겠는가? 이는 곧 지혜로운 선정이다. 공이 있으니, 오래가고 또한 크게 되지 않겠는가? 이는 곧 선정의 지혜이다. 덕德과 업業을 함께 갖추어(俱備) 수행함으로써 성품(自性, 佛性)을 드러내는(顯) 까닭에, 이치를 깨달아(得) 제자리(位)를 찾는다(成).[45]

【선해】 易理本在天地之先, 亦貫徹于天地萬物之始終. 今言天下之理者, 以旣依理而有天地, 則此理卽渾然在天下也. 亦以孔子旣示爲世間聖人, 故且就六合內言之.

역리易理는 본래 천지에 앞서(先) 존재하며, 또한 (역리는) 천지만물의 시종始終을 관철하고 있다. 지금 천하의 이치라는 것은, 이미(旣) 이치에 의지하여 천지가 존재하는 것을 말하는 것인즉, 이러한 이치가 곧 혼연渾然히 천하에 있다. 또한(亦) 공자가 이미(旣) 세상의 성인임을 드러낸(示) 까닭에, 또한(且) 나아가(就) (공자가) 천지사방(六合)에 (內) 있음을 말한 것이다.[46]

---

44 중생과 부처는 바탕(體)은 같으나 용用이 다르다. 그래서 중생인 것이다. 용은 사고방식이나 행위(行)를 말한다.

45 수행을 하는 것은 곧 부처가 되기 위함이다. 성위成位란 깨달음을 얻어(得理) 범부중생의 위位를 벗어나, 불보살의 위로 나아가는 것을 말한다.

46 공자가 천지사방(六合)에 (內) 있다는 것은, 불교에서 "부처님이 시방삼세에 계신다"라는 의미와 같다. 육신肉身의 공자가 아니라 말씀(Logos)으로서의 공자인 것이다.

【강설】

건지대시乾知大始

건지대시乾知大始의 대시는 우주만물(생명)의 시작을 말하며, '그 시작이 위대하다' 해서 대시이며, 그 위대한 시작은 건(乾: 하늘, 强, 陽, 男)으로부터 유래한다는 뜻이다. 대大는 대승에서의 대와 같은 의미로, 무엇과 비교해서 크다는 상대적 개념이 아닌 절대적 의미에서의 대大이다.

선사는『역경』첫 번째「중천건: ☰」괘의 "원형이정元亨利貞"에 대한 『선해』에서 다음과 같이 건乾을 풀이하고 있다.

건은 강건하므로 무슨 일을 하든 걸림이 없는 까닭에 '크게 형통하다'라고 하는 것이다(健則所行無礙 故元亨). 그렇다면 먼저 강건함이 무엇인지 살펴야 한다(然須視其所健者何事). "크게 형통하니(元亨) 이롭고도 바르다(利貞)"라는 경계의 말씀(利貞之誡)은 성인이 학인들을 깨우치기 위한 요지의 말씀이니(聖人開示學者切要在此), 소위 수도의 가르침인 것이다(所謂修道之教也).[47] 상근기 중생이

---

47 수도지교修道之教: 이는『중용, 1장』의 인용으로, 하늘이 인간에게 부여한 본성(天命之性)을 깨달아, 그 본성에 따른 진리의 길을 걸어야 하지만(率性之道), 집착과 갈애渴愛가 진리의 길을 방해하므로, 진리의 길을 바르게 걷도록 하는 가르침(教)이 필요하다. 그 가르침을 반복하여 익히는 것이 수도이다(修道之教).『대승기신론』에서는 이를 '훈습'이라 했다.
"훈습薰習은 '~에 물들다. ~향좝이 몸에 배다'라는 뜻이다. 교육을 받고, 경전을 읽고, 선지식을 만나고, 명상을 하는 것이 훈(薰: 향)이라면, 그 훈을 내 몸에

강건하게 십선, 사성제, 12인연법 등을 닦으면(健於上品十善, 兼修
四諦十二因緣觀者), 자리自利의 이승(성문과 연각)의 과를 증득하게
되는 것이다(必得二乘果證). 나아가 상근기 중생이 강건하게 십선
을 닦아 자리이타를 행하면(健於上品十善, 能自利利他者), 곧 보살
이라 하는 것이다(卽名菩薩). 강건하게 십선을 행하는 상근기 중생
이(健於上品十善) 십선이 곧 법계이고, 불성임을 깨달으면(了知十
善 卽是法界 卽是佛性者) 반드시 무상보리를 원만 성취하게 되는
까닭에(必圓無上菩提故), 시방세계가 다 크게 형통하다고 하는 것
이다(十界皆元亨也). 개인의 깨달음만 추구하는 이승의 수행은 사
도이며(二乘偏眞爲邪), 보살의 중생제도는 정도가 된다(菩薩度人爲
正). 중도와 양변을 분별하여 차별함이 사도이며(分別中邊不同爲
邪), 일체가 중도 아님이 없는 것이 정도이다(一切無非中道爲正).
이 같은 '이롭고도 바르다(利貞)'라는 경계의 말씀(此利貞之誡)이야
말로, 마땅히 강건하게 수행하는 자들을 위한 말씀인 것이다(所以
當爲健行者說也).

배게 하는 것이 습習이다. 습習은 '반복하다, 익히다'의 의미로, 새끼 새가
겨드랑이의 흰(白) 털이 보일 정도로 날개(羽: 깃 우)짓을 반복함으로써 날아오
르는 법을 익히는 것을 말한다."(참조: 최세창 역주, 『대승기신론소별기』, 운주사,
2016.)

계사상전 제2장

【주역】 聖人設卦觀象. 繫辭焉而明吉凶. 剛柔相推而生變化. 是故吉凶者. 失得之象也. 悔吝者. 憂虞之象也. 變化者. 進退之象也. 剛柔得. 晝夜之象也. 六爻之動. 三極之道也. 是故君子所居而安者. 易之序也. 所樂而玩者. 爻之辭也. 是故君子居則觀其象而玩其辭. 動則觀其變而玩其占. 是以自天祐之. 吉無不利.

성인[48]이 괘를 그리고(設), 상象[49]을 살펴(觀) 괘사와 효사(繫辭)로써

---

[48] 여기서 성인은 복희씨와 문왕과 주공을 말한다.

[49] 상象은 형形과 반대되는 개념이다. 형을 인간의 감각으로 쉽게 느껴 알 수 있는 것이라고 한다면, 상은 인간의 감각으로 쉽게 느껴 알 수 없는 것이다. 예를 들어 오행(五行: 금목수화토)이라는 것도 각각의 상象으로 그것이 응결하여 형체를 이루게 되면 육안으로 인식할 수 있는 물체(形, 像)가 되고, 분열하여 기화氣化하게 되면 육안으로 인식할 수 없는 무형의 상象이 된다. 이처럼 형과 상이란 일본체一本體의 양면성에 불과하다. 그럼에도 인간이 무형의 상象을 못 보는 이유는 세속적인 육욕칠정肉慾七情으로 명명을 잃어 난시亂視가 되었기 때문이다. 따라서 수행(道)이 깊거나 자연법칙을 관찰할 줄 아는 사람에게는 상象이 형(形, 像)이고, 형이 상이다. 이유인즉, 상이 비록 무형이라 할지라도 그것은 형形 이전의 단계임으로, 모든 형은 반드시 상象의 기미機微를 내재內在하고 있기 때문이다. 이러한 사실을 모르기에 스스로 형에서 상을 찾으려는 노력을 하지 못하며, 무당을 찾고 점집을 전전하여 방황하는 것이다.

길하고 흉함을 밝혔다.[50] 강(양)과 유(음)가 서로 밀쳐(相推) 변화를 낳는다.[51] 이런 까닭으로 길함과 흉함이란 잃거나 얻는 상象이며[52],

---

(참조: 한동석. 『우주변화의 원리』, 행림출판, 1998.)

50 괘卦는 하늘에 걸려 있는(掛) 자연현상(天垂象)을 상징하는 부호이고, 계사繫辭는 그 자연현상에 문자적 해석을 붙인(繫) 것으로 보면 된다. 그 하늘에 펼쳐져 있는(掛, 걸려 있는) 자연현상 속에는, 인생사의 길흉은 물론이고, 귀신의 일에서 하늘의 일까지 삼라만상의 모든 이치가 펼쳐져(陳) 있으니, 그 이치가 바로 하늘의 뜻(天命)으로서의 천도(天道: 백성들이 나아갈 길)이다.

그러나 하늘은 무형이라 형체가 없고 말이 없으니, 누구나 보고 듣고 알 수 있는 것이 아니다. 이를 자각한 성인(복희씨)이 하늘에 펼쳐진 상을 살펴 유형有形의 상(象, 괘)을 그리고(劃), 문왕과 주공이 자연현상(卦)에 문자적 해석(繫辭)을 붙임으로써 길흉을 알 수 있게 되었으며, 공자가 역전易傳을 완성함으로써 『주역』은 비로소 최고(最高, 最古)의 철학적 경전이 되었다.

51 이질적인 강(剛, 9)과 유(柔, 6)가 스스로 작용하고 서로에게 작용함(相推)으로써 변화가 생기는 것을 말한다. 즉 태양(9)이 극에 이르면 소음(8)이 되며, 태음(6)이 극에 이르면 소양(7)이 된다. 강과 유가 상추함으로써 극에 이르면 변화가 생기기 마련이다.

변화란 음양의 진퇴지상進退之象으로, 변은 양이 물러나는 것이며(退), 화는 음이 나아가는 것(進)을 말한다. 달리 말하면 음이 극에 이르면 양으로 변變하며, 양이 극에 이르면 음으로 화化하는 것이다. 이 같은 음양의 진퇴로 인해 자연현상으로는 주야와 춘하추동의 변화가 끊임없이 이어지고, 그 변화로 인해 만물은 끊임없이 생하고 멸하는 과정을 순환 반복하게 된다. 인생사에 있어서도 생사生死, 성패成敗, 길흉吉凶, 진퇴進退 등의 변화가 끊임없이 순환 반복한다. 이와 같은 변화의 이치가 64괘의 육효(효사)에 갖춰져 있기에 효에서 변화의 추이(推移, 미래, 길흉)를 점칠 수 있는 것이다.

52 "길함과 흉함이란 잃고 얻음(吉凶者 失得之象)"에는 여러 가지의 뜻이 있을 수 있다.

뉘우침(悔)과 인색함(吝)은 걱정하고 근심하는(憂虞)[53] 상이며, 변(變,

---

①진퇴에 대한 길흉: 길흉이란 나아가고 물러가는(進退, 推移) 이치를 깨달아 나아갈 때 나아가고, 물러날 때 물러나는 것에 달려 있다. 권력자의 경우 권력을 쥐고 있는 것이 득(得: 얻음)으로 길이라면, 놓는 것은 실(失: 잃음)로 흉이다. 그러나 권력(이권)을 쥐고(得) 물러날 때(變, 時)를 놓쳐 불행해지는 것은 얻음(得)으로 인한 흉이다. 반대로 물러날 때를 알아 권력에서 물러나는 것은 잃음(失)으로 인한 길吉이다.

②군자의 실득: 천명(天命: 하늘의 뜻, 天道, 中道, 天理, 乾坤之道, 聖人之道, 陰陽之道, 大義)을 따르면(順) 혹은 깨달으면(得) 길吉하고, 거스르면(逆) 혹은 어기면(失) 흉凶한 것을 말한다. 천명을 따르는 자가 군자이다.

③소인의 실득: 욕심낸 바(物欲)를 얻으면 길하고, 얻지 못하면 흉하다고 여긴다.

인간사의 길흉화복이란 도덕적 주체로서 자아自我를 긍정하고 여하히 성현의 말씀(經典: 역경, 불경, 성경)을 자각하고 실천하는가에 따라 결정되는 것이지, 결코 누구도 본 적이 없는(Never seen or met) 가상假想의 신(God) 앞에서 머리를 조아리며 기도라는 이름으로 복을 구걸하거나 점을 쳐서 결정되는 것이 아니다. 즉 길·흉이란 스스로 초래한 자업자득의 결과로서, 길은 선업의 결과이며, 흉은 악업의 결과일 뿐이다. 이와 같이 인·과는 의존한다(因果依存). 이를 모르는 것이 무명無明이며, 아는 것이 깨달음(覺)이다. 깨달음이란 인·과는 의존하며(因果依存), 만물은 상호 의존한다는 사실(緣起)을 체득하는 것을 말한다. *緣起 → 因果依存+相互依存=空 → 각(覺, 깨달음).

53 회린悔吝과 우우憂虞는 지나간 일에 대해서는 반성하고, 다가올 일에 대해서는 삼가 조신하여 대처한다는 뜻으로, 불교에서의 참회懺悔와 같은 의미이다. 이는 비록 실수나 과오가 있을지라도 적극적인 참회나 회개를 통하여, 또한 화禍가 닥칠지라도 삼가 조신하며 냉철한 대처를 함으로써 화禍를 길吉로 변화시키려는 노력의 중요성을 강조하는 것이다.

「회悔」가 어떤 경계境界에서 잘못을 뉘우쳐(懺悔) 근신함으로써, 흉凶에서

陰)함과 화(化, 陽)함이란 음이 나아가고(進) 양이 물러나는(退) 상이며,
강(剛, 陽)과 유(柔, 陰)는 낮과 밤의 상이다. 여섯 효(爻)[54]의 움직임(動)은
천지인天地人 삼극三極의 도道이다.[55] '이런 까닭으로 군자가 머무는

길吉로 이끄는 마음이라면, 「린吝」은 인색의 뜻으로 아직 회(懺悔)의 마음이
없어 참회에 인색하고 주저하는 마음이니, 아직 흉에서 벗어나지 못한 것이다.
즉 「회悔」가 이미 참회를 하여 보살의 길에 들어섰다면, 「린吝」은 참회에
인색하여 아직 중생의 무명 속을 헤매고 있는 것이라 할 수 있다.

『육조단경』에 따르면, 참懺은 지금까지 지었던 과거의 죄업을 반성하는 것이
며, 회悔는 앞으로 지을지도 모르는 미래의 죄업을 미리 살펴 다시는 참을
하지 않도록 하는 것이다. 참이 자신의 과거에 행한 일들에 대한 반성이라면,
회는 어떤 일을 행하기에 앞서 자신을 관조하고 자각하는 미래에 대한 다짐이
다. 『주역』에서의 '회린 우우'의 마음이나 불교의 참회의 마음이나 다를 바가
없다.

54 효爻란 서로 교류한다는 뜻으로 6효의 움직임, 즉 작용을 말한다. 천天, 지地,
인人의 6효가 서로 교류를 함으로써 변화가 있게 된다. 천, 지, 인이 고정되어
있다면 변화란 있을 수 없다. 교류란 불교의 연기緣起 인연(因, 緣)과 같다.
아무리 좋은 씨앗이라도 자루에 담아 놓거나 나뭇가지에 메달아 놓으면 싹이
나올 수 없다. 씨앗과 환경이 연기(교류)하여 싹을 틔우는 것이다. 『계사,
상전 3장』에서 "효란 서로 교류하면서 끊임없이 변화하는 것이다(爻者. 言乎變者
也)"라고 하였다.

남회근은 『역경계전별강』에서 "효爻'는 열 십十 자 두 개가 기울어 있는 모습인
데, 이는 지구가 23.5(西北偏東南)도 기울어 있는 것을 형상화한 것으로 상호
교류하는 것을 나타낸다"라고 하였다.

55 괘卦의 초효와 2효는 지도地道, 3효와 4효는 인도人道, 5효와 상효는 천도天道를
나타낸다. 이것이 삼재三才이고 삼극三極이다.

주자는 『본의』에서 "동動은 곧 변화이며(動卽變化也), 극極은 지극함이다(極至
也). 삼극은 천, 지, 인의 지극한 이치이니(三極天地人之至理), 삼재가 각기

바(所居)를 편안할 수 있다'라 함은 역(64괘)의 이치(易理)를 따르는 것이고(易之序)[56], 역의 이치를 자각하기 위해서는 역리를 담은 효사(384효)를 즐겨 완미玩味해야 한다. 이런 까닭으로 군자는 ① 평상시 머무를(居) 때는 (그 때의) 상(象: 기미機微)을 관찰하여(觀其象) 그에 맞는 효사를 완미하고[57] ② (어떤 일로) 움직일(動) 때는 괘효가 변하는

하나의 태극인 것이다(三才各一太極也). 이는 강과 유가 서로 밀쳐 변變과 화化를 생하고(此明剛柔相推以生變化), 변과 화의 극極이 다시(復) 강과 유가 되어(而變化之極 復爲剛柔) 한 괘의 육효 사이에 유행하니(流行於一卦六爻之間), 점치는 자가 강유상추(値)하는 바로 인하여 길흉을 판단하는 것이다(而占者得因所值以斷吉凶也)"라고 하였으니, 천지인 삼재의 지극한 도는 효의 움직임을 통해 드러난다는 뜻이다.

[56] 군자가 머무는 바를 편안히 할 수 있는 것(君子所居而安)은 역의 질서(序: 易理), 즉 성인지도(聖人之道: 天道, 天命, 乾坤之道, 陰陽之道, 本性, 佛性, 自性淸淨, 易經, 佛經, 聖經)를 따르기 때문이다(易之序). 군자지도(人)는 성인지도(天)를 자각하여 실천하는 것이다. 이것이 천인합일이고, 천지합덕이며, 기독교의 하느님의 뜻이 땅에서 이루어지는 것이다(天命).

여기서 거居는 성인지도를 자각하여 망념妄念이 없는 것을 말하며, '안安'의 의미는 단순히 편안하다는 의미를 넘어 '안토安土'의 의미이다. 즉 성인지도, 부처님의 말씀, 하느님의 말씀을 자각하고 실천함으로써 목적한 바의 가치 있고 행복한 삶이 이루어지는 곳(土)이니, 안토란 불국정토이며, 하느님의 나라인 것이다.

*역지서易之序의 「서序」에는 '질서', '순서'라는 뜻 외에도 '~을 따르다'의 뜻도 있다.

[57] 남회근은 『역경계전별강』에서 "『역경』을 배우는 목적이 '평상시 머무를(居) 때는 (그 때의) 상(象: 상황)을 관찰하여(觀其象) 그에 맞는 말(爻辭)을 완미하기 위함이지, 점을 치고(卜卦) 운세나 알아보기(算命) 위한 것이 아니다(大家學了

것을 관찰하여 길흉을 점(占辭)으로 완미하나니[58] ③이로써 하늘로부터의 도움(自天祐之)이 있어 길흉하여 이롭지 않음이 없다(吉無不利).

『易經』, 是要我們 '居則觀其象而玩其辭', 不是要我們來卜卦算命的)"라고 잘라 말한다. '말(爻辭)을 완미함(玩其辭)'이란 늘 경전을 읽고 깨달아 경전의 가르침대로 살아가기 위해 노력하는 것(受持讀誦)과 같은 뜻이다.

58 움직이면 새로운 변화가 생기는 법이다(動則變). 그 변화를 관찰하면(觀其變) 점을 치지 않아도 저절로 결과를 알게 되어 있다. 이미 평상시 머무를(居) 때 (그 때의) 상(象: 상황)을 관찰하여(觀其象) 그에 맞는 말(爻辭)을 완미하였기 때문이다.

순자荀子는『순자, 대략大略』에서 "역을 제대로 공부한 사람은 점을 치지 않는다(善爲易者不占)"라고 하였다. 오직 관찰만 할 뿐이다. 그 관찰 속에 이미 점사占辭가 들어 있기 때문에 이를 완미할 뿐이다(而玩其占). 이 역시 평상시 머무를(居) 때, 그 때의 상(象: 기미機微)을 관찰하여(觀其象) 그에 맞는 말(爻辭)을 완미하였기 때문이다.

남회근은 이를 "점占은 점을 치는 일로, 점을 치지 않아도 미리 안다(占就是占卜, 可以未卜先知). 괘를 뽑아 점을 치지 않아도 이미 결과(道)를 명료하게 아는 것(而玩其占, 不要卜卦就已經知道了)"이라고 하였다.

『대승기신론』에서는 움직임 이전의 고요함을 진여본각眞如本覺이라 한다. 진여본각에서 무명無明으로 인한 미세한 움직임(動)을 업상業相, 업식業識이라 하며, 이를 생멸生滅의 시작으로 보아 생상生相이라 하였다. 따라서 부동의 진여본각에서 동하는 마음(業相)을 관찰함으로써 무명으로 인한 최초의 움직임(動), 즉 고苦의 근원(動)을 알게 됨으로써 고를 치유할 수 있는 것이다. 이는 사성제의 집제集諦에 해당하며, 『역경』에서 변화를 관찰함(觀其變)으로써 결과를 미리 아는 것과 다를 바가 없다. 불교에서 관(觀: 위빠사나)하는 것이나, 『주역』에서 상象을 관찰하여 효사를 음미하는 것에는 차이가 있을 수 없다. 모두 망념을 떠난 무심無心, 무위無爲, 무아無我의 경지에서 행하는 일이기 때문이다.

【선해】惟其易理全現乎天地之間. 而人莫能知也. 故伏羲設卦以詮顯
之. 文周又觀其象. 繫辭焉而明吉凶. 以昭告之. 順理者吉. 逆理者凶
也. 夫易理本具剛柔之用. 而剛柔各有善惡之能. 剛能倡始. 而過剛
則折. 柔能承順. 而過柔則靡. 然剛柔又本互具剛柔之理. 故悟理者
能達其相推而生變化.

오직 그러한 역리는 천지간에 온전히 드러나(現) 있으나, 사람들이
능히 알지 못하는 까닭에, 복희伏羲씨가 괘를 그려(設卦) 역리(詮)를
드러내었다(顯). 문왕과 주공은 또 그 상象을 살펴(觀) 말씀을 붙이고
(繫辭) 길흉을 밝힘으로써, 밝게 알려 주니(昭告), 역리에 순응하는
자는 길하고, 역리를 역逆하는 자는 흉하다.

무릇(夫) 역리는 본래 강유(剛, 柔)의 작용(用)을 갖추고(具) 있으며,
강유는 각기 선악을 일으키는 공능功能이 있다. 강은 능히 주창하고
시작할 수 있으나, 지나치게 강하면 부러진다(折). 유는 능히 계승하고
순응할 수 있으나, 지나치게 유柔하면 쓰러지게(靡) 된다. 그러나(然)
강유에는 또한 본래 서로(互) '강에는 유의 성질을, 유에는 강의 성질'을
갖추고(具) 있는 까닭에, 이러한 이치를 깨닫는(悟) 자는 능히 강유가
서로 밀쳐냄으로(相推) 생生하는 변화의 이치를 통달하게 된다.[59]

【강설】

자천우지自天祐之

---

[59] 이 같은 변화의 이치를 깨닫는 것이 불교에서 무상無常의 이치를 깨닫는
것과 다를 바 없다.

①"평상시 머무를(居) 때는 (그 때의) 상(象: 기미)을 관찰하여(觀其象) 그에 맞는 효사(爻辭)를 완미한다"라는 것은, 평상시에는 역경, 불경, 성경을 독송하여 성인의 말씀을 자각하는 것을 말한다. 이로써 인간은 인간다움(仁)을 갖추는 것이다. 이것이 주체적 자각(自覺: 깨달음)을 통한 자아(體)의 자리自利이다.

②"(어떤 일로) 움직일(動) 때는 괘효의 변화를 관찰하여 길흉을 점(占辭)으로 완미한다"라는 의미는, 움직임(動)에 앞서 길흉을 묻는 점을 치라는 것이 아니라, 효사를 완미함으로써 '매사에 성인의 말씀(진리)을 따르면 길하고, 어기면 흉하다'라는 교훈을 인식하여 성인의 말씀을 완미하여 따르고 실천하라는 뜻이다.

③"이로써 하늘로부터의 도움(自天祐之)이 있어 길하여 이롭지 않음이 없다(吉無不利)"라는 의미는 ㉮성인지도에 대한 주체적 자각自覺을 체험한(自利) 후에, ㉯이타의 보살도를 실천함으로써(菩薩行) 비로소 하늘(天道: 진리, 부처님, 하느님)로부터 '감응과 은혜'를 받게 되는 것이며, 또한 하늘과 하나가 되는 것이다(天人合一, 성불). 이때 받게 되는 '감응과 은혜'가 가피加被이다. 가피란 감응이나 은혜 이전(평소)의 나에게 '감응과 은혜(被)'가 더해졌다(加)는 뜻이다. 가피는 성인지도·보살도의 실천을 통해서 받게 되는 것이지, 기도나 염불을 통해서 얻어지는 것이 아니다.

이와 관련하여 중천건괘 삼효사에는 '종일건건終日乾乾'을 이야기한다. "군자가 종일토록 매사에 최선을 다하고 조심하며, 저녁 잠자리에 들어서 조차 삼가 두려운 마음으로 반성하면 설령 위태할지라도 허물(해로움)은 없을 것이다(君子 終日乾乾 夕惕若 厲 無咎)"라고 하였다.

'종일건건'은 학창시절이나 젊은 시절에만 국한되지 않고 자강불식自强不息, 즉 평생토록 쉬지 않고 굳세게 지켜야 할 마음자세로서 바로 '자천우지'의 선행 조건이다.

'종일건건'하길 '자강불식'하면 '자천우지'하여 '길무불리'하게 된다. 절에 가서 빌거나 교회에 나가 기도하지 않더라도 '무불리(해로움이 없음)'하게 된다. 무턱대고 길吉하려고 기를 쓰는 것은 탐욕이다. 우선은 '무불리'하는 것만으로도 감사하게 생각하고 끊임없이 '종일건건'하길 자강불식하다 보면 '자천우지'하여 길하게 되고, 궁극에는 매사에 '길무불리(길하여 해로움이 없는)'하게 된다. 이것이 성불이고 해탈이다. 이렇듯 『주역』은 수행서로서 마음을 닦는 수심경修心經이다. 이러한 이법理法을 터득하지 못하고 점이나 치는 요행에 치중하면 『주역』을 수십 년 공부하여 거꾸로 외우고 뒤집어 외운들 허화虛華에 불과하다.

허화는 『원각경圓覺經』에 나오는 말로 눈병이 난 사람에게 보이는 '헛것'을 말한다. 허화는 눈병이 낫고 나면 저절로 사라진다. 눈병이 난 사람이 중생이고, 눈병이 사라진 경지가 해탈이다. 중생은 눈병으로 인해 허화를 좇아 탐욕과 집착으로 업을 쌓는다. 점치는 것으로 명성을 탐하거나 돈벌이에 집착하는 것도 허화이다. 허화는 『반야심경』에서의 오온五蘊이며, 이에 대한 자각이 『금강경』에서의 공空이다. 『주역』역시 탐욕과 집착을 내려놓는 비움과 공空을 실천하는 수행서이다.

자천우지自天祐之, 이 말은 "진인사대천명盡人事待天命", "하늘은 스스로 노력하는 자를 돕는다(Heaven helps those who help themselves.)"라는 말과 같은 의미이다. 이는 인간 스스로의 이루고자 하는 노력과

성심誠心에 대한 하늘의 감응이다. 하늘(天, 부처)은 인仁이나 불인不仁
과는 전혀 상관도 없으며, 또한 욕심을 구걸하는 기도(기복)의 대상도
아니다. 하늘을 찾고 부처를 찾아 무엇을 해달라고 기도하는 것은
구걸이고 미신이고 무지이다. 하늘이나 부처는 무엇을 구하고자 하는
기도(욕심)를 들어 줄 그런 능력도 의지도 없을 뿐더러 그런 하늘이나
부처는 세상에 없다. 종교개혁가 마틴 루터(Martin Luther, 1483~1546)
는 이를 깨달은 것이다.

> 사람은 끊임없는 기도나 성지순례로 구원을 받을 수는 없을 것이
> 다. 또는 교황이 직접 서명한 면죄부도 소용이 없을 것이다. 그런
> 것들은 신과 인간의 관계를 비즈니스적인 거래, 즉 돈으로 살
> 수 있는 어떤 것으로 변질시킬 뿐이다. 루터는 돈으로 신의 사랑을
> 사는 것은 불가능하다는 것을 알았다. 그리고 그는 그때 번뜩
> 깨달았다. 신의 사랑은 살 수도 없지만, 그럴 필요도 없다는 깨달음
> 이다. 왜냐하면 신은 대가 없이 자기 사랑을 주기 때문이다! 사람을
> 구원하는 것은 교회가 중개하는 싸구려 거래가 아니라 신의 사랑이
> 다. 우리는 교회나 교황이나 다른 어떤 인간 대리인이 아니라
> 오직 그의 사랑, 오직 신의 사랑을 믿어야 한다.[60]

맹목적인 기도가 하니라 하늘(신)의 사랑을 믿고 실천할 때만이
'자천우지'하는 것이다. 하늘(신)은 무형으로 허盧한지라 하늘 혼자서
는 아무것도 못한다. 따라서 인간이 스스로 돕는 과정을 통해 하늘의

---

60 리처드 할러웨이, 이용주 옮김, 『세계 종교의 역사』, 소소의책, 2018.

뜻(사랑)을 따를 때 비로소 천인합일이 되어 하늘은 사람을 도울 수 있는 것이다. 스스로 돕는 과정이란 수행의 과정이며, 보살행의 과정이며, 득도의 과정이다.[61] 하늘이나 부처가 그런 기도를 들어준다면 치우치고 불공평할 뿐더러, 세상은 나태해져서 존속할 수 없을 것이다. 노력은 안 하고 오직 기도만 하려는 무리들로 넘쳐날 것이기 때문이다.

단지 무엇이든 스스로 이루고자 하는 노력과 성심誠心을 다할 때, 즉 천도와 역리를 자각하고 따를 때(易之序, 得), 하늘이나 부처는 오직 그 뜻에 길흉으로 감응感應할 뿐이다. 그런 하늘이나 부처는 높은 곳에 있지 않고 낮은 곳에 계신다. 천국이나 극락 또한 낮은 곳에 있다. 그 낮은 곳이야말로 높은 곳이다. 불상이나 십자가는 높은 곳에 걸면 안 된다. 낮은 곳에 걸어야 한다. 낮은 곳에 있는 불상이나 십자가를 봄으로써 높은 곳만 추구하는 무지하고 탐욕스런 마음을 참회하고 회개할 수 있기 때문이다. 낮은 곳에서 성심으로 진인사盡人事할 때, 저 높은 천국이나 극락에 이르러 하느님을 만나고 부처님을 만나는 것이다(待天命). 여기서 낮은 곳이란 불교에서의 아만我慢과 아상我相과 아집我執을 초월한 아공我空의 개념이다. 아공은 선인으로 말미암아 선과가 있다(善因善果)는 뜻이다. 이로써 길하여 이롭지 않음이 없게 된다(吉無不利).

공자는 『중용, 15장』에서 "먼 곳에 가려면 반드시 가까운 곳에서부터 (行遠必自邇), 높은 곳에 오르려면 반드시 낮은 곳에서부터 시작해야 한다(登高必自卑)"라고 하였다. 그것이 군자의 도이다(君子之道). 또한

---

61 하늘은 진여본각으로 체體이며, 사람 스스로 이루고자 하는 노력과 성심誠心은 용用인 것이다.

『논어, 헌문』에서는 "낮고 쉬운 것을 배워 깊고 어려운 것에 이른다(下學而上達)"라고 하였다.

『상전, 제1장』에서도 '비고이진卑高以陳'이라 했다. 세상만사의 이치가 낮은 곳에서 높은 곳으로(卑高) 펼쳐진다는 뜻이다. 만물은 아래로부터 위로 자란다(物由下生). 식물도 싹을 틔워 땅에 뿌리를 내리고 나면 하늘을 향해 커나간다. 개구리도 알에서 올챙이로, 올챙이에서 다리가 나오고, 꼬리가 떨어져 개구리가 된다. 고관대작도 말단에서부터 시작한다. 『대학』에서의 '수신제가修身齊家'하고 나서 '치국평천하治國平天下'하는 것이나 수기치인修己治人 역시 같은 의미이다. 예나 지금이나 세상이 어지러운 것은 부처님이 없고 하느님이 없어서가 아니라, 자기반성이나 성찰도 없이 제가齊家는커녕 수신修身도 안 된 무리들이 설쳐대기 때문이며, 권력에 빌붙어 편을 갈라 부화뇌동하는 무지한 대중들 때문이다.

'낮은 곳으로부터(自卑), 가까운 곳으로부터(自邇)!' 그 낮고 가까운 곳이 어디인가? 바로 한마음(一心)이 머무는 자기 자신이다. 그 일심이 『대승기신론』에서의 대승大乘이고 중생심衆生心이다.

【강설】

강유상추이생변화剛柔相推而生變化,『선해』"剛柔又本互具剛柔之理"

이는 동중정(動中靜: ☲), 정중동(靜中動: ☵)의 의미와 같다. 리괘(離卦: ☲)는 두 개의 양효 가운데(中) 음효가 있으니 동중에 정이 있는 것이며, 감괘(坎卦: ☵)는 두 개의 음효 가운데 양효가 있으니 정속에 동이 있는 것이다. 즉 음 속에 양의 성질이 있고, 양 속에 음의 성질이 있기에 음이 다하면 양으로 변하며, 양이 다하면 음으로 변할 수 있는 것이다. 그러나 음이 양이고, 양이 음인 것은 아니라 양 속에 음이 음 속에 양이 섞여 있는 것이다.

불교의 『대승기신론』에서는 진여眞如 일법계一法界라 하여 동動과 정靜, 진여와 무명을 하나로 파악한다. 이치인즉 진여를 떠나 무명이 따로 있는 것이 아니라, 진여가 무명이고, 무명이 진여인 것이다. 마음에 망념이 일어날지라도 마음의 본성(心體)은 조금도 동動하거나 변變하지 않으니, 그대로 무념無念이다. 이는 법계가 일여一如 평등하기 때문이다. 그래서 '보리즉번뇌菩提卽煩惱, 번뇌즉보리煩惱卽菩提'라 하는 것이다. 따라서 진여일법계를 떠나서는 무명도 없고, 보리를 떠나서는 번뇌도 없다. 마찬가지로 현상現相으로 보자니 동과 정이 따로 있는 것이지, 실상實相은 동 속에 정이 있고, 정 속에 동이 있는 것이다. 동과 정 또한 하나인 것이다. 이는 법계가 일여하고, 동정 또한 일여함을 말하는 것으로, 그 일여함이 진여이고, 태극이다. 이는 불교에서의 해석이다.

원효 대사는 『대승기신론별기』에서 "동(動: 산란한 마음)과 정(靜: 고요한 마음)이 인연 따라 이루어지는 까닭에 (천당에) 오르기도(昇)하고, (지옥에) 떨어지기도(降) 하는 차별이 있는 것이다(參差)"라고 하였다. 염染과 정淨이 평등하고, 동과 정이 평등하다 해서 업業의 인과응보因果應報마저 평등한 것은 아니다. 즉 불법佛法은 비록 일미一味이나, 각자의 마음에는 차별이 있어 스스로 천차만별의 망상(業)을 짓는 것이니(因), 이에 따라 스스로 천당을 지어 하늘에 오르기도

하고, 지옥을 지어 땅속으로 떨어지기 하는 것이다(果). 승강昇降의
차별이 있다는 것이다. 지옥이나 천당은 물리적 현상세계가 아니라,
나와 타인을 차별화하여 자타自他가 대립하는 괴로움의 세계가 지옥이
며, 자타가 일여一如하여 차별과 대립이 없는 해탈의 세계가 천당(극락)
인 것이다.(참조: 최세창, 『대승기신론소별기』, 운주사, 2016.)

【선해】 是故吉凶者. 卽失理得理之象也. 悔吝者. 乃憂於未然慮於事先
之象也. 知吉凶之象. 則必爲之進退. 而勿守其窮. 故變化者. 明示人
以進退之象也. 知悔吝之方. 則必通乎晝夜而善達其用. 故剛柔者明
示人以晝夜之象也.

이런 까닭으로 길흉이란 곧 이러한 이치를 잃거나(失) 얻는(得)
상象이다. 회린悔吝이라는 것은 미연에 걱정하고(憂), 일에 앞서(事先)
염려하는 상象이다. 길흉의 상을 알면 반드시 나아가야 할 때 나아가고
(進) 물러서야 할 때 물러서니(退), 어느 한쪽으로(其窮) 치우치지
않는 것이다(勿守). 고故로 변화란 사람들에게 나아가고 물러서는
상象을 분명하게 보여준다(明示). 회린悔吝의 대처 방안을 안다면 반드
시 주야가 변하는 이치에 통달하고, 그같이 작용(用)하는 이치에 아주
달통하게 되는 까닭에, 강유란 사람에게 주야(음양)의 상象을 분명하게
보여준다.

【선해】 然則六爻之動. 一唯詮顯三極之道而已. 三極之道. 卽先天易
理. 非進非退. 而能進能退. 非晝非夜. 而能晝能夜. 天得之以立極于

上. 地得之以立極於下. 人得之以立極於中. 故名三極之道. 乃卽一
而三. 卽三而一之極理也.

그러한 즉 육효의 (아래로부터 위로) 움직임(陳)은 오직(一唯) 천지
인 삼극三極의 도道를 밝게 드러내는(詮顯) 것일 뿐이다(而已). 삼극의
도는 곧 선천先天의 역리이다. 나아가는 것도 아니고 물러나는 것도
아니나, 능히 나아가기도 하고 능히 물러서기도 한다. 낮도 아니고
밤도 아니나, 능히 낮이 되기도 하고 능히 밤이 되기도 한다. 하늘은
그것(易理)을 얻음으로써 위(上)에 극極을 세우고, 땅도 역리를 얻음으
로써 아래(下)에 극을 세우며, 사람 역시 역리를 얻음으로써 가운데서
(中) 극을 세우는 까닭에, 삼극의 도(三極之道)라 이름하는 것이다.
이것이 곧 하나(一)이면서 셋(三)이며, 셋이면서 하나인 삼극三極의
이치이다.

【선해】 夫易理旣在天而天. 在地而地. 在人而人. 是故隨所居處無非易
之次序. 祇須隨位而安. 只此所安之位. 雖僅六十四卦中之一位. 便
是全體三極. 全體易理. 不須更向外求. 而就此一位中. 具足無量無
邊變化. 統攝三百八十四種爻辭. 無有不盡. 是可樂而玩也. 平日善
能樂玩. 故隨動皆與理合. 縱遇變故. 神恒不亂. 自能就吉遠凶. 此乃
自心合于天理. 故爲理之所祐. 豈徵徉於術數哉.

무릇 역리가 이미(旣) 하늘에 있어서는 하늘이 되고, 땅에 있어서는
땅이 되며, 사람에게 있어서는 사람이 되는 것이다. 이런 까닭으로
처소(處所: 처하는 곳)에 따라(隨) 거처하여 역易의 차서次序가 아님이

없다.[62] 다만 모름지기 역리는 위위位에 따라서 안주할 뿐이다. 이 안주해 있는 바의 위는, 비록(雖) 겨우(僅) 64괘 중의 한 위위位에 불과할지라도, (한 위가) 곧 전체 삼극이고, 전체 역리인 것이다.[63] (따라서) 모름지기 다시(更) 밖을 향해 찾을 것이 아니며, 나아가(而就) 이 일위一位 중에 무량무변한 변화를 구족하고 있으니, 384개의 효사爻辭를 모두 아우르고(統攝), 미치지 않음(不盡)이 없으므로 가히 즐겨 완미玩味할 수 있는 것이다. 평상시(平日)에도 잘(善) 즐겨 완미할 수 있는 까닭에, 행동하는 것마다(隨) 모두(皆) 역리에 계합(合)하여, 비록(縱) 변고變故를 만나게 될지라도 정신이 항상 어지럽지 않으며(不亂), 스스로 능能히 길함을 취하고 흉함을 멀리 할 수 있게 된다. 이렇게 되면 곧(乃) 자신의 마음(自心)이 천리天理[64]에 계합(合)하는 까닭에, 천리의 도움이 있게 되는 것인바, (이런 공부는 아니 하고) 어찌(豈) 술수로 요행(倖)을 바랄 것인가(徼)?

---

62 역리는 천지인 삼재를 바탕으로 하는 삼극지도三極之道로서, 불생불멸하는 우주 본연의 이치다. 따라서 어디에 편재偏在됨이 없이 모든 장소와 존재와 현상에 작용하고 있음으로, 지금 처해진 현재의 그 처소處所가 바로 역리가 작용하고 있는 곳이다. 또한 그 역리는 질서 정연한 것이지(次序) 뒤죽박죽 무질서한 것이 아니다. 천지인 삼극이 맞물려 돌아가는(易理) 데는 한 치의 오차도 없다. 만약 역리가 무질서하다면 이 세상은 존재할 수 없을 것이다.

63 의상 조사가 「법성게」에서 설하는 "일중일체다중일一中一體多中一, 일즉일체다즉일一卽一體多卽, 일미진중함시방一微塵中含十方, 일체진중역여시一體塵中亦如是"인 것이다.

64 천리가 곧 역리이니, 역리에 통달하면 길하면서 흉함이 없는(有吉无凶) 그런 경지에 통달할 수 있게 된다. 이는 불교에서 추구하는 고(苦: 번뇌 망상)가 소멸된 해탈의 경지로 천도天道이면서 불도佛道이다.

계사상전 제3장

【주역】象者. 言乎象者也. 爻者. 言乎變者也. 吉凶者. 言乎其失得也. 悔吝者. 言乎其小疵也. 無咎者. 善補過也. 是故列貴賤者存乎位. 齊小大者存乎卦. 辯吉凶者存乎辭. 憂悔吝者存乎介. 震無咎者存乎悔. 是故卦有小大. 辭有險易. 辭也者. 各指其所之.

①단상彖이란 64 괘의 상상을 말하는 것(象辭, 卦辭)이며[65], ②효爻란 각 효의 변화를 말하는 것이며[66], ③길흉이란 (천도의) 실득失得을

---

[65] '단彖'은 본래 '판단하다, 점치다'의 뜻이다. 단사象辭는 괘에 말을 붙인 것으로, 괘를 정의하는 말이다. 공영달의 『주역정의周易正義』에는 단사는 괘사卦辭를 지칭한다고 했다.

문왕이 복희씨가 그린 64괘의 괘상卦象을 보고 말을 붙인 괘사가 단사이며, 공자가 문왕의 괘사에 이해를 돕고 왜곡된 해석을 막고자 말을 붙인 것도 단사이다. 이 경우 두 개의 단사가 있게 되므로, 문왕의 것은 괘사, 공자의 것은 단사로 구분하였다.

'상상'은 하늘(天, ☰), 땅(地, ☷), 바람(風, ☴), 우레(雷, ☳), 물(水, ☵), 불(火, ☲), 산(山, ☶), 연못(澤, ☱)의 여덟 가지 자연현상(八卦)을 상징하며, 팔괘로 64괘卦의 괘의卦義를 설명하였다. 이를 『하전, 3장』에서는 "역易은 상상이며, 상상이란 여덟 가지 자연현상을 상징한다(易者象也. 象也者像也)"라고 하였다. 괘상卦象과 괘의卦義를 설명하는 부분은 '대상大象'이라고 부르고, 효상爻象과 효사를 설명하는 부분을 '소상小象'이라 한다.

말하는 것이다. ④회린이란 그 작은 허물(小疵)이 있음을 말하는 것이며[67], ⑤무구無咎란 허물(過)을 잘(善) 고친다는(補) 말이다.

---

66 음효와 양효로 구성된 효가 교류와 변화를 나타낸다면, 효사란 효의 음양 변화에 대한 기술(辭)이다.

주자는 『본의』에서 "단은 괘사를 이르니 문왕이 지은 것이요, 효는 효사를 이르니 주공이 지은 것이다. 상은 (괘) 전체를 가리켜 말한 것이요, 변變은 (효의) 한 절(一節)을 가리켜 말한 것이다(彖謂卦辭 文王所作者. 爻謂爻辭 周公所作者. 象指全體而言 變指一節而言)"라고 하였다.

67 여기서 "작은 허물(小疵)"이라고 한 것은 누구나 허물은 있기 마련이며, 허물없는 사람은 없다. 단지 그 허물을 고치려는(補) 마음만 있으면 수행(참회와 선행)을 통해 허물이 없게 된다고 보기 때문이다. 이는 불교에서 죄악보다는 참회를 중요시하는 인식과 같다. 다음은 불교 경전인 『천수경』에서의 죄와 참회에 대한 인식이다.

> 백겁 동안이나 쌓이고 모인 모든 죄업도(百劫積集罪)
> 일념으로 참회하면 모든 죄가 한순간에 없어져서(一念頓蕩盡)
> 마치 건초더미에 불을 붙이면(如火焚枯草)
> 순식간에 남김없이 다 타버리듯 남김없이 소멸되어 지이다(滅盡無有餘)
> 죄라는 것은 본래 실체가 없는데, 마음을 따라 일어난다(罪無自性從心起)
> 죄를 짓는 그 마음이 없어지면, 죄 또한 없어지는 것이다(心若滅時罪亦亡)
> 죄도 잊고 죄를 짓는 그 마음도 소멸되면, 죄와 그 마음이 함께 텅 비게 되니(罪忘心滅兩俱空)
> 이를 일러 참된 참회라 한다(是卽名爲眞懺悔)

『증일아함경』에서도 "자신의 허물을 뉘우쳐라. 사람이 지독한 악행·악업을 지었어도 허물을 뉘우치면 차츰 엷어지나니 나날이 뉘우치길 쉽지 않으면 죄의 뿌리는 영원히 뽑히리라"라고 하였다.

『법구경』에는 "(잘못을 저질렀더라도) 뉘우치면 곧 선善이 된다. 실수로 잘못

이런 까닭으로 귀천의 차이(列)는 육효의 위치(位)에 달려 있고[68], (득실의) 소대(小, 大)를 분별(齊)하는 것은 괘에 달려 있고, 길흉을 변별하는 것은 계사에 있고[69], (길흉이란) 뉘우침(悔) 또는 인색한(吝) 마음을 내는(憂) 경계(介)[70]에 있고, 경계하여(震)[71] 허물이 없음은 뉘우

___

을 저질렀더라도 능히 뉘우치면 곧 선이 되나니 마치 구름 한 점 없는 하늘의 해가 세간을 밝게 비춤과 같다"라고 하였다.

[68] 귀하고 천함은 본질적인 차별도 고정된 것도 아니다. 현재(時) 어디에 있는가(位)에 달려 있다. 위位는 시時를 포함하고 있다고 보아야 한다. 예를 들어, 박물관(位)에 전시된 국보급 도자기도 한때(時)는 개밥그릇으로 쓰였던 적이 있다고 한다. 반면 시時 속에 위位가 포함된 경우도 있다. 싸구려 비닐우산도 비 오는 날(時)에는 귀貴하지만, 햇빛이 쨍쨍한 날에는 값비싼 고급우산도 아무 쓸모가 없는(賤) 것이 된다. 이렇듯 귀천이라는 것은 절대적인 것도 아니고, 시時와 위位에 따라 달라질 뿐이다. 귀貴 속에 천賤이, 천 속에 귀가 있는 법이다. 위가 바르면 귀한 것으로 대괘大卦이고, 바르지 못하면 천한 것으로 소괘小卦이다.

또한 무슨 일이든 그에 맞는 ① 위(位, 인품, 지식, 리더쉽)가 있어야 그 일을 쉽게 처리할 수 있다. 위에 못지않게 ② 세(勢: 동지, 협력자) 또한 중요하다. 세를 규합하기 위해서는 ③ 재(財, 돈)가 있어야 한다. 재가 없으면 세를 유지할 수 없다.

옛날이나 지금이나 정치(正治, 바른 다스림)에는 먼저 위를 갖추고, 위로써 세를 형성하면, 세를 유지하기 위한 재(스폰서)가 있어야 한다.

[69] 괘에는 득실의 작고 크고의 구분이 있으나, 괘의 길흉(득실)을 변별하는 데에는 득실의 작고 크고의 구별이 없으며, 괘사와 효사로 길흉을 변별할 뿐이다. 양陽이 주主가 되는 상경 30괘는 180효로, 양효가 86개, 음효가 94개로 음효가 8개 더 많다. 반면 음陰이 주가 되는 하경 34괘는 204효로, 양효가 106개, 음효가 98개로 양효가 8개 더 많다. 이처럼 『주역』은 철저하게 대대對待를 원칙으로 한다.

침(悔: 참회)에 있으니,[72] 이런 까닭으로 괘에는 (득실의) 작고 큰 것이

---

70 개개는 '~사이에 끼이다'의 의미로, 참회하고 삼가 근신하는가(悔, 善), 아니면 회悔하는 데 인색한가(吝, 惡)의 사이(間) 또는 갈림길 또는 경계선이 개개이다. 경계(介)에서 성인의 도(聖人之道, 하늘의 뜻)에 이르지 못함을 근심하고, 분발하면 득得으로 길하게 될 것이며, 그렇지 못하고 태만하고 인색하면 실失로 흉하게 될 것이다. 따라서 길흉이란 회린지간悔吝之間, 득실지간得失之間에 있는 것이다. 『대승기신론』에서의 진여문과 생멸문의 경계와 같다.

71 진震은 『설계전, 7장』에서 동動이라 했으며(震動也), 『설계전, 11장』에서는 우레라 했다(震爲雷). 이는 모두 움직인다는 뜻이다. 따라서 "움직임에(震) 허물이 없음은 뉘우침(悔: 참회)에 있으니"라고도 옮길 수 있다.

72 주자는 『본의』에서 "개개는 변별辨別의 단서를 이름謂이니, 선과 악이 이미 동하였으나, (경계가) 아직 나타나지 않은 때이니, 이때에 걱정하면(憂) 회悔·인吝에 이르지 않는다(介謂辨別之端, 蓋善惡已動 而未形之時也. 於此憂之 則不至於悔吝矣). 진震은 동動함이니, 뉘우칠 줄을 알면 허물을 고치려는 마음이 동하여 가히 허물을 없게 할 수 있다(震動也. 知悔則有以動其補過之心 而可以无咎矣)"라고 하였다. *우憂는 혹여 잘못되지나 않을까 걱정하는 것을 말한다.

이를 『대승기신론』의 관점에서 본다면, 선과 악이 동動한 것은 진여본각에서 나온 무명업상無明業相이며, 아직 경계(相)가 나타나지 않은 단계로 전상轉相에 해당한다. 허물을 고치려는 마음이 동한 것은 포고발심(怖苦發心: 고苦가 두려워 참된 마음을 내는 것)에 해당하며, 가히 허물을 없게 할 수 있는 것은 해행발심(解行發心: 진여에 대한 이해로 보살행을 하는 것)에 해당한다.

*포고발심이란 선업에는 낙과樂果를 일으키고, 악업에는 고과苦果를 일으키는 인과업보의 원리를 믿기에 십선十善을 행하며, 생사의 고를 싫어하기에 무상보리無上菩提를 구하는 마음을 내는 중생들의 발심을 말한다. 화엄華嚴의 수행계위로는 십신十信, 십주十住의 단계가 포고발심에 속한다.

*해행발심이란 화엄의 수행계위로는 10행行에서 법공法空을 이해하고, 법계를 수순하여 육바라밀 행을 닦아 10회향廻向의 위位로 드는(入) 단계를 말한다.(참

있어서, 계사에는 흉하고 험險한 말도 있고, 길하고 쉬운(易) 말도 있으니[73], 계사란 이를 깨달아 각기 나아갈 바(所之)를 알도록 하기(指) 위한 것이다.[74]

조: 원효, 최세창 역주, 『대승기신론소별기』, 운주사, 2016.)

[73] 왕부지(王夫之, 1619~1692)는 『주역내전, 계사편』에서 "작고 큰 것은 상에 따라 다르다(小大因象而異). 세도의 성쇠, 통치의 다스려짐과 혼란, 천도와 성학의 체와 용에 연계된 것들이 괘상에 있으면 큰 것이다(其繫於世道之盛衰, 治理之治亂, 天道聖學之體用, 而象有之, 則大). 기타 어느 한 가지 일이나 한 가지 사물의 득실에 관한 것들(其他一事一物之得失), 예컨대 회뢰서합괘(☲☳)·산뢰이괘(☶☳)·풍화가인괘(☴☲)·택화혁괘(☱☲)·수풍정괘(☵☴)·뇌택귀매괘(☳☱)와 같은 것들은 작은 것이다(如噬嗑·頤·家人·革·井·歸妹之類 則小).

괘가 순수(깨끗)하면 효사들도 평이하다(卦純則辭易). 예컨대 중천건괘(☰) 초구효의 '물속에 잠긴 용이니 쓰지 마라(潛龍勿龍)', 곤괘(☷) 육이효의 '곧고 방정하고 거대함 같은 것들이다(直方大之類).' 반면에 괘가 잡스러우면 효사들도 험악하다(卦雜則辭險). 예컨대 회뢰서합괘(☲☳) 상구효의 '목에 형틀을 씌움(荷校)', 회뢰서합괘(☲☳) 육이효의 살점을 씹음(噬膚), 화택규괘(☲☱) 상구효의 '귀신을 수레에 실음(載鬼)', 화택규괘(☲☱) 상구효의 '활시위를 당김(張弧)' 등등이 그것이다"라고 하였다.

『주역』의 효사에 이처럼 험악한 말이 등장하는 것은 선을 장려하고 악을 경계하여 두려워하고 멀리하기 위함으로, 불교에서 사후의 윤회나 지옥세계의 참혹함을 설하여 악을 경계하고 선업을 장려하는 것과 다를 바가 없다. 『주역』을 공부하는 사람은 불교(佛敎, 붓다의 가르침)의 관점에서, 불교를 공부하는 사람은 『주역』의 관점에서 사유해 봄으로써 도그마(Dogma)에 빠지지 않는 폭넓은 시야를 갖게 될 것이다.

[74] 이는 『주역』의 현실적 목적을 말하는 것으로, 『주역』은 어떤 경우에도 ①길吉과 흉凶, ②회悔와 린吝, ③보과補過와 무구無咎의 경우를 벗어나지 않는다. 회悔와 린吝을 걱정하는(憂) 것은 처한 상황에서 잘못을 고쳐서(補過) 허물이 없기를

【선해】承上居則觀其象. 而言象者莫若彖也. 動則觀其變. 而言變者莫若爻也. 彼彖爻所言吉凶者. 乃示人以失得之致. 使人趣得而避失也. 所言悔吝者. 乃示人以小疵. 使勿成大失也. 所言無咎者. 乃示人以善補其過. 使還歸于得也.

윗글에 이어서(承上), 거처할 때는 그 괘의 상象을 살펴 상을 말하는 것으로 단(彖: 彖辭, 卦辭)만 한 것이 없다. 움직일(행동할) 때는 그 괘의 변화를 살펴 변화를 말하는 것으로 효사만 한 것이 없다. 저 단사와 효사에서 길흉을 말하는 것은, 이에 사람들에게 실득의 이치를 보임으로써, 사람들로 하여금 득得을 취趣하고, 실失을 피避하게 하려는 것이다. 회린이라 말하는 것은, 곧(乃) 작은 허물을 보여서 사람들로 하여금 크게 잃지(大失) 않게 하려는 것이다. 무구無咎라 말하는 것은, 곧(乃) 사람들에게 그 허물을 잘 고치는(補) 것을 보여서 사람들로 하여금 다시(還) 얻음(得, 吉)으로 돌아가게 하려는 것이다.

【선해】是故位以列其貴賤, 使人居上不驕, 爲下不倍也. 卦以齊其小大, 使人善能用陰用陽, 不被陰陽所用也. 辭以辯其吉凶, 使人知吉之可趣凶之可避也. 此其辯別之端甚微, 非觀象玩占者不能憂之. 此其挽回之力須猛, 非觀變玩占者不能震之.

(無咎) 추구하는 것으로, 이것이 모두가 지향할 바(所之)이다. 이로써 각기 지향할 바를 스스로 알게 되며, 나아가 취길피흉할 수 있는 것이다.

이는『대승기신론』에서 말하는 "생사의 고苦를 싫어하고 즐겨(樂) 열반을 구하게 하는 것(厭生死苦 樂求涅槃)", 즉 포고발심 내지 해행발심과 같은 의미이다. 발심을 함으로써 보살도에 들어서게 되는 것이다.

이런 까닭으로 육효의 위位로써 그 귀천을 나열하여(列) 사람들로 하여금 윗자리에 있어도(居上) 교만하지 않고, 아랫자리에 있어도 배반함이 없게 하려는 것이다. 괘卦로써 그 작고 큼을 분별(齊)하는 것은 능히 사람들로 하여금 음양을 바르게(善) 활용해서(用), (오히려) 음양의 작용하는 바(所用)를 피하지 않도록(不被: 적극 대처) 하려는 것이다. 계·효사로써 그 길흉을 변설辨說해 놓은 것은, 사람들로 하여금 길함은 가可히 취趣하고, 흉함은 가히 피避할 수 있음을 알게 하려는 것이다. 이에 그 변별辨別의 단서端緖는 매우 미세하므로, 상象을 살펴 점사를 완미玩味할 경지가 아니면, (미래를 예지하여 다가올 일을) 능히 걱정(憂)할 수도 없는 것이다.[75] 이에 그 만회하는 힘이 모름지기 맹렬하지만, 변화를 살펴 점사를 완미할 경지가 아니면, 능히 움직일 수가 없을 것이다.

【선해】是故卦有小大, 辭有險易. 蓋明明指人以所趨之理矣, 所趨之理卽吉道也. 自非全體合理, 決不能有吉无凶.

이런 까닭으로 괘에는 작고 큼이 있고, 쾌사나 효사에는 험險하고 평이함(易)이 있다. 이 모두(蓋) 사람들에게 추구(趨)해야 할 바의 이치를 아주 환하고도 밝게(明明) 가르쳐주는 것이다. 추구해야 할

---

[75] 우환의식憂患意識을 말한다. 괘·효사를 완미한 사람만이 세상사를 걱정할 수 있다. 보통 사람은 세상사를 걱정하고 싶어도 다가올 일을 미리 알아 능히 길하면서 흉함은 없는(有吉无凶) 방도方道를 알 수 없기에, 우환의식을 가질 수는 있어도 실천은 못한다.

바(所趣)의 이치는 곧 길한 도道이다. 스스로 추구하는 전체가 이치(道)에 계합하지 못한다면, 결코 능히 길하면서 흉함은 없는(有吉无凶) 그런 도는 있을 수 없는 것이다.[76]

【강설】

길흉자吉凶者. 언호기실득야言乎其失得也

  길흉이란 실득失得을 말한다. 가진 것을 잃어버리거나 빼앗기면(失) 흉하고, 반대로 얻거나 빼앗으면(得) 길吉하고 좋은 것으로 여기는 것이 보통 사람들의 생각이다. 점을 치는 목적은 추길피흉趨吉避凶, 즉 미리 실득을 가려 잃지(失) 않고 얻기(得) 위한 것이다. 과연 잃지 않고 얻는 것만이 좋고 길한 것일까? 여기에『주역』은 두 가지로 답한다. ①어떻게 얻을 것이며, ②무엇을 얻을 것인가?

  질문 ①: 어떻게 얻을 것인가?

  『역경』42번째의 풍뢰익(風雷益: ䷩)괘는 답한다. "(얻기 위해서는)

---

76 "순천자흥順天者興, 역천자망逆天者亡"의 이치이다.『중용』,『맹자』,『명심보감』,『삼국지』등에도 같은 의미의 말들이 글자를 달리해 전한다. 예를 들면,『명심보감』에는 "순천자존順天者存, 역천자망逆天者亡"으로 되어 있다.

『삼국지』에 따르면, 위魏나라 동해東海 사람 왕랑(王朗, ?~228)은 조조曹操에게 귀순하여, 대사마大司馬 조진曹眞이 10만 대군을 이끌고 제갈량諸葛亮을 토벌하러 나설 때 함께 출전했다. 당시 왕랑은 76세의 고령이었는데 제갈량과의 논쟁에서 제갈량의 뛰어난 변설辯說에 이렇다 할 대응도 못하게 되자, 수치심에 낙마落馬하여 죽고 말았다(史實이 아님). 그때 제갈량이 한 말이 "천명은 이미 정해진 것, 인간의 뜻에 의해 억지로 바꿀 수 없으며, 하늘의 뜻(이치)에 순응하는 자는 흥하고, 하늘의 뜻을 거역하는 자는 망한다(順天者興 逆天者亡)"이다.

얻기에 앞서 먼저 버리라(損上下益)!" 즉 얻어(得) 길하기 위해서는 먼저 베풀라(布施)는 것이다. 이는 보시의 적덕積德으로 복을 받는 것이다. 풍뢰익괘(䷩)가 산택손(山澤損: ䷨)괘 다음에 오는 것은 이를 말한다. 산택손괘에서 내 것을 덜어서 남에게 주다(損, 失) 보면 극단極端에 이르게 된다.[77] 극단이란 더 이상 덜어낼 것이 없는, 또는 더 이상 덜어내지 않아도 되는 단계를 말한다. 그러면 다시 보태지기(益, 得) 시작한다. 그래서 풍뢰익괘를 흥성興盛의 시작으로 보는 것이다. 손괘와 익괘의 이치를 '손익지도損益之道'라 한다.

『불교』에서의 이타利他의 보시를 하다 보면, 자리自利의 복이 오는 것과 같은 이치이다. 남송南宋의 자각종색(慈覺宗賾, 생몰미상) 선사는 『좌선의坐禪儀』에서, "무릇(夫) 반야지혜를 배우는 보살은 먼저(先) 큰 자비심을 일으키고, 커다란 서원을 세워서, 정미롭게 삼매三昧를 닦으며, 중생을 제도하고자 서원誓願하되, 내 한 몸만을 위한 해탈을 구해서는 안 된다(夫學般若菩薩 先當起大悲心, 發弘誓願, 精修三昧, 誓度衆生, 不爲一身獨求解脫爾)"라고 밝히고 있다.

---

77 산택손(䷨)괘는 손하익상損下益上으로, 아래를 덜어서 위를 더해 주는 상이다(象曰, 損 損下益上 其道上行). '기도상행其道上行'이란 기독교식으로 말하자면 '저 높은 곳(하느님)을 향하여'의 뜻이다. 손損은 '덜어 낸다'의 뜻으로, '손하익상'이란 아래로부터 또는 안으로부터(損下)의 탐욕이나 허물, 교만 등을 덜어 내어, 위로는 또는 밖으로(益上)는 아공我空의 경지에 이른다는 세심洗心의 뜻이다. '아공'이란 탐욕이나 허물, 교만 등을 털어낸 자리自利의 경지로, 이보다 더 큰 이익은 없는 것이다. 따라서 아공의 손괘에 이어 이타利他의 이익을 설하는 법공(法空, 天道, 中道, 聖人之道)의 풍뢰익(風雷益: ䷩)괘가 오게 된다.

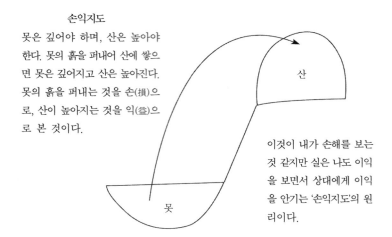

손익지도

못은 깊어야 하며, 산은 높아야 한다. 못의 흙을 퍼내어 산에 쌓으면 못은 깊어지고 산은 높아진다. 못의 흙을 퍼내는 것을 손(損)으로, 산이 높아지는 것을 익(益)으로 본 것이다.

산

못

이것이 내가 손해를 보는 것 같지만 실은 나도 이익을 보면서 상대에게 이익을 안기는 '손익지도'의 원리이다.

이는 『논어』의 "몸을 닦아서 다른 사람들을 편안히 하고(修己以安人), 몸을 닦아서 백성을 편안히 하라(修己以安百姓)"는 공자의 말씀과도 같은 뜻이다. 이는 『역경』 27번째 산뢰이(山雷頤: ䷚)괘의 이頤에 대한 설명이기도 하다. 이는 양육의 뜻으로, 양養에는 자신을 기른다(自養)는 뜻과 다른 사람을 기른다(養人)는 두 가지의 뜻이 있는데, 자기 몸을 닦는 것은 자양自養이며, 남과 백성을 편안히 하는 것은 양인養人, 즉 양민養民이다.

질문 ②: 무엇을 얻을 것인가? 시대정신과 소명召命의식.

세상에는 자신의 이익과 상관없이 평생에 걸쳐 해야 하는 일이 있다. 이를 소명召命이라 한다. 그런 일에는 길흉이 없다. 설령 점을 쳐서 실패나 흉凶이 나왔다 해도 해야 하는 것이다. 일제 강점기의 독립운동은 이익을 목적으로 한 것도, 누가 시켜서 한 것도 아니고, 그 시대를 사는 사람이면 누가 해도 해야 하는 시대정신時代精神이었다.

앞에서 천도를 따르면(順) 길하다고 했다. 천도를 따르며 평생에
걸쳐 해야 할 일(召命)이 무엇인가를 찾아 행하는 것은 각자의 몫이다.[78]
인간은 누구나 저마다의 시대적 소명을 부여받고 태어나기 때문이다.
누구나 그 소명을 찾아(知) 행行하지 못할까를 걱정해야 한다. 그것이
바로 사람이 그리는 무늬(行蹟)로서 인문人文이다. 그 인문이 후대로
전해지면 고전古典이 된다.

---

78 평생에 걸쳐 해야 할 일(召命)이 무엇인가를 찾아 깨닫는 노력이 공부이고
수행이라면, 소명을 찾아 행하는 것은 보살행이다. 따라서 공부나 수행은
보살행을 위한 수단일 뿐 목적이 아니다. 이를 『대승기신론』에서는 지정상智淨
相과 부사의업상不思議業相으로 나누어 설명한다. 공부(수행)를 열심히 하다
보면 자신도 모르게 중생을 교화할 수 있는 불가사의한 신통력(智淨相)이
생겨 저절로 중생을 교화하게 되는 것(不思議業相)을 말한다. 따라서 자리이타
의 중생교화로 이어지지 않는 공부(수행)는 공부(수행)가 아니다.
지정상이 안으로 자신의 망염妄染을 제거하여 청정한 진여본각으로 돌아가는
지혜의 모습이라면(自利), 부사의업상은 밖으로 타인의 염染을 제거하여 중생
을 교화하고 이익 되게 하는 성정본각性淨本覺의 묘용妙用으로 자비의 모습이
다(利他). 공부를 하고 수행을 하는 것은 자신의 망염을 제거하기 위한 노력(覺)
으로 수염본각隨染本覺이라 한다. 반면 망염을 제거하고 나면 나타나는 본래
의 청정한 모습(自性淸淨, 眞如法身)을 성정본각이라 한다. 이는 설명을 위한
구분일 뿐 성정본각은 수행을 하고 안하고에 상관없이 본래가 여여如如하고
자성청정한 진여법신으로, 수염본각과 성정본각이 따로 있는 것이 아니다.
수행을 한다고 부산을 떨어 뭔가 찾았다고 생각했지만 알고 보니 본래부터
가지고 있던 것이다. 그래서 「법성게」에서는 "구래부동명위불舊來不動名謂佛"
이라 했다.

【강설】

무구자無咎者, 선보과아善補過也.

중생은 욕심으로, 집착으로, 실수로, 착각으로, 번뇌 망상으로 일상 생활이 골칫거리(苦)의 연속이다. 그런 고가 없는 것이 허물이 없는 무구無咎이다. 구咎는 허물, 과오過誤를 뜻한다. 그러나 중생은 허물이나 과오가 없을 수 없다. 그래서 허물을 고치려는 노력으로 반성하고, 회개하고, 참회하고, 수행을 한다. 이것이 군자의 길(君子之道)이며, 보살의 길(菩薩道)이다.

『역경』 42번째의 풍뢰익(風雷益: ䷩)괘는 말한다. "상에 이르길, 바람과 우레가 합하여 익益이 되니, 군자는 바람과 우레가 서로 돕는 것을 보고, 남의 장점(善)을 보면 바로 배워서 자신의 것으로 하고(遷), 허물이 있으면 즉시 고친다(象曰 風雷益 君子以 見善則遷 有過則改)."

이익은 거저 생기는 것이 아니라 "견선즉천見善則遷, 유과즉개有過則改"로서, 즉 사람이 됨으로서 얻어지는 것이다. 바람과 우레가 합한다는 것은 '바람은 우레를 얻어야 위엄을 더하고, 우레는 바람에 업혀야 소리가 멀리 갈 수 있는 것'을 말한다.

『대승기신론』의 관점에서, 무구를 진여본각이라고 가정한다면, 허물이나 과오는 불각不覺이며, 과오나 허물(過: 咎)을 열심히(善) 고치려는 노력(수행)은 선보과善補過로서 시각始覺이다.

따라서 점을 쳐서 무구가 나왔다고 좋아하기보다는 자신을 돌아보고, 허물을 찾아 고치려는 노력을 해야 한다. 또한 흉이 나왔다고 걱정할 것도 없다. 열심히(善) 허물(過: 咎)을 고치려는 노력(수행)만하면 된다. 선보과善補過 속에는 모든 흉함이 묻히기 때문이다.

흉액凶厄이 닥칠 때는 점집이나 기도처를 찾을 것이 아니라, 먼저 근신하면서 자신을 돌아보아야 한다. 이것이 『역경』의 가르침이자 붓다의 가르침이기도 하다. 한마디로 먼저 인간이 되라는 것이다. 자신에 대한 허물을 고치려는 노력도 않고, 타력에 의지해 하느님이나 부처님을 찾으면서 무조건 기도만 한다거나, 부적이나 달마도에 의지해 액땜을 하려는 것은 『역경』이나 부처님의 가르침과는 거리가 먼 그야말로 맹신이고 미신迷信이다.

『역경』의 많은 효사는, 길흉이란 인간의 노력을 통해서 상호 전화轉化하는 것으로, '현재 어떤 곤경에 처했다고 실망하고 좌절할 필요도 없다. 적극적인 대처(노력)를 통해 현재의 곤경을 평안한 상황으로 전화시킬 수 있기 때문이다. 반대로 현재의 상황이 순조롭다 해서 게으르거나 안이해서는 안 된다는 교훈도 제시하고 있다. 한 예로 『역경』 중천건(重天乾: ䷀)괘의 구삼 효사는 "군자가 아침부터 저녁까지 종일토록 힘써 노력하며, 잠자리에 들어서조차 삼가 두려운 마음을 내면 비록 위태로울지라도(厲) 허물은 없다(君子終日乾乾, 夕惕若, 厲无咎)"라는 교훈을 제시하고 있다. 헌종 때 영의정을 지낸 정원용(鄭元容, 1783~1873)은 일찍이 순조(1811)에게 올린 고사故事에서 "삼가 두려워하면 그 마음이 스스로 깨달아 조심하는 까닭에 정사가 잘 다스려지고, 안일에 빠지면 그 마음이 방탕해지는 까닭에 정사가 해이해지는 법입니다(恐懼則其心警 故政治修 安佚則其心蕩 故政治弛)"[79]라고 하였다.

---

[79] 한국고전번역원 편, 박준철 외 번역, 『일성록日省錄』, 한국고전번역원, 2018.

계사상전 제4장

【주역】易與天地準. 故能彌綸天地之道. 仰以觀於天文. 俯以察于地理. 是故知幽明之故. 原始反終. 故知死生之說. 精氣為物. 游魂為變. 是故知鬼神之情狀.

　역은 천지의 이치를 좇아(與) 준칙(準則: 표준)[80]으로 삼은 까닭에, (역은) 능히 '천지의 도(우주 자연의 이치)'를 담고 있다(彌綸). (위로는) 우러러(仰) 하늘의 무늬(天文: 일월성신의 움직임)를 살피고(觀), (아래로는) 굽어(俯) 땅의 이치(地理)를 살핀 까닭에(是故) (『역경』을 공부하면) 어두워 드러나지 않는 것(幽)과 밝아 드러나는(明) 연고緣故를 알게 되며, 처음(始: 나온 곳)을 근원으로 해서 마지막(終: 돌아가는 곳)을 반추할 수 있는(原始反終) 까닭에, 죽음과 삶의 이치(說)를 알게 되며, 음陰의 정精과 양陽의 기氣가 응취凝聚하여 만물의 물체(物體, 形象,

---

80 '準' 자는 '평평하다, 정확하다, 정밀하다'라는 뜻을 가진 글자이다. 準 자는 水(물 수) 자와 隼(송골매 준) 자가 결합한 모습이다. 隼 자는 횃대에 송골매가 앉아있는 모습을 표현한 것이다. 準 자는 새를 뜻하는 隼 자에 水 자를 더한 것으로 새가 물 위를 일직선으로 날아가고 있다는 뜻으로 만들어졌다. 準 자는 이렇게 새가 물 위를 곧게 날아간다는 의미에서 '정밀하다'라는 뜻을 가지게 되었고 후에 '기준'이나 '규격', '표준'이라는 뜻이 파생되었다.(참조: 네이버 사전, 디지털 한자사전 e-한자.)

몸)를 이루지만, 혼魂이 떠나면(游) 변화가 생기는(죽는) 까닭에(是故),
귀신鬼神의 정황과 실상(情狀)까지 알 수 있게 되는 것이다.[81]

【주역】 與天地相似. 故不違. 知周乎萬物. 而道濟天下. 故不過.
旁行而不流. 樂天知命故不憂. 安土敦乎仁故能愛. 範圍天地之
化而不過. 曲成萬物而不遺. 通乎晝夜之道而知. 故神無方而易
無體.

　『역경』은 천지와 더불어 서로 같은(相似) 까닭에, (천지의 이치와)
어긋나지 않으니, (『역경』을 공부하면) 꿰뚫어 앎(知: 지혜)에 만물(萬
物: 천문, 지리, 인사)에 두루(周)하고, 그러한 도道로써 천하를 구제하는
까닭에 지나치지 아니하며(不過: 허물이 없으며), 설령 곁길로 빠질지라
도(旁行)[82] 잘못되어 표류하지 아니하며(不流), 하늘의 이치를 즐겨

81　이 것이 복희씨가 역경易經의 철학을 정립한 과정이다. 1)자연현상을 관觀하고
　　察찰한 다음(易與天地準~俯以察于地理) 2)관찰한 것을 이성적 사고로서 탐색·탐
　　구한 다음(是故知幽明之故~故知死生之說) 3)다시 현상계의 사물속에서 증명해
　　보이는(精氣爲物. 游魂爲變) 매우 합리적인 방식을 취하였다.
　　　이로서 귀신鬼神의 정황과 실상(情狀)까지 알 수 있게 되는 것이다. 당시로서
　　는 최고의 철학이자 과학이었다. 여기에 어찌 미신의 찌꺼기가 끼어들 수
　　있겠는가?
82　'방행旁行 불류不流'에 대해서는 해설자마다 각기 달리 풀이하였으나, 필자는
　　"역리에 통달하면, 방행旁行: 잠시 잘못되어 곁길로 빠지더라도(유혹에 빠지더라
　　도), 불류不流: 거기서 방황하지 않고(거기에 빠져 헤어나지 못하는 것이 아니라),
　　곧 본래의 바른 길로 되돌아간다"는 뜻으로 이해한다.
　　①소동파는 『동파역전』에서 "장애를 피하려 하는 까닭에 옆길로 가는 것이다

따르고(樂) 천명天命을 아는 까닭에[83] 걱정(번뇌)하지 아니한다(不憂).[84]

(避礙故旁行)."

②주자는『본의』에서, "옆길로 가더라도 권도를 행하는 지혜이고(旁行者 行權之知也), 표류하지 아니함은 바름을 지키는(守正) 인仁이다(不流者 守正之仁也)."

③남회근(南懷瑾, 1918~2012)은『易經繫傳別講』에서 "방행이란 통하지 않는 곳이 없는 것이다(旁行是無所不通)."

④길봉준은『주역선해』의 "자유롭게 행하여도 정도를 벗어나지 않고"라고 번역하여 "방행은 불교의 방편方便과 같은 의미로서, 상황과 처지에 따라 두루두루 적절히 역도를 실천함을 의미하는 것이라 할 수 있다"라고 주석하였다.

⑤박태섭은『주역선해』의 주석에서 "(성인은 때로 필요에 따라) 곁길로 빠지는 경우가 있더라도, 그 길에 따라 아주 흘러가버리지는 않는다"라고 하였다. 불교에서 선지식善知識이 아닌 악지식惡知識을 만나면 사도邪徒의 무리와 어울려 사도邪道에 빠지게 된다고 한다. 방행이란 바로 사도로 이해하면 될 것이다. 그러니 사도에 빠지더라도 곧 깨달아 사도에 머물지 않고 다시 정도正道로 나온다는 뜻이다. 박태섭의 주석이 타당하다고 볼 수 있다.

83 지혜로운 자(주역을 공부하는 자)는 처해진 환경에 근심·불평을 하거나 점을 쳐서 길흉을 알고자 하는 것이 아니라, 처해진 현재의 환경을 기꺼이 받아들여(樂) 그 속에서 자신에게 주어진 하늘의 명(天命, 召命)을 깨달아 실천하는 삶을 살아간다. 이것이 낙천지명樂天知命이다. '낙樂'은 희희낙락의 의미가 아니라, '기꺼이, 주저함 없이'라는 의미이다.

환란의 시대에 나라를 위해 목숨을 바친 애국 열사나 일제에 맞선 독립 운동가들의 삶이 비록 처참했다 할지라도 그것은 그 시대에 그분들에게 주어진 운명이었고, 그분들은 기꺼이(樂) 자신이 해야 할 일로 깨달은 것이었다(知命).

84 "불우不憂"는 '걱정이 없는 삶' 또는 '괴로움(苦)이 없는 삶'의 의미로, 역리를 공부하는 사람뿐만 아니라, 모든 사람이 공통적으로 바라는 바로, 현실적 또는 궁극적 목적이다. 그럼에도 삶이 힘들고 괴로운 것은, 하늘의 법칙이나

어느 곳에 처하든(土) 편안히 하여 인(仁: 사랑)을 돈독히 하는 까닭에, 능히 (천지만물을) 사랑할 수 있는 것이다.[85] 천지조화(변화)를 다 아우

자신에게 주어진 천명(天命, 召命, 분수)을 모르기 때문에 망령되이 집착하고, 집착으로 괴로움(苦)을 겪는 것이다. 이에 대한 답이 "낙천지명고불우樂天知命 故不憂"이다. 여기서 천명은 성인이 밝혀놓은 성인지도聖人之道로서 불교의 사법인四法印이나 사성제四聖諦라고도 할 수 있다.

우(憂, 걱정)에는 ① 무엇을 해야 할지, 어떻게 해야 할지를 모르기 때문에 하는 백성들의 걱정과 ②무엇을 해야 할지, 어떻게 해야 할지를 알기 때문에 하는 성인의 걱정이 있다.

❶ 백성(중생)들은 무엇을 해야 할지, 어떻게 해야 할지를 모르기 때문에 불안하여 걱정을 한다. 불교적으로 말하면 사법인을 모르기 때문에 겪는 괴로움(苦)이다. (1)제행이 무상하고(諸行無常) (2)제법이 무아(諸法無我)인 것을 모르고 현상에 집착함으로써 (3)고苦를 겪는 것이다(一切皆苦). (4)이러한 이치를 깨달아 근심으로부터 자유로워지는 것이 해탈이며, 열반적정涅槃寂靜이다. 열반적정이 바로 『주역』에서의 불우不憂이다.

❷ 성인의 우憂는 환란의 시대에 백성(중생)들의 삶과 안위를 걱정하는 우환의 식憂患意識으로, 백성들을 위해 무엇을 해야 할지, 어떻게 해야 할지를 알기 때문에 이를 다하지 못할까하는 걱정과 근심을 말한다. 위정자들이 새겨들어야 할 바이다.

85 "安土敦乎仁"에서 안토安土의 사전적 의미는 "고향 땅에서 편안히 사는 것"이다. 이를 확대 해석하자면, 자기가 처한 현재의 위치나 환경으로 이해될 수 있다. 따라서 "현재의 처한 환경(고향)에서 인仁을 돈독히 해야, 능히 다른 곳(타향)에서도 또는 타他를 사랑할(愛, 仁) 수 있다." 또는 "스스로 인을 돈독히 하여야(安土敦乎仁) 능히 타他를 사랑할 수 있다(能愛)." 불교의 자리自利를 하여야 이타利他를 행할 수 있는 이치와 같다.

『대학大學』의 "수신제가修身齊家한 후에 치국평천하治國平天下하는 이치"와 같은 의미이다. 스스로도 바르지 못하면서 이타를 언급하는 것은 어불성설이다.

르되(範圍) 지나치지 아니하고(不過: 허물이 없고), 만물을 곡진曲盡히 성장시키되(曲成) 어느 것 하나 빠뜨리지(遺) 아니하며[86], 낮(양)과 밤(음)의 도道[87]에 통달하여 아는 까닭에, 『역경』의 신묘(神妙: 신기하고 오묘한 변화)함은 통하지 않는 곳이 없고(無方: 無所不通), 신묘하기에 고정된 형체도 없다(無體).[88]

주자는 『본의』에서, 인仁과 애愛의 관계를 "인은 사랑의 이치이고, 사랑은 인의 작용(用)이니, 서로 표表와 이裏의 관계와 같다(蓋仁者 愛之理. 愛者仁之用. 故其相爲表裏 如此)"라고 하였다.

[86] 천지지화天地之化가 우주 운행을 포함한 삼라만상이 생주이멸生住異滅, 성주괴공成住壞空, 생장염장生長斂藏하며 천변만화千變萬化하는 이치(體)라면, 곡성만물曲成萬物은 그 작용이다.

『법화경, 제5 약초유품』의 "하늘에서 한 줄기 비가 일시에 한 구름에서 내려 똑같이 산하대지를 적시지만, 그 위에서 자라는 무성한 초목과 약초, 독초들은 제각기 싹을 틔워 저들만의 꽃을 피우고 열매를 맺는다. 비록 같은 땅에서 나고, 같은 시간에 같은 비를 맞지만, 초목들에게는 그 종류와 성질에 따라 큰 나무, 작은 나무, 약초, 독초 등 각각의 차별이 있는 것이다"라는 의미와 상통한다. 한 구름(하늘)에서 비를 내리는 것이 '천지지화'이며, 그 비를 맞고 초목은 초목대로, 약초는 약초대로, 독초는 독초대로 무성하게 자라는 것은 '곡성만물'이며, 일시에 한 구름에서 비를 내려 산하대지를 차별 없이 적시는 것은 '무유無遺'이다.

[87] 주야지도晝夜之道는 음양지도陰陽之道를 이르는 말로 변화(變化, 變易)를 뜻한다. 불교의 제행무상과 같은 의미이다.

[88] 역易에는 본체가 없다(易無體). 역에는 서양철학에서 말하는 이성적 사유 속에서의 객관적인 초월적 존재로서의 본체本體는 애초부터 존재하지 않는다. '모양도 색깔도 냄새도 없는' 무체無體로서, 무체이기에 어느 곳에나 머무는 바 없이 머무르며, 신묘하게 작용하지 않는 곳이 없는 것이다(無方). 역무체는

【선해】夫觀象玩辭觀變玩占者. 正以辭能指示究竟所趨之理故也. 易
　辭所以能指示極理者. 以聖人作易. 本自與天地準. 故能彌合經綸天
　地之道也.

　무릇 상象을 살펴(觀) 괘사와 효사를 완미한다거나, 변화를 살펴
점占을 완미해 보는 것은, 바로(正) 괘사나 효사가 능히 구경究竟[89],
즉 '궁극적으로 추구해야 할 이치'를 가리켜 보여주는(指示) 까닭이다.
역의 말씀(易辭: 괘사와 효사)이 능히 '궁극적 이치(極理)'임을 가리켜
보여줄 수 있는 까닭(所以)은, 성인이 역을 지음(作)에, 처음부터(本自)
천지와 더불어 (천지의 이치를) 준칙準則으로 삼은 까닭에, 능히 천지의
도(天地之道)에 두루(彌) 합하고 천하를 다스릴(經綸) 수 있는 것이다.

　불교에서의 진공眞空, 신무방은 묘유妙有와 같은 의미이다.

[89] 구경究竟은 '끝내는, 필경畢竟에는, 결국에는(in the long run)' 등의 뜻이다.
　따라서 수행이 깊어져 구경에는 더 이상 수행한다는 생각조차 없어진(心的
　地盡) 상태가 깨달음(覺)이고, 구경각究竟覺이다. 그 상태가 주·객을 여읜(離)
　자성 청정한 여래장이고, 무념無念, 무심無心의 일심一心이며, 진여 본각本覺이
　며, 그곳이 우리 마음의 근원인 심원心源이다. 심원에 이르러(至) 심원마저
　잊은 사람이 한도인閑道人이다. 이것이 또는 이런 상태가 불교에서 추구하는
　궁극적 깨달음, 즉 해탈이고 열반이다. 성삼문의 후손인 취미수초(趣味守初:
　1590~1667) 선사는, 주·객을 여읜 경계를 이렇게 노래했다.

　　제목: 산거山居
　　산은 나를 부르지 않고(山非招我住)
　　나 역시 산을 모른다(我亦不知山).
　　산과 내가 서로 잊을 때(山我相忘處)
　　비로소 별다른 한가함이 있다(方爲別有閑).

【선해】聖人之作易也. 仰觀天文. 俯察地理. 知天文地理之可見者. 皆
是形下之器. 其事甚明. 而天文地理所以然之故. 皆不出於自心一念
之妄動妄靜. 動靜無性. 卽是形上之道. 其理甚幽. 此幽明事理. 不二
而二. 二而不二. 惟深觀細察乃知之也.

성인이 역을 지음에 (위로는) 우러러 천문天文을 살피고(觀), (아래
로는) 굽어 지리地理를 살펴서(察), 천문지리가 가히 드러낸(見) 것을
안다는(知) 것은, 다(皆) 형이하의 현상계(器)에 관한 것으로[90], 천문지
리는 그러한 현상계의 일들을 심도 있게 밝혀 놓았다. 천문지리가
그러한 까닭(所以然)은, 그러한 현상들은 모두(皆) 자신의 마음에서
한 생각(一念)이 망령되이 동動하거나 망령되이 정靜한 것에 지나지
않으며(不出)[91], 이러한 망령된 동정動靜은 자성自性[92]이 없으니, 곧

---

90 기器는 기세간器世間 또는 기세계器世界로, 일체중생들이 살고 있는 현상세계,
   즉 고통을 이겨내며 살아야 하는 사바세계를 말한다.

91 『대승기신론』에서는 "삼계三界는 허위虛僞로 오직 마음(唯心)이 짓는 것이니(所
   作), 마음(心)을 여의면(離心) 육진의 경계는 없는 것이다(三界虛僞 唯心所作
   離心則無六塵境界)"라고 하였다.
   *삼계는 욕계, 색계, 무색계로, 쉽게 말해 내가 알고 있는 모든 세계 또는
   내 마음이 빚어내는(作) 모든 세계를 말한다. 삼계는 바로 망념妄念에서 나왔다.
   삼계의 고향은 망념이다. 따라서 망념을 여의면 삼계는 없는 것이다. 이를
   "삼계유심三界唯心 만법유식萬法唯識"이라 한다. 뒤에 이어지는 "마음이 생김으
   로 갖가지의 법法이 생기고(心生則種種法生), 마음이 없어지면 갖가지의 법도
   사라진다(心滅則種種法滅)"라는 말이나, 『화엄경』의 "모든 것은 오직 마음이
   지은 것이다(一切唯心造)"라는 말과도 같은 의미이다.
   *망령된 마음이 지은 것이니 허虛이며, 거짓으로 있는 것이니 위僞로, 실지로

형이상의 도道로서 그 이치가 매우 그윽하다(幽). 이 그윽함(幽)과 밝음(明), 사事와 이理는 둘이 아니면서 둘이요, 둘이면서 둘이 아니니, 오직(惟) 깊고(深) 세밀하게(細) 관찰해야만 비로소 알 수 있는 것이다.

【선해】原其所自始. 則六十四始於八. 八始於四. 四始於二. 二始於一. 一何始乎. 一旣無始. 則二乃至六十四皆無始也. 無始之始. 假名爲生. 反其所以終. 則六十四終只是八. 八終是四. 四終是二. 二終是一. 一終是無. 無何終乎. 無旣無終. 則一乃至六十四亦無終也. 無終之終. 假名爲死.

있는 것이 아니다. 실체가 없으면서도(實無) 있는 것 같은 것(假有), 즉 가유실무假有實無이다. 이를 변계소집성遍計所執性이라 한다. 이는 온갖 분별로 마음에서 만들어 낸 것일 뿐 실체가 없다. 밤중에 길을 가다 새끼줄을 보고 뱀으로 잘못 알고(假有) 놀라는지만 뱀은 없다(實無). 단지 뱀으로 착각(분별), 집착할 뿐이다. 그래서 겁을 먹고 놀라는 것이다. 놀라는 것이 고苦이다.
불서佛書에서 마음(心)이라 하면 대부분 망령되고 분별된 마음(妄心)을 말한다. 망심妄心의 근원은 애욕이고, 애욕의 집착이다.
여기서 마음(心)은 바로 망령된 마음(妄心)으로, 진여가 무명을 연緣으로 동動하여 이루어진 아리야식(心)을 말한다. 아리야식(心)이 망령되이 오식五識을 짓는 것이다. 삼계三界는 아리야식(心)이 짓는(作) 경계상(境界相, 現識)이니, 아리야식(心)을 떠나면 아무 것도 없는 것이다. 마음을 떠나 따로 존재하는 것이 없다는 뜻이다.

92 불교에서는 세상의 어느 것도 불생불멸하거나 고정 불변하는 것(自性)은 없다고 보아, 무상無常과 무아無我의 연기緣起를 주장한다. '무상 무아의 연기'는 『주역』에서의 변역變易이며, '무상 무아의 연기'라는 진리가 『주역』에서의 불변不變이다.

　원래의 시작된 곳을 추적해 본다면, 64괘는 팔괘에서 시작되었고, 팔괘는 사상四象에서 시작되었으며, 사상은 양의兩儀에서 시작했고, 양의(陰陽)는 하나(一)인 태극太極에서 시작되었는데, 하나인 태극은 어디에서 시작되었는가? 하나에 이미(既) 시작이 없었다면(無始), 양의(二)에서 64괘에 이르기까지(乃至) 모두 시작이 없는 것이 된다. 시작도 없는 시작(無始之始)을 임시로 이름 지어(假名) '생生'이라 하자. 반대로(反), 마치는 것을(終) 소이所以로 (추적해 본다면), 64괘가 마치면 단지 팔괘요, 팔괘가 마치면 사상이요, 사상이 마치면 양의요, 양의가 마치면 태극이며, 태극이 마치면 무無가 되는데, 무는 어디에서 마치는가? 무에 이미 마침이 없다면, 하나(一)인 태극에서 64괘에 이르기까지(乃至) 또한 마침이 없는 것이 된다. 마침이 없는 마침(無終之終)을 임시로 이름 지어(假名) '사死'라고 하자.

【선해】 由迷此終始死生無性之理. 故妄於天地間攬精氣以爲物. 游魂靈以輪回六道而爲變. 是故知鬼神之情狀也.

　이 같은 종시終始와 사생死生에 자성自性이 없는 이치를 제대로 모르는(迷惑) 까닭에(由), 망령되이 천지간의 정기를 취해서(攬) 사물事物이 되고, (죽어서는) 떠도는(游) 혼령이 육도六道를 윤회輪廻하며 변하는 것이다. 이런 까닭으로 귀신의 정황과 실상(情狀)을 알게 되는 것이다.

【선해】 聖人旣如此仰觀俯察. 乃至鬼神之情狀皆備知已. 然後作易. 所

以易則與天地相似. 故不違也. 依易起知. 知乃周乎萬物. 而道濟天
下. 故不過也. 依易起行. 行乃旁行而不流. 樂天知命. 故不憂也.
知行具足. 則安土敦仁. 廣度含識. 故能愛也.

성인이 이미(既) 이와 같이 우러러(仰) 하늘의 무늬(天文)를 살피고
(觀), 굽어(俯) 땅의 이치(地理)를 살펴서(察), 귀신의 정상情狀에 이르
기까지(乃至) 모두 갖추어 알고(知已), 그런 연후에 역을 지었으니(作),
그런 까닭(所以)에 역易은 천지와 더불어 서로 닮은(相似) 것이다.
고故로 천지의 이치와 역은 서로 어긋나지 아니한다. 역에 의지해서
앎(知)을 일으키고, 앎이 이에 만물에 두루(周)하며, 도道로써 천하를
구제하는 것이다. 고로 지나치지(過) 아니한다. 역에 의지하여 행동을
일으키니, 방행하여도(旁行) 방황하지(不流) 아니하며, 하늘의 이치를
즐기고(樂天) 천명天命을 아는 까닭에 근심하지 않는다. 앎과 행동이
구족한 즉 거처(土: 일상생활)가 편안하여 인仁이 돈독하여, 널리 중생
(含識)을 제도하는 까닭에, 능히 (중생을) 사랑하는 것이다.

【선해】是以橫則範圍天地之化而不過. 曲成萬物而不遺. 豎則通乎晝
夜之道而知. 橫遍豎窮. 安有方所. 既無方所. 寧有體相哉.

이로써(是以) 횡橫으로 보면 천지의 변화를 품으면서도(範圍) 지나
치지 않고(不過), 곡진히 만물을 이루게(成) 하면서도 (어느 것 하나)
빠뜨리지(遺) 않는다. 세로(豎)로 보면 주야晝夜의 도道에 통달하여
안다. 횡으로 두루(遍) 미치고 세로로 궁극窮極에 이르니, 어찌(安)
(일정한) 방소方所가 있으리까? 이미 방소가 없거늘 어찌(寧) 일정한

체體와 상相이 있으리까?

【선해】神指聖人. 易指理性. 非無體之易理. 不足以發無方之神知. 非
無方之神知. 不足以證無體之易理. 旁行者. 普現色身三昧. 現形六
道也. 不流者. 不隨六道惑業所牽也. 樂天者. 恒觀第一義天也. 知命
者. 善達十界緣起也. 安土者. 三塗八難皆常寂光也. 敦仁者. 於一切
處修大慈大悲三昧也. 晝者涅槃. 夜者生死. 了知涅槃生死無二致
故. 三世一照. 名爲通乎晝夜之道而知.

신神은 성인을 가리키는 것이고, 역易은 이성理性을 가리킨다. 무체
無體의 역리가 아니면 족히 무방無方의 신령스런 지혜를 발發하기에
부족하고, 무방의 신령스런 지혜가 아니면 무체의 역리를 증득하기에
부족한 것이다. 방행傍行이라 함은 널리(普) 색신삼매를 나타내며(現),
육도에 육신을 드러내는(現形) 것이다. 방황하지(不流) 아니한다 함은,
혹업惑業에 이끌려 육도를 윤회하지(隨) 않는 것이다. 하늘의 이치를
즐긴다(樂天)라 함은 항상 제일의천第一義天[93]을 살피는 것을 말한다.
천명을 안다는 것은 십계연기에 잘 통달해 안다는 것이다. 현재 거처하
는 곳(土: 일상생활)에 편안하다는 것은 삼도팔난三塗八難[94]이 모두

---

93 제일의(第一義: paramārtha, 궁극적인 이치)인 열반涅槃이나 실상實相도 모두
공空이라는 이치를 하늘에 비유하여 이르는 말로 제일의공第一義空이라고도
한다. 공에 대해서는 경전마다 표현을 달리하여 설하고 있으며, 종류 또한
수없이 많다. 『대품반야경大品般若經』에서는 18가지의 공을 이야기하며, 그중
의 하나인 '제일의공'을 들어 진실眞實도 공이요, 진경眞境도 공이라고 설하고
있다.

항상 고요하며 광명이 가득 찬 법신의 세계(常寂光)[95]라는 것이다.

---

94 삼도三塗는 삼악취三惡趣, 삼악도三惡道, 삼도三道 등의 뜻으로, 육도윤회六道輪
廻에서 ①지옥地獄 ②아귀餓鬼 ③축생畜生을 말한다.

팔난八難은 부처를 볼 수 없고, 불교의 정법正法을 배우는 데 장애가 되는
여덟 가지 난(難, 어려움)을 말한다.

①지옥地獄: 지옥에 태어남.

②아귀餓鬼: 아귀로 태어남.

③축생畜生: 축생으로 태어남.

④장수천長壽天: 너무 오래 살아 도를 구하는 마음이 없는 곳에 태어남.

⑤변지邊地: 재산가의 집에 태어나 도를 구하려는 마음이 일어나지 않음.

⑥농맹음아聾盲音啞: 감각기관의 이상으로 보고 듣고 말할 수 없는 사람으로
태어남.

⑦세지변총世智辯聰: 세속적인 잔머리를 잘 굴리는 사람으로 태어남.

⑧불전불후佛前佛後: 불교(붓다의 그르침)가 없는 곳이나, 없을 때에 태어남.

95 삼도팔난三塗八難이 마음 내기에 따라 상적광常寂光이 되는 것이니, '번뇌즉보리
煩惱卽菩提'라는 뜻이다. 열반해탈의 극락이 먼 곳에 있는 별세계別世界가 아니
라, 고통 속에 윤회하는 삼도팔난이 마음을 고쳐먹으면 곧 상적광이라는
것이다.

상적광常寂光의 상常은 변하지 않는 법신法身, 적寂은 해탈, 광光은 반야에
비유한다. 상적광이라 하면 법신과 해탈과 반야 이 세 가지가 하나로 원융圓融
무애無碍한 것을 말한다. 적寂이라 하면 분별망상은 말할 것도 없고 제8아뢰야
의 미세념(微細念: 업식業識, 전식轉識, 현식現識)까지도 완전히 끊어져 없어진
대원경지大圓鏡智이니 상적광이 여기서 성립된다. 분별망상이 조금이라도
기멸起滅하면 상적이 될 수 없고, 일체 분별망상이 다 떨어진 대무심지에
들어간다 해도 무분별지라는 조체照體가 남아 있으면 상적이 아니다. 그러므
로 참다운 상적은 구경각을 성취하여 대원경지가 나타나는 데서 성립되는
것이니 이 경계가 수행의 목적지인 것이다.(참조: 성철, 『백일법문』, 장경각,

인仁에 돈독하다 함은, 어느 곳에서나(一切處) 대자대비삼매를 수행하는 것이다. 낮(晝)은 열반이요 밤(夜)은 생사윤회이다. 열반과 생사가 둘이 아닌 이치를 완전히 깨달음으로써(了知) 삼세(三世: 과거·현재·미래)를 한번 비추어 보는 것(一照)을 이름하여 밤낮이 바뀌는 이치(晝夜之道)를 통달하여 안다고 하는 것이다.

【강설】

역여천지준易與天地準. 고능미륜천지지도故能彌綸天地之道

동양문화에서의 『역경易經』은 최고의 경전으로 모든 학문과 철학을 아우르는 조종祖宗으로, 유가의 사서오경은 물론 노장老壯도 모두 『역경』으로부터 유래한다고 본다. 이유인즉, 무슨 신의 계시나 어느 한 사람의 주관적인 깨달음의 기록이 아니라 객관적인 천지의 운행법칙을 준칙으로 삼았기 때문이다. 실로 『역경』은 오랜 시간에 걸쳐 위로는 천문天文을 관觀하고 아래로는 지리地理를 찰察한 결과이기에 삼라만상(우주자연)의 모든 이치(天地之道)를 담고 있다(彌綸).

여기서 천지天地는 단순히 하늘과 땅이라는 의미도 되겠지만, 인문사회과학은 물론 자연 물리과학을 포함한 삼라만상의 모든 이치, 즉 자연(自然: 스스로 그러함, What is so of itself.)의 이법理法, 이치라는 의미다. 나아가 천지에 펼쳐진 삼라만상 그 자체가 천지지도이며, 불교적 표현으로 제법실상이 천지지도이다.

미륜彌綸의 '미彌'는 '두루, 널리, 멀리, 가득 차다(圓), 극에 달하다,

1992.)

드리우다(그물, 낚시), 봉합하다(꿰매다)', '륜綸'에는 그물의 손잡이 줄이나 고구마 줄기처럼 하나를 당기면 나머지가 줄줄이 딸려 나오는 것 같은 의미로, '근본, 벼리, 기강' 등등의 뜻이 있다. 따라서 '미륜'이란 만 가지 이치가 『역경』에서 비롯되며, 또한 만 가지 법도 따지고 보면 『역경』 한 가지 이치로 통일 귀결된다는 뜻이다(萬法歸一).

전래되는 『정감록』을 비롯한 각종 비결祕訣이나 도참圖讖은 풍수지리의 이해 없이는 해독이 불가한데, 풍수지리 또한 『역경』에 바탕을 두고 있으며, 민족종교(사상) 계열의 다양한 경전들 역시 『역경』에 바탕을 두고 있다. 즉 그들의 사상이나 주장은 『역경』의 변형으로, 『역경』의 해박한 이해 없이는 그들의 주장이나 사상의 해독이 불가하다.

한 예로, 증산甑山 계열의 『중화경中和經, 제76장』에서는 "역천지준 易天地準 고능미륜천지지도故能彌綸天地之道"에 대해 『역경』의 48～ 51번째 괘인 수풍정(水風井, ䷯) → 택화혁(澤火革, ䷰) → 화풍정(火風 鼎, ䷱) → 중뢰진(重雷震, ䷲)괘를 연결해 개벽開闢의 논리를 전개하고 있다.

미彌라는 글자는, 종국終局에 모든 것(사상이나 종교)을 연합한다는 뜻이며(彌有終竟聯合之意), 미彌라는 말은 만 가지를 하나로 통일할 수 있다는 뜻이다(彌則合萬爲一). 『역경, 서괘전』에 이르기를, "정井괘의 도道는 개혁을 행하지 않으면 안 되는 까닭에 혁괘革卦로 받는다(易曰 井道 不可不革故 受之以革). 세상을 혁신하고 개혁하는 데는 정(鼎, 개혁 주체)괘만 한 것이 없는 까닭에 정괘鼎卦로 받는다(革物者 莫若鼎故 受之以鼎). 개혁을 주관하는 자(主器者)는 맏아들만 한 자가 없는 까닭에(主器者 莫若長者故) 진괘로 받는다 (受之以震). 혁革이란 헌 것을 버리는 것이요(革去舊), 정鼎이란 새 것을 취하는 것이다(鼎取新)." 하였다.

이것이 『중화경』에서의 혁명이고 개벽이다. 여기서 천지에 준하는 하나(爲一)나 장자(맏아들)는 증산의 종조인 상제, 나아가 오늘날과 같은 혼탁한 시대를 마감하고 새로운 통합시대를 열(開闢) 정도령, 미륵불彌勒佛, 진인眞人 등을 가리킨다. 민족종교 계열에서 탄생을 고대하는 인물이 바로 '구습을 버리고 새로운 통합시대를 열어 나갈 정도령, 미륵불, 진인 등으로 불리는 인물이다.

진인은 『장자, 대종사大宗師』편에 나오는 말로 도가의 무위진인無位 眞人, 불교에서의 대보살((Mahāsattva) 등과 같은 의미를 갖는다.

【강설】

앙이관어천문仰以觀於天文, 부이찰우지리俯以察于地理

천문天文은 하늘의 무늬라는 뜻으로, 하늘의 현상(懸象, 現象, 現象) 을 말한다. 일월성신日月星辰 등의 운행과 전뢰풍운電雷風雲의 모습 등이 천문현상이다. 지리地理는 산하대지山河大地와 그 위에 터를 잡고 살아가는 산천초목, 동물, 광물 등이 존재하고 살아가는 이치, 즉 광의廣義의 풍수지리를 말한다. 풍수지리라 함은 호구지책으로 남의 묏자리나 잡아주고 혹세무민하는 풍수를 말하는 것이 아니라, 이중환 이 『택리지擇里志, 복거총론卜居總論』에서 밝히는 지리地理, 생리生利,

인심人心, 산수山水 등은 물론 국도國都, 정전井田 등의 땅에서 일어나는 모든 이치(地宜)를 말한다.

천문과 지리는 이와 같이 앙관천문仰觀天文하고 부찰지리俯察地理하여 얻은 결과이다. 복희씨 이래로 선현들이 하도河圖[96]를 바탕으로 위로는 천문을 관觀하고 아래로는 지리를 찰察하면서 방위와 상생相生에 대한 중요성을 알아내었는바, ①목木은 동방의 기氣에 의해 생하지만 수를 바탕으로 이루어지고(水生木), 화火는 남방의 기氣에 의해 생하지만 목을 바탕으로 이루어지고(木生火), 토土는 중앙의 기氣에 의해 생하지만 화를 바탕으로 이루어지고(火生土), 금金은 서방의 기氣에 의해 생하지만 토를 바탕으로 이루어지고(土生金), 수水는 북방의 기氣에 의해 생하지만 금을 바탕으로 이루어진다(金生水). 이처럼 오행이 생함에 있어서 일음일양一陰一陽하면서 생하는 것은, 분열과 통일의 과정을 반복하려는 데 있다. ②동남방은 목화木火가 주관하므로 생장生長과 분열分裂이 이루어지고, 서북방은 금수金水가 주관하므로 수장과 통일을 이루면서 종합하는데, 이는 중앙에 토가 있어서 이들을 조화함으로써 인간은 통일을 이루고 만물은 원숙하게 된다. ③동방 수水는 오행의 본원으로 생장을 시작하는 운동의 본체가 되고, 중앙의 토土는 창조의 본체로서 정신의 본원이 되어 생생무궁生生無窮하는 것이니, 오행의 상생이란 단순한 생이 아니라 영원한 우주 운동으로 영원불멸하는 생이다.

---

96 오늘날 도표로 접하는 하도河圖와 낙서洛書는 복희씨나 문왕의 작품이 아니라 북송北宋대 상수역학象數易學자들의 작품이다. 일설에는 화산華山에서 삼년불수三年不睡하며 도를 닦던 진도남陳圖南이 전한 것이라 한다.

오행의 또 다른 축인 상극相克 또한 생하는 데 목적이 있다. 따라서 상생의 반대작용인 대립을 위한 모순이나 모순을 위한 대립이 아니라, 극점極點에 이르러서는 다시 생하는 운동을 하기 위한 극으로, 발전과 통일을 위한 모순과 대립 작용을 함으로써 생을 견실하게 하는 또 다른 생이다. ④좀 더 구체적으로 살피자면, 지구 중심의 일월日月이 교호交互 출입하면서 지구에 음양의 기운을 던져 줌으로써 감리작용坎離作用, 즉 수화작용水火作用의 본원을 이루어 주는 데서 오행의 작용이 생겨난다는 운동법칙을 발견하게 되었던 것이다. 지구 밖에 일월이 없다면 음양도 없고, 한서寒暑도 없을 것이므로 분산작용도 통일작용도 없을 것인즉 지구에는 만물도 변화도 없을 것이다. 따라서 삼라만상의 어느 것 하나 음양오행의 작용에서 벗어나는 존재는 없다. 이 같은 이치는 어느 누가 창시한 것도 아니고, 자연운행 자체의 상(天垂象: 하늘에 드리운 상)을 관찰한 결과로 알게 된 것이다.(참조: 한동석, 『우주변화의 원리』, 행림출판사, 1998.)

【강설】

지유명지知幽明之

어두워 드러나지 않는 것(幽)이란 겉으로 드러나지 않은 종교, 사생死生, 내세來世, 천당(극락)과 지옥, 윤회, 귀신의 문제 같은 시간과 공간의 세계를 초월한 현학적玄學的이고 철학적인 분야를 말한다. 어두워 드러나지 않는 것(幽: 눈에 보이지 않는 것, 저승, 과거와 미래)과 밝아 드러나는 것(明: 눈에 보이는 것, 이승, 현재)은 불교에서 말하는

실상實相과 현상現相과 같은 의미이다. 이를 형이상形而上과 형이하形
而下의 개념으로 또는 철학과 과학으로 이해해도 좋겠다. 죽었다는
말을 '유명을 달리했다'라고 하는 것은 명明의 세계인 이승에서 유幽
의 세계인 저승으로 떠났다는 뜻이다. 혼백이라는 말도 죽으면 혼백
으로 나뉘어 시신인 백魄이 남아 땅으로, 혼(魂)은 하늘로 돌아간다는
뜻이다.

　귀신이라는 말도 하늘의 세계는 신神, 땅의 세계는 귀鬼를 의미한다.
유가에서의 귀신은 단순히 서양에서 말하는 유령(幽靈, Ghost)이 아니
라 천지운행(Universe)의 뜻이다.

　이렇게 혼과 백이 다르기 때문에 혼에 대한 제사와 백에 대한 제사가
각기 다른 것이다. 제사란 원시반종原始反終하는 자신의 존재와 근본을
돌이켜 새겨보는 의식일 뿐 제물을 차려놓고 복을 기원하는 의식이
아니다. 자신의 존재와 근본(제1원인)을 깨달을 때 비로소 자신을
있게 한 조상에 대한 감사(孝)와 더불어 조상에 부끄럽지 않은 자손이
되기 위해 노력하게 된다.

　유와 명이 다르고, 혼과 백이 다르고, 귀와 신이 다르고, 사와 생이
다르고, 음과 양이 다른 이치를 알게 되면, 천지(Universe) 세계관
속에서 펼쳐지는 삶과 죽음의 이치를 알 수 있다는 것이다(知幽明之
故). 풍수나 동양철학에서의 삶과 죽음이란 단순히 한 생명의 나고
죽는 것 이상의 우주론적 생명철학을 말하는 것이다. 만물의 영장이라
는 인간의 삶과 죽음이 어찌 다른 생명들의 물리적 삶과 죽음과 같을
수가 있겠는가?

　수많은 선시禪詩를 남겼던 소동파(蘇東坡, 1037~1101)는 『동파역전

東坡易傳』에서, "준準은 천지에 부합한다, 미彌는 두루 미친다는 뜻이다. 륜綸은 경위(經緯: 과정)를 말한다. 천지와 부합하기 때문에 유명幽明에 대한 연유(故)와 사생死生에 대한 설명과 귀신鬼神에 대한 정상(情狀: 있는 그대로의 상태)을 능히 알 수 있는(能知) 것이다(準符合也. 彌周浹也. 綸經緯也. 所以易與天地準者, 以能知幽明之故, 死生之說, 鬼神之情狀也)"라고 하였다. 불교에서의 깨달음(覺) 또한 이와 다를 바 없다. 이러한 우주론적 담론인 『역경』을 사사로이 길흉이나 묻고 사주팔자나 들먹이며 호구지책의 도구로만 삼는다면 국보급 도자기를 개밥그릇으로 사용하는 것과 다를 바가 없을 것이다.

【강설】

원시반종原始反終. 고지사생지설故知死生之說

처음(始: 본래의 곳, 온 곳)과 마지막(終: 끝나는 곳)의 사이가 생명이고 삶이다. 이곳에서의 삶이 끝나면 어딘지 모를 본래의 왔던 곳으로 다시 돌아가야 한다. 돌이켜 본래의 왔던 곳으로 돌아가는 것이 반反이다.

풍수의 원전인 『청오경靑烏經』에서는 "백 년을 살아 죽어지면 육신(形)을 떠나 참(眞)으로 돌아가니, 정신(넋, 魂)은 원래의 문門으로 다시 들어가고, 골해(육신, 魄)는 다시 근본(땅)으로 돌아간다(百年幻化, 離形歸眞, 精神入門, 骨骸反根)"고 한다. 즉 죽으면 육신(魄)은 땅으로 돌아가되 혼(魂)은 어딘지 모를 원래의 나왔던 문으로 돌아간다는 것이다.

하夏나라 우왕禹王은 "삶이란 잠시 이곳에 나와 몸을 기탁한 것이고 (生者寄也), 죽음은 나온 곳으로 다시 돌아가는 것이다(死者歸也)"라고 하였다.(참고, 남회근, 『역경계전별강』.)

이백李白은 「춘야연도이원서春夜宴桃梨園序」에서 "무릇 천지란 만물이 쉬어가는 여관이요(夫天地者 萬物之逆旅), 시간은 긴 세월을 잠시 지나가는 나그네다(光陰者 百代之過客)"라고 하였으며,

천상병(1930~1993) 시인은 「귀천歸天」에서 "나 하늘로 돌아가리라. 아름다운 이 세상 소풍 끝내는 날, 가서 (지구별 여행이) 아름다웠더라고 말하리라"라고 하였다.

이렇듯 동양의 사고에서는 죽음이란 죽어서 끝나는 삶과의 단절이 아니라 삶을 마치면 다시 죽음으로 돌아가고, 또 그 죽음에서 다시 태어나는 순환적 과정으로 본다. 그러기에 삶이 있어 죽음이 있고, 죽음이 있어 삶이 있는 것이며, 시작이 있기에 종말이 있고, 종말이 있어 시작이 있는 것이다(原始反終). 누구나 삶이 끝나면 원래의 곳으로 되돌아간다(反終). 원래의 곳으로 되돌아가면 다시 시작하는(原始) 것이다. 이러한 이치를 터득하면, 삶과 죽음 너머의 이치(說)를 알게 된다.

그러나 공자께서는 누구도 가본 적이 없는 윤회니 극락이니 천당이니 하는 복잡한 사후의 이야기는 하지도 않았다. 그런 것들은 단지 선을 권장하고 악을 경계하는 권선징악勸善懲惡의 교훈적인 이야기일 뿐이다. 이를 현상적 차원의 사실체계로 믿거나 설하는 것은 종교가 아니라 맹신이고, 그야말로 건전한 이성을 저버린 허접한 사이비 미신이다. 왜 내생來生을 걱정하는가? 현생이 아름다우면 내생 또한

아름다울 것이다. 내생을 걱정할 시간에 현생을 아름답게 꾸밀 생각을 해야 한다. 불교 『화엄경華嚴經』의 화엄은 아름다운 연꽃으로 장식한다는 화장장엄華藏莊嚴의 뜻이다. 어디를 장식할 것인가? 현생의 나의 삶과 내가 사는 현 세계를 아름다운 꽃으로 장식한다는 뜻이다. 각기 현생의 자기 삶을 아름답게 장식할 때 이 세상은 아름다운 '연화장세계蓮華藏世界'가 될 것이다. 왜 세상이 혼탁하고 난세인가? 스스로 화엄을 하지 않기 때문이다.

【강설】

정기위물精氣爲物

'정精'은 음陰으로 땅에서 나온 물질적인 것으로 몸을 구성하는 바탕이다. '기氣'는 양陽으로 우주에 충만한 원초적 생명 에너지원으로 원기元氣를 말하며, '신神'은 혼魂으로 정과 기의 음양활동을 주재하는 사령관이다. 이를 동양의 의서醫書나 선도仙道에서는 정기신(精·氣·神)이라 하여, 인간의 생명활동의 기본요소로 여겨 삼보三寶라 하였다.

대부분의 책에서는 "정기위물精氣爲物"의 정과 기를 하나의 단어로 이해하여 "정기는 순수하고 뒤섞인 것이 없는 원기를 말한다"라고 설하고 있으나 이는 잘못된 해설이다.

	신神, 양陽-마음	심장心臟, 조심調心	
혈血, 음陰	기氣, 양陽-생명	폐장肺臟, 조식調息	기氣, 양陽-혈을 타고 돈다.
	정精, 음陰-육신	신장腎臟, 조신調身	

동물이든 식물이든 정(精: 영양분)을 섭취함으로써 혈血을 만들고, 호흡을 함으로써 기氣를 만들고, 혈과 기가 운동을 하면서 정신(마음)

을 만든다. 혈기는 정(신체)에 의지해 존재하기에 운동(調身)과 호흡(調息)과 음식(調養)을 통해 왕성한 생기를 유지할 수 있다. 정·기·신은 개별적으로 존재하는 것이 아니라 상보적으로 삼위일체로 기능한다. 인체의 기는 혈을 타고 돌기에 혈액순환이 원활함으로써 생기生氣가 넘쳐나는 것을 혈기血氣가 왕성하다고 한다.

그러나 왕성한 혈기가 남용되어서는 안 된다. 공자는 『논어, 계씨편』에서 어떻게 혈기를 다스려야 하는가에 대해 다음과 같이 말씀하였다.

군자에게는 경계해야 할 세 가지가 있다(君子有三戒). 젊을 때에는 혈기가 아직 정해지지 않았으니(少之時 血氣未定) 여색을 경계하고 (戒之在色), 장년이 되어서는 혈기가 바야흐로 굳건하니(及其壯也 血氣方强) 싸움을 경계하며(戒之在鬪), 늙어서는 혈기가 이미 쇠약 하여졌으니(及其老也 血氣旣衰) 욕심내어 무엇을 얻고자 하는 것을 경계하라(戒之在得).

범씨范氏는 이 같은 공자의 말씀에 대해 "성인이 일반인과 같은 것은 혈기이며(聖人同於人者血氣也), 일반인과 다른 점은 지기이다(異 於人者志氣也). … 군자는 지기를 기른다(君子養其志氣). 그러므로 혈기에 동요되지 않는다(故不爲血氣所動)"라고 하였다. 혈기를 다스리는 것은 지기志氣라는 뜻이다. 지기는 신神으로 조심調心을 말한다. 선도 仙道에서의 공부는 정·기·신 수행으로 심신心身의 조화를 이루어 궁극에는 신선神仙을 목표로 한다. 신선이라 해서 사회와 단절된 산속에서의 생활을 의미하는 것이 아니라 심신이 건강하고 올바른 인격체를 말한다. 현대인의 스트레스나 우울증 같은 정신질환이나 패륜행위, 입만 열면 '국민'을 인질삼아 거짓말을 일삼는 정치인들의 일탈은 모두 혈기의 부조화, 심신의 부조화에서 기인하는 것들이다. 스스로 탈법과 범법을 일삼으며 법치를 주장하는 법조인들이나 정치인들도 마찬가지이다. 다들 혈기나 심신에 대한 공부가 덜 되었다는 말이다.

특히 기氣에 대한 공부는 생명에너지원으로 원기元氣를 보양保養하는 양기養氣와 축기畜氣를 위한 호흡 수련을 말한다. 호흡呼吸이란 내쉬는 날숨(呼)과 들이마시는 들숨(吸)을 말한다. 살아있다는 것은 숨을 쉬고 있다는 뜻으로 '목숨(Life, 생명)'이라고 한다. 생명은 날숨과 들숨 사이에 있기에(呼吸之間) 호흡은 생존과 건강에 직결되며, 몸의 감각과 의식의 조절은 물론 깨달음(覺) 또한 호흡에 있다. 따라서 숨을 어떻게 쉬느냐에 따라 육체적인 변화와 정신적인 변화가 따르게 마련이다. 날숨(呼)을 통해 내 몸의 모든 부정적인 사고思考나 에너지(이산화탄소)를 토출吐出하고, 들숨(吸)을 통해 우주의 원초적 생명 에너지(산소)를 흡입하는 행위(調息＋調心)야말로 나를 지탱하는 세상에서 가장 위대하고 성스러운 행위이다. 그러기에 호흡 수련을 통해 고요함(靜)에 들어 나(我)만의 부처를 만나고, 하느님을 만나는 것이다. 이를 정定, 불교에서는 선정(禪定, 禪靜)이라고 한다.

정·기·신에 대해서는 『황제내경, 내편』, 『동의보감』, 『성명규지』, 『태을금화종지』, 『혜명경』, 『용호비결』 등에서는 각기 다양하게 설하고 있으므로 수련에 관심이 있다면 이 정도의 책들은 섭렵하는 것이 좋다.

【강설】

귀신지정상鬼神之情狀

한국 사람의 귀신鬼神에 대한 공통된 관념은 귀신(Ghost)에게는 착한 것도 있으나 나쁜 것이 더 많다고 보았으며, 형체는 없으나 인위적 행위는 물론, 초인간적인 행위를 할 수 있는 것으로서 우주에 가득 차 있어서 능히 사람과 교섭을 한다고 생각하였다. 그런데 사람과의 교섭은 착한 것보다 나쁜 것이 더 많으며, 따라서 일반 민간에서는 귀신이라고 하면 거의 모두가 좋지 않은 것으로 생각하였다.(참조: 네이버『두산백과』.)

그러나 유가儒家에서 설하는 귀신은 우리가 알고 있는 것(Ghost)과는 차원이 다르다. 송대의 장재(張載, 1020~1077)는 "귀신은 음과 양 두 기의 양능이다(二氣之良能)", 정이(程頤, 1033~1107)는 "귀신은 조화의 자취이다(造化之迹)", 주자(朱子, 1130~1200)는 "바람 불고, 비 내리고 사계절이 변화하는 것은 조화의 자취이고, 비, 바람, 해, 달, 등도 귀신의 자취이다. 즉 음양의 두 기氣가 굴신왕래屈伸往來하는 가시적인 현상 등이 모두 조화의 자취이다"라고 하였다.(참조:『주자어류朱子語類』; 박성규,『주자철학의 귀신론』, 한국학술정보, 2005; 고야스 노부쿠니, 이승연 옮김,『鬼神論』, 역사비평사, 2006.)

또한 주자는『본의』에서 "역은 음·양일 뿐이니(易者 陰陽而已), 유幽와 명明, 사死와 생生, 귀鬼와 신神은 모두 음양의 변變이고(幽明死生鬼神 皆陰陽之變), 천지의 도이다(天地之道也). ⋯ 음정陰精과 양기陽氣가 응취하여 사물의 형체를 이룸은 신의 펴짐(伸)이요(陰精陽氣 聚而成

物 神之伸也), 혼魂이 떠돌고 백魄이 내려와 흩어지고 변하는 것은 귀鬼의 돌아감이다(魂游魄降 散而爲變 鬼之歸也)"라고 하였다. 『설괘전, 6장』에는 "신이란(神也者) 만물을 묘하게 하는 것을 말하는 것이니(妙萬物而爲言者也), 만물을 움직이는 것으로(動萬物者) 우레(☳)보다 빠른 것이 없고(莫疾乎雷), 만물을 흔드는 것으로(橈萬物者) 바람(☴)보다 빠른 것이 없고(莫疾乎風), 만물을 말리는 것으로(燥萬物者) 불(☲)보다 더한 것이 없고(莫熯乎火), 만물을 기쁘게 하는 것으로(說萬物者) 못(☱)만큼 기쁘게 하는 것이 없고(莫說乎澤), 만물을 적시는 것으로(潤萬物者) 물(☵)보다 더한 것이 없고(莫潤乎水), 만물을 끝맺음하고 만물을 시작하는 것으로(終萬物始萬物者) 간(☶)만큼 성한 것이 없으니(莫盛乎艮), 고로 물과 불이 서로 미치며(水火相逮), 우레와 바람이 서로 거스르지 아니하며(雷風不相悖), 산과 못이 서로 기운을 통한 뒤에야(山澤通氣然後), 능히 변화하여(能變化) 만물을 다 이루는 것이다(旣成萬物也)"라고 하였다. 천지간에 이보다 더 신통하고, 신묘하고, 신령스러운 것은 없다.

계사상전 제5장

【주역】 一陰一陽之謂道. 繼之者善也. 成之者性也. 仁者見之謂
之仁. 知者見之謂之知. 百姓日用而不知. 故君子之道鮮矣. 顯
諸仁. 藏諸用. 鼓萬物而不與聖人同憂. 盛德大業至矣哉. 富有
之謂大業. 日新之謂盛德. 生生之謂易. 成象之謂乾. 效法之謂
坤. 極數知來之謂占. 通變之謂事. 陰陽不測之謂神.

한 번(Once) 음하고, 한 번 양하는 것을 일러 도道라 하니, 이(道)를
따르는(繼) 것은 선善이요, 이를 이루는(成) 것은 성性이다. 인자仁者는
그것(道)을 보고 인仁이라 하고(謂), 지자(知者: 智者)는 그것(道)을 보고
지혜(智)라 한다. 일반 백성들은 날마다 그것(道)을 쓰면서도 그것(道)
이 뭔지 알지 못한다(不知).[97] 고故로 군자의 도(君子之道)를 깨달은

---

97 백성은 무지한 범부 또는 미혹한 중생을 말한다. 『노자, 41장』에는 "① 훌륭한
선비(上)는 도를 들으면 바로 깨달아 힘써 실천하지만(上士聞道 勤而行之), ② 보
통 선비(中)는 반신반의하고(中士聞道 若存若無), ③ 어리석은 선비(下)는 허망한
소리라고 비웃는다(下士聞道 大笑之). … 이유인즉, 도는 소리는 웅장하나 들을
수 없고(大音希聲), 모습은 우주만큼 크면서도 형상이 없고(大象無形), 드러나지
않아 이름이 없기 때문이다(道隱無名). 무릇 도는 천하 만물에 생명을 베풀어
바르게 키워내는 것이다(夫唯道 善貸且成)"라고 하였다.
남회근은 『역경계전별강』에서 "비록 성현일지라도, 보는 각도나 관점에 따라

사람이 드문(鮮) 것이다.

그 도道는 인(仁: 사랑, 자비, 박애)으로 드러나지만(顯), 일상의 쓰임(用) 속에 감추어져(藏) 있으며[98], 만물의 화육化育을 북돋우지만(鼓) 성인과 같은 근심(同憂)에는 함께하지 않나니(不與)[99], 성덕盛德과 대업

주장하는 바도 또한 달라지는 것이다. 공자가 인仁을, 맹자가 의義를, 묵자가 겸애兼愛를, 예수가 박애를, 부처가 자비와 평등을, 유가에서 인, 의, 도, 덕을 주장하였듯이, 이들 명칭이 각기 다른 것은 모두 관점이 달랐기 때문이다(所以 孔子講仁, 孟子講義, 各人不同, 墨子叫做兼愛, 耶穌叫博愛, 佛叫慈悲, 平等, 儒家講仁, 義, 道, 德, 都是名稱的不同, 觀点的不同)"라고 하였다. 공자의 도가 따로 있고, 부처의 도가 따로 있는 것이 아니라는 뜻이다.

98 여기서 '드러날 현顯'과 '감출 장藏'은 체體와 용用의 의미를 갖고 있다. 도는 본체로서 작용 속에 감추어져(藏) 있으나 드러낼 때는 인仁의 모습으로 드러낸 다(顯). 도의 작용은 인의 모습으로 드러내나(顯) 일상의 쓰임(日用) 속에 감춰져 있으므로(藏) 일반 백성들은 날마다 사용하면서도(日用) 알지 못하는 것이다. *저諸: ~에, ~에서(어조사), 문두에 오면 '모든'의 뜻으로 '제'라고 읽는다. 대승의 근간으로 일심一心, 이문二門, 삼대三大, 사신四信, 오행五行을 설하는 『대승기신론』에서는 체體와 용用에 체의 형상(모습)을 더해 삼대라 하였다. ① 체대(體大: 근본 바탕의 위대함), ② 용대(用大: 작용의 위대함), ③ 상대(相大: 근본 바탕의 작용으로 나타난 모습의 위대함)로 진여일심을 표현하였다.

99 천지의 도道는 만물의 생성生成 화육化育을 고무鼓舞하지만 무위無爲하고 자연 스러워, 성인이 시대를 걱정하고, 인물을 걱정하고, 천하를 걱정하는 우환憂患 과는 다르다. 성인이 천하를 걱정하는 것(憂患意識)은 무위無爲의 유위有爲이 다. 그러나 천도는 성인의 걱정과는 달리 그저 무위無爲일 뿐 근심이나 우환이 란 없다. 천지의 도는 만물의 생성·화육을 고무하지만 미운 사람, 고운 사람, 좋은 사람, 나쁜 사람 등의 차별이 없기에 무위이다. 일찍이 노자는 『노자, 79장』에서 "천도에는 친소가 없다(天道無親), 단지 선한 이들에게 감응할 뿐이 다(常與善人)"라고 말했다. 그러기에 천도는 성덕이며 지고의 대업인 것이다

大業이 지극至極하다. 도道를 부유하게(富有)함을 대업大業이라 하고,
도가 날로 새로워짐(日新)을 성덕盛德이라 한다.[100] 낳고(生) 또 새롭게

(盛德大業至矣哉). 천도가 친소에 따라 시대를 걱정하고 인물을 걱정하고 천하
를 걱정한다면 세상은 엉망진창이 되어 지구상에 어느 것도 살아남지 못할
것이다.

불교의 『법화경, 약초유품』에서, 부처님은 "두터운 구름(密雲)이 널리 퍼져
삼천대천세계를 두루 덮고, 일시에 한 줄기 비가 축축하게 대지를 적시면(無爲),
초목과 숲과 모든 약초들의 작은 뿌리, 작은 줄기, 작은 가지, 작은 잎사귀와,
중간 뿌리, 중간 줄기, 중간 가지, 중간 잎사귀와 큰 뿌리, 큰 줄기, 큰 가지,
큰 잎사귀와 크고 작은 나무들이 상·중·하에 따라 제각기 (달리) 받아들이는
것과 같으니라(有爲). 비는 한 구름에서 내리지만 그 (초목과 약초들은) 종류와
성질에 따라(稱) 싹이 나고 자라서 꽃을 피워 열매를 맺느니라. 비록 같은
땅에서 나고 같은 비를 맞지만(無爲) 모든 초목들에는 각각의 차별이 있느니라
(有爲)"라고 하신 것과 같다.(참조: 원효, 최세창 역주, 『대승기신론소별기』, 운주사,
2016.)

100 천지만물을 부유하게 하고 날로 새로워지게 하는 것은, 만물로 하여금 하늘의
이치(天道, 天命, 天性)를 깨우쳐 각각의 본분(位)을 다하게 하는 것이니 그
이상의 성덕과 대업은 없다. 천도는 천지만물을 부유하게 하고 날로 새롭게
하기에 스스로 부유한 것이며, 스스로 부유하기에 성덕이고 대업이며, 날로
새로워지기에 성업盛業이다. 그래서 지극至極하다고 하는 것이다.

각각의 본분이란 『논어, 안연편』에서 말하는 "임금은 임금답고 신하는 신하다
우며, 아비는 아비답고 아들은 아들다운 것(君君臣臣父父子子)"을 말한다.
『역경』 37번째 풍화가인(䷤)괘에서는 "여자는 안에서, 남자는 밖에서 각각
바르게 자리(正位)하여 각각의 본분과 역할을 다하는 것(正)이 천지의 대의大義
이다. 아버지는 아버지답고, 자식은 자식답고, 형은 형답고, 동생은 동생답고,
남편은 남편답고, 부인은 부인답게 본분과 역할을 다함으로써 가정의 도(家道)
가 바르게 서고, 가정을 바르게 하면 천하가 안정된다"라고 하였다.

낳음(生)을 역易이라 하고, 하늘에서 상상象을 이루는 것을 건乾이라
하며, 땅에서 하늘의 법칙(法)을 본받는 것(效)을 곤坤이라 한다.[101]
이 같은 이치를 극진히 헤아려(數: 궁구窮究하여)[102] 다가올 일을 미리

『중용, 20장』에서는 오달도五達道, 즉 "군신君臣, 부자父子, 부부夫婦, 곤제昆弟,
붕우朋友 등의 인간관계에서 지켜야 할 길(道)을 말하고 있다. 이같이 인간이
인간답기 위한 본분(位)을 다할 때 세상은 진실로 풍요롭게 되는 것이다.
오늘날 횡행하는 본분의 자각이나 실천이 없는 물질적 풍요만으로는 세상은
결코 풍요로운 성덕의 성업을 이룰 수 없다. 모범이어야 할 재벌이나 고위
상류층 자녀들이 음주운전을 하고 마약에 중독되는 것은 이를 말하고 있다.

101 상은 하늘이 드리운 상(天垂象)으로, 미래의 일을 짐작하게 하는 기미(機微,
조짐)이다. 그러나 육욕칠정의 인간은 볼 수도 들을 수도 없기에 이를 불쌍히
여긴 성인이 인간의 육안으로도 볼 수 있게 만든 것이 괘이다.

건乾은 하늘(天, ≡)을 말하며, 우주 허공의 현상은 물론 우주 허공에 존재하는
일월성신(日, 月, 星, 辰)을 포함한 천체상의 모든 현상을 대표하며, 음양 사시의
변화에 따라 하늘이 드리우는 각각의 현상을 상상象이라 한다(成象之謂乾).
하늘이 드리운 상이라 하여 천수상天垂象이라 한다.

이와 같은 하늘의 법칙(法)을 땅(地, ≡≡)이 본받음으로써(效法之謂坤) 지구가
형성되고, 지구상에 인간을 포함한 만물이 생생하게 된다.

102 동양철학에서의 '수數'에는 단순히 계산을 위한 수(Number, Count)가 아니라,
수 자체가 하나의 진리이자 철학이다.

①'수數'에는 ㉠헤아리다, 궁구窮究하다, 미루어 짐작하다, ㉡시초蓍草의 수,
㉢운수, 운명 ㉣책략, 꾀, 아이디어, 방법, 수단 등등의 뜻이 있다.

②수의 개념은 인간들이 사물의 형상을 보고 구별하는 순간부터 생겨난다.
『좌전左傳』에서 한간자韓簡子가 말하기를 "사물이 생겨나서 형상이 있게 되고,
형상이 있은 후에 번성하고, 번성한 후에 많고 적음의 수가 있게 된다."라고
하였다.(참조: 高懷民, 鄭炳碩 譯, 周易哲學의 理解, 文藝出版社, 2004.)

③『역경』의 공부는 변화에 대한 공부이다. 우주의 모든 변화는 운運과 기氣의

아는 것을 점占이라 하며, 점을 쳐서 만물의 변화에 통달하는 것(通變)을 (군자의) 일(事)라 하고,[103] 음양의 변화(작용)를 헤아릴 수 없기에(不測)

승부작용에 의해서 이루어진다. 이것을 현실적인 사事와 물物에서 포착할 수 있어야 하며, 그것은 사물을 탐색하는 방법인 상象과 수數에서 배워야 한다. 현실세계에서 동정動靜하는 모든 사물은 그 변화가 아무리 잡다雜多하다 할지라도 상의 기미를 관찰할 줄 하는 사람에게는 장중지물掌中之物에 불과하다. 그러나 우주의 사물들이 단순히 상만 나타낸다고 하면 상의 가부판단에 혼란이 일어날 것이다. 그러므로 자연의 조화는 이와 같은 폐단을 방지할 수 있는 자연수自然數가 상과 함께 흐르게 하고 있으니, 이것을 상수象數라 하는 바, 수數는 상象의 의미를 밝혀 주며 또 그 내용을 증명해 주기도 한다. 그 수數라는 것은 일반적인 의미에서 보면 사물의 질량을 계산하며 측정하는 수단과 방법일 것이다. 그러나 이것을 철학적으로 고찰해 보면, 수數는 사물의 기미機微이며, 또한 유有와 무無의 변화하는 상象이며, 단單과 다多의 운동현상인 것이다. 또한 수數는 계산을 위하여 인간이 임의로 만든 것이 아니고 수 자체가 진리이며 철학이다. 그러므로 수數가 나타내는 모든 상象은 허상虛象이 아니고 실상實象이다. 만물은 그의 본질대로 상이 나타나고, 상에는 반드시 그 상에 상응하는 수가 있다. 따라서 수를 궁구하면 사물의 본질과 변화를 파악할 수 있는 것이다.(참조: 한동석, 『우주변화의 원리』, 행림출판, 1998.)

103 '군자의 일(事)'이라고 하였으나, 이는 인간이면 누구나 이 같은 변화의 이치에 통달(通達: 通變)하여 스스로 나아갈 바를 찾아 자신에게 주어진 직분에 충실하고 나아가 시대적 소명에 부응해야 한다.

남회근은 『역경계전별강』에서 "『역경』에는 이리, 상象, 수數, 변變, 통通이 있는데, 이리는 철학적인 것이며, 상과 수는 과학적인 것이며, 변과 통은 기능적인 것으로, 이들을 다 알아야 점을 칠 수 있다(易經包含了五大學問文 : 理, 象, 數, 變, 通. 理是哲學的, 象數是科學的變通是机, 這都要知道)"라고 하여, 그중에서도 변화에 통달할 것(通變)을 말하고 있다.

신묘神妙하다고 한다.[104]

"통변은 변통과 다르다(通變跟變通不同啊). 통변은 일등인一等人이 할 수 있는 것으로, 먼저 변통의 도리를 충분히 통달한 후 다시 변화를 이끄는 사람이다(通變是要能够先通這了變通的道理, 再去領導變, 那是第一等人). ①일등인은 미래의 변화를 미리 알아, 아직 변화하지 않은 시점에서 미래의 변화를 이끈다(第一等人知道未來是怎么變的, 要當它還沒有變的時候, 先領導它來變). ②이등인二等人은 변화에 응하여, 사회가 변화를 개시할 때, 기회를 틈타 변하는 것이다(第二等人是應變, 社會開始變了, 便把握机會來改變, 這就是應變). ③삼등인三等人은 남의 뒤꽁무니나 따라가는 것으로, 남들이 변화한 다음 어쩔 수 없이 변화하는 것이다(末等人是跟着人家屁股后辺轉, 人家變了你不能不變). 우주만사는 변화하기 마련이다(宇宙万事一定要變). 따라서 장차 변화하려고 할 즈음에 기회를 꽉 잡아 세勢와 이利로써 이끄는 것, 이것이야말로 일등의 지혜인 것이다(在將變未變之間, 把握住這个机會, 因勢利導, 才是第一等智慧). '통변지위사通變之謂事'는 이를 두고 하는 말이다"라고 하였다.

통通을 불교적 관점에서 보자면 통변은 제행무상諸行無常이다. 제행무상은 삼라만상이 한 모양으로 머물지 않고 변한다는 뜻으로, 변화의 이치를 알기에 집착이나 탐욕이 없으며, 허공처럼 툭 트여 경계가 없는 공空한 것을 말한다. 공空한 마음이 깨달음(覺)이다. 반면 궁窮은 아집과 법집으로 꽉 막혀 닫히고 갇힌 마음을 말한다. 수행이란 궁窮한 마음에서 통通한 마음으로의 전환이다.

104 이는 체體로부터 일어나는 작용作用을 말한다. 삼라만상의 본체(태극)는 중화中和로서 고요하여 움직임이 없으나(陰, 靜), 일단 한번 움직여 음이 성(盛, 極)하면 양이 생하고, 양이 성하면 음이 성하여 분화分化가 일어나는 것이 용用이다. 이 같은 작용으로 어느 한 곳으로 치우지지 않고 운행 변화함으로써 번뇌 망상이 극에 달하면 곧 고요함이, 고요함이 극에 달하면 곧 번뇌 망상이 갈마드는 것이며, 좋은 일이 극에 달하면 나쁜 일이, 나쁜 일이 극에 달하면 좋은 일이 갈마드는 상대성을 갖는 것이니, 이 같은 상대성을 떠나 세상만사는 좋은 일만 있을 수도 또는 나쁜 일만 있을 수도 없다. 그러면서도 역易은

【선해】夫易雖無體. 無所不體. 非離陰陽形體而別有道也. 一陰一陽. 則便是全體大道矣. 然非善稱理以起修者. 不能繼陰陽以立極. 而卽彼成位於中者. 全是本性功能.

무릇 역은 비록(雖) 형체가 없다 할지라도, 형체로 삼지 않음이 없으니, 음양의 형체를 떠나서(離) 따로(別) 도가 존재하는(有道) 것은 아니다. 한 번 음陰하고, 한 번 양陽하는 것, 이것이 곧 전체의 대도大道를 이룬다. 그러나(然) 이러한 이치에 잘(善) 맞추어(稱) 수행을 일으키는 자가 아니면, 능히 음양의 이치에 따라(繼) 극極[105]을 세울 수 없으니, 곧 근본 이치(極)에 나아가 중심에 위位를 이루는 것(者)은 전부가 본성(불성)의 공능이다.

【선해】乃世之重力行者. 往往昧其本性. 是仁者見之謂之仁也. 世之重慧解者. 往往不尙修持. 是知者見之謂之知也. 百姓又日用而不自知. 故君子全性起修全修顯性之道鮮矣.

이에 세상에 힘써 행함(力行)을 중重히 여기는 자는, 때로(往往) 자신(其)의 본성에 어두우니(昧), 이것이 인자仁者는 도道를 보고 인仁이라 하는 것이다. 세상에 지혜로 사리를 이해하는 것(慧解)을 중히 여기는 자는 때로(往往) 수행하여 유지함(修持)을 숭상하지 않으니(不

세상만물을 부유하게 하고 날로 새롭게 하니, 그 까닭이나 그 음양의 변화(작용)를 헤아릴 수 없기에 불측不測 신묘神妙하다고 한다.

105 극極이란 근본 이치, 중정中正의 의미이나, 앞서 본문 극수極數에서의 '극極'은 '궁구窮究하다'의 의미이다.

尙), 이것이 지자知者는 도道를 보고 지(知, 智)라고 하는 것이다. 백성들은 또한 날마다 도를 쓰면서도 스스로 도가 무엇인지 알지 못하는 까닭에, 군자가 오로지(全) 본성을 일으켜 수행을 하고, 오로지 수행을 하여 '본성을 드러나게(顯) 하는 도道'를 이룬 경우가 드문(鮮) 것이다.

【선해】 然仁者雖但見仁. 而仁何嘗不從知以顯. 知者雖但見知. 而用何嘗不隨仁以藏. 仁體至微而恒顯. 知用至露而恒藏. 此卽一陰一陽之道. 法爾鼓舞萬物而不與聖人同憂者也. 不與聖人同憂. 且指易之理體而言. 其實聖人之憂亦不在理體外也. 且聖人全體易理. 則憂亦非憂矣.

그러나(然) 인자仁者가 비록(雖) 단지 인仁만 본다고 할지라도, 인이 어찌(何) 일찍이(嘗) 지혜를 따라 드러난다(顯) 하지 않겠는가? 지자知者가 비록 단지 지知만 본다고 할지라도, 그(知) 쓰임(用)이 어찌(何) 일찍이(嘗) 인仁을 따라 숨겨져(藏) 있다 하지 않겠는가? 인이란 바탕(體)이 지극히 미묘하지만 항상 드러나고(顯), 지혜의 작용은 지극히 노출되지만 항상 숨겨져(藏) 있다. 이것이 곧 일음일양一陰一陽의 도이며, 자연법칙에 따라(法爾)[106] 만물의 화육化育을 북돋우지만(鼓) 성인

---

106 법이法爾는 '저절로 그러함', 즉 자연自然을 뜻하는 용어로, 법연法然, 천연天然, 자이自爾, 법이자연法爾自然, 자연법이自然法爾 등과 같은 의미이다.
『유가사지론, 52권』에서는 인과법칙의 이러한 우주적인 측면을 제법법이諸法法爾라고 말하고 있다. 이 같은 인과법칙은 "여래가 세상에 출현하고 안하고에 관계없이 제법은 본디 그러하다(如來出世若不出世 諸法法爾)." 즉 무시이래로 온갖 만물은 불변의 자연 법칙인 인과법칙에 따라, 혼란되어 서로 뒤섞이는

과 더불어 같은 근심(同憂)을 하지 않는다. 성인과 더불어 같은 근심을 하지 않는다고 하는 것은 또한 역의 이치와 바탕(理體)을 가리켜 하는 말이다. 기실其實 성인의 근심 또한 역의 이치와 바탕(理體) 밖에 따로 있는 것이 아니다. 또한 성인이 전체 역리易理라면, 곧 근심이라는 것은 또한 근심이 아닌 것이다.

【선해】包含天地萬物事理. 故爲富有. 變化不可窮盡. 故爲日新. 業業之中具盛德. 德德之中具大業. 故爲生生. 凡德業之成乎法象者皆名爲乾. 不止六陽一卦爲乾. 凡效法而成其德業者皆名爲坤. 不止六陰一卦爲坤.

(도는) 천지만물의 사리事理를 포함하고 있는 까닭에 부유富有한 것이다. (도는) 변화가 무궁무진한 까닭에 날마다 새로운 것이다.

일 없이 제자리에서 운행되고 있으니(無始時來 種種因果決定差別 無雜亂性) 이를 '정이定異'라 한다. '정定'은 선업과 악업에 따른 인과가 불변하는 결정성決定性, 즉 불변성不變性을 뜻하고, '이異'는 선업을 지었는데 괴로운 과보를 받거나 악업을 지었는데 즐거운 과보를 받는 식의 인과법칙이 혼란되는 경우는 절대로 없다(異)는 차별성差別性, 즉 무혼란성無混亂性을 뜻한다. 무혼란성은 전통적인 용어로는 무잡란성無雜亂性이라 한다.

이 같은 정이定異의 인과법칙은 우주적인 불변의 법칙으로, 인간이 그 법칙을 거슬러 행하면 스스로를 해칠 뿐 인과법칙 자체가 유정의 생각이나 의도 또는 태도에 따라 변하지 않는다는 것을 뜻한다. 나아가 여래如來조차도 인과법칙을 거스르거나 변동시킬 수 없으며, 오히려 여래를 비롯한 성자 등의 지혜로운 자들은 이러한 불변의 인과법칙에 스스로를 적극적으로 일치시킴으로써 보다 나은 삶을 이루어 나간다는 것을 의미한다.(참조: 위키백과.)

(도는) 하는 일마다(業業) 그 가운데 성덕盛德을 이루고(具), 덕德마다
그 가운데 대업大業을 이루는(具) 까닭에, 낳고 또 낳는(生生) 것이다.
무릇(凡) 덕德과 업業이 법상(法象: 卦象)에 이루어진 것을 견주어(皆)
이름하여 건乾이라 하고, 여섯 양효가 그치지 않고 한 괘卦를 이룬
것이 건乾이다. 무릇(凡) 법을 본받아(效) 그 덕과 업을 이룬 것을
견주어(皆) 이름하여 곤坤이라 하고, 여섯 음효가 그치지 않고(不止)
한 괘를 이룬 것이 곤坤이 된다.

【선해】極陰陽之數. 而知數本無數. 從無數中建立諸數. 便能知來. 卽
謂之占. 非俟揲蓍而後爲占. 旣知來者. 數必有窮. 窮則必變. 變則
通. 通則久. 卽是學易之事.

음양의 수를 지극히 하여, 수리數理에는 본래 수가 없음을 알고,
수數 없음으로부터(從) 그중에 모든 수(諸數)의 (이치를) 세우면 바로
(便: 변) 능히 미래사未來事를 알게 되니, 곧 점占을 친다 하는 것이다.
시초蓍草를 헤아려(揲) (결과가 나오길) 기다린(俟) 후에 점이 되는
것이 아니다. 이미 미래를 안다는 것은, 수리數理에는 반드시 막힘(窮)
이 있는 것이니, 막히면 반드시 변變하고, 변하면 통通하고, 통하면
곧 오래가는(久) 법이니, 이것이 (지극히 하는 것이) 역易을 배우는
일이다.

【선해】非俟已亂而後治 已危而求安之謂事. 終日在陰陽數中. 而能制
造陰陽. 不被陰陽所測. 故謂之神. 自富有至謂神五句. 贊易理之無

體. 極數三句. 贊聖神之無方也.

이미 어려워진 후에 기다려(俟) 다스리고, 이미 위태로워진 후에 편안함을 구하는 것은, 역을 배우는 자의 일(學易之事)이 아니다(非). 종일토록 음양의 수리를 지극히 하면서, 능히 음양으로 제조製造하지만, 음양으로 예측하는 바에 구속되지 않는(不被) 까닭에 신묘하다고 하는 것이다. 부유富有에서 위신謂神까지의 다섯 구절[107]은 역리易理에 정해진 체體가 없음을 찬贊한 것이고, 극수極數부터의 세 구절[108]은 성인의 신묘함에는 정해진 방소가 없음을 찬한 것이다.[109]

【강설】

일음일양지위도一陰一陽之謂道 - 변화의 도道

한 번은 음이 되었다가, 한 번은 양이 되는 '일음일양의 도(一陰一陽之謂道)'란 지구의 자전으로 인해 밤(陰)과 낮(陽)이 바뀌고, 나아가 공전으로 계절이 바뀌고, 한 해가 가고 새해가 오는 것을 반복하는 것을 말한다.

『역경』16번째 뇌지예(䷏)괘에서 "해와 달이 지나치지 않아서 사시

---

107 본문의 富有之謂大業. 日新之謂盛德. 生生之謂易. 成象之謂乾. 效法之謂坤.
108 본문의 極數知來之謂占. 通變之謂事. 陰陽不測之謂神.
109 여기서 신神이라는 것은 종교에서 말하는 신(God)이 아니라, 음양의 변화를 헤아릴 수 없어 불가사의不可思議한 것을 말한다.『상전, 제4장』에서 "신무방하기에 역에는 체가 없다(神無方而易無體)"라 했다. 무방無方이란 일정한 방소方所가 없다는 뜻이니, 헤아릴 수 없는 것(不測)을 말한다. 방소가 있어 헤아릴 수 있다면 신(神: 不可思議)이 아니다.

가 어긋나지 않는다(日月 不過而四時 不忒)"라고 했다. 『하전, 5장』에서
는 이를 좀 더 피부에 와 닿게 설하고 있다.

해(日)가 지면(往) 달(月)이 뜨고(來), 달이 지면 해가 뜨니, 해와
달이 서로 밀쳐서(相推) 밝음(明＝日＋月)이 생겨나며(하늘에서의
음양변화), 추위(寒)가 가면 더위(暑)가 오고, 더위가 가면 추위가
와서, 추위와 더위가 서로 밀쳐서 일 년(歲)이 된다(땅에서의 변화).

이렇듯 해와 달이 바뀌고, 밤낮이 바뀌고, 밤낮이 바뀌고, 한서가
바뀌어서 한 해가 가고, 새해가 오는 이치(理法)가 자연自然이고 도道이
다. 자연이란 천지자연의 조화造化로서, 어느 타의나 외부의 작의作意
에 의해 해가 뜨고 지는 것이 아니라, 음과 양 두 기운이 스스로
서로 밀쳐서 밝음과 어둠이 생겨나며, 추위가 가면 더위가 오고, 한해가
가고 새해가 오는 것을 말한다. 그 조화가 이법理法이고 조화의 세계가
불교에서 말하는 법계法界이다.
　①그러한 이법理法이 역易이고, 『주역』의 본체로서 도道이고, 불교
의 연기緣起이고, ②이법의 펼쳐진 모습이 계절 따라 변하는 천지자연
이고, 두두물물 삼라만상이고, 제법실상諸法實相이다. ③세상에 이외
에 다른 도道는 없다. 이법(道)으로 말미암아 모든 존재는 천지자연(天,
道)으로부터 육신의 생명과 성(性, 사람다움)[110]을 부여받고 태어난다.

---

110 이것이 인간에겐 『중용』에서의 천명지위성天命之謂性이고, 『대학』에서의 명
　덕明德이고, 공자의 인仁이고, 맹자의 사단(四端: 인仁에서 우러나는 측은지심惻隱
　之心, 의義에서 우러나는 수오지심羞惡之心, 예禮에 우러나는 사양지심辭讓之心, 지智

진정한 도란 이법이 펼쳐진 천지자연의 변화 속에서 하늘로부터 부여 받은 생명을 보존하고 성性을 이루며(成性) 살아가야 하는 우리의 삶이 도이다.[111] 성인이란 공자나 부처님같이 이를 자각하여 성을 이룬 사람을 말한다. 그럼에도 무심한 인간(百姓)은 그(道) 속에 살고 있으면서도 그러한 이치(道)도 모르고 살아가고 있을 뿐이다(日用而不知). "인자는 인이라 하고, 지자는 지라고 하는 것"은 도道에 대한 인식이나 깨달음의 깊이가 다르기 때문이다.

『황제내경, 영추』에서는 "깨달음이란 음양에 대한 분명한 앎을 말하며, 음양의 이치를 분명히 알면 마치 의혹이 풀리고, 술이 깨는 것과 같다(黃帝曰 : 何謂日醒? 岐伯曰 : 明於陰陽, 如惑之解, 如醉之醒)"라고 하였다.

공자는 도道에 대해 『논어, 위령공』에서 "사람이 도를 넓히는 것이지(人能弘道), 도가 사람을 넓히는 것은 아니다(非道弘人)"라고 했다.

에서 우러나는 시비지심是非之心)이다. 또한 불교에서의 불성佛性이고 자성청정심自性淸淨心이다.

이렇듯 각기 표현만 달리할 뿐 그 내용은 하늘로부터 또는 태어날 때부터 부여받은 성性을 말하고 있다. 이 같은 성은 모든 인간의 내면에 본래부터 갖추어져 있다 해서 '본유本有'하고도 한다. 따라서 우리의 삶은 하늘로부터 부여 받은 성(性, 사람다움, 神性)의 발현發顯이어야 하며, 이를 자각하여 성의 발현을 지극至極히 한 사람 또는 성을 이룬(成性, 사람다움) 사람을 성인聖人이라 하며, 성인의 가르침을 본받아 실천하는 사람을 군자君子라 한다. 『주역』을 포함한 고전의 공부는 바로 이를 위한 것이다.

111 이를 『대승기신론』의 삼대三大에 적용하자면, 이법은 체대體大, 삼라만상은 상대(相大, 모습), 각기 펼치는 중생의 삶은 용대用大로 이해할 수 있겠다.

인간의 인식이나 지혜가 깊어지면 그만큼 도(道)에 대한 이해도 깊어질 것이기 때문이다. 하지만 본래의 '도' 자체는 넓어지거나 좁아지지는 않는다. 『반야심경』에서의 불생불멸不生不滅이고, 부증불감不增不減이다. 도는 인지認知의 대상으로 아는 만큼 보이고 행하는 만큼 커진다는 뜻이다.

그러기에 『노자, 1장』에서 "도가도道可道 비상도非常道, 명가명名可名 비상명非常名"이라 하여 '도는 이름 지을 수 없다(不可名)'라고 한 것이다. 도란 끊임없이 역동성 있게 움직이고 새롭게 변화하기 때문에 뭐라고 이름 지우는 순간 역동성이나 변화는 무시되고 하나의 고정된 틀 속에 갇히기 때문이다.

정이천은 『역전』에서 "도란 한 번은 음이 되었다가, 한 번은 양이 되는 것이다(道者. 一陰一陽也). 움직임과 고요함에는 단초가 없고(動靜无端), 음과 양에는 시초가 없으니(陰陽无始), 도를 아는 이가 아니면(非知道者) 누가 이렇게 깊은 뜻을 알리오(熟能識之)! 움직임과 고요함은 서로 말미암아 변화를 이룰 뿐이다(動靜相引而成變化)"라고 하였다.[112]

주자는 『본의』에서 "음과 양이 번갈아 들게 하는 것은 기氣이고(陰陽迭運者 氣也), 그 이치는 이른바 도다(其理 則所謂道)"라고 하였다.

이를 분석해 보면, ①음과 양이라는 두 가지 이질적인 성질이 있고, ②음과 양을 번갈아 들게 하는 기운이 있고, ③그러한 성질과 기운 속에 음과 양을 번갈아 들게 하는 이치가 있는데, 이를 합쳐 도道라 한다. 음과 양이 번갈아 든다는 것은 서로에게 의지하여(待對, 互根,

---

112 『상전 4장』에서 설하였다.

緣起, 有無相生) 움직이고 변화한다는 뜻이다. 세상에 어느 것 하나 일방적인 독주獨走는 없다.

【강설】

계지자선야繼之者善也. 성지자성야成之者性也

삼라만상의 모습(현상)은 복잡해 보이지만 한 번은 음이 되고, 한 번은 양이 되는, 즉 음양의 운행변화가 순환 반복하는 것에 불과하다. 이같이 일음일양하는 운행변화 속에 만물이 생生하는 것이니, 생生하는 것이 끊임없이 이어지는 것(繼)이 선善이다(繼之者善也). 하늘의 정기(기운)[113]를 받아 끊임없이 생명(몸)을 잇는 것이 계繼이고, 땅에서는 수많은 종류의 생명이 태어나 각기 본성대로 길러지는 것이 성成이다. 이때의 본성이 인간에게는 『중용』에서 말하는 '천명지위성'의 성性이다. 즉 하늘로부터 부여받은 품성稟性인 것이다.

만물이 생하고 나면 초목은 초목대로, 금수는 금수대로, 인간은 인간대로 각기 본성本性을 이루는 것이다(成之者性也). 세상에 태어났으면 가정을 꾸려, 생명(자식)을 잇고, 타고난 본성을 드높이는 삶을 살아야 한다. 이것이 자연법칙(善)이고, 이에 반하는 자살을 하거나 독신으로 사는 것은 불선不善이고 악惡이다. 이 같은 이치에

---

113 하늘(天)이라 할 때는 육안으로 쳐다보는 푸른 하늘뿐만 아니라 '일음일양하는 천체와 천체의 작용까지를 말한다. 따라서 하늘의 정기란 곧 '일음일양하는 운동으로 발생하는 기운을 말한다. 천체가 일음일양하지 않는다면 어떠한 기운도 발생하지 않고, 아무런 생명도 생하지 못한다.

굳이 이름을 붙인다면 '도道'라고 한다. 세상에 이보다 더 큰 '도'는 없다. 크기로 말하면 밖이 없고(其大無外), 작기로 말하면 안이 없다 (其小無內).[114]

주자는 『본의』에서 "도道는 음陰에 갖추어지고 양陽에 행해지니(道 具於陰而行乎陽), 계繼는 그 발함을 말한 것이다(繼言其發也). 선善은 변화시켜 기르는(化育) 공功을 말하니 양의 일이다(善謂化育之功陽之事 也). 성成은 갖추고 있음을 말한 것이요(成言其具也), 성性은 사물이 받는 것을 말한다(性謂物之所受). 사물이 생生하면서 성性을 가지는 것은 각기 이 도道를 갖추는 것을 말한 것이니(言物生則有性而各具是道 也), 음陰의 일이다(陰之事也)"라고 하였다.

한동석은 『우주변화의 원리』에서 "계지자선繼之者善이란, 인성人性 이 발한 바탕, 즉 사람의 본질은 선善하다는 뜻이다. 계繼란 무형에서 유형으로 계승해 준 것이란 뜻이니, 무형에서 유형으로 계승해 준 것은 정신과 생명이다. 그런즉 이것은 바로 본질(정신과 생명)이 선善하 다는 뜻이다. '성지자성成之者性'이란 그렇게 함으로써 물物이 형성되 면 거기에서 비로소 성性이 생긴다는 뜻이다. 성成의 뜻은 사물의 완성을 말하는 것으로 정신인 양陽은 자체 소멸을 방지해야 하므로

---

114 "其大無外, 其小無內"라는 문구는 『여씨춘추』, 『중용장구』, 『장자』 등에도 등장한다. 원효 대사는 『대승기신론소, 서序』에서 '대승大乘'을 설하면서 이 문구를 응용하여 "크다(大)고 말하고 싶으나(欲言大矣), 티끌처럼 너무 작아 안이 없는(無內) 것에 들어가도 남음이 없고(入無內而莫遺), 작다고(微) 말하고 싶으나(欲言微) 우주처럼 너무 커서 밖이 없는(無外) 것을 감싸고도(苞) 남음이 있다(苞無外而有餘)라고 하였다.(참조: 원효, 최세창 역주, 『대승기신론소별기』, 운주사, 2016.)

형形의 보호를 받을 때 비로소 그 목적이 달성되는 것이다. 그것은 바로 천지생물지심天地生物之心이 성물지심成物之心으로 전환되는 것을 말하는 것이다. 그런즉 성물지심, 즉 무형지심이 유형지심有形之心으로 전환된 때가 바로 성性인 것이다. 그러므로 이것을 통일하여 말하면 우주는 이리와 성性 전체의 주제자이지만, 갈라서 말하면 천天은 이리를 주재하고, 인물(人·物)은 성性의 활동을 실현하는 것이다. 이와 같이 인물은 성性에 의하여 활동하는 존재이고, 성은 음陰을 얻음으로써 이루어지는 것이므로 인간사회에는 선악의 투쟁과 부패와 타락이 유발되게 마련인 것이다"라고 하였다.

한동석은 "성을 갖추는 것(具)은 음陰의 일"로 본 주자朱子의 견해에서 진보하여 "성은 음陰을 얻음으로써, 선악의 투쟁과 부패와 타락이 유발된다"라고까지 본 것이다. 이는 이제까지 누구도 선악의 원인에 대해 밝히지 못한 기발한 논리이다.

【강설】

만물의 화육化育을 북돋우는 북소리(鼓萬物)

고(鼓: 북, 북소리)는 '부풀어 오르게 북돋우다, 부풀어 올라 팽창하다, 가득 차다(圓)'의 뜻으로 우주만물은 북소리(鼓)로부터 시작되었다(鼓萬物). 따라서 북소리는 생명의 소리이자 생명의 시작으로 현대과학의 빅뱅이론에 비견되는 주역학적 우주기원론이다. 대부분의 현대 천문학자들이 받아들이는 서양의 빅뱅이론에 따르면 137억 년 전에 우주가 – 모든 물질과 에너지 및 시공간이 – 하나의 점에서 '빵!' 하는 대폭발을 시작으로 팽창이 시작되어 지금도 팽창이 계속되고 있다고 한다. 우주의 생성은 – 빅뱅의 이론이든 『주역』의 이론이든 – 저절로 시작되었다. 이것이 최초의 자연으로, 자연自然이란 외부나 타他의 작의作意가 없는 '스스로 그러한 것(What is so of itself)'을 말한다. '스스로 그러함'이란 '빵!' 이전의 고요함(靜, Chaos)과 이후의 팽창(動)을 포함하는 『주역』의 태극이자 불교의 진여眞如로, 고요함(靜, 眞如)과 움직임(動, 生滅)의 성질이 함께 있기에 스스로 존재하면서(體) 대폭발을 계속하는(用) 것이다.

서화담(徐花潭, 1489~1546)은 『원이기原理氣』에서, 기氣가 고동치고(鼓)[115] 모여서(聚) 우주가 시작되었다고 했다(陽鼓陰聚).

태허는 맑고 형체가 없는 것이니(太虛 湛然無形), 이를 일러 선천이라고 한다(號之曰 先天). … 하나의 기氣가 나뉘어 음양이 되고(一氣之分爲陰陽), 양극의 기가 고동쳐 하늘이 되었으며(陽極氣鼓而爲天), 음극의 기가 모여 땅이 되었다(陰極其聚而爲地). 양의 고동치는 것이 극도에 이르러(陽鼓之極) 그 정기가 얽혀 태양이 되었고(結其精者爲日), 음이 모여져 극도에 이르러(陰聚之極) 그 정기가 얽혀 달이 되었다(結其精者爲月). 음의 정기가 흩어져 별이 되었고(陰精

---

[115] '고동鼓動'의 사전적 의미는 "어떤 일의 진행에 있어서 가장 중요한 점이나 계기"이다. 따라서 대시大始의 의미를 갖는다. 『설괘전說卦傳, 4~5장』에 따르면, 대시의 자리는 "만물이 나오는 동방으로 진괘震卦를 말한다(萬物出乎震, 震東方也)." 진괘는 우레(雷: 소리), 움직임(動), 일어남(起) 등을 상징한다. 우레는 빅뱅 후 최초의 움직임이었다(雷以動之).

之散爲星辰), 그것이 땅에 있어서는 물과 불이 되었다(其在地爲水火焉). 이를 일러 후천이라고 하니(是謂之俊天) 이로써 우주의 작용이 있게 된 것이다(乃用事者也).

불교에서는 "태초의 우주에는 아무것도 없는 공空의 세계이다. 단지 딱딱한 성질의 지地, 습기인 수水, 온도인 화火, 공기의 움직임인 풍風이란 4가지 에너지(氣)만 있었다. 이런 공의 상태로 있던 우주에 다른 우주로부터 기인한 중생들의 업業이 날아오기 시작한다. 업은 중생이 몸(身)과 입(口)과 마음(意)으로 짓는 모든 선악의 행위이다. 그 업 중에서도 가장 근본적인 업은 사물을 올바르게 인식하지 못하고 늘 이기적으로만 판단하는 무명업無明業이다. 이러한 업이 우주의 변화를 만든다"라고 한다.(참고: 문화콘텐츠닷컴, 문화원형백과.)

이를 『대승기신론』의 관점에서 보면, 진공묘유眞空妙有한 진여본각(太極)에서 무명無明이 동함으로써 인해(무명의 인연 따라) 주객의 세계(우주만물)가 생겨난 것이다(음양과 사상). 주객의 세계는 우주만물이 생멸하는 유위有爲의 세계이다. 무시無始 이래로 우주만물이 생멸할 수 있었고, 지금도 생멸하고, 앞으로도 계속해서 생멸할 수 있는 것은 진여의 묘유妙有한 성질 때문이다. 묘유한 성질로 인해 무명이 인연 따라 동動할 수 있는 것이다. 이를 수연隨緣이라 한다. 「법성게」에서는 "불수자연수연성不守自性隨緣成"이라 했다. 무명을 단세포적인 선악의 개념으로만 보면 안 된다. 무명이 우주 창조의 원초적 시원始原이기 때문이다. 기독교 창세기(태초)의 하느님이 당신의 모습을 한 인간을 만들 수 있었던 것도 그 이전(Chaos)에 그러한 성질이 있었기(妙有)

때문이며, 남과 여를 만들 수 있었던 것도 음과 양의 성질이 있었기(妙有) 때문이다. 그 이전(Chaos), 즉 음과 양으로 분화하기 이전의 상태가 진여본각眞如本覺이고, 태극太極이고, 태초太初이고, 기독교의 하느님이다.

【강설】
생생지위역生生之謂易

생생生生이란 우주(하늘, 乾, 천지자연)가 끊임없이(不息) 새 생명을 탄생시키는 창조성(創造性, Creativity)을 말한다. '일음일양'이 체體라면 '생생'은 용用이다.

생생은 우주(天)가 그냥 한 생명을 탄생시키는 것이 아니라 우주정신(Universal spirit)을 부여해서 탄생시킨다. 우주정신은 육신(생명)의 탄생은 물론 정신적(도덕적) 창조성(창조적 에너지)을 포함한다. 이것이 생생의 역易이자 하늘이 부여한『중용』의 "천명지위성天命之謂性"이며, 생생이 끊임없이 이어지는 것이 창조적 에너지(創造性)로서의 생생불식生生不息이다. 창조적 에너지로서의 우주정신이 인류공동체(Human community)를 이루고 과학과 정신문명을 창도唱導해 나가는 것이다. 따라서 인간을 포함한 모든 생명체의 삶은 우주정신의 창조적 발현發顯이어야 하며, 모든 생명은 똑같이 존중되어야 한다. 그러나 동물(인간)은 식물과는 달리 자신의 생명을 유지하기 위해 다른 생명의 희생을 필요로 한다. 또한 한곳에서(機立) 오직 하늘이 주는 태양빛을 에너지로 자생하는 식물과는 달리 먹이를 찾아 이동을 한다.

이를 『황제내경, 소문素問』에서는 식물은 기립지물機立之物로, 동물은 신기지물神機之物로 구분하였다. 같은 신기지물 중에서도 여타 동물들은 허기를 채우면 더 이상 욕심慾心을 안 부리지만 오직 인간만은 욕심에 끝이 없어 자연을 파괴하고 필요 이상의 살생을 일삼는다. 이것이 인간에게 주어진 천형天刑이자 원죄(Original sin, Divine punishment)이다. 불교에서 살생에 대한 참회(殺生重罪今日懺悔)를 하고 방생을 하는 것이나, 공양에 앞서 오관게五觀偈를 송誦하고, "모든 중생에게 불성이 있다(一切衆生悉有佛性)"라거나, "개에도 불성이 있다"라고 하는 것들은 모두 생명에 대한 존중이자 천형인 원죄에 대한 참회이다. 살상에 대한 참회는 못할망정 생명을 희롱하는 투견鬪犬을 하고, 낚시나 사냥을 취미로 삼아서야 되겠는가?

'생생'은 또한 우주정신의 무한하고도 연속적인 생生을 말하는 것으로(生生不息), 『노자』는 "도는 하나를 낳고(道生一), 하나는 둘을 낳고(一生二), 둘은 셋을 낳고(二生三), 셋은 만물을 낳는다(三生萬物)"라고 하였다. 그 궤적軌跡으로 아침이 지나면 오후가, 오후가 지나면 밤이, 밤이 지나면 다시 아침이 오는 과정에서 만물은 생주이멸을 끊임없이 반복한다.

그러나 오늘의 아침이 어제의 아침이 아니기에(無常) 날로 새롭게 태어나고 발전하고 창조되어야 한다. 이것이 변역變易이며, 이러한 불변의 진리가 불역不易이다. 흉(凶, 음, 불행)이 지나가면 새로운 길(吉, 양, 행운)이 오는 것을 알기에 좌절하지 않고 불행을 참고 이겨내며, 행운이 다가오면 머지않아 사라지는 것을 알기에 근신勤愼하며 경거망동하지 않는다. 이러한 이치를 깨달은 자(善於易者)는 굳이 점占집을

찾을 필요가 없다(不卜). 순자荀子의 말이다. "역易에 밝은 자는 점을
치지 않는다(善於易者不卜)."

계사상전 제6장

【주역】夫易. 廣矣大矣. 以言乎遠則不御. 以言乎邇則靜而正. 以言乎天地之間則備矣. 夫乾. 其靜也專. 其動也直. 是以大生焉. 夫坤. 其靜也翕. 其動也闢. 是以廣生焉. 廣大配天地. 變通配四時. 陰陽之義配日月. 易簡之善配至德.

무릇 역(易)은 (그 이치가) 넓고도(廣: 공간) 큰(大: 시간) 까닭에, 멀기로 말하자면 제어할 수 없을 만큼 멀고(不御), 가깝기로 말하자면 고요하면서 바르고(靜而正)[116], 천지지간天地之間으로 말하자면 (천지 사이에 모든 이치가) 다 갖추어져 있다고(備)[117] 말할 수 있다. 무릇 건(乾, ☰)은 고요할 때는 (고요함을) 오로지하며(專一), 움직일 때는

---

116 고요하면서 바른 것(靜而正)은 음양 미분未分의 원초적, 본래적 상태로 유위有爲가 가해지지 않은 미발未發의 상태를 말한다. 『대승기신론』의 표현으로는 무명無明이 동동動動하기 전의 진여본각眞如本覺의 상태라 할 수 있다.
여기서 멀기(遠)와 가깝기(邇)의 표현은 『하전, 2장』 '원취저물遠取諸物, 근취저신近取諸身'의 연장이라 할 수 있다.

117 '비의備矣'는 다 갖추고 있어서(完備) 『역경』의 이치로 설명 못하는 것이 없다는 뜻이다. 앞의 "불어不御"와 같고 "광의대의廣矣大矣"와도 같은 의미로 이해하면 된다. 다 갖추었다는 것은 천도(음양), 지도(강유), 인도(인의)를 모두 갖추었다는 뜻이다.

곧은지라(貞直) 이로써 크게(大) 생하며[118], 무릇 곤(坤, ☷)은 고요할 때는 닫혀 있고(翕), 음직일 때는 열리는지라(闢) 이로써 넓게(廣) 생生하나니[119], 넓고(廣) 큼(大)은 하늘과 땅에 짝(配)하고, 변變하여 통通하는 것은 사계절(四時)[120]에 짝(配)하고, 음양의 이치(義)는 해와 달에

---

118 건乾이 '고요할 때는 (고요함을) 오로지한다(靜也專)'라는 뜻은 고요함이 극에 이른 경지(專)를 말한다. 이 '전專'은 '극極'과 같은 의미다. 고요함(體)을 오로지(專一)하기 위해서는 비우고 비워야 한다. 이를 『노자, 16장』에서는 "비우고 비워 비움 마저 사라지면 고요함만 남는다(致虛極守靜篤)"라고 하였다. 그러나 그 고요함이 한번 움직이면 정직貞直하고 사사로움이 없기에 크게(大) 생生할 수 있는 것이다. '크게(大) 생生한다'라는 말은 만물을 생한다는 뜻이다.

119 곤坤 역시 고요할 때는 닫혀 있다가도 움직이면(用) 열리니 넓게(廣) 생생하는 것이다. 대생大生과 광생廣生의 차이점은 하늘(乾)로부터 만물을 생할 수 있는 기운을 받는 질적인 면에서 대생이라면, 하늘의 기운을 받아 널리 만물을 생한다는 양적인 면에서 광생이라 할 수 있다. 하늘의 대생이 곧게 뻗은 직선의 창조성이라면, 땅의 광생은 가슴을 열어(闢) 받아주는 포용성이라 할 수 있다. 건이 고요함으로 체體라면, 곤은 움직임으로 용用이다.

건과 곤은 각기 동정의 성질을 갖추고 있기에 양이 다하면 음이, 음이 다하면 양으로 변하길 반복하는 것이다. 이는 양중음, 음중양, 정중동, 동중정의 성질이 있음을 말해 주는 것이다.

120 변통의 변變은 개개의 양이 음으로, 음이 양으로 변화 운행하는 것을 말하고, 통通은 개개의 변화 운행이 연속적으로 이어지는 것을 말한다. 따라서 변통은 변화 운행하여 통한다는 의미이다. 통하는 것이 도道다. 도는 만물에 두루 통하며, 만물로 하여금 서로 통하게 한다.

자연계의 사시四時는 춘하추동 멈추지 않고 변화 순환한다. 인생의 생로병사 역시 끊임없이 변하고 순환한다. 이처럼 낮이 밤 되고, 밤이 낮 되고, 여름이 겨울 되고, 겨울이 여름 되듯 음양이 변화 순환하고, 그 변화 순행이 끊임없이 이어지는 것이 변통이고 도道다. 인간의 일생을 변통으로 표현한다면 봄은

짝(配)하고, 쉽고 간편한 선善은 지극한 덕德과 짝(配)한다.[121]

【선해】 上云生生之謂易. 指本性易理言也. 依易理作易書. 故易書則同
理性之廣大矣. 言遠不禦. 雖六合之外. 可以一理而通知也. 邇靜而
正. 曾不離我現前一念心性也. 天地之間則備. 所謂徹乎遠邇. 該乎
事理. 統乎凡聖者也.

위에서 이르기를(上云), (만물을) 낳고(生) 또 낳음(生)을 역이라

_____

생生, 여름은 노老, 가을은 병病, 겨울은 사死에 해당한다.

[121] 지고지순한 덕목은 쉽고 간단함에 있다(易簡之善配至德). 일월의 운행이나
주야 춘하추동의 변화는 누구나 보고 알 수 있듯이 쉽고 간단한 것이다.
어렵고 복잡하여 소수만이 배우고 이해할 수 있다면 진리일 수 없다. 쉽고도
간단한 진리(易簡之善), 『역경』의 이치가 그러하다는 것이다. 『상전 제1장』
"이지간능易知簡能"의 부연설명이라 할 수 있다.

그러나 "지극한 덕(至德)은 비단 이간지선易簡之善에만 해당되는 것이 아니다.
『주역』의 철학적 속성을 나타내는 일월지도, 음양지도, 천지지도, 건곤지도,
성인지도, 군자지도 등등에 해당한다고 볼 수 있다.

『황제내경, 소문素問』에서는 "무릇 음양사시는 만물의 근본이다(夫四時陰陽
者 萬物之根本也). … 따라서 음양사시는 만물의 종시이며(故陰陽四時者, 萬物
之終始也) 생사의 근본이다(死生之本也). 이를 거스르면 재해가 발생하며(逆之
則災害生), 이를 따르면 어떤 질병도 생기지 않는다(從之則苛疾不起)"라고 한
다. 세상에 밤낮이 바뀌고 사계절이 순환하는 것보다 더 신비하고도 위대한
것은 없다. 그 신비하고도 위대한 음양사시의 순환 속에 만물은 생멸을
거듭할 뿐이다. 한 생명의 죽음은 생사의 고리에 걸쳐진 과정일 뿐 죽음으로
끝나는 것이 아니기에 새 생명으로 다시 시작하는 것이다. 이것이 종시終始
이다.

하는(生之生謂易) 것은, 본성과 역리를 가리켜 하는 말이다. 역리에 의거해서 역서易書가 만들어진 까닭에, 역서는 곧 이성理性의 광대함과 같다(同). "멀기로 말하자면 제어할 수 없을 만큼 멀다"라는 것은, 비록 육합(六合: 천지와 사방)을 벗어난다(外) 할지라도, 가이히 한 가지 이치(一理)로써 통通하여 알 수 있는 것이다. "가깝기로 말하자면 고요하면서 바르다"라는 말은 늘(曾)[122] 우리의 눈앞에 드러나는(現前) 한결같은 생각(一念)인 심성(心性, 本性)을 벗어나지 않는다는 것을 뜻한다. "천지지간天地之間으로 말하자면 (천지 사이에 모든 만물이 또는 모든 이치가) 갖추어져 있다"라는 것은, 이른바 멀고 가까운 것을 모두 관철貫徹하고, 사리事理에 맞으며, 범부와 성인(중생과 부처)을 아우른다(統)는 뜻이다.

【선해】易書不出乾坤. 乾坤各有動靜. 動靜無非法界. 故得大生廣生
而配于天地. 旣有動靜. 便有變通以配四時. 隨其動靜. 便爲陰陽以
配日月. 乾易坤簡以配至德. 是知天人性修境觀因果無不具在易書
中矣.

역서易書는 건곤(乾·坤)을 벗어나지 않으며(不出), 건곤에는 각기 동정(動·靜)이 있으니, 동정 사이에 있는 어느 것 하나 법계가 아닌 것이 없는 까닭에, (건이) 크게 낳고 (곤이) 넓게 낳음으로써 천지(天·地)에 짝(配)하는 것이다. 이미 동정(動·靜)이 있으니 곧 변통(變·通)하여 사시四時에 짝(配)하고, 동정에 따라 곧 음양(陰·陽)이 되어 일월(日

·月)에 짝(配)하며, 건은 쉽고(易) 곤은 간이(簡)하여 지극한 덕德에 짝(配)하니, 이로써 천天과 인간人間, 성性과 수(修: 닦음), 경계(客)와 관법(主), 원인과 결과 등등이 모두 역서易書에 갖추어지지 않은 것이 없음을 알아야 한다.

【강설】

광의대의廣矣大矣. 이언호원즉불어以言乎遠則不御

광廣은 '미치지 않는 곳이 없을 만큼 넓다', 대大는 '이보다 더 큰 것이 없다'는 의미이다. '불어不御'란 한계가 없다는 뜻이니, 불교적 표현으로 광대무변廣大無邊 또는 무량무변無量無邊과 같은 의미라 할 수 있다. 이는 『역경』의 영역을 나타내는 말로, 역易의 이치나 도리가 넓고도(廣: 공간) 큰(大: 시간) 까닭에 미치지 않는 곳이 없어(不御), 일체의 철학, 종교, 도덕, 정치, 과학, 의학, 사업, 군사 등등이 모두 『역경』에 포함되지 않는 것이 없다는 뜻이다.

부처님의 깨달음의 세계를 설하는 『대방광불화엄경大方廣佛華嚴經』의 '대방광'도 여기서 차용借用했다 할 수 있다. 원효 대사는 『화엄경소華嚴經疏』에서 '대방광불화엄경'의 '대방광'이란 법계가 무한한 것이고(法界無限), '불화엄'이란 행덕이 무변한 것(行德無邊)이라 하였다. 대방광불大方廣佛이란 시공을 초월한 법신法身 부처님인 비로자나불(Vairocana)을 말한다. 법신 비로자나불은 허공과 같이 '대방광'해서 우주 허공에 가득 차 있음을 상징적으로 나타낸 것이다. 법신 비로자나 부처님의 광명이 "시간적으로 크고(大, mahā), 공간적으로 넓어서(方

廣, vaiplya)", 즉 시공을 초월해서 끊임없이 중생계를 비춘다는 뜻이다. 법신은 진리의 몸(身)이란 뜻으로 우주의 본체인 진여실상眞如實相을 의미한다. 불신은 빛깔이나 형상이 없는 까닭에 미혹한 중생의 눈으로 는 볼 수가 없다. 오직 비로자나불에 귀의 경배하고 진리(法)를 따름으 로써 언제 어디서나 비로자나불의 세계로 들어가 만날 수 있다. 그 세계는 큰 연꽃(蓮花)으로 장식되어 있으며, 우주만물을 두루 간직하 고 있다 하여 연화장세계蓮華藏世界라 한다. 이 세계의 교주가 바로 삼천대천세계의 교주로서 삼라만상을 총괄하는 비로자나불이다.

비로자나불은 또한 보살도의 실천(菩薩行)을 설하는 『화엄경』의 교주로서, 비로자나불의 연화장세계는 중생들과 괴리된 부처님의 세계가 아니라 우리들이 살고 있는 현실세계가 바로 부처님의 연화장 세계라는 것을 상징하고 있다. 따라서 보살도의 실천을 통해서 우리가 살고 있는 현실세계를 연화장세계로 만들어야 하는 것이다. 연화장세 계가 바로 극락이자 불국토이기 때문이다.

계사상전 제7장

【주역】子曰. 易其至矣乎. 夫易. 聖人所以崇德而廣業也. 知崇禮卑. 崇效天. 卑法地. 天地設位. 而易行乎其中矣. 成性存存. 道義之門.

공자께서 이르시길[123] "역의 이치가 참으로 지극하도다![124] 무릇 역을 지은 뜻은 성인이 덕德을 숭상하고, (천하) 사업을 넓히려는 바(所以)이다.[125] 지혜(知)는 높이 받들고(崇) 예(禮: 실천)는 나를 낮추는(卑) 것이니, 높이 받드는 것(崇)은 하늘을 본받고(效), 낮추는 것(卑)은 땅을 본받는

---

123 주자는 『본의』에서 "십익은 모두 공자가 지은 것인데(十翼 皆夫子所作), 스스로 '자왈子曰'이라는 글자를 붙일 수 없으니(不應自著子曰字), 아마도 모두 후세에 붙인 듯하다(疑皆後人所加也)"라고 하였다.

124 이보다 더한 이치나 학문은 없다는 뜻이다.

125 업業이란 성인이 덕을 숭상하는 천하 사업을 말하며, 이를 넓히는 것을 광업廣業이라 하며, 광업의 실천방법으로 "지혜는 하늘처럼 높이 받들 되, 예禮는 실천할 것(知崇禮卑)"을 제시하고 있다. '비卑'는 '낮은 곳, 힘쓰다, 애쓰다'의 뜻이니, '예禮'라는 것은 자신을 낮추는 겸손이나 실천을 말한다. 이 같은 '지숭예비知崇禮卑'는 하늘(崇)과 땅(卑)을 본받는 것으로, 이를 실천만 하면 누구나 성인이 될 수 있다. 『주역』은 누구나 성인이 될 수 있고, 성인이 되어야 하는 당위성을 이야기하는 성인학聖人學으로, 일체중생의 불성과 성불(一切衆生悉有佛性)을 설하는 불교의 교설과 다를 바가 없다.

것(法)이다. 천지(天·地)가 상하(上·下)의 자리(位)를 정하여(設), 역易의 도리가 천지에서(中) 행해지니[126], 하늘이 부여한 성품을 이루어서(成性), 이를 보존하고 존속하는 것(成性存存)[127]이 바로 도의(道義, 도와 이치)에 이르는 길(門)[128]이다"라고 하였다.

---

126 『상전, 제1장』에서 이미 "天尊地卑. 乾坤定矣"라고 천지의 존비尊卑로 정위定位를 밝힌 이래 여기서는 숭비崇卑로 다시 천지의 정위를 밝히고 있다. 역리易理는 천지라는 정위를 벗어나지 않는다. 천지정위를 벗어나서는 역리는 성립될 수 없다. 이 같은 천지의 정위, 즉 하늘은 높고 땅은 낮은 천지 사이(中)에 『역경』의 이치가 행해지고 있다(易行乎其中矣)는 뜻이다. 여기서 천지설위天地設位는 건곤정의乾坤定矣와 같은 뜻이다.

127 성성존존成性存存의 '성성成性'은 『상전, 제5장』의 "음양의 운행변화가 만물을 낳음으로써 모든 존재에 이익을 주기 때문에, 이를 내 것으로 체화體化하여 빈틈없이 계승하는 것은 선이며(繼之者善也), 이를 흐트러짐 없이 이루는 것이 본성本性이다(成之者性也)"에서 '성지자성成之者性'을 말하며, '존존存存'에서 앞의 '존'은 우주만물이 각기 하늘이 부여한 본성을 보존保存하는 것을 말하며, 뒤의 '존'은 우주만물 모두가 하늘이 부여하여 이룬 본성을 존속(存續, 계속하여 行行)하는 것을 말한다. 여기서 본성이란 천명으로, 『중용, 1장』의 하늘이 부여한 천명지위성天命之謂性을 말한다.
　이는 불교에서의 불성佛性, 여래장如來藏, 자성청정심自性淸淨心, 진여眞如, 아리야식阿梨耶識 등으로 이해할 수 있다. 이러한 본성은 선과 악, 진眞과 망妄, 보리菩提와 번뇌煩惱 등으로 혼합되어 있으므로 수행을 통해 악, 망, 번뇌 등을 걸어냄으로써 본래의 성품本性인 선善, 진眞, 보리菩提를 드러내는 것이다.

128 문門이란, 불교 『대승기신론』에서의 생멸문生滅門, 진여문眞如門이라고 할 때의 '문'과 같은 뜻이다.

계사상전 제8장

【주역】聖人有以見天下之蹟. 而擬諸其形容. 象其物宜. 是故謂
之象. 聖人有以見天下之動. 而觀其會通. 以行其典禮. 繫辭焉
以斷其吉凶. 是故謂之爻.

言天下之至蹟而不可惡也. 言天下之至動而不可亂也. 擬之而
後言. 議之而後動. 擬議以成其變化.

　성인(伏羲氏)이 천하 만물의 심오한 이치(蹟)[129]들을 다 관찰하여(見),
그 생긴 모습들(形容)을 서로 견주어(擬) 보고, 그 사물만의 마땅한
특성(宜)[130]을 형상화하였으니(象), 이런 까닭으로 그것을 상象이라

---

129 색蹟에는 '심오한'의 뜻 외에 '잡다한'의 뜻도 있으니 문맥에 따라 새겨야
　　할 것이다.

130 모든 사물에는 그 사물만이 가지고 있는, 다른 사물과는 차별되는 특성이
　　있는데, 이를 나타내는 데 마땅하고도 합당한(宜) 모습(象)을 상기물의象其物宜
　　라 한다. 천하의 사물에는 반드시 '그러한 까닭(所以然之故)'이 있고, '당연히
　　그렇게 하여야 할 법칙(所當然之則)', 즉 이理라는 것이 있다.
　　그러면 사람으로서 마땅히 갖추어야 하는 인의人宜란 어떤 것일까? 공자의
　　인仁, 맹자의 사단(四端: 측은지심, 사양지심, 시비지심, 수오지심)이 인의이고,
　　불교에서 불성의 체현體現, 즉 육바라밀을 실천하는 보살행이 인의라 할
　　수 있다.

한다. (그 후에) 성인(문왕과 주공)이 천하의 움직임을 살펴(見) 그것들이 어떻게 모이고(會) 통通하는가를 관찰하여[131], 그 전례(典禮, 규범)를 만들어(行), 말을 얽어매어(繫辭)[132] 그 길흉을 판단하게 하였으니[133]

---

131 회통會通은 성질이 서로 다른 것들을 모아서(會, 聚) 서로 통通하게 하는 것을 말한다. 회통은 화쟁과 같은 의미이다. 화쟁和諍이라는 말은 원효 대사의 『십문화쟁론』의 제목에서 유래한 것으로 보이는데, 원효 대사는 당시 종파들의 다양한 이론異論들을 인정하면서도 7세기 중국 불교의 중요한 쟁점이었던 중관론中觀論과 유식론唯識論의 교조적 대립을 독창적으로 회통 통합하려 하였는데, 이것을 '화쟁사상和諍思想' 또는 '원융회통사상圓融會通思想'이라고 한다.

이처럼 '화쟁'이라는 용어는 종교적으로도 매우 심오하고 철학적인 용어임에도 불교종단이나 세간에서 너무 쉽게 화쟁을 이야기한다. 그들이 말하는 화쟁이란 기껏해야 재물(이익)이나 권력(보직이나 감투)의 분배가 편파적이지 않는 '공평함'을 화쟁으로 삼는다. 그러나 재물이나 권력(감투)의 분배는 화쟁이 아니라, 물질적 욕심의 분배에 지나지 않는다. 부처님이나 원효 대사는 그런 화쟁을 말씀하지 않았다. 중생의 모든 행위는 이익(自利, selfish)을 담보로 한다. 그러나 '사람이 부처'라는 가르침에는 '중생은 본래 바르고 옳은 존재(부처)'라는 것을 전제로 한다. 『대승기신론』에서도 '중생심이 일심一心이고 대승大乘이라고 밝히지 않는가? 그렇다면 중생의 행위는 바르고 옳은 것(大乘)이어야 하며, 중생이 추구하는 이익自利 또한 옳은 것(利他)이어야 한다. '옳음(利他)'과 옳음을 바탕으로 하는 '이익(自利)'이 둘(二)이 아닐 때, 진정한 화쟁이 되는 것이다. 어느 한쪽(강자 또는 약자)의 양보나 희생을 통한 타협은 화쟁이 아닌 갈등의 잠복일 뿐이다. 21세기 화쟁이란 국가, 인종, 이념, 사상, 종교, 사회계층, 지역, 역사, 문화, 경제적 갈등까지도 아우르는 '옳음(利他)의 화쟁'이 되어야 한다. 그러기 위해서는 원효 대사가 『대승기신론 소疏』에서 밝히는 일심의 근원(一心之原)으로 돌아가야(歸) 한다.(참조: 최세창 역주, 『대승기신론소별기』, 운주사, 2016.)

이런 까닭으로 본받을 만하다 하여 효(爻, 본받을 효)라고 한다.

역易은 천하의 지극히 잡다한 것(賾)들을 말했으나 너저분하지(惡) 않으며, 천하의 지극히 미세한 움직임을 말했으나 난잡亂雜하지 않으니, 이런 것들을 견주어(擬) 본 다음에 말하고(言), 의논한 후에 움직이니(動)[134], 견주어 보고 의논함으로써 그 변화를 알 수 있는 것이다(成).[135]

---

132 괘卦나 효爻의 바로 아래에 매달려(繫) 괘효를 설명하는 말(辭)을 계사繫辭라 한다. 繫는 '매다, 매달다'의 뜻이다. 계사는 길흉을 판단하는 말로 괘사와 효사를 말한다.

133 맹자와의 토론에서 무참하게 깨지는 고자(告子: 생몰미상)는 인간의 본성을 식색食色이라 하였다. 인간의 생리적 욕구가 식색이라면, 미래를 알고 길흉을 판단코자 하는 것은 이성적 욕구로 동서고금을 막론하고 종교나 이념을 떠나 인간의 본성本性일 것이다. 이러한 인간의 이성적 본성에 부응하여 주나라 사람들이 하·은대의 연산역과 귀장역을 계승 발전시킨 것이 주나라의 『주역』이다. 하지만 당시에는 여덟 가지 괘상(八卦)으로만 점을 쳤기에 복잡다단한 인간의 욕구를 충족시킬 수 없었다. 이에 부응하여 또다시 팔괘에서 64괘로 발전하게 된 것이다. 그러나 용이하게 길흉을 설명할 괘사나 효사가 없었기에 64괘와 384효에 길흉과 연계할 특정한 문자나 말(辭)이 필요하게 되었다. 이전부터 점인(占人, 점치는 관리)들은 점치는 일이 끝나고 나면 점괘의 내용(卦辭, 占辭)을 비단에 적어서 보관하였다가 한 해를 마치면 점친 내용들이 적중했는지, 효험은 있었는지를 분석하고 정리하여 다음에 점칠 때 근거로 삼았다. 이렇게 모이고 축적된 점사들 중에서 선택되어 다듬고 편집되고 체계화한 것이 오늘날의 괘사와 효사인 것이다. 어느 한 시대에 어느 한 사람에 의해 쓰인 것이 아니라는 뜻이다.(참조: 『주례周禮』.)

134 말(言)에는 실천(行)이 따라야 하며(言行一致), 본본과 말(末: 결과)이 일치해야 한다. 또한 행行함에는 꾸준함(恒)이 있어야 한다. 『역경』 37번째 풍화가인(風火家人, ䷤)괘 「대상전」에는 "말에는 실천이 따라야 하며, 행함에는 꾸준함이

【선해】 夫聖人依易理而作易書. 易書之配天道人事也如此. 故孔子作
傳至此. 不覺深爲之歎賞曰. 易其至矣乎. 夫易. 乃聖人所以崇德而
廣業也.

무릇 성인이 역리易理에 의지하여 역서易書를 지었으니, 역서가
천도天道와 인사人事에 짝(配)하는 것이 이와 같기에[136] 공자께서 계사
전繫辭傳을 지으며 이에 이르러(至此), 심오함에 자신도 모르게(不覺)
탄복하고 칭찬하여(歎賞) 말하기를, "역의 이치가 참으로 지극하도다!
무릇 역은 성인이 덕德을 높이고(崇) 천하의 사업을 넓히려는 까닭(所
以)이다"라고 한 것이다.

【선해】 知則高高山頂立. 故崇. 禮則深深海底行. 故卑. 崇卽效天. 卑卽
法地. 蓋自天地設位以來. 而易理已行于其中矣. 但隨順其本成之
性. 而不使一念之或亡. 則道義皆從此出. 更非性外有少法可得也.

지혜(知)는 높고도 높은(高高) 산꼭대기(山頂)에 세워지는 까닭에
숭상한다(崇)하는 것이다. 예禮는 깊고도 깊은(深深) 해저海底에서
행해지는 까닭에 낮춘다(卑) 하는 것이다. 높인다는 것은 곧 하늘을

있어야 한다(言有物而行有恒)"라고 하였다.

135 이로써 『주역』은 종교나 이념에 편향되지 않는 보편적 진리로서, 덕을 숭상하
고 천하 대업을 널리 펴고(崇德廣業) 나아가 우주변화의 원리를 밝히는 철학이
되었다. 소탐小貪함으로써 대실大失하는 소인의 학문이 아니라, 대실大失함으
로써 대득大得하는 성인의 학문으로, 불교에서의 육바라밀을 행하는 불보살
의 철학인 것이다.

136 천도天道에 인사人事가 짝(配)하는 것이 천인합일天人合一이다.

본받는(效) 것이고, 낮춘다는 것은 곧 땅을 본받는 것이다. 대개(蓋)
먼저(自) 천지(天·地)의 자리가 정해진(設位) 이래로, 역리易理는 이미
그 가운데서(其中) 행해지고 있다. 단지 본래 이루어진 성품(本性)에
수순隨順하여 한 생각(一念)도 혹여 (그 본성을) 잃지 않으면, 곧
도의道義가 다(皆) 이를 좇아 드러나리니(出), 바꿔 말하면(更) 성性
밖(外)에서 사소한 법(少法)이라도 얻을 수 있는 것은 없다(非).[137]

【선해】 是故易象也者. 不過是聖人見天下之賾. 而擬其形容. 象其物宜
者耳. 易爻也者. 不過是聖人見天下之動. 而觀其會通. 以行其典禮.
繫辭焉以斷其吉凶者耳. 夫天下之物雖至賾. 總不過陰陽所成. 則
今雖言天下之至賾. 而安可惡. 若惡其賾. 則是惡陰陽. 惡陰陽. 則
是惡太極. 惡太極. 則是惡吾自心本具之易理矣. 易理不可惡. 太極
不可惡. 陰陽不可惡. 則天下之至賾亦安可惡乎.

시고로, 역상易象이라는 것은, 성인이 천하의 잡다함(賾)을 관찰하
여(見), 그 형용을 견주어서(擬) 그 사물에 마땅하게(宜) 형상화한
것에 불과하다. 역효易爻라는 것은, 성인이 천하의 움직임을 관찰하여,
그 회통함을 살피고(觀) 그 전례典禮를 만들어(行), 효爻에 말을 붙여(繫
辭) 그 길흉을 판단하는 것에 불과하다. 무릇 천하의 사물이 비록
지극히 잡다하다(賾) 할지라도, 모두(總) 음·양의 형성에 불과하다.
즉 지금 비록 '천하 만물이 지극히 잡다하다(賾)'라고 말한다 해서,

---

137 모든 것이 한 생각(一念) 안에서 있는 것이지, 한 생각(마음, 본래의 성품)
밖에서 찾을 것은 아무것도 없다는 뜻이다.

어찌(安) 가히 미워할(惡: 비방하다) 수 있겠는가? 만약 그 잡다함을 미워한다면 곧 음양을 미워하는 것이며, 음양을 미워한다면 곧 태극을 미워하는 것이 되며, 태극을 미워하는 것은 곧 자신의 마음속에 본래 구족해 있는 역리易理를 미워하는 것이 된다. (따라서) 역리는 가히 미워할 수 없고, 태극도 가히 미워할 수 없고, 음양도 가히 미워할 수 없는 것이니, 곧 천하의 지극히 잡다한 이치(至賾) 또한 어찌 가히 미워할 수 있겠는가?

【선해】 夫天下之事雖至動. 總不出陰陽之動靜所爲. 則今雖言天下之
至動. 而何嘗亂. 若謂其亂. 則是陰陽有亂. 太極有亂. 吾心之易理有
亂矣. 易理不亂. 太極不亂. 陰陽不亂. 則天下之至動亦何可亂乎.
是以君子當至賾至動中. 能善用其擬議. 擬議以成變化. 遂能操至
賾至動之權.

무릇 천하지사(萬事)가 비록(雖) 지극하게 움직이나, 모두(總) 음양의 동정(動·靜)이 하는 바(所爲)에서 벗어나지 아니하니(不出) 곧 이제 비록 천하의 지극한 움직임이라고 말할지라도, 어찌(何) 일찍이(嘗) (이 천하의 지극한 움직임을) 어지럽힐 수 있었겠는가? 만약 (이 천하의 지극한 움직임을) 어지럽힐 수 있다고 한다면(謂), 곧 이는 음양을 어지럽힐 수 있으며, 태극을 어지럽힐 수 있으며, 내 마음속의 역리易理도 어지럽힐 수 있는 것이다. (그러나) 역리는 어지럽힐 수 없으며, 태극도 어지럽힐 수 없으며, 음양도 어지럽힐 수 없으니, 천하의 지극한 움직임을 또한 어찌 가히 어지럽힐 수 있겠는가? 이로써 군자君子는 마땅히(當) 지극히 심오하고 지극하게 움직이는 것들 중에, 능히 그 (지극히 심오하고 지극하게 움직이는 것들을) 견주고 의논하여 잘 쓰니(善用), 견주고 의논함으로써 변화를 이루어, 마침내(遂) 능히 지극히 심오하고 지극하게 움직이는 권능을 손에 쥘(操) 수가 있는 것이다.

【선해】蓋必先有中孚之德存于已. 而後可以同人. 孚德旣深. 雖先或號咷. 後必歡笑. 況本無暌隔者乎. 然欲成孚德. 貴在錯地之一著. 譬如藉用白茅. 則始無不善. 又貴在究竟之不變. 譬如勞謙君子. 則終無不吉. 倘勞而不謙. 未免爲亢龍之悔. 倘藉非白茅. 未免有不密之失. 而所謂不出戶庭者. 乃眞實愼獨功夫. 非陽爲君子陰爲小人者所能竊取也.

대개(蓋) 반드시 먼저 중부中孚[138]의 덕德이 자신에게(于己) 존재한 이후에야 가히 남과 함께할 수(同) 있으니[139], 부덕孚德이 이미 깊다면,

---

138 중中은 어느 곳에도 치우치지 않는 중정中正한 마음을, 부孚는 믿음을 뜻한다. 따라서 중부는 중정한 천도天道의 마음으로 일체의 사심을 버린 진실한 믿음을 의미한다. 진정한 믿음은 욕심을 버리고 마음을 비울 때만이 나온다. 중정中正은 천도天道, 건도乾道를 나타내며, 정중正中은 인도人道와 지도地道를 나타낸다. 『역경』 61번째 풍택중부괘(風澤中孚卦: ䷼)의 괘상을 보면 가운데(中) 3효와 4효가 음효로서 비어 있다.

139 자신이 먼저 중부의 덕성을 갖춘 후에야 비로소 남과 함께할 수(同人) 있는 것이다. 여기서 함께한다는 것은 원효 대사가 파계 후 무지렁이 시정배들과 어울려 소성거사小性居士의 삶을 살아간 것이 좋은 예라 할 수 있다. 지위가 높아질수록 교만하고, 국민 대하기를 가려 하는 공직자들이 새겨야 할 대목이

비록(雖) 먼저는(先) 혹 울부짖더라도(號咷) 후後에는 반드시 환희에 차서 웃을 것이니, 하물며(況) (부덕孚德이 있어) 본래부터 반목하여(睽) 사이가 벌어지는(隔) 일이 없던(無) 자者이랴! 그러나(然) 부덕孚德을 이루고자 한다면, 땅에 내딛는 첫 발(一著: 시작)을 귀하게 여겨야 한다. 비유컨대 (제사를 지내면서 돗자리가 없어) 깔게(藉)로 흰 띠풀(白茅)¹⁴⁰을 엮어 쓴다면(藉用白茅),¹⁴¹ 시작에 잘못은(不善)은 없는 것이다. 또 끝까지(究竟) 변하지 않는 것(마음)을 귀하게 여겨야 한다. 비유컨대 만약 노력하면서 겸손한 군자라면, 곧 끝내는(終) 길하지 않음(不吉)이 없을 것이다. 만약(倘) 노력은 하나 겸손하지 않으면, 항룡亢龍의 뉘우침(悔)을 면할 수 없을 것이다(未免).¹⁴² 만약 깔개로 백모白茅를 쓰지 않으면, 치밀하지 못한(不密) 실수를 면할 수 없을 것이며(未免), 소위 뜰이나 마당(戶庭)에도 나가지 않는다는 것은, 더욱이 진실로 홀로 있을 때에도 도리道理에 어그러짐이 없도록 더욱

───────────

다. 교만한 공직자들은 중부中孚의 덕성을 갖추지 못하였기 때문에 국민들과 함께할 수 없는 자들이다.

140 볏과의 여러해살이풀을 말한다.

141 "자용백모藉用白茅"는 『역경』 28번째 택풍대과(澤風大過: ䷛)괘 초육의 효사에 나온다. 자藉는 깔개, 백白은 유약함, 모茅는 띠풀을 말한다.
제물은 땅바닥에 놓아도 좋으나, 깔개가 없으면 띠풀(茅)이라도 깔고 제물을 놓는다면 무슨 허물이 있겠는가? 띠풀(茅)이라도 깔고 제물을 놓는다면 삼가는 마음이 지극한 것이니, 매사에 이같이 삼가는 마음을 갖는다면 잘못되는 바가 없을 것이다.

142 이는 "지나치게 높이 오른 용은 후회가 있으니라(亢龍有悔)"라는 『역경』 첫 번째 중천건괘(重天乾卦: ䷀) 상구의 효사爻辭로서, 지위가 높을수록 겸손해야 함을 말하는 것이다.

삼가는(愼獨) 공부를 말함이니, 양陽효는 무조건 군자가 되고, 음陰효는 (무조건) 소인이 된다고 생각하는 자가, 능히 (그 깊은 속뜻을) 훔쳐 취(竊取)할 수 있는 바가 아니다.[143]

【주역】鳴鶴在陰. 其子和之. 我有好爵. 吾與爾靡之. 子曰. 君子居其室. 出其言善. 則千里之外應之. 況其邇者乎. 居其室. 出其言不善. 則千里之外違之. 況其邇者乎. 言出乎身. 加乎民. 行發乎邇. 見乎遠. 言行. 君子之樞機. 樞機之發. 榮辱之主也. 言行. 君子之所以動天地也. 可不愼乎.

同人先號咷而後笑. 子曰. 君子之道. 或出或處. 或默或語. 二人同心. 其利斷金. 同心之言. 其臭如蘭.

"어미 학(鶴)이 멀리 보이지 않는 곳(陰)에서 울면 그 새끼들도 따라서 운다(和).[144] 내게 좋은 술(爵)[145]이 있으니, 내(吾) 너(爾)와 함께 나누고

---

143 이렇게 생각하는 것은 신중하지 못한 것이다. 겸손하지 않거나 신중하지 않으면 후회가 따른다는 뜻이다. 또한 삼가 겸손하지 않거나 신중하지 못하고 경솔한 자는 역리易理의 깊은 뜻을 알 수가 없다는 뜻이다.

144 풍수에서 '동기감응同氣感應'을 설명할 때 즐겨 인용하는 구절이다. 어미 학이 보이지 않는 곳에서 울더라도 새끼 학이 화답하는 것은 동기(同氣: 같은 기운)끼리는 서로 통하기(感應) 때문이다. 동기는 새끼를 염려하는 어미의 마음(應)과 어미를 그리워하는 새끼의 마음(感)이 같은 것을 말한다. 어미의 울음소리에는 새끼를 염려하는 마음이 담겨 있기에 새끼 역시 울음소리로 어미의 걱정에 화답和答할 수 있는 것이다. 하물며 새들도 이럴진대 인간이 부모에 대한 그리움이나 효孝가 없다면 새만도 못한 짐승이 되는 것이다.

(靡) 싶다." 공자께서 이르시길, "군자가 방안에 거居하며 말을 선善하게 하면, 천리의 밖에서도 그 말에 호응(應)할 것이니, 하물며(況) 그 가까운(邇) 곳에서 있어서랴! 방안에 거居하며 말을 불선不善하게 하면, 천리 밖에서도 원망(違)을 할 것이니, 하물며(況) 그 가까운(邇) 곳에서 있어서랴! 말(言)은 입(身)에서 나와 남(民)에게 영향을 주며(加), 행동은 가까운(邇) 데서 시작하나(發) 먼 데까지 그 영향이 나타난다(見). 언행言行은 군자의 추기(樞機: 中樞)이니, 언행(樞機)을 어떻게 하는가(發)에 따라 영榮과 욕辱은 달라진다(언행이 영욕의 주인이다). 언행은 군자가

그러나 여기서 말하려는 것은 말에는 같은 기(同氣)가 있기에 항상 되울림(反響, Echo)이 있다는 것을 말하려 하는 것이다. 『주역』은 항상 가면 오고, 주면 받고, 끝나면 시작하는 대대對待와 호근互根의 원칙을 바탕으로 끊임없이 순환하는 자연의 이치를 설명하고 있다.

145 작爵에는 '술잔, 벼슬' 등의 뜻이 있다. 벼슬로 이해하더라도 "좋은 벼슬이 있으니 진정한 믿음을 가진(同氣) 친구와 같이 국사를 논하고 싶다"는 뜻이니 "명학재음鳴鶴在陰 기자화지其子和之"의 의미와 다르지 않다.

이는 자기 주군(환공의 이복형 糾)의 등극에 장애물인 환공을 살해하려다 실패하자 노나라로 도망친 관중管仲의 목숨을 구해 주고, 자신에게 돌아온 재상 자리마저 양보한 포숙아鮑叔牙의 마음일 것이다. 절친切親 포숙아의 마음에 보답이라도 하듯 환공을 도와 제나라를 중원 최초의 패자霸者로 만든 관중은 '관자管子'라는 이름을 역사에 남겼다.

세상인심은 야박하고 천박하여 관중은 기억해도, 관중이 그런 활약을 하게끔 평생을 믿어주고, 역적의 편에 섰던 그의 목숨을 구해 주고, 자신에게 돌아온 재상宰相 자리마저 양보한 진정한 영웅 포숙아의 우정과 도량度量은 기억하지 못한다. 우리가 역사에서 배워야 할 것은 영웅의 출현이나 국가의 흥망에 드리워진 포숙아 같은 '빛나는 그림자'일 것이다. 또한 『주역』에서 배우는 교훈도 그런 것이다. 바로 우환憂患!

천지를 움직이는 수단(所以)이니, 가히 삼가지 않을 수 있겠는가?"라고
하였다.[146]

　다른 사람(人)과 함께함(同)에 먼저는 울부짖다가(號咷) 나중에는
웃는다고 하니[147], 공자께서 이르시길, "군자의 도道는 혹 나아가기도

---

[146] 군자의 언행에 대해 말하고 있다. 말은 마음속의 생각이 밖으로 표출 된
　　것이다. 농담 역시 마음속의 생각의 밖으로 표출된 것이다. 농담이든 진담이든
　　어떠한 언행을 하는가에 따라 영욕이 갈리는 것이다. 마음속의 생각에는
　　염파念波가 있고, 말에는 음파音波가 있기에 한 번 내 뱉은 말은 허공 속으로
　　사라지는 것이 아니라 우주에너지와 만나 좋은 말은 좋게, 나쁜 말은 나쁘게
　　상승相乘 작용을 하기 때문이다. 이는 현대과학에서도 염력사진이나 음파사
　　진으로도 증명하고 있는 것이다. 일찍이 선인들은 말에는 기氣가 있다는
　　사실을 간파했던 것이다. 그러기에 군자는 언행으로 천하를 움직인다는
　　것이다.
　　불교에서도 언행을 중요시 여기기에 『천수경』을 비롯한 모든 경전의 독경에
　　는 "구업을 깨끗이 하는 진언(淨口業眞言)"으로 시작하는 것이며, '십악참회＋惡
　　懺悔' 중 말로 짓는 죄가 네(四) 가지나 된다. 십악참회는 ❶ 말(言)로 짓는
　　죄: ①妄語, ②綺語, ③兩舌, ④惡口, ❷ 몸(行)으로 짓는 죄: ⑤殺生, ⑥偸盜,
　　⑦邪淫, ❸ 생각으로 짓는 죄: ⑧貪愛, ⑨瞋恚, ⑩痴暗 등 열 가지 죄를
　　참회하는 것이다.

[147] 이는 『역경』 13번째 천화동인(天火同人: ䷌)괘 5효사爻辭이다. '동인同人'은
　　조화와 단결의 의미로, 동인괘는 뜻을 같이하는 사람들과 힘을 합쳐(大同)
　　뜻한 바를 이루는 도를 말한다. 5효는 외괘 건(乾: ☰)의 주체로 정위正位이며,
　　2효 또한 중정中正으로 내괘 리(離: ☲)의 주체가 되어 상하가 정위, 중정으로
　　서로 함께하니(應), 이는 불의 성질이 타올라 하늘과 함께하는 상으로 동인同人
　　이라 한다. 그러나 구이와 구오는 중정과 정위로 상응(同人)하려고 하나
　　중간에 구삼과 구사가 방해하고 있기에, "먼저는 울부짖다가 나중에는 웃는
　　다"라고 한다.

(出) 혹 머무르기도(處) 하며, 혹 침묵하거나(默) 혹 말(語)을 하기도 하나[148], 두 사람이 마음을 함께하니(同心) 그 예리함(利)이 쇠도 끊을 수 있다(斷金). 마음을 함께하는 사람의 말(言)은 그 향기(臭)가 난초와 같다"[149]라고 하였다.

천하 백성들의 마음은 천 갈래 만 갈래, 설왕설래說往說來하나 진리는 하나이다(萬法歸一). 군자만이 이를 알기에 천하 만백성의 마음에 통할 수 있다. 군자의 덕은 진리를 밝혀 세상을 문명文明하게 함인데, 문명하면 진리를 올곧게 깨우쳐 사리私利와 정욕情欲을 이겨내고 천지의 정도正道와 군자의 중도中道를 지킬 수 있기에 대동大同할 수 있다. 이를 단象에서는 "文明以健, 中正而應, 君子正也. 唯君子爲"라고 하였다. 가정에서부터 사회나 국가 조직에 이르기까지 가장 이상적인 모습이 대동이다.

148 출出, 처處, 어語, 묵默은 '나아갈 때와 물러설 때 또는 드러낼 때와 감출 때', '말을 할 때와 침묵할 때' 등으로 이해하면 된다. 그러나 이를 가려 하는 것은 매우 어려운 문제이다. 진퇴(出, 處)의 문제는 전쟁에서는 생사와 직결되고, 사업에서는 성패와 직결되기 때문이다. 언행 또한 군주시대에는 간언이나 충언이라 할지라도 가려 하지 못하면 목숨을 부지하기 어려웠기 때문에 말할 때와 침묵할 때를 가리는 것은 무척 어려운 것이다. 그러나 그처럼 어려운 문제라도 군자의 도를 따른다면 처음에는 울부짖는 고통이 따를지라도 나중에는 웃게 된다는 것이다. 군자지도와 성인지도는 근본적으로 같으나, 군자지도(人道)는 성인지도(天道)에 기인한다는 점이다.

149 "기취여란其臭如蘭"의 ①취(臭: 냄새)와 ②란(蘭: 난초)에 관한 공자의 말씀(孔子家語)을 소개한다. 『명심보감』에도 등장하는 금언金言이다.
①취(臭: 냄새): 학문을 좋아하는 사람과 함께하면(與好學人同行) 마치 안개 속을 가는 것과 같아서(如霧露中行) 비록 옷은 젖지 않더라도(雖不濕衣) 물기가 배어 들 것이고(時時有潤), 무식한 사람과 함께하면(與無識人同行) 마치 변소에 앉아 있는 것 같아서(如厠中坐) 비록 옷은 더럽혀지지 않더라도(雖不汚衣) 수시로 나쁜 냄새가 난다(時時閒臭).

【선해】金雖至堅, 同心者尙能斷之, 此所謂金剛心也.

쇠(金)가 비록 지극히 견고하다 하지만, 마음을 함께하는 자는 오히려(尙) 능히 끊을 수 있으니, 이것이 소위所謂 금강金剛처럼 견고하여, 어떠한 경계에도 흔들리는 않는 마음(金剛心)이다.

【강설】

명학재음鳴鶴在陰. 기자화지其子和之. 아유호작我有好爵. 오여이미 지吾與爾靡之

이는 『역경』 61번째 풍택중부(風澤中孚: ䷟)괘 두 번째 효사爻辭이다. 중효인 2효와 5효가 양효로서 내적 진실성을 뜻한다. 주자는 『본의』에서 "구이는 중부의 진실함이고, 구오 또한 중부의 진실함으로 응한다(九二中孚之實 而九五亦以中孚之實應之)"라고 하였다. 3효와 4효가 음효로서 비어 있다. 무엇이든 받아들일 수 있다는 뜻이다.

정이천은 『역전』에서 "안과 밖이 모두 실하고 가운데가 비어 있음은 중부의 상이요(內外皆實而中虛 爲中孚之象), 또 2효와 5효가 모두 양으로 가운데가 실한 것 역시 중부의 뜻이다(又二五 皆陽中實 亦爲孚義). 두(상

---

②란(蘭: 난초): 선한 사람과 함께하면(與善人居) 마치 향기로운 지초와 난초가 있는 방안에 들어간 것과 같아서(如入芝蘭之室) 오래되면 그 향기를 맡지 않아도 그 향기가 몸에 배어 그 향기를 맡지 못하니(久而不聞其香), 이는 바로 그 향기와 더불어 동화된 것이다(卽與之化矣). 선하지 못한 사람과 함께하면(與不善人居) 마치 저린 생선창고에 들어간 것과 같아서(如入鮑魚之肆) 오래되면 그 악취를 맡지 못하나니(久而不聞其臭), 이 또한 그 악취와 더불어 동화된 것이다(亦與之化矣).

☳, 하☴) 괘체로 보면 가운데(2효와 5효)가 실하고(在二體則中實), 전체로 보면(☲) 가운데(3효와 4효)가 비어 있으니(在全體則中虛), 가운데가 비어 있는 것은 믿음의 근본이요(中虛 信之本), 가운데가 실한 것은 믿음의 바탕이다(中實 信之質)"라고 하였다.

내적 진실성, 즉 진정한 믿음은 욕심을 버리고 마음을 비울 때만이 나온다. 마음을 비울 때만이 인간은 진실해질 수 있으며(☲), 마음속의 내적 진실성이 충만할 때만이(2효와 5효) 인간은 참된 믿음을 낼 수 있음을 표상表象하는 것이다. 이렇듯 서로가 내적 진실성이 충만하여 참된 믿음을 가질 때만이 어미 학이 보이지 않는 곳에서 울더라도 새끼 학이 화답할 수 있는 것이며, 좋은 술이 있으면 함께 술잔을 주고받을 수 있는 것이며, 좋은 벼슬이 있으면 추천하여 함께 조정에 나와 국사를 논할 수 있는 것이다. 이렇게 새끼 학이 화답하는 것과 함께 술잔을 기울이거나 국사를 함께할 수 있는 것들이 바로 참된 믿음에서 나오는 같은 기운(同氣)인 것이다. 한편 불교의 『금강경』에서는 버리고 비울 대상으로 네 가지 집착(四相: 아상我相, 인상人相, 수자상壽者相, 중생상衆生相)을 이야기한다. 그중에서 첫째로 나(我相)를 버릴 것을 이야기한다. 나에 대한 집착이 있는 한 마음은 비울 수 없다. 원효 대사가 소성거사小性居士로 표주박을 두드리며 의지할 곳 없는 무지렁이 중생들과 어울려 노래하고 춤출 수 있었던 것도 이미 나를 버렸기(我空) 때문일 것이다. 역사에 이름을 남긴 성인, 위인들은 모두 나(我相)를 버린 분들이다. 성인이나 위인들도 우리와 똑같은 사람들이다. 단지 나를 '버리고 못 버리고'의 차이가 있을 뿐이다.

맹자가 걱정하는 것도 이와 같다. "순임금도 사람이요(舜人也), 나도 사람이다(我亦人也). 순임금은 천하에 모범이 되어 이를 후세에 전했는데(舜爲法於天下 可傳於後世), 나는 아직 촌놈신세를 면치 못하는구나(我由未免爲鄕人也)! 이것이야말로 내가 걱정해야 할 바이로다(是則可憂也)." 우리가 걱정해야 할 바는 바로 나를 버리는 것이다. 맹자가 걱정하는 것처럼 말이다.

【주역】初六. 藉用白茅. 無咎. 子曰. 苟錯諸地而可矣. 藉之用茅. 何咎之有. 愼之至也. 夫茅之爲物薄. 而用可重也. 愼斯術也. 以往其無所失矣.

초육은 자리를 까는데(藉) 흰 띠풀(白茅)을 쓰니 허물이 없다(無咎)[150]하니 공자께서 이르시길, "진실로(苟) (돗자리가 없으면 제물을) 땅바닥에 두어도(錯) 괜찮거늘(可), (하물며) 깔개로 띠풀(茅)을 쓰는데 무슨 허물(咎)이 있겠는가? 삼가함이 지극한 것이다. 무릇(夫) 띠풀(茅)

---

150 이는 『역경』 28번째 택풍대과(澤風大過: ䷛)괘 첫 번째 효사이다. 상괘는 택澤(☱)괘로 연못을, 하괘는 손(☴)괘로 나무를 나타내니, 나무가 물속에 잠겨 있는 상으로 아주 나쁜 괘다. 나무나 식물은 물을 받아 생장하지만 물에 잠겨 있으니 크게 흉(大過)하다. 또한 중간 허리는 양효가 지나치게 많아 상하의 음효가 부실하여 음양의 부조화하니 크게 흉(大過)하다. 이럴 때는 더욱 조신하고 근신해야 한다. 그래서 제사 지낼 때 자리(Mat)가 없으면 맨 땅에 제물을 놓아도 상관없으나, 비록 하찮은 물건인 백모(흰 대풀)를 깔고 제물을 놓는 것처럼, 조신하고 근신할 때만이 허물이 없게 된다. 백모를 예로든 것은, 백모처럼 하찮은 물건일지라도, 어떤 마음가짐으로 어떻게 쓰느냐에 따라 이처럼 귀하게 쓰일 수도 있는 것이니, 이는 매사에 지극히 신중할 것(愼之至也)을 말하고자 함이다.

의 물건 됨(爲物)이 하찮은(薄) 것이나, 쓰임(用)은 가히 중중(重重)한 것이니, 이 같은(斯) 방법(術)을 신중하게 사용해 나아가면(往) 그 잃을 바(실패)가 없으리라(無所失)"라고 하였다.

【선해】苟, 誠也. 誠能從地穩放, 卽禪門所謂脚跟穩當者也. 白茅潔淨而柔輭, 正是第一寂滅之忍.

진실로(苟)는 참으로(誠)의 뜻이다. 참으로(誠) 능능(能能)히 땅을 따라(從) 온건히(穩) 놓아버리면(放), 즉 선문禪門에서 이르는 바(所謂) 발뒤꿈치(脚跟: 지위)가 온당穩當한 자이다. 백모白茅는 깨끗하고(潔淨) 유연하니, 바로(正) 이것이 제일적멸(第一寂滅: 열반)에 대한 확신(忍)이다.[151][152]

【주역】勞謙君子有終吉. 子曰. 勞而不伐. 有功而不德. 厚之至也. 語以其功下人者也. 德言盛. 禮言恭. 謙也者. 致恭以存其位者也.

---

[151] 제일적멸은 '실상묘리實相妙理 열반적정涅槃寂靜'을 가리킨다. 실상의 묘리는 모든 현상(諸法) 중에 제일가는 것(第一義)이다. 그것은 모든 언어적 표현(一切言辭)으로 전달되는 개념(相)을 모두 초월한다(遠離). 때문에 언어적인 모든 것이 쉰다는 뜻에서 고요해짐(寂滅)이다. 제일적멸第一寂滅은 『법화경, 방편품』에서의, 모든 번뇌가 남김없이 소멸되어 열반적정(해탈)의 경지로 인도하는 가르침(法)인 일승법一乘法, 즉 『법화경』을 뜻한다.

[152] 인(忍: 확신, kṣānti)은 진리를 확실하게 알아 거기에 안주하여 마음을 움직이지 않는 것을 말한다.(참고: 곽철환, 『시공 불교사전』, 시공사, 2003.)

공로가 있으나 겸손하여 군자君子가 끝에는 길함이 있다.[153] 공자께서 이르시길, "수고가 있으나 자랑하지(伐) 않고, 공功이 있으나 자기의 덕德으로 여기지 않으니[154], 후덕함이 지극한 것이다. 공이 있으면서도

---

[153] 이는 『역경』 15번째 지산겸(地山謙: ䷎)괘 3효사이다. 괘상을 보면 상괘는 지(地: ☷)괘로 땅을, 하괘는 간(艮: ☶)괘로 산을 나타내니, 산이 땅속에 있는 격이다(地中有山). 높이 우뚝 솟아야 할 산이 땅 밑에 있으니 이보다 더 겸손할 순 없다. 이처럼 겸손을 나타내는 괘가 바로 지산겸괘이다. 64괘 중 육효 모두 길한 괘는 오직 겸괘뿐인데, 겸손함만이 모든 일을 원만하게 마무리할 수 있기 때문이다. 그러기에 군자가 유종의 미를 거둘 수 있는 것이다. 『서괘전序卦傳』에서 '편안함과 유쾌함'을 뜻하는 뇌지예(雷地豫: ䷏)괘가 지산 겸괘 다음에 오는 이유를 "크게 소유하고도 겸손하면 반드시 즐겁다(有大而能謙必豫). 그러므로 '편안함과 유쾌함'을 뜻하는 예괘로 받았다(故受之以豫)"라고 하였다. 선인선과善因善果이다. 이는 불교에서의 인과因果와 다르지 않다. 이처럼 『서괘전』은 앞뒤의 괘를 인과因果로써 설명한다. 이는 『통행본』에서의 괘서卦序이다.

[154] 이는 『도덕경, 제2장』에서 말하는 바, "잘 되게 하면서도 자랑하지 않고(爲而不恃), 공을 이루고도 그 자리를 차지하려 하지 않는다(功成而弗居)", 『도덕경, 제22장』에서 "스스로 과시하지 않기에 공덕이 남는다(不自伐故 有功)"라고 한 말과 같은 의미이다.

덕德이란 남에게 이익을 주거나 돕는 이타적 행위를 말한다. 남에게 이익이 있을 때 공덕이 되고, 공덕을 이룰 때 성공덕成功德이라 하며, 공덕이 많을 때 무량無量 공덕이라 한다. '공덕을 쌓는다'라고 할 때, 선업善業을 쌓는다는 의미로, 고통에 허덕이는 중생의 모습을 보게 되면 즉시 동체대비의 연민으로 중생구제의 마음을 내어(動) 돕는 것을 말한다. 그러기에 『유마경』에서 중생이 아프니 유마거사도 아프다고 하는 것이다. 불공佛供의 이름으로 행해지는 각종 제祭나 재齋와 같은 금전적 행사에 동참하는 것은 공덕과는 거리가 먼 이기적 기복祈福에 불과하다.

남에게 낮추는 것을 말함이라. 덕德은 성대함을 말하고, 예禮로 공손함을 말하니, 겸손이란 공손함을 지극히 함으로써 그 자리(位)를 보존하는 것이다"[155]라고 하였다.

【선해】 愼斯術也以往. 卽始而見終也. 亦因該果海義. 致恭以存其位. 令終以全始也. 亦果徹因源義.

이런 방법(斯術)으로 신중히 나아가는 즉 곧 시작을 하면 그 결실(終)을 미리 알게(見) 되는 것이며, 또한 원인 속에 결과(果海)가 들어 있다(因該果海)[156]는 뜻이다. 지극히 공손함으로써 그 자리를 보존한다

---

155 『역경』 중천건(重天乾, ䷀)괘 구이효 "견룡재전見龍在田, 이견대인利見大人"의 상사象辭에서는 "현룡은 덕을 널리 베풀어야 한다(見龍在田 德施普也)"라고 하였다. 이를 『문언전, 2절』에서는 공자께서 이르시길 "현룡은 덕을 실천함에 있어서, 바름(正)으로써 중도의 덕을 널리 실천해야 한다(子曰 龍德而正中者也). 현룡은 말을 할 때는 믿게 하고(庸言之信), 행동을 할 때는 삼가 조심하고(庸行之謹), 간사함을 멀리하여 그 본성을 보존하고(閑邪存其誠), 세상을 이롭게 하더라도 자랑하지 않으며(善世而不伐), 덕을 널리 베풀어 백성을 교화해야 하는 것이니(德博而化), 역에 '見龍在田, 利見大人'이라 말하는 것은 군자의 덕이다(君德也)"라고 하였다.

156 인해과해因該果海는 원인 속에 이미 결과가 존재한다는 인도철학의 세계관으로 '인중유과론(因中有果論: satkāryavāda)'이라 한다. 이와 반대의 '인중무과론(因中無果論: asatkaryavada)'도 있다. 불교에서는 인연을 중시하여 '인연'과 '과'의 관련이 불교사상의 근간根幹이 되었다.

인연因緣의 인因은 종자(種子: 씨앗)로 직접원인이고, 연緣 또는 반연攀緣은 간접원인으로, 환경, 조건, 토양 등이다. 반연이란 의지해서 잡고 올라갈 밧줄을 말한다. 씨앗만으로는 나지 못하고, 씨앗을 싹 틔울 수 있는 조건(환경)

는 것은, 잘 마무리함으로써(令終) 시작한 바를 온전하게 한다는 것이며, 또한 결과는 원인原因으로 말미암아(因) 생긴다(徹)는 뜻이다.

【주역】亢龍有悔. 子曰. 貴而無位. 高而無民. 賢人在下位而無輔. 是以動而有悔也.

"항룡亢龍은 유회有悔"라 하였으니, 공자께서 이르시길, "귀하나 자리(位)가 없고, 높으나 따르는 백성이 없으며, 어진 사람이 아랫자리에 있으나 돕지를(輔) 않는지라, 이런 까닭으로 움직이면 후회가 있게 마련이다"[157]라고 하였다.

이 조성되어야 비로소 싹이 나올 수 있는 것이다. 아무리 좋은 종자(씨앗)라도 자루에 담아 놓거나 나뭇가지에 매달아 놓는다면 결코 싹을 틔울 수 없다. 세상에 인연 아닌 것이 없다. 모든 인은 연을 바탕으로 과를 맺고, 모든 과는 인연으로 시작되기에, 일체의 존재는 이 인과의 법칙을 벗어나지 않는다. 따라서 불교에서는 일체의 우연은 인정하지 않는다. 즉 삼라만상 우주만유는 천차만별이지만 독자적으로 존재하는 것은 없고, 모두가 피차(彼·此)의 인연으로 얽혀 있다는 것이다. 이를 법계연기法界緣起, 법계무진無盡연기, 법계무애無碍연기라고도 한다.(참조: 원효, 최세창 역주, 『대승기신론소별기』, 운주사, 2016.)

[157] 이는 『역경』 첫 번째 「중천건괘: ☰」 상구 효사에 대한 「문언전」의 설명이다. 구이는 대인이고 구삼은 군자로 모두 현인이다. 그런데 구삼과 상구는 모두 양효로 상응하지 않으니 현인의 도움을 받지 못한다. 항룡은 교만의 극치이므로 현인이 주변에 있으나 물어보지 않으니, 또는 조언을 하나 듣지 않으니 도움이 되지 않는다.
『삼국지』의 유비를 예로 들자면, 오로지 관우와 장비의 죽음에 대한 복수심만

【주역】不出戶庭無咎. 子曰. 亂之所生也. 則言語以為階. 君不密則
失臣. 臣不密則失身. 幾事不密則害成. 是以君子慎密而不出也.

　　호정(戶庭: 집안에 있는 뜰이나 마당)에 나가지 아니하면 허물이 없다(無
咎) 하니[158] 공자께서 이르시길, "어지러움이 생기는 것은, 즉 언어言語
가 빌미(階)가 되니, 군주가 주밀(周密: 허술한 구석이 없고 세밀함)하지
못하면 신하를 잃고, 신하가 주밀하지 못하면 목숨(身)을 잃게 된다.
이미 시작한 일(幾事)에 주밀하지 못하면 성사가 어려우니(害), 이런
까닭으로 군자는 삼가 주밀하여, 함부로 속내를 드러내지 아니한다(不
出)"라고 하였다.

【주역】子曰. 作易者. 其知盜乎. 易曰. 負且乘. 致寇至. 負也者.
小人之事也. 乘也者. 君子之器也. 小人而乘君子之器. 盜思奪

　　으로, 제갈량, 조자룡 등 중신들의 만류에도 불구하고, 221년 여름 직접
　　군사를 이끌고 오나라 공격을 감행한다. 개전 초반의 승세를 몰아 형주의
　　땅 깊숙이 이릉성夷陵城까지 진입하였으나, 성문을 굳게 닫고 응전을 하지
　　않는 육손陸遜의 계략에 말려 촉나라 군사가 궤멸되는 참패를 당하고 백제성으
　　로 물러나고 만다. 이후 유비는 의형제들의 복수를 못한 자괴감과 패전으로
　　인한 상실감으로 병을 얻어 223년 62세의 나이로 죽고 만다.

158 이는 『역경』 60번째 수택절(水澤節, ䷻)괘 초구의 효사이다. 『잡괘전』에서
　　"절節은 그친다(節, 止也)"라고 하였듯이, 절은 절제, 그침 등의 뜻이다. '불출호
　　정不出戶庭'의 문밖에 나가지 말라는 말은, 밖에 나가 말을 하더라도 절제하지
　　못하고, 아무렇게나 지껄여 속내나 기밀을 드러내어 일신을 망치지 말라는
　　뜻이다. 우리 속담에 "입이 보살이다"라는 말이 있다. 공자께서 거듭 언행을
　　신중히 할 것을 당부하고 있다.

之矣. 上慢下暴. 盜思伐之矣. 慢藏誨盜. 冶容誨淫. 易曰負且乘
致寇至. 盜之招也.

 공자께서 이르시길, "『역경』을 지은 이는 도적의 마음을 알았나
보다.[159] 『역경』에 이르기를(曰), 등짐을 질(걸어야 할) 자者가 수레를
탔으니, 도둑을 불러들임이라(致寇至)"[160]라고 하였다. 등짐을 지는

---

[159] 도적에는 『장자』에 등장하는 춘추시대의 도척盜跖 같은 무도한 도둑도 있고,
 천지자연의 이치를 훔치려는 대도大盜도 있다.

 천하의 대도大盜는 하늘의 것을 훔치는 자로, 즉 대천하大天下인 '우주변화의
 원리'를 훔치는 자를 말한다. 그 다음으로는 역성혁명으로 소천하小天下의
 왕조를 세우는 자이다. 대천하를 얻으면 공자나 석가모니, 예수 같은 우환의식
 으로 세상을 걱정하고 빛이 되는 성인聖人 내지 현인賢人, 도인道人으로 남지
 만, 소천하를 얻는 일은 목숨을 담보로 하는 일이므로, 시운時運을 타지
 못하면 목숨을 내놓아야 한다. 춘추 이래로 중원을 차지하려던 수많은 무명
 유명의 도둑들이 명멸해 갔다. 『초한지』, 『사기』, 『열국지』, 『삼국지』 등등의
 역사서들은 그들의 발자취를 영웅으로 그리곤 있지만 공통된 교훈이 있다면
 '무상無常' 두 글자로 압축된다. 즉 공空이라는 것이다. 다음은 『삼국지 서시序
 詩』의 앞부분이다.

  동으로 굽이굽이 흘러드는 저 장강 (滾滾長江東逝水곤곤장강동서수)
  부서지는 거품마다 영웅들의 자취로다 (浪花淘盡英雄낭화도진영웅)
  수많은 시비 성패 돌아본들 부질없다 (是非成敗轉頭空시비성패전두공)

[160] 이는 『역경』 40번째 뇌수해(雷水解, ䷧)괘 육삼의 효사이다. 해解괘는 상괘가
 진(震, ☳), 하괘가 감(坎, ☵)괘로, 곤란을 말하는 『역경』 39번째 수산건(水山蹇,
 ䷦)괘를 전도하면, 곤란이 해제되는 해괘가 된다. 해解는 어려움이나 곤란함을
 해결하다, 풀다, 해결, 해방, 해동解凍, 해산解產, 해원解冤 등의 의미를 갖는다.
 해괘의 어려움이란 소인을 말한다. 소인을 제거하는 방법으로 구이 효사는
 "정길貞吉은 득중도야得中道也"라 하여 바르고 길한 방법으로 중도中道를 행할

것은 소인小人의 일이요, 수레는 군자가 타는 기구(器)이니, 소인이 군자의 기구(器: 乘)를 타게 되면, 도둑이 약탈할 마음을 먹으며, 윗사람 (上)에게 거만하고, 아랫사람에게 포악하게 되는지라, 도둑이 치겠다 (伐)는 마음을 먹는다. 감추는 것(藏: 경계)을 태만히 하는 것은 도둑을 불러들이는(誨) 것이며, 지나치게 얼굴을 치장하는(冶) 것은 음탕함을 불러들이는(誨: 유인) 것이니, 『역경』에 이르기를, "등짐을 질 자者가 수레를 탔으니, 도둑을 불러들임이라(致寇至)"라고 하니, 도둑을 불러 들인 것이다.

【선해】事者心事. 器者象貌. 佛法所謂懷抱於結使. 不應著袈裟者也. 招字妙甚. 可見致魔之由皆由主人.

일(事)이란 마음을 어떻게 쓰는가의 일(心事)이다. 그릇(器)이란 (마음을 어떻게 쓰는지의) 모습으로(象貌), (위에서의 도적이란) 불법 佛法에서 소위 번뇌(結使)[161]를 마음에 품어(懷抱) 응당 가사袈裟를 걸치

<hr>

것을 제시하고 있다. ①해결할 방법이 없거든 원래의 곳(처음)으로 돌아와야 길하며(无所往 其來復吉), ②해결할 방법이 있거든 신속히 해결할 것(有攸往 夙 吉)을 강조하고 있다. 왕필 역시 "어려움이 있거든 신속히 해결해야 길하다(有 難而往 則以速爲吉)"라고 하였다.

육삼의 효사는, 어려움을 벗어났다 해서, 즉 어렵사리 취직, 진급, 성공, 당선 등을 했다 해서 안주하고, 방심하고, 과시하고, 교만하고, 방자하고, 우쭐댈 것이 아니라, 또 다른 곤란의 시작으로 여기고 매사에 삼가고 조신할 것을 강조하고 있다. 그렇지 못할 경우 스스로 도둑(불행)을 불러들여(致寇至) 나락으로 떨어지게 된다.

161 결사結使는 번뇌煩惱의 다른 이름으로, 불교에서 번뇌煩惱는 몸과 마음을

지(著) 못하는 자(출가하지 못하는 자이다)이다. 초(招: 불러들이다)라는 글자가 매우 미묘하니, 마귀를 불러들이는(致) 이유(由)는 다(皆) 주인(자기)으로부터 말미암음(由)을 알 수 있다.[162]

속박하고 괴로움을 결과 짓는 것이므로 '결結'이라 하고, 중생衆生을 따라다니며 마구 몰아대어 부림으로 '사使'라 한다. 번뇌는 결結·사使·박縛 등이라고도 한다.(참고: 네이버 지식백과, 한국고전용어사전, 세종대왕기념사업회.)

[162] 마魔 또는 마라(魔羅: māra)는 살자殺者, 탈명奪命, 장애障礙 등의 뜻으로, 인도 고대신화에 등장하는 악마다. 마라는 사마타(止) 수행에서만 찾아오는 장애이다. 비발사나(觀)에서는 혜慧로써 마라를 쳐내는 수행이므로 마장은 이미 초월한 경지이기 때문이다.

세존의 성도 직전 마왕 파순이 나타나 유혹하고 위협하며 득도를 방해하자, 세존은 왼손을 무릎 위에 놓고 오른손을 들어 둘째손가락으로 대지大地를 가리켰다. 이 순간 세존의 깨달음을 증명하는 대음향이 울려 퍼졌다고 한다. 이때의 수인手印을 항마인降魔印, 지지인指地印이라고 하며, 팔상八相의 하나인 수하항마상樹下降魔相이다. 그때 마왕 파순이 물러가면서 모든 악마가 함께 소실되었다 한다. 따라서 세상에 마魔는 없는 것이다. 이는 세존의 마음속 불순함(Impurity)과의 갈등을 악마惡魔로 의인화한 것이다.

그럼에도 수행 중에 찾아오는 마장魔障은 공부가 익지 않아 마음에 정신正信과 정신淨信이 확고하지 못하고, 마음이 겁약怯弱하여 삿된 것을 찾기 때문이다. 마음이 정법正法과 정념正念으로 가득 차 있다면 마魔는 결코 침범하지 못한다. 천태지자는 『수습지관좌선법요修習止觀坐禪法要, 조화調和 제4』에서 마는 "자기 마음을 따라 생긴다(隨人自心所生). 그러니 자기 마음이 알아서 쫓아내야 하는 것이다(當須自心除遣之)"라고 하였다. 마는 침범하는 것이 아니라 스스로 초래한다는 뜻이다.(참조: 원효, 최세창 역주, 『대승기신론소별기』, 운주사, 2016.)

계사상전 제9장

【주역】 天一地二. 天三地四. 天五地六. 天七地八. 天九地十. 天數五. 地數五. 五位相得而各有合. 天數二十有五. 地數三十. 凡天地之數五十有五. 此所以成變化而行鬼神也.

하늘은 일─이며, 땅은 이二이다. 하늘은 3이며, 땅은 4이다. 하늘은 5이며, 땅은 6이다. 하늘은 7이며, 땅은 8이다. 하늘은 9이며, 땅은 10이다.[163] 하늘의 수가 다섯이며, 땅의 수도 다섯이다. 다섯 자리(位)가 서로 더해서(得) 각기 합습함이 있으니, 하늘(陽)의 수(1, 3, 5, 7, 9)는 합이 25이며, 땅(陰)의 수(2, 4, 6, 8, 10)는 합이 30[164]이다. 무릇(凡)

---

163 이는 천지의 수가 천天은 1, 3, 5, 7, 9의 홀수(奇數)로 양수陽數이며, 지地는 2, 4, 6, 8, 10의 짝수(偶數)로 음수陰數를 말하는 것으로 하도河圖에 근거한다. 또한 1, 2, 3, 4, 5는 생수生水, 6, 7, 8, 9, 10은 성수成數이다.

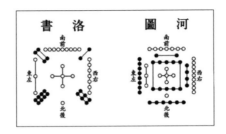

164 지수地數를 합하면 30이 된다. 이는 지구와 달의 관계로, 한 달이 30일인 이유가 여기에 있다. 춘하추동은 1년 4시(時: 季)에 걸쳐서 끊임없이 순환하고

천지(음양)의 수는 55이니, 이런 까닭에 55수(此)가 변화를 일으켜 귀신鬼神의 작용(行)이 있게 하는 것이다.[165]

【선해】此明河圖之數. 卽天地之數. 卽所以成變化而行鬼神者也. 太極

있는 것이다. 이를 크게는 1년을 4시時로 나누어 3개월을 1계季로 하고, 작게는 5일을 1후候로 하고, 3후를 1절節과 1기氣로, 1절·기를 30일로 하여, 1년(360일)이 24절기(24×15일), 72후(5일×72후)가 되도록 하였다. 일반에서는 절과 기를 구분하지 않고 15일(5일×3후)을 절기로 통용된다. 기후라는 말은 여기에서 나왔으며, 24절기는 입춘, 우수, 경칩, 청명, 곡우… 하는 것들이다.

165 9장에서 설하는 「하도낙서」는 하늘이 인간에게 계시(啓示: 깨우쳐 알려줌)하는 진리의 표현체이자 진리 자체이다. 하늘은 그 뜻(天命)을 하늘(허공)에 상으로 드리우나(天垂象) 소리나 모양이 없기(無形)에 중생들은 그 뜻을 포착할 수가 없다. 그렇다고 포기할 인간이 아니기에 무형의 천수상을 관찰한 결과, 우주의 사事와 물物은 무형의 상에서 유형의 상으로 변한다는 사실과 무형의 상에서 유형의 상으로 변하기 전에는 반드시 기미(機微, 징조)를 보인다는 사실을 알아냈던 것이다. 그렇다고 상象이나 기미에만 의존한다면 판독에 오류나 독단이 있을 수 있기에 하늘은 이 같은 폐단을 방지하기 위해 상과 함께 자연수自然數가 흐르게 하였다. 따라서 만물은 각기 본질대로 상이 나타나고, 상에는 반드시 그 상의 내용인 수數가 있는 법이다. 이를 상수象數라 하는데, 상으로써 수를 결정하고(象以定數), 수로써 상의 내용을 증명하는 것이다(數以證象). 이로써 현상계의 사와 물에서 하늘의 뜻을 포착할 수 있는 도구가 마련되었다. 상과 수는 별개가 아니라 하나이면서 둘이고(不一), 둘이면서 하나이다(不二). 동양철학에서의 수는 단순한 계산을 위한 숫자가 아니라 수 자체가 수리數理를 담은 진리이자 철학이다. 좀 더 자세히 말하자면, 하도는 자연수가 통일되는 상을 표시한 것이고, 낙서는 자연수가 발전(분열)하는 상을 나타낸 것이다. (참조: 한동석, 『우주변화의 원리』, 행림출판사, 1998.)

無極. 只因無始不覺妄動强名爲一.

이(此)는 하도河圖의 수수數를 밝힌 것으로, 곧 천지의 수이며 곧 변화를 이루며 귀신을 행(行: 작용)하게 하는 소이所以이다. 태극太極과 무극无極은 단지(只) 시작도 없이(无始) 느닷없는(不覺) 망동妄動으로 인因하여, 억지로(强) 이름하여 일一이 되는 것이다.

【선해】一卽屬天. 對動名靜. 靜卽是二. 二卽屬地. 二與一爲三. 三仍屬天. 二與二爲四. 四仍屬地. 四與一爲五. 五仍屬天. 四與二爲六. 六仍屬地. 六與一爲七. 七仍屬天. 六與二爲八. 八仍屬地. 八與一爲九. 九仍屬天. 八與二爲十. 十仍屬地. 十則數終. 而不可復加. 故河圖止有十數.

1(動)은 곧 하늘에 속하며, 동의 상대를 정靜이라 이름한다. 정은 곧 2이며, 2는 곧 땅에 속한다. 2와 1이 합하여 3이 되며, 3은 하늘에 속한다.

2와 2가 합하여 4가 되며, 4는 땅에 속한다. 4와 1이 합하여 5가 되며, 5는 하늘에 속한다. 4와 2가 합하여 6이 되며, 6은 땅에 속한다. 6과 1이 합하여 7이 되며, 7은 하늘에 속한다. 6과 2가 합하여 8이 되며, 8은 땅에 속한다. 8과 1이 합하여 9가 되며, 9는 하늘에 속한다. 8과 2가 합하여 10이 되며, 10은 땅에 속하니, 10은 곧 수의 마침이라 다시 더해질 수 없는 까닭에, 하도河圖에는 다만 10개의 수만 있는 것이다.

【선해】然此十數總不出于天地. 除天地外別無有數. 除數之外亦別無

天地可見矣. 總而計之. 天數凡五. 所謂一三五七九也. 地數亦五.

所謂二四六八十也. 一得五而成六. 六遂與一合而居下. 二得五而成

七. 七遂與二合而居上. 三得五而成八. 八遂與三合而居左. 四得五

而成九. 九遂與四合而居右. 旣言六七八九. 必各得五而成. 則五便

在其中. 旣言一二三四. 則便積而成十. 十遂與五合而居中.

그러나(然) 이 10개의 수는 모두(總) 천지를 벗어나지 않으니(不出), 천지를 제외한 바깥에(外) 따로(別) 수가 있지 않고, 수를 제외한 바깥에도 또한 따로(別) 천지를 볼 수 있는 것이 없다. 모두 합쳐 계산하면 천수天數가 다섯이니 소위 1, 3, 5, 7, 9이다. 지수地數 또한 다섯이니, 소위 2, 4, 6, 8, 10이다.

1이 5를 얻어 6을 이루니, 6이 마침내 1과 합하여 하도河圖의 아래에 놓인다(居).

2가 5를 얻어 7을 이루니, 7이 마침내 2와 합하여 하도의 위에 놓인다(居).

3이 5를 얻어 8을 이루니, 8이 마침내 3과 합하여 하도의 왼쪽에 놓인다(居).

4가 5를 얻어 9를 이루니, 9가 마침내 4와 합하여 하도의 오른쪽에 놓인다(居).

이미 6, 7, 8, 9는 필必히 각기 5를 얻어서 이루어진 것이므로 5가 곧 하도의 중앙에 있는 것이다. 1, 2, 3, 4는 더해(積) 10을 이루니, 10은 마침내 5와 합하여 하도의 중앙에 놓인다(居).

【선해】積而數之. 天數一三五七九. 共成二十有五. 地數二四六八十.
共成三十. 凡天地之數五十有五. 而變化皆以此成. 鬼神皆以此行
矣. 有陰陽乃有變化. 有變化乃有鬼神. 變化者. 水火木金土. 生成萬
物也. 鬼神者. 能生所生. 能成所成. 各有精靈以爲之主宰也. 變化卽
依正幻相. 鬼神. 卽器世間主. 及衆生世間主耳.

합해서(積) 헤아리면(數), 천수天數는 1, 3, 5, 7, 9가 합하여(共)
25를 이루고, 지수地數는 2, 4, 6, 8, 10이며 합하여 30을 이룬다.
무릇(凡) 천지의 수는 55이며, 변화가 모두(皆) 이에 따라(以) 이루어지
고, 귀신도 모두(皆) 이에 따라(以) 변화한다.

음양이 있으면 곧(乃) 변화가 있게 되고, 변화가 있으면 곧(乃)
귀신이 있게 된다. 변화라는 것은 수, 화, 목, 금, 토(五行)가 만물을
생성하는 것이다. 귀신鬼神이라는 것은 낳는 것(能生)과 낳아지는
것(所生), 이루는 것(能成)과 이루어지는 것(所成)에 각기 정령精靈이
있어 그러한 작용(能生所生. 能成所成)을 주재하는 것이다. 변화는 곧
의정依正[166]의 환상幻相이요[167], 귀신은 곧 기세간器世間을 주재하고,

---

166 의정依正은 의보依報와 정보正報로, 부처나 중생이 의지하고 사는 세계를
의과依果 또는 의보依報라 한다. 과거에 지은 행위의 과보를 받아 각기 의지하
고 사는 몸을 정보正報라 한다. 부처의 몸(佛身)도 중생의 몸도 모두 정보다.
불신은 정보이고, 불신이 의지하고 있는 불토佛土는 의보이다. 이는 이론상으
로 그렇다는 뜻일 뿐, 정正과 의依는 근본적으로 한 생각 속에 갖추어져
있으므로 둘이 아닌 것이다.(참조: 원효, 최세창 역주,『대승기신론소별기』, 운주사,
2016.)

167 환幻은 환상幻相이라는 뜻이다. 일체의 사상事象에는 실체가 없이 오직 환상

중생세간도 주재한다.

【강설】

세간世間

세간의 세世는 시간, 간間은 공간을 의미한다. 이 시간과 공간에 의해 한정 지어지는 일에는 두 가지 다른 원인이 있을 수 있다.

①필연적인 원인: 인과응보의 법칙대로 어쩔 수 없는 필연적인 업보로 생기는 결과로서의 세간을 뜻한다. ②순전히 자유로운 의사에 따른 원인: 어떠한 필연적인 원인 없이 이전의 인과관계의 멍에를 벗어난 해탈 경지에서 우러나오는 불가사의한 힘으로 생겨난 세간을 뜻한다. 이 두 가지 유형을 불교에서는 삼종세간三種世間으로 분류하는

같은(如幻) 가상假相만을 내보일 뿐이라 한다. 일체의 현상(諸法)은 모두 실체가 없으며, 인연의 和合으로 말미암아 生하여 개별적 형상形相을 이루나, 인연이 다하면 흩어져(離散) 멸滅할 뿐이다.

불교의 『금강경, 응화비진분 제32』에서는 "일체의 유위법은 꿈과 같고, 환상과 같고, 물거품과 같고, 그림자와 같고, 이슬과 같고 또한 번개와 같으니, 마땅히 이와 같이 관하라(一切有爲法 如夢幻泡影 如露亦如電 應作如是觀)"라고 설한다.

이는 결코 허망함을 설하는 가르침이 아니라, 그 허망함 속에서 존재의 실상實相을 찾아 허망한 것에 집착하지 않는 반야(지혜)의 안목을 키우라는 뜻이다. 유위의 작용으로 태어난 우리의 인생 또한 무상無常하여 꿈, 환상, 물거품, 그림자, 이슬, 번개와 같이 허망하다 할 것이나, 허망한 속에서도 가치 있는 '중도中道의 삶을 찾는 것은 각자의 몫인 것이다.(참조: 원효, 최세창 역주, 『대승기신론소별기』, 운주사, 2016.)

데 화엄종, 천태종, 『대지도론』, 『정토론』, 『대비바사론』 등에서 조금씩 달리 설하나 크게 보면 대동소이하다.

　『대지도론大智度論』에서는 ① 중생세간衆生世間 ② 국토세간國土世間 ③ 오음세간五陰世間으로 분류하며, 『화엄경』에서는 ① 기세간器世間 ② 중생세간衆生世間 ③ 지정각세간智正覺世間으로 나누어, ① 기세간은 중생을 수용하는 세간으로서 우리가 살고 있는 산하대지 등의 물질세계를 뜻한다. ② 중생세간은 과거, 현재, 미래에 걸쳐 변천하고 피차가 서로 간격이 있는 세계로서 색·수·상·행·식(色受想行識) 오음(五陰, 五蘊)으로 구성되며, 미계迷界의 지옥, 아귀, 축생, 아수라, 인간, 천상계와 오계悟界의 성문, 연각, 보살, 불계로 각각의 존재양상에는 차별이 있다. ③ 지정각세간은 부처나 보살이 방편으로 열어보이는 세계로, 부처의 대지혜로 치우친 견해를 여의고 세간과 출세간의 만법萬法을 두루 아는 일체 세간이다.(참조: 네이버 지식백과, 『한국민족문화대백과』, 『원불교대사전』.)

　『계사전』에서 말하는 귀신은 바로 불교에서의 세간과 출세간의 만법을 두루 아우르는 '지정각세간'인 것이다.

【주역】大衍之數五十. 其用四十有九. 分而為二以象兩. 卦一以象三. 揲之以四以象四時. 歸奇於扐以象閏. 五歲再閏. 故再扐而後掛.

　대연수大衍數가 50이나 사용되는 수는 49다. 이를 둘로 나누는 것은 하늘과 땅의 양의(兩儀: 음양)를 상징하고(一營), 그중의 하나를 걸어서

천, 지, 인 삼재三才를 상징하고(二營), 나머지 시초蓍草를 4개씩 세어 사시(四時: 사계절)를 상징하고(三營), 나머지를 손 사이에 끼워서 윤달을 상징하니(四營), 5년에 윤달이 2번 있는 까닭에 (그런 이치로) 다시(再) 손가락 사이에 시초를 끼운(扐) 이후에 괘를 거는(掛) 것이다.[168]

【선해】衍. 乘也. 大衍. 謂乘此天五地五之數. 而演至于萬有一千五百二十也. 河圖中天地之數. 共計五十有五. 今以天五地五. 原非兩五. 是其定數. 以對于十. 亦是中數. 一得之以爲六. 二得之以爲七. 三得之以爲八. 四得之爲九. 復合一二三四以成於十. 故除中宮五數. 以表數卽非數. 而惟取餘五十以爲大衍之數. 以表從體起用.

연衍은 곱한다(乘)는 뜻이다. 대연大衍은 이 천수(양수) 5개, 지수(음수) 5개를 곱하여(乘) 펼치면(演) 11,520[169]에 이른다. 하도 중에서

---

168 이는 설시하는 방법으로, 이를 종합해 보면 ①일영一營: 49개의 시초를 둘로 나누고(二分), ②이영二營: 하나를 빼어 걸고(掛一), ③삼영三營: 네 개씩 세어(揲之以四), ④사영四營: 남은 시초를 손가락 사이에 끼우는 것(歸奇)으로, 이것이 사영으로 한 번의 변화(一變)를 이루었다는 뜻이다.

169 『역경』 64괘의 총 효수는 384(64×6)효이다. 그중에 음효와 양효가 각기 192개다. 192에 양효와 음효의 총 책수策數를 곱해서 합하면 11,520이 된다. 시초를 세어서 ①양효를 얻을 경우는 노양(36책)과 소양(28책)이며, ②음효를 얻을 경우는 노음(24책)과 소음(32책)이다.

1) 건곤의 책수를 노양과 노음을 취할 경우 ①양효(老陽) 책수 36×192효=6,912, ②음효(老陰) 책수 24×192효=4,608. 따라서 '①+②=11,520'이 된다.

2) 건곤의 책수를 소양과 소음을 취할 경우 ①양효(少陽) 책수 28×192효=5,376, ②음효(소음) 책수 32×192효=6,144. 따라서 '①+②=11,520'이 된다.

천지의 수는 모두 합해(共計) 55이다. 이제 천수(양수) 5개, 지수(음수) 5개를 곱(乘)한다는 것은, 원래 천수 5와 지수 5가 정해진 수로써 10에 상대한다는 것은 아니다. 또한 중수中數는 1이 5를 얻어 6이 되고, 2가 5를 얻어 7이 되며, 3이 5를 얻어 8이 되고, 4가 5를 얻어 9가 되고, 1, 2, 3, 4를 다 합하여(複合) 10을 이룬다. 고로 중궁中宮 5수를 제외함으로써, 수이지만 수가 아님(數卽非數)을 표시(表)하고, 오직(惟) 나머지 50을 취해서 대연수로 삼아, 체로부터(從) 용이 일어나게 됨을 표시(表)하는 것이다.

【선해】 及揲蓍時. 又于五十數中. 存其一而不用. 以表用中之體. 亦表
　　無用之用. 與本體太極實非有二. 夫從體起用. 卽不變隨緣義也. 用
　　中之體. 卽隨緣不變義也.

또한(及) 설시揲蓍[170]할 때, 또한 50수 중에서 하나(一)를 남겨 놓고 쓰지 않는 것은 그 용用 중에서 체體가 있음을 표表하는 것이며, 또한 무용의 용(無用之用)이 체인 태극과 더불어 실로 둘이 아님(實非有二)을 표하는 것이다.[171] 무릇(夫) 체로부터 용이 일어난다고 하는 것은,

---

　　3) 64괘에는 양괘와 음괘가 각기 32개씩이다. ①양괘 32개×건의 책수 216=6,912, ②음괘 32개×곤의 책수 144=4,608. 따라서 '①＋②＝11,520'이 된다.

170　설시揲蓍의 설揲은 '세다(Count), 맥을 짚다' 등의 의미로, '설시'라 하면 점을 칠 때 사용하는 시초蓍草라는 풀을 센다는 의미이다. 시초는 엉거시과에 속하는 여러해살이풀로 톱풀, 가새풀이라고도 한다.

171　설시할 때 대연수大衍數가 50이나 시초 중 하나를 뽑아 옆에 놓고 49만

변하지 않으면서도(不變, 體) 인연을 따른다(隨緣, 用)는 뜻이다. 용
중에 체가 있다고 하는 것은 곧 인연을 따르지만(隨緣) 변치 않는다(不
變)는 뜻이다.[172]

【선해】 將此四十九策. 隨手分而爲二. 安於左右. 象吾心之動靜. 卽成
　　　天地兩儀. 次以左手取左策執之. 而以右手取右策之一. 挂於左手之
　　　大指間. 象人得天地合一之道而爲三才. 次四四以揲之. 象天地間
　　　四時新新不息.

　설시할 때(將), 이 49개의 책策[173]을 두 손으로 나뉘어 좌우에 안배按配
하는 것은, 내 마음의 동정(動·靜)이 곧 천지 양의兩儀를 이루는 것을
상징하는 것이다. 그런 다음(次) 왼손으로 왼쪽 책을 잡고, 오른손으로
는 오른쪽 책 하나(一)를 집어서, 왼손의 대지(大指, 엄지) 사이에
끼우니(挂), 사람이 천지와 합일合一하는 도道를 얻음으로써 삼재(三
才: 천지인)가 되는 것을 상징하는 것이다.[174] 그 다음(次) 4개씩(四四)

───────
　사용하는(大衍之數五十 其用四十有九) 이유의 설명이다.

172 체가 있음으로 용이 있는 것이나, 용이 없으면 체는 체성體性를 드러낼 수
　　없다. 이같이 서로를 바탕으로 한다고 해서 호근互根이라 한다. 불변이 체라면
　　수연은 용이다.

173 점占을 치는 데에 쓰는 시초를 말한다. 책策은 대나무 조각이라는 뜻으로
　　산算가지를 말한다. 요즘은 주로 대나무로 산가지를 만든다.

174 왼손의 책은 하늘을 상징하는 천책天策, 오른손의 책은 땅을 상징하므로
　　지책地策이라 하며, 오른손으로 지책 중 하나(一)를 집어서, 왼손의 대지(大指,
　　엄지) 사이에 끼우는(挂) 것은 인책人策이라 한다. 이로써 천지인 삼재를
　　이루는 것이다.

덜어내는(揲) 것은, 천지간에 사계절(四時)이 쉼 없이(不息) 새롭고도
새롭게 운행하는 것을 상징한다.

【선해】次歸其所奇之策. 扐於左手無名指間. 以象每年必有閏日. 又以
右手取右策執之. 而以左手四四揲之. 歸其所奇之策. 扐於左手中
指之間. 是名再扐. 以象五歲必有兩個閏月. 是爲再閏.

그 다음(次) 그 남은(所奇) 책으로 돌아가, 왼손의 무명지(無名指,
약지) 사이에 끼우는(扐) 것은, 매년 반드시 윤일閏日이 있음을 상징하
는 것이다. 또(又) 오른손으로 오른쪽 책을 집어서 왼손으로 4개씩(四
四) 덜어내어(揲) 그 남은(所奇) 책을 도로 왼손 중지 사이에 끼우니
(扐), 이것을 거듭 끼운다(再扐)라고 이름하며, 이는 5년에 반드시
2번의 윤달이 있음을 상징하니, 이것이 재윤再閏이 된다.

【선해】已上分二. 挂一. 揲四. 歸奇共四營而爲一變. 取其所掛所扐之策
置之. 然後再取左右揲過之策而重合之. 重復分二. 挂一. 揲四. 歸
奇. 故云再扐而後掛也. 是爲二變. 又取所掛所扐之策置之. 然後更
取左右揲過之策而重合之. 重復分二. 掛一. 揲四. 歸奇. 是爲三變.

이상과 같이 둘로 나누고(分二), 하나를 걸고(挂一), 4개씩 덜어내고
(揲四), 남은 책을 끼우는 것(歸奇)이 4영營으로, 1변變이 된다. 그
걸고(掛) 끼운(扐) 책策들을 모은 연후에, 다시(再) 좌우의 덜어내고
(揲) 남은(過) 책들을 취하여 거듭 합하여, 다시 둘로 나누고(分二),
하나를 걸고(挂一), 4개씩 덜어내고(揲四), 남은 책을 끼우는(歸奇)

까닭에, 재륵再扐 이후에 건다고(掛) 하는 것이다. 이것이 2변變이 된다.

또 그 걸고(掛) 끼운(扐) 책策들을 모은 연후에, 다시(更) 좌우의 덜어내고(揲) 남은(過) 책들을 취하여 거듭 합하여, 다시 둘로 나누고(分二), 하나를 걸고(挂一), 4개씩 덜어내고(揲四), 남은 책을 끼우는(歸奇)니, 이것이 3변變이 된다.

【선해】 置彼三變所掛所扐之策. 但取所揲之策數之. 四九三十六則爲 ○. 四八三十二則爲--. 四七二十八則爲一. 四六二十四則爲X. 于 是成爻. ○爲陽動. 動則變陰. --爲陰靜. 一爲陽靜. 靜皆不變. X爲 陰動. 動則變陽. 故下文云. 四營成易. 三變成爻. 十八變成六爻. 則爲卦也.

그렇게 3변變 하면서 손가락에 걸고 끼운 책策들은 그대로 놓아두고(置), 단지 덜어낸 책들을 취하여 세어 4×9=36책이면 태양(○)이 된다. 4×8=32이면 소음(--)이 된다. 4×7=28이면 소양(−)이 된다. 4×6=24이면 태음(×)이 되어, 이로써 효爻를 이룬다. 태양(○)은 양이 동하는 것이니, 동하면 곧 음으로 변한다. 소음(--)은 음이 정靜한 것이 되고, 소양(−)은 양이 정한 것이 되며, 정한 것은 모두 변하지 않는다. 태음(×)은 음이 동한 것이니, 동하면 양으로 변하는 까닭에, 아래 글에서 "4영營이 역易을 이루며, 3변變이 효를 이루고, 18변變이 육효를 이루니, 곧 괘卦가 된다"라고 하였다.

【선해】 此蓍草之數. 及揲蓍之法. 乃全事表理. 全數表法. 示百姓以與
知與能之事. 正所謂神道設敎. 化度無疆者矣. 謂之大乘. 不亦宜乎.
若不以惟心識觀融之. 屈我羲文周孔四大聖人多矣.

이 시초의 수를 세고, 설시하는 방법들은 곧(乃) 그와 같은 모든
과정들(全事)이 우주의 이치를 나타내는(表) 것이요, 모든 수(全數)가
변화하는 법칙을 나타내는(表) 것이다. (이와 같은 이치와 법칙들은)
백성들도 이로써(以) 더불어 알고(知), 함께 설시할 수 있는 일(能之事)
임을 보여주는(示) 것이다. 바로 이른바 신묘한 도리(神道)로써 가르침
을 베풀고, 교화하고 제도하는 것이 끝이 없는(無疆) 것이니, 대승大乘
이라고 말하여도 또한 마땅하지 않겠는가? 만약 (佛法의) 유심惟心으
로 인식하고 관찰하여 융합融合하지 못한다면 우리는 복희, 문왕,
주공, 공자 등 4대 성인들을 제대로 알지 못함(屈)[175]이 많다 할 것이다.

【강설】

대연지수오십大衍之數五十. 기용사십유구其用四十有九

이는 시초를 세어 괘를 얻는 과정을 설명한 것으로, 연衍은 연演의
뜻이다. 대연의 수가 50이라는 것은 연(衍: 4영 18변)하여 괘를 얻는
데 사용되는 시초의 수가 50이라는 뜻이며, 사용되는 수가 49이라는

---

175 복희씨의 설괘設卦 ⇒ 문왕의 괘사卦辭 ⇒ 주공의 효사爻辭 ⇒ 공자의 십익十翼
의 과정을 거쳐 『주역』이 완성되었다는 뜻이다. 완성되었다는 것은 불교의
부처님이 연기법을 발견했다는 의미와 같은 뜻이다. 굴屈은 굴절의 의미이니
'제대로 알지 못하는 바가 많다 할 것이다'라고 옮겼다.

것은 50개의 시초 중에 하나를 빼어 한쪽에 놓고 49개만 연산에 참여시킨다는 뜻이다. 50은 하도의 합수 55와 낙서의 합수 45를 합한 100을 반(음, 양)으로 나누어 50이라는 설도 있다.

공자는 대연수가 50이라고 밝히고 있으나, 55라는 설도 다수 있다. 특히 김경방은 『주역전해』에서 "'대연지수오십大衍之數五十' 다음에 '유오有五'를 넣어야 한다(大衍之數五十有五)"라고 주장하였다. 남회근은 『역경계전별강』에서 "천지의 수는 55이지만(天地之數五十有五), 실로 사용하는 것은 50이다(眞正用的是五十根). 왜 점을 치는데 50만 사용할까(爲什么只用五十根來卜呢)? 5는 기본수인지라 움직일 수 없기 때문(因爲那五根基本數是不能動的)"이라고 밝히고 있다. 또한 남회근은 '설시揲蓍할 때 대연수大衍數가 50이나 시초蓍草 중 하나를 뽑아 옆에 놓고 49만 사용하는(大衍之數五十 其用四十有九)' 이유로 "사업을 하더라도 가용자금 외에도 비상시를 대비해 별도의 예비자금을 마련해 두는 이치와 같다"라는 매우 실용적인 설명을 하고 있으나 좀 궁색하다.

대개가 50개의 시초 중 하나를 빼는 것은 태극을 상징한다고도 한다. 이에 대해 왕부지(王夫之, 1619~1692)는 변역(變易: 동動)을 바탕으로 하는 역의 정신에 어긋난다고 한다. 1은 천지의 수가 움직이는 시초의 수(始數)이자 시동자始動者이기 때문이다. 필자는 설시는 사람(人)이 하기 때문에 설시하는 사람 하나를 빼는 것이라 생각한다.

【강설】

대승大乘

고대 인도인들은 윤회하는 이승의 사바세계는 차안此岸이고, 해탈의 세계는 피안彼岸에 있다고 믿었다. 그 사이에는 누구도 쉽게 건널 수 없는 넓고 깊은 강이 있는데, 그 강을 건네주는 '최상의 탈것(乘)'에 대한 열망이 다양한 종교와 철학으로 승화되었다. 대승(大乘: mahā-yāna)이란 바로 그 강을 건네주는 '최상의 또는 위대한(mahā: great, 大) 탈것(yāna: vehicle, 乘)'이라는 뜻으로, 해탈로 인도하는 '위대한(great) 가르침(乘: teachings)'을 말한다.

『대승기신론』에서는 "그 '위대한 가르침(大乘)'의 당체當體가 바로 중생심이며, 그 중생심이 일체세간의 법과 출세간의 법을 아우른다(所言法者, 謂衆生心. 是心則攝一切世間法出世間法)"라고 하였으며, 원효 대사는 『대승기신론소』에서 그 위대한 가르침의 종지와 진리의 바탕(宗, 體)이 대승이며, 진여일심眞如一心이라고 하였다. 일심의 일一은 분별이나 차별을 허락하지 않은 전체로서의 일一이며, 주객의 분별을 본질로 하는 지식으로는 포착할 수 없는 통합된 하나(一)의 의미인 것이다. 하나(一)는 전체를 아우르고(攝) 통합하는 의미로서, 도가道家의 도(道: 一, 無), 「천부경天符經」의 일一, 『주역周易』의 태극太極, 선진先秦의 상제上帝, 『법화경』의 일불승一佛乘 등과 같은 개념으로도 볼 수 있다. '대승大乘'이라는 말을 처음 사용한 사람들은 『소품반야경』의 작자作者들로, 그들은 스스로 법사法師라 자처하며 '반야바라밀'이라는 새로운 법을 주창하였다. '반야바라밀'이야말로 모든 부처님의 어머니(佛母)이며, 반야바라밀을 습득하지 않고는 육바라밀의 완성은 없다고 하며, 반야공지般若空智로써 무생법인無生法忍을 얻는 것이 불퇴전의 대승보살의 모습이라고 하였다. 무자성無自性 ○공空의 입장에

서면 세간은 그대로 열반이므로, 성문이나 연각 같은 이승은 없다고
하였다. 그들은 경권經卷의 공양이 불탑의 공양보다도 뛰어나다고
주장하며, 반야의 신수信受와 서사書寫를 권하고, 법사에게 헌신해야
한다고 주장하였다. 『법화경』에 별도의 「법사품」이 있는 것도 이런
주장의 연속이다.(참조: 사즈타니 마사오·스구로 신죠, 문을식 옮김, 『대승
불교』, 여래, 1995)

【주역】乾之策二百一十有六. 坤之策百四十有四. 凡三百有六
十. 當期之日. 二篇之策. 萬有一千五百二十. 當萬物之數也.

　건의 책수策數는 216이고, 곤의 책수는 144이니, 무릇 합하면(凡)
360으로, 일 년(當期)[176]의 날수에 해당하고, 『역경』 두 편(상, 하)의
책수가 11,520이니 만물의 수에 해당한다.

【선해】九七皆乾. 而爻言其變. 故占時用九不用七. 一爻三十六策. 則
　乾卦六爻. 共計二百一十六策也. 八六皆坤. 而占時用六不用八. 一
　爻二十四策. 則坤卦六爻. 共計一百四十四策也. 合成三百六十策.
　可當期歲之日. 然一歲約立春. 至第二年春. 則三百六十五日有奇.

---

176 기기는 일 년을 나타낸다. 건의 책수策數 216과 곤의 책수 144를 다하면(凡:
　　전부) 360으로 이는 일 년 360일을 나타낸다. 기기는 한 바퀴 돈다(Making
　　one revolution)는 의미로 천지지도의 일회전을 뜻한다.
　　　①양효: 양의 수 9×사상수 4=36×6효=216 (건책수)
　　　②음효: 음의 수 6×사상수 4=24×6효=144 (곤책수)
　　　③건책수 216+곤책수 144=360.

約十二月. 則三百五十四日. 而今云三百六十. 適取其中. 亦取大概言之. 不必拘拘也.

9와 7이 모두 건(양수)으로, 효爻는 그 변화를 말하는 까닭에, 점시占時에는 9를 쓰고, 7은 쓰지 않는다. 건의 1효는 36책(4×9)이므로, 곧 건괘의 육효는 합하여 216책이 된다. 8과 6은 모두 곤(음수)으로, 점시에는 6을 쓰고 8은 쓰지 않는다. 곤의 1효는 24책(4×6)이므로, 곧 곤괘의 육효는 합하여 144책이다. 이 둘을 합하면 360책을 이루니, 가히 1년의 날짜 수에 해당된다. 그러나 1년은 입춘을 기준으로(約) 다음해 입춘까지는 곧 365일 하고도 자투리(奇) 시간이 있다.[177] 또 만약 (음력으로) 12개월(1년)은 354일인데 이를 360일이라고 말하면 (云), 그 중간을 적당히 취한 것으로, 또한 중간(大概)을 취해 말한 것이니 반드시 얽매일(拘拘) 필요는 없다.

【선해】又合上下二篇六十四卦之策而總計之. 陽爻百九十二. 共六千九百一十二策. 陰爻百九十二. 共四千六百八策. 故可當萬物之數. 夫期歲之日. 萬物之數. 總惟大衍之數所表. 大衍不離河圖. 河圖不離吾人一念妄動. 則時劫萬物. 又豈離吾人一念妄動所幻現哉.

또 『역경』 상하 두 편의 64괘의 책수를 총계하면, 양효는 192효로 합하면 6,912책이고, 음효는 192효로 합하면 4,608책이다. 고로 가히

---

177 지구는 시속 1,667Km의 속도로 23시간 56분에 한 번 자전自轉을 하며, 시속 107,300Km의 속도로 365.25일에 한 번 태양 주위를 공전한다. 0.25일이 자투리이다.

세상 만물의 수數에 해당된다. 무릇 일(期) 년의 날수와 만물의 수는 모두(總) 오직 대연수를 나타내는(表) 것이니, 대연수는 하도를 벗어나지 않고, 하도는 우리 인간의 한 생각(一念)에 망동妄動하는 것을 벗어나지 못하니, 시간(時劫)과 만물 또한 어찌(豈) 우리 인간의 한 생각(一念) 망동으로 나타난 환현幻現을 벗어날(離) 수 있겠는가?[178]

【주역】 是故四營而成易. 十有八變而成卦.

이런 까닭으로 네 차례 경영(四營)하여 역(易: 爻)을 이루고, 18변變하여 하나의 괘를 얻는다.[179]

────────

[178] 이는 천태종의 "중생의 일념(一念: 한 생각) 속에 온 우주인 삼천(三千: 小千, 中千, 大千)의 제법(三千諸法)이 다 갖추어져 있다"는 일념삼천설一念三千說의 설명이다. 따라서 이 일념은 진여심眞如心이 아닌 중생심으로 범부가 일상생활에서 일으키는 그 한 생각(一念) 속에 우주의 모든 사상事象 또는 실상實相이 원융圓融하게 다 갖추어져 있다는 것이다. 『법화경』에서는 이를 제법실상諸法實相이라고 표현한다. 문제는 실상이 현상現相과 함께 섞여 있다는 데 있다. 즉 실상을 떠나 현상이 있을 수 없고, 현상을 떠나 실상이 있을 수 없다. 따라서 모든 존재와 현상에 대한 분별과 집착을 끊을 때(止) 공空을 이루고, 공의 상태에서 대상을 있는 그대로(實相) 보고 느낄 수 있을 때(觀) 비로소 지혜가 생긴다. 지관止觀 수행은 이를 두고 하는 말이다.

[179] 영營은 '경영하다, 운영하다'라는 뜻으로, 사영四營은 '역을 네 차례 경영한다'는 뜻이다. "네 차례 경영하여 역을 이룬다(四營而成易)"는 것은 역의 일변一變을 뜻하므로, 네 차례의 과정(四營)을 거쳐 한 번의 변화를 이루었다는 의미이다. 설시는 삼변三變을 거쳐 한 효爻가 이루어지므로, 6효를 이루기 위해서는 이것을 6변變, 즉 사영 18변變하여 한 괘를 얻게 되는 것이다.

【선해】一變必從四營而成. 以表一念一法之中. 必有生住異滅四相. 三
　　變成爻. 以表爻爻各具三才之道. 六爻以表三才各有陰陽. 十八變以
　　表三才各各互具而無差別.

1변變이 필必히 4영營을 거쳐 이루어지는 것은, 일념一念 일법一法
중에 필히 생주이멸生住異滅의 사상四相을 나타내고(表), 3변變이 효爻
를 이루는 것은, 효마다(爻爻) 각기 삼재三才의 도道를 갖추고 있음을
나타내는(表) 까닭이다. 육효는 삼재가 각기 음양을 지니고 있음을
나타내고(表), 18변變은 삼재가 각각 서로 갖추고(互具) 있기에 차별이
없음을 나타낸다(表).

【강설】
　필유생주이멸사상必有生住異滅四相

　한 생각이 일어났다(生) 사라지는(滅) 모습을 네 가지로 구분지어
설한 것을 사상四相이라 한다. 세간의 일체만물은 생生·주住·이異·멸
滅하지 않는 것이 없다. 곡식의 예를 들더라도 씨를 뿌리면 싹이 트고
(生, 봄), 줄기와 잎이 나와 꽃을 피우고(住, 여름), 열매를 맺으면서
잎이 지고 줄기가 꺾여(異, 가을), 나중에는 사라지고(滅, 겨울) 마는
것이다.

　이와 같이 생각(念, 心)에도 생상生相, 주상住相, 이상異相, 멸상滅相
의 네 가지 모습(四相)이 있다는 것이다. ①생상生相: 무명으로 인하여
마음에 한 생각(번뇌 망상)이 일어나(生) ⇒ 삼세三細의 무명업상無明業
相, ②주상住相: 그 생각에 꽂혀 집착하여 머물고(住) ⇒ 전상轉相,

현상現相, 지상智相, 상속상相續相, ③이상異相: 자타自他와 피아彼我를 차별함으로써 모든 것이 나(我)와 다르다는(異) 생각을 하게 되고 ⇒ 집취상執取相, 계명자상計名字相, ④멸상滅相: 이상異相으로 인한 탐·진·치 삼독三毒의 마음이 일어 갖가지 악업을 짓게 되나 ⇒ 기업起業, 조업造業, 궁극에는 처음의 번뇌를 일으킨 마음이나 집착하는 마음도, 악행도 다 사라지고(滅) 마는 것이다. 그렇다고 과보마저 사라지는 것이 아니니 ⇒ 기업상(造業), 업계고상(受報).

이렇게 멸하고 나면 궁극에는 본래의 전념前念이 생생生하기 전의 모습, 즉 진여본각本覺, 심원心源으로 되돌아가는 것이다. 심원에서 이탈했던 마음이 본래의 자리로 되돌아온 것이다. 『법화경』에서는 이를 풀어, 집 나간 장자長子의 아들이 거지(窮子)가 되어 떠돌다가, 다시 집을 찾아 돌아와 가업家業을 잇는 것으로 묘사했다.

『대승기신론』에서는 이를 바탕으로 수행의 차원에서 깨달음(覺)의 변화하는 모습을 ①범부각凡夫覺, ②상사각相似覺, ③수분각隨分覺, ④구경각究竟覺의 네 가지로 구분하여, 삼세三細 육추六麤의 구상九相과 『화엄경』의 수행계위에 배대配對하였다.

그러나 이 같은 사상四相이나 사각四覺은 무명의 훈습력薰習力으로 말미암은 것일 뿐, 마음의 성품(心性) 또는 심체心體에는 본래 생·주·이·멸이 없는 것이다. 단지 수행 차원의 관념적·인지적 구분일 뿐이다. 그래서 「법성게」에서는 '제법부동본래적諸法不動本來寂'이라 했다. 제법은 본래가 고요해서 움직임이 없다는 것이다.(참조: 원효, 최세창 역주, 『대승기신론소별기』, 운주사, 2016.)

【주역】 八卦而小成.

  팔괘八卦로써 8개의 소성괘小成卦를 이룬다.[180]

【선해】 三爻已可表三才. 九變已可表互具. 故名小成.

  3효爻가 이미 삼재를 나타내고, 9변變이 이미 서로 갖춤(互具)을
나타내니, 소성괘小成卦라 이름한다.

【주역】 引而伸之. 觸類而長之. 天下之能事畢矣.

  (8개의 소성괘를) 끌어다(引) 펼쳐서(伸), 접하는(觸) 모든 종류에까지
확장하여(長) 천하의 모든 일(事)에까지 다 통하게(畢) 했다.[181]

【선해】 八可爲六十四. 不過引而伸之也. 三百八十四爻以定天下之吉
凶. 是在觸類而長之也. 至于觸類而長. 則一一卦. 一一爻. 皆可斷天
下事. 而裁成輔相之能事無不盡矣.

  (이는) 8괘가 (중첩하여) 64괘가 되니, "8괘를 끌어다 중첩하여
64괘로 펼쳐나간다"는 말에 불과하다. "384효로써 천하의 길흉을 정한

---

180 세 개의 획으로 된 8괘를 소성괘라 하며, 소성괘가 중첩된 여섯 개의 획으로
   된 64괘를 대성괘大成卦라 한다.
181 소성 8괘로는 우주변화의 원리를 다 설명하는 데는 한계가 있으므로, 8괘를
   끌어다 64괘로 펼쳐서 천하의 모든 일에 다 통할 수 있게 한 것이다. 8괘가
   총론이라면, 64괘는 각론인 셈이다.

다"라는 것은 "384효로 접하는(觸) 모든 종류의 일에까지 확장한다(觸類而長之)"라는 뜻이다. 여기(觸類而長)에 이르면, 하나하나의 괘卦와 하나하나의 효爻가 다(皆) 가可히 천하사天下事를 판단하고, 재성보상裁成輔相[182]하여 천하의 모든 일(天下事)에 통하지 않음이 없는 것이다 (无不盡).[183]

---

182 이는 『역경』 열한 번째 지천태(地天泰, ䷊)괘 상전象傳의 "천지가 서로 사귀는 것이 태괘泰卦이니, 임금이 이를 본받아 천지의 도를 마름질하여 이루며, 천지의 마땅함을 도움으로써 백성을 돕는다(天地交, 泰, 后以, 財成天地之道, 輔相天地之宜, 以左右民)"라는 구절의 인용이다. *재財는 마름질(裁)의 의미이다. 주자는 『본의』에서 "마름질(裁成, 財成)하여 그 지나침(過)을 제어制御하고, 서로 도와서(輔相) 그 모자람(不及)을 보충하는 것이다"라고 하였다.

선사는 『선해, 태괘』에서 "불법으로 풀어보면(佛法釋者), 천지의 도道란 곧 사람의 본성(本性: 부처의 성품)에 정定과 혜慧가 갖추어져 있는 것을 말하며(天地之道 卽性具定慧), 천지의 마땅함(宜)이란 곧 정과 혜가 마땅히 적용되는 것을 말한다(天地之宜 卽定慧有適用之宜). 재성보상은 곧 수행하여 정과 혜가 갖춘 본성으로 돌아가도록 돕는(裨) 것을 말한다(財成輔相 卽以修裨性也)"라고 하였다.

정이천은 『역전』에서, "천지의 도란, 천지가 통교通交하여 음양이 화합하면 만물이 무성하고 좋은 결과가 이루어지는 것을 말한다. 인군人君에게는, 천지의 도道를 본받아(體) 역력曆을 법제法制하여, 백성들로 하여금 천시天時를 활용하고 지리(地利, 地理)를 따름으로써, 화육化育의 공을 도와서(輔助) 풍요롭고 아름답게(豊美) 이로움(利)을 이루도록 하는 것으로, 봄에는 파종하는 법을 만들고, 가을에는 수확하는 법을 만드는 것과 같이, 천지의 마땅함(宜)을 상보相補하여 백성들의 생양生養을 돕는 것이 도道이다"라고 하였다.

183 재성보상하여 천하의 이치에 통하지 않음이 없으니 굳이 점을 칠 필요가 없다. 『주역』을 배웠다 해서 말끝마다 괘卦 이름을 들먹이며, 괘를 뽑느니

【주역】顯道神德行. 是故可與酬酢. 可與祐神矣. 子曰. 知變化之
道者. 其知神之所爲乎.

역리易理는 도를 드러내고(顯) 덕행을 신묘하게 한다.[184] 이런 까닭으
로 가히 더불어 수작(酬酢: 응대)할 수 있으며[185] 가히 더불어 신(하늘)을
도울 수 있으니[186] 공자께서 이르시길, "변화(음양)의 도를 아는 자는

뭐니 하는 부류는 아직 하수인 것이다. 『주역』을 공부하는 목적은 '천지지의天
地之宜'의 실천에 있는 것이지, '천지지의'의 알음알이에 있는 것이 아니기
때문이다.

184 『주역』은 객관세계 속에 들어 있는 법칙을 드러내어 주고 또 사람이 가지고
있는 덕행을 표현하게도 해 준다. 또 『주역』의 괘효는 우주변화의 도를
드러내는 기능을 가지고 있고, 괘효사는 길흉화복의 도리를 드러내 주기
때문에, 사람은 이에 따라 행동하면 그의 행동이 측정하기 어려운 변화에
대해 마치 알고 있는 것처럼 신묘하게 대응한다.(참조: 정병석, 『주역 하권』,
을유문화사, 2011.)

185 수작酬酢은 주·객이 서로 술잔을 주고받거나 말을 주고받는 것(應對)을 뜻한다.
여기서는 하늘과 인간이 우주변화의 원리 또는 천하사를 논하거나 도모하는
것을 말한다.

186 하늘은 무형의 상象으로 하늘이 뜻한 바(天道)를 드러내지만(天垂象), 상은
무형無形 무성無聲이므로 소인小人은 볼 수도 들을 수도 없다. 이를 가엾이
여긴 성인(복희씨)이 하늘이 드러낸 바(천수상)를 관찰하여 그린(劃易) 괘효卦爻
와 문왕과 주공의 괘효사와 공자의 십익十翼을 통해 알려 주므로, 소인은
이들(주역)을 읽고 공부함으로써 하늘이 뜻한 바(天道: 天命, 聖人之道)를 알아
실천할 수 있다. 이를 실천하는 사람이 군자이고 불보살이고, 그렇지 못한
사람은 소인이고 중생이다. 천도란 하늘의 생명활동으로, 만물을 생하고
생하는 생생지위도生生之爲道를 말한다. 따라서 군자만이 하늘의 뜻을 알
수 있고(知變化之道), 더불어 하늘과 마주하여(可與酬酢), 더불어 땅에서 하늘을

그 신(神: 하늘)이 하는 바(所爲)를 알 것이다"라고 하였다.

【선해】有一必有二. 有二必有四. 有四必有八. 有八必有六十四. 有六十四必有三百八十四. 然三百八十四爻. 秪是六十四卦. 六十四卦. 秪是八卦. 八卦秪是四象. 四象秪是兩儀. 兩儀秪是太極. 太極本不可得. 太極不可得. 則三百八十四皆不可得. 故卽數可以顯道也. 陰可變陽. 陽可變陰. 一可爲多. 多可爲一. 故體此卽數之道者. 可以神其德行也.

1(太極)이 있으면 반드시 2(陰陽)가 있고, 2가 있으면 반드시 4상象이 있고, 4상이 있으면 반드시 8괘가 있고, 8괘가 있으면 반드시 64괘가 있고, 64괘가 있게 되면 반드시 384효가 있다. 그러나 384효는 단지 64괘이고, 64괘가 단지 8괘이며, 8괘는 단지 4상이고, 사상은 단지 양의兩儀이며, 양의는 단지 태극太極이다. 태극은 본래 얻을 수 없는 것이다(不可得). 태극이 얻을 수 없는 것이라면, 곧 384효도 모두 얻을 수 없는 까닭에, 수數로써 가히 도를 드러내는 것이다. 음은 양으로 변할 수 있고, 양은 음으로 변할 수 있으며, 일一은 많음(多)이 될 수 있고, 많음은 일이 될 수 있는 까닭에, 이 수數의 도(道: 이치)를 체득한 자는, 가히 그 덕행이 신묘할 수 있다.

───────

도울 수 있는 것이다(可與祐神). 이것이 천인합일天人合一이며, 이로써 하늘(天)이 하고자 하는 바가 인간을 통해서 땅(地)에서 이루어질 수 있는 것이며, 혹여 죽어서도 천당이나 극락의 문을 열고 피안의 세계로 갈 수 있는 것이다. 소인이나 중생은 하늘을 돕고 싶어도 하늘의 뜻을 모르기에, 혹여 알아도 실천을 하지 않기에 하늘을 도울 수 없는 것이다.

【선해】 旣卽數而悟道. 悟道而神明其德. 則世間至賾至動. 皆可酬酢.
而鬼神所不能爲之事. 聖人亦能祐之矣. 先天而天弗違. 此之謂也.
人但知揲蓍爲變化之數耳. 若知變化之道. 則無方之神. 無體之易.
皆現于靈知寂照中矣.

이미 수의 이치를 체득하여 도를 깨닫고, 도를 깨달아 그 덕을
신묘하게 밝히면, 곧 세간의 심오한 이치(賾)와 지극히 미세한 움직임
(至動)도 모두(皆) 놓치지 않을 수 있으며(皆可酬酢)[187], 귀신이 할 수
없는 일이라도 성인은 또한 능히 (귀신을) 도와줄 수 있는 것이다.
"하늘에 앞서 행해도 하늘의 뜻에 어긋나지 않는다(先天而天弗違)"[188]라
는 것은 이를 말하는 것이다. 사람들은 설시揲蓍를 통해서 단지 변화의
수만 알 뿐이다. 그러나 만약 변화의 도를 알게 되면 방소方所가 없는
신(無方神)과 일정한 형체가 없는 역(無體易)이 모두(皆) 영지靈知[189]와

---

187 주인이 객에게 술을 따라주는 것을 수酬, 객이 주인에게 답례로 잔을 돌리는
것을 작酢이라고 한다. 수작酬酢은 중국식 표현이고, 우리나라에서는 수작酬酌
이라고 쓴다. 여기서는 술잔을 주고받듯이, 심오한 이치(賾)와 지극히 미세한
움직임(至動)이 상응하여 그 이치를 알 수 있다는 뜻이다.

188 이는 『주역』 중천건(䷀)괘의 「문언전」에 나오는 문구다.

189 영지靈知는 신령스럽게 아는 지혜를 말한다. 원효가 『대승기신론소』에서
밝힌 '성자신해性自神解'와 같은 의미이다. 성자신해란 우리 마음에는 신통하
게 아는 성질(작용)이 있다는 뜻이다. 이는 인간존재에 대한 무한한 신뢰의
표현이다. 그 아는 성질이 바로 정념正念이다. 정념은 ①항상 오롯이 깨어
있어서 ②바로(直, 正) 보고 ③알아차리고(無常, 변화) ④경계에 끄달리지(散,
馳) 않는 ⑤마음 챙김을 말한다.
그러기에 정념으로 수행을 한다고 하는 것이다. 그러나 정념은 이미 자성청정

적조寂照[190] 속(中)에 드러날(現) 것이다.[191]

【선해】故述傳至此. 特自加子曰二字. 以顯咨嗟詠嘆之思. 而史記自稱
太史公曰乃本於此.

고로 공자께서 서술하여 전하심이 여기에 이르러, 특히 스스로
"자왈子曰"이라는 두 글자를 더하여(加) 애석하게 여겨 탄식하고(咨
嗟), 영탄詠嘆하신 생각을 드러내셨으니(顯), 사마천이 『사기史記』에
서 자칭 "태사공 왈曰"[192]이라고 한 어법도 여기에서 본뜬 것이다.

심이고 깨달음의 경지이다. 정념이 지속되지 못하니까 수행을 말하는 것이다.
보조국사는 『수심결修心訣』에서 공적영지空寂靈知라 했다.(참조: 원효, 최세창
역주, 『대승기신론소별기』, 운주사, 2016.)

190 곽철환의 『시공불교사전』에는 적조의 풀이로 "①산란한 마음을 가라앉히고
지혜로써 모든 현상의 모습을 있는 그대로 응시함, ②모든 번뇌를 남김없이
소멸한 상태에서 청정한 지혜의 광명을 드러냄"이라고 하였다.

191 역에서 설시를 통해서 단지 변화의 수를 알고, 나아가 변화의 도道까지
알게 되는 과정이 불교의 수행이다. 오랜 수행 끝에 이르는 경지가 영지이고
적조이다. 영지하고 적조하는 경지나 무방신과 무체신의 경지는 같은 것이다.
이 경지에서만이 '성자신해'할 수 있다. 이를 원효 대사는 『대승기신론소』에서
일심(一心: 한마음)이라 하였다.

192 사마천(司馬遷, B.C.145년?~86년?)은 중국 전한前漢시대의 사상가이자 역사가
로 아버지 사마담司馬談의 관직이었던 태사령太史令 벼슬을 물려받아 태사공
太史公이라고 불리기도 했다. B.C.110년 사마담은 자신이 편찬하던 역사서의
편찬을 완료해 줄 것을 유언으로 남기고 죽는다. B.C.99년 무제의 명으로
흉노를 정벌하러 떠났던 장군 이릉이 패전하여 포로가 된 사건이 일어났다.
이 사건을 보고받은 무제는 진노하여, 이릉의 처분 문제를 결정하기 위한

중신 회의를 열었다. 신하들은 모두들 이릉을 비난하고는 이릉의 가족들을 모두 능지처참할 것을 주장하였으나, 사마천은 이릉의 충절과 용감함을 찬양하고 두둔했기 때문에 무제의 노여움을 사 사형을 받게 되었는데, 당시 사형을 면하는 방법으로는 벌금을 내거나 궁형을 받는 것뿐이었다. 벌금의 액수가 상상을 초월하는지라 태사령 녹봉으로 이 벌금을 내는 것은 불가능했다. 당시의 시대적 상황은 궁형을 받느니 죽음을 택하는 것이 옳다고 생각하는 사회 풍조였으나, 사마천은 아버지의 유언인 『사기』의 완성을 위해 궁형을 받아들였다(궁형으로 인하여 고환이 제거되어 그의 초상화에는 수염이 없다). 이렇게 살아남은 사마천은 황제黃帝에서부터 무제에 이르는 역사를 인물별로 나누어 쓴 『사기』 130권의 편찬을 완료하였다.(참조: 위키백과.)

계사상전 제10장

【주역】易有聖人之道四焉. 以言者尙其辭. 以動者尙其變. 以制器者尙其象. 以卜筮者尙其占.

　『역경』에는 성인의 도가 넷(四)이 있으니, ①『역경』으로(以) 말하는 자는 괘효의 말씀(辭: 괘사와 효사)을 숭상(尙)하고[193] ②『역경』으로

---

[193] 대부분의 종교는 말씀(辭: 불경, 성경, 코란)으로 교리를 설설(說說)하고 있으나, 『주역』은 말씀 외에도 변(變: 음양), 상(象: 무형), 점(占: 대연수의 설시)으로써, 말이나 글로써 설명하거나 전할 수 없는 한계점을 보완하고 있다. 그러나 아무리 한계점을 보완한다 해도 '무형의 상'이나 '음양의 변화'는 표현이 불가능할뿐더러 표현을 한들 이해도 불가능하다. 스스로 말씀의 실천(수행)을 통해 성인지도와 합일合一을 이룰 때만이 알 수 있는 것이기 때문이다. 선禪불교의 교외별전敎外別傳, 언어도단言語道斷, 불립문자不立文字, 심인心印, 이심전심以心傳心 등은 말이나 글로써 전할 수 없는 심오한 세계를 이르는 말이다. 서산 대사(1520~1604)는 『선가귀감禪家龜鑑』에서 "교敎는 부처님의 말씀이요(敎是佛語), 선禪은 부처님의 마음이다(禪是佛心)"라고 하여 정법안장正法眼藏이나 열반묘심涅槃妙心은 말이나 글로써 전할 수 없음을 설하고 있다. 그러기에 『팔만대장경』도 부처님의 마음을 설한 방편일 뿐 그 자체로서 마음(진리)은 아닌 것이다.

공자께서 "나는 이제 말을 하지 않겠다(予欲無言)"라고 하자, 자공이 여쭈었다. "선생님께서 말씀을 않으시면(子如不言), 저희들이 어떻게 선생님의 도를 잇겠습니까(則小子何述焉)?" 공자께서 "하늘(하느님)이 언제 (무슨) 말을 하던

행동하는 자는 괘효의 변화(음양)를 숭상(尚)하고, ③『역경』으로 기물
(器物: 제도나 법규)을 만드는 자는 괘효의 상(卦象: 現相)을 숭상(尚)하
고[194] ④『역경』으로 점을 치는(卜筮) 자는 괘효의 점(占: 예지력)을 숭상
(尚)한다.

【선해】前文云. 君子觀象玩辭觀變玩占. 今言此四卽易所有聖人之道
  也. 夫玩辭則能言. 觀變則能動. 觀象則可以制器. 玩占則可以卜筮
  決疑. 言也. 動也. 制器也. 卜筮也. 聖人修身治人之事. 豈有外於此
  四者哉.

  앞의 글[195]에서 말하기를, "군자는 상象을 살펴 말씀을 완미玩味하고,
변화를 살펴 점을 완미한다"라고 하였으니, 이제 이 넷(四)은 곧 역에
성인의 도가 있음을 말하는 것이다. 대저 말씀(辭)을 완미하면 곧
능히 말할 수 있고, 변화를 관찰하면 행동할 수 있고, 상을 관찰하면
기물을 만들 수 있고, 점사를 완미하면 곧 점을 쳐서(卜筮) 의혹을
판단할 수 있다. 말하고, 행동하고, 기물을 만들고, 점을 치는 것은
성인이 수신하고 남을 다스리는 일이니, 어찌(豈) 이 넷(四)을 벗어나
는 것이 있겠는가?

  가(天何言哉)? 사계절이 운행하니(四時行焉), 만물이 따라 생하는데(百物生焉)
  하늘이 무슨 말을 하던가(天何言哉)?"라고 하였다.(참조: 『논어, 양화편』.)
194 기물器物에 대한 구체적인 내용은 『하전, 제2장』에 자세하게 나와 있다.
195 『상전, 제2장』의 "君子居則觀其象而玩其辭. 動則觀其變而玩其占"을 말한다.

【주역】是以君子將有爲也. 將有行也. 問焉而以言. 其受命也如
響. 無有遠近幽深. 遂知來物. 非天下之至精. 其孰能與於此.

　이런 까닭으로 군자가 장차 무슨 일을 하려 할 때나, 장차 무엇을
행함에 의문이 있으면 (역경에) 물어(問) 말을 하려 하니, (역경이)
그 명命을 받음이 메아리(響)[196] 같아서, 멀고 가깝고(遠近) 깊고 그윽함
(幽深)을 가리지 않으니, 마침내(遂) 미래의 일(來物)을 알게 되는 것이
다.[197] 천하의 지극히 정미한(至精: 깨끗한)[198] 이가 아니면 그 누가 능히

196　향響은 '응답하다, 메아리치다, 울리다'의 뜻이다. 소리를 지르면 곧바로
　　메아리가 들리듯이, 『역경』에게 무엇을 물으면 그렇게 바로 즉시 반응한다는
　　뜻이다.
　　소리가 난다는 것은 그 속이 비었다는 뜻이다. 예를 들어 악기가 속이 꽉
　　찼다면 소리가 나지 않을 것이다. 마찬가지로 탐욕스런 마음을 내려놓아
　　마음이 텅텅 비웠을 때만이 메아리처럼 들릴 것이다. 또한 비울 때만이
　　더 큰 것을 채울 수 있는 것이다.
　　『노자, 3장』에는 "성인의 다스림(聖人之治)은 그 마음은 비우고 그 배는 채우고
　　(虛其心 實其腹), 그 뜻은 약하게 하고(弱其志) 그 뼈는 튼튼하게 하는 것이다(強
　　其骨). 언제나 백성들로 하여금 무지무욕하게 만든다(常使民無知無欲)"라고
　　하여 비울 것을 강조하였다.
197　주자는 『본의』에서 "이는 말을 중시(尙)하고, 점을 중시하는 것이다. 시초로써
　　역에게 물어 괘사와 효사를 구하여, 이것으로써 말을 하고(發言) 일에 임하면
　　(處事), 역이 사람의 명命을 받아 일러(告)주기를 마치 메아리가 목소리에
　　응하듯이 하여 미래의 길흉을 판단하게 된다(此尙辭尙占之事, 言人以蓍問易, 求
　　其卦爻之辭, 而以之發言處事, 則易受人之命而有以告之, 如響之應聲, 以決其未來之
　　吉凶也)"라고 하였다.
　　중요한 것은 길흉화복은 경전의 말씀을 이해하고 실천함에 있는 것일 뿐,

이런 일에 함께(與)하겠는가?

【선해】 君子. 學聖人者也. 學聖人者必學易. 善學易者. 舉凡有爲有行. 必玩辭而玩占. 果能玩辭玩占. 則易之至精. 遂爲我之至精矣.

군자는 성인의 도를 공부하는 자다. 성인의 도를 공부하는 자는 반드시(必) 역을 공부해야 한다. 역을 잘(善) 공부하는 자는 모두(舉) 무릇(凡) 무엇을 하거나 행할 때에는 반드시 괘사와 효사(辭)를 완미하며 점을 완미해야 하나니, 과연 능히 괘사와 효사(辭)를 완미할 수 있고, 점을 완미할 수 있다면, 곧 역의 지극히 정미함(至精)이 마침내(遂) 자신(我)의 지극히 정미함이 될 것이다.

【주역】 參伍以變. 錯綜其數. 通其變. 遂成天地之文. 極其數. 遂定天下之象. 非天下之至變. 其孰能與於此.

삼參과 오伍로써 변화(變)를 이루며[199], 그 수數들을 여러 가지로

결코 점을 쳐서 얻는 것이 아니라는 사실이다. 그러기에 역易에 능한 자는 점을 치지 않는 법이다(善爲易者不占). 오직 경전의 말씀을 완미玩味하고 실천할 뿐이다.

198 『예기禮記, 경해經解』에는 "결정정미潔靜精微한 것이 역의 가르침이다(易敎也)"라고 했다. 결정潔靜은 깨끗하고 고요한 것, 정미精微는 깊고 정밀한 것을 말한다.

199 이 구절은 견해가 분분하다. 첫째, 3효와 5효의 변화이다. 한 괘에는 6개의 효가 있어서, 5효 다음에는 더 변할 수 없는데 6효가 변하면 전혀 다른 것이 되기 때문이다. 가령 5효가 변하면 그 괘는 이미 늙은 것이 되며, 6효가

섞어 봄으로써(錯綜) 그 변화를 꿰뚫어 알게 되며(通達), 마침내 천지자연의 문체(文)를 이루며(成)²⁰⁰ 그 수를 극진(極盡: 窮究)히 함으로써 마침내(遂) 천하의 상象을 정하니²⁰¹. 천하의 지극한 변화(至變)가²⁰²

변하면 이미 죽은 것으로 다른 효로 변해버린다.(참조: 南懷瑾, 『易傳系傳別講』, 東方出版社, 2015.)

둘째, 삼三은 삼변이성일효三變而成一爻의 삼을 말하며, 오伍는 대오隊伍 행렬을 말하는데, 여기서는 대연수로 설시揲蓍하여 하나의 대성괘를 추출하는 다섯 과정(伍)을 말한다. 49개를 둘로 나누는 ①천책天策과 ②지책地策, ③오른쪽의 지책 중 한 개를 집어 왼손에 끼우는 인책人策, ④천책의 설시(揲蓍: 네 개씩 덜어냄), ⑤지책의 설시.

셋째, 선사는 "삼參은 저것(彼)과 이것(此)을 섞고(參) 합습하는 것을 말한다. 오伍는 군대의 대오隊伍처럼 정연한 것"으로 풀이한다.

넷째, 삼參과 오伍는 토화작용土化作用의 삼원운동三元運動과 오원운동五元運動을 말한다.(구체적인 것은 한동석의 『우주변화의 원리』를 참조할 것)

200 그 수數들을 섞고 모으면(錯綜其數) 삼획으로 구성된 ①건(乾: 天), ②곤(坤: 地), ③진(震: 雷), ④손(巽: 風), ⑤감(坎: 水), ⑥리(離: 火), ⑦간(艮: 山), ⑧태(兌: 澤)의 소성팔괘가 생기니, 이것이 사물의 변화로 형성된 천지의 무늬(天地之文)이다. 즉 하늘과 땅이 있어(乾坤), 번개가 치고(震), 바람이 불고(巽), 물이 흐르고(坎), 불이 타오르고(離), 산이 있고(艮), 못이 있으니(兌) 이 같은 천지의 무늬(형상)들이 모이고 섞여(錯綜) 천지자연의 아름다운 문채文彩가 형성되는 것이다. 이것이 천지자연의 무늬(天地之文)이고, 그 문文의 모습이 상象으로 괘이다.

무늬(文)는 여섯 강유剛柔의 효(六爻)로 하나의 괘(大成卦)가 이루어지면 괘상卦象이 생기고, 괘상은 천하 만물의 모습(像)을 나타내는 것이다.

201 이러한 이치는 성인이 밝혀 놓은 것으로, 중생들은 형상現像으로 나타나기 전에는 그 결과를 모르는 것이다. 『주역』의 공부는 어떤 변화가 결과로서 나타나기에 앞서 향후 진행될 추이를 미리 알고자 하는 지래知來의 공부이다.

아니면, 그 무엇이 능히 (易과) 함께(與)하겠는가?

【선해】 參者. 彼此參合之謂. 伍者. 行伍定列之謂也. 雖彼此參合. 而
不壞行伍之定列. 雖行伍定列. 而不壞彼此之參合. 故名參伍以變.
由彼此參合. 則其數相錯. 由行伍定列. 則其數可綜. 故云錯綜其
數. 擧凡河圖洛書之成象. 揲蓍求卦之法式. 無不皆然. 非僅偏指一
種也. 陰陽各有動靜. 故成天地之文. 六十四卦各具六十四卦. 故定
天下之象. 誠能觀象以通變. 觀變以極數. 則易之至變. 遂爲我之至
變矣.

삼參은 저것(彼)과 이것(此)을 섞고(參) 합습하는 것을 말한다. 오伍
는 군대의 대오隊伍처럼 정연한 것을 말한다. 비록 저것과 이것을
섞고 합습할지라도, 대오처럼 정렬을 깨뜨리지 않는 까닭에, 섞고(參)
합습하는 것으로 변화를 이룬다고 이름하는 것이다. 저것과 이것을
섞고 합습으로 말미암아 곧 그 수數들이 서로 섞이고, 대오隊伍처럼
정렬을 깨뜨리지 않음으로 말미암아 그 수들이 가히 모이는(綜) 까닭

그 방법으로 수를 극진히 궁구함으로써(極其數) 앞으로 전개될 천하 만물의
모습(像, 결과)을 알 수 있는 것이다(定天下之象). 천하 만물의 상이 바로 괘이다.
202 천하의 지극한 변화란 질서정연한 우주변화의 법칙을 말한다. 우주변화가
질서정연하듯 인간사 또한 질서정연한 것이다. 이것이 천지자연(주역)에서
배우는 변역變易의 교훈이다. 그럼에도 개개인이 삶에 굴곡이 있는 것은
육욕칠정이 지나쳐 목적(탐욕과 집착)이 앞서기 때문이다. 산을 산으로 물을
물로 볼 때는 산은 산이고 물은 물이지만(易簡), 목적(탐욕과 집착)을 가지고
볼 때는 이미 산은 산이 아니고, 물은 물이 아닌 것이다.

에, 그 수를 섞고 모은다고 이른다.

대개 무릇 하도와 낙서가 상象을 이루는 것과 설시하여 괘를 구하는 법식法式이 모두 그러하지 않은 것이 없으니, 단지 한 가지 종류에만 치우쳐서(偏) 말하는(指) 것은 아니다. 음양에는 각기 동정이 있는 까닭에, 천지변화의 문(理致, 物理)을 터득하게 되는 것이다(成). 64괘는 각 괘마다 64괘를 갖추고 있는 까닭에 천하의 모든 상象을 나타낼 수 있다(定).[203] 진실로 능히 상을 관찰하여 변화에 통달하고, 변화를 관찰하여 수를 극진히 한다면 곧(則) 역의 지극한 변화가 마침내(遂) 자신(我)의 지극한 변화로 될 것이다.

【강설】

착종錯綜

착종의 사전적 의미는 "여러 사물事物 현상現狀이 복잡하게 뒤섞여 있음"의 뜻이다. 『역경』에서는 본괘本卦를 다른 괘로 변화시켜 보는 것으로, 지괘之卦 또는 변괘變卦라고도 한다. 지괘로써 괘상의 변화를 보는 이유는 무슨 일이든 자신의 입장에서 또는 고정된 시각에서

---

203 "64괘는 각 괘마다 64괘를 갖추고 있는 까닭에 천하의 모든 상象을 나타낼 수 있다(六十四卦各具六十四卦 故定天下之象)"라는 의미의 선해禪解로 보아 선사는 이미 초연수焦延壽의 『초씨역림焦氏易林』까지 섭렵했다고 생각된다. 『초씨역림』은 64괘를 64변變하여 4,094(64×64)효사로 확장시킨 것으로, 64괘 384효사만으로도 천지자연의 모든 형상을 표현할 수 있다고 하는데, 하물며 10배나 많은 4,096효사로는 좀 더 자세하게 표현할 수 있다고 할 수 있다. 그러나 그만큼 번잡하다고도 할 수 있다.

한쪽 면만 보는 것이 아니라, 객관적인 입장에서 반대의 입장과 드러나지 않은 이면을 보고 앞으로 전개될 과정을 종합적으로 역지사지易地思之하려는 뜻이다. 이 같은 다양한 사유가 '회통會通과 융화融和'의 바탕이 된다.

1. 본괘本卦와 지괘之卦: 본괘는 현재 처해 있는 상황을 말해 주므로 체體가 되며, 지괘는 본괘의 효가 변하여 나간(之) 괘로 주변 환경이나 자신의 노력에 따라 앞으로 진행되어 나갈 과정을 말해 주므로 용用이 된다.

2. 착錯괘: ① 중천건(䷀)과 중지곤(䷁), ② 수뢰둔(䷂)과 화풍정(䷱), ③ 산수몽(䷃)과 택화혁(䷰), ④ 중수감(䷜)과 중화리(䷝), ⑤ 풍택중부(䷼)와 뇌산소과(䷽) 등과 같이 같은 효위의 양효는 음효로, 음효는 양효로 완전히 바뀐(變) 괘를 말하며, '응양대응괘' 또는 '배합괘配合卦'라고도 한다. 64괘마다 착괘가 있으니 32쌍의 착괘가 있다. 괘마다 6효가 있으므로 반대적 상황은 6가지의 개별적인 형태로 나타난다.

3. 종綜괘와 부도전不倒顚괘: 상하가 전도顚倒된 괘들로 ① 수뢰둔(䷂)과 산수몽(䷃), ② 지천태(䷊)와 천지비(䷋), ③ 천화동인(䷌)과 화천대유(䷍) 등과 같이 괘가 180도 뒤집힌(覆, 顚倒) 경우로, '도전괘倒顚卦, 복괘覆卦'라고도 하며, 대개 그 뜻이 착괘와는 달리 총체적으로 반대되는 경우가 많다.

64괘 중 상괘와 하괘가 모양이 같은 부도전괘 중천건(䷀), 중지곤(䷁), 산뢰이䷚, 택풍대과(䷛), 중수감(䷜), 중화리(䷝), 풍택중부(䷼), 뇌산소과(䷽) 등 8괘를 제외한 56괘가 서로 종괘의 관계에 있다.

4. 상하교역上下交易괘: ① 수뢰둔(䷂)과 뢰수해(䷧), ② 산수몽(䷃)과 수산건(䷦)괘의 경우처럼 상괘는 하괘로, 하괘는 상괘로 서로 자리 바꿈(交易)한 괘를 말한다.

5. 호괘互卦: ① 수뢰둔(䷂)과 산지박(䷖), ② 지천태(䷊)와 뇌택귀매(䷵)괘의 경우처럼 본괘의 5, 4, 3효가 외괘(상괘), 4, 3, 2효가 본괘(하괘)로 이루어진 괘로, 알고자 하는 일의 내부적 변화나 갈등 등의 속사정을 살핀다.

【주역】易. 無思也. 無爲也. 寂然不動. 感而遂通天下之故. 非天下之至神. 其孰能與於此.

역은 (치우침이 없어) 망령되이 생각함이 없으며(無思), 또한 망령되이 하고자 함이 없고(無爲), 적연부동寂然不動하기에 감感하여[204] 마침

---

[204] 감感은 천도天道와의 교통交通으로 감感하여 응應하는 것이 감응이다. 천도와의 교통, 즉 감응을 위해 공부(수행)를 하는 것이다. 공부를 하여 먼저 감感을 이루고 나면 응應은 자동적으로 따르게 마련이다. 사람이 시초로 점을 쳐서 역易에게 일의 성패와 길흉화복을 물을 때, 역은 괘효卦爻로써 답을 한다. 역에게 묻는 것이 감感이라면, 역의 답변이 응應이다. 설시揲蓍하는 과정이 감이라면, 설시의 과정을 거쳐 나온 괘(효)가 응이다. KBS 뉴스를 보기 위해서는 채널을 9번에 맞춰야 한다. 9번에 맞추는 노력이 감이라면, 나오는 뉴스는 응이다. 즉 감응이 있어야 KBS 뉴스를 볼 수 있다는 뜻이다. 이것이 천지와의 교통으로 감응이다. 감응을 위한 공부가 수행이다.

대부분 감응이라 하면 제물을 차려놓고 '신(神: 하느님이나 부처님)에게 기도하면 소원을 들어주는 것'으로 알고 있으나, 아주 잘못 알고 있는 것이다. 기도하는 자가 먼저 신의 마음(경지, 神明, 天道, 物理)에 이르러야 신과 교감(대

내(遂) 천하의 연고緣故(理法, 物理)[205]에 통달하니, 천하의 지극히 신묘

화)할 수 있다. 신의 마음에 다가가는 것이 감感이며, 신과의 교감을 통해 얻어지는 것이 있다면, 그것이 물질적인 것이든 정신적인 것이든 응應이다. 『주역』에서의 신의 마음이란 기독교의 신의 마음(Mind of God)과는 달리 신묘한 경지 또는 무사無思, 무념無念, 무위無爲한 적연부동寂然不動의 '천도, 천명, 성인지도'를 말하며, 성인지도를 체화體化 체득體得할 때 '군자지도'를 이루는 군자君子가 되는 것이다. 불교에서의 신의 마음 역시 무사無思, 무념無念, 무위無爲한 적연부동한 부처의 경지 또는 불도(佛道: 佛性)를 말하며, 불도를 체화할 때 보살도菩薩道를 이루는 불보살이 되는 것이다.

『주역』이나 불교에서 신의 마음에 이르지 못한 사람이 소인이고 중생이다. 기독교에서는 하느님의 사랑의 마음(Divine love)에 다가가지 못한 사람이 죄인(Sinner)이다. 죄인이 중생이고 소인이다. 종교를 떠나 죄인, 소인, 중생의 탈을 벗고 신의 마음에 다가가려는 지극한 노력(수행)이 『중용』에서의 지성(至誠: 지극한 정성)이다. 이것이 감응이나 감천感天의 조건이다. 세상에 지극한 정성 없이 이루는 일은 하나도 없다.

[205] '고故'는 천하의 모든 이치나 도리道理, 즉 이법理法을 말한다. 이법이란 자연과 인간이 생주이멸生住異滅하는 우주변화의 이법(원리)을 말한다. 이는 곧 '음양 오행의 운동법칙'으로 ①우주의 변화법칙, ②만물의 생사법칙, ③정신의 생성법칙이므로 우주의 모든 변화가 이 법칙에서 벗어날 수 없기에 '우주변화 의 원리'라고 한다.(참조: 한동석, 『우주변화의 원리』, 행림출판, 1998.)

'천하天下'라는 말에는 이미 우주만유의 궁극적 본체이자 생명의 시원始原으로 삼라만상을 통섭統攝·통괄統括한다는 의미가 포함되어 있다. 이 세상에 천하 아닌 것이 없다. '삼라만상森羅萬象'이란 하늘을 포함한 우주(宇宙, 천지자연) 안에 펼쳐진 모든 사물(事·物)과 현상現象을 말한다. 따라서 하늘(天)은 물리적 인 heaven이나 sky, the air 등을 포함한 그 이상의 뜻을 갖는다. 동양에서의 하늘(天)은 삼라만상의 이법(理法, 天理)으로 교주 없는 종교이며, 신념神念 아닌 신념信念, 사유思惟의 대상으로 철학이며, 무형의 스승이자 감시자이다.

한 자가 아니면 그 누가 능히 함께(與)하겠는가?

【선해】夫易雖至精至變. 豈有思慮作爲于其間哉. 惟其寂然不動. 所以
感而遂通. 誠能於觀象玩辭觀變玩占之中. 而契合其無思無爲之妙.
則易之至神. 遂爲我之至神矣.

　무릇 역易이 비록 지극히 정미하고 변화 또한 지극하지만 어찌(豈)
거기에(其間) 사려思慮와 작위作爲[206]가 있겠는가? 역易은 오직 적연寂
然하여 부동不動할 뿐이니, 감感하여[207] 마침내(遂) 천하의 이치에 통달

　그렇다고 기독교의 하느님이나 은나라 사람들이 믿었던 인격적 지상신至上神
으로서 하늘이 아니라 심정적 상징적 존재로서의 하늘이다.

　옛날 선비들은 천둥번개가 치는 날이면 자다가도 벌떡 일어나 의관을 정제整齊
하고, 혹여 '하늘의 뜻(天命)'에 거스름(逆)은 없는가 하는 두려움(恐)에 자신을
뒤돌아보는 성찰의 시간을 가졌다고 한다. 이를 『역경』 51번째 중뢰진(重雷震,
䷲)괘에서는 '공구수성恐懼修省'이라 했다. 이것이 진정 학문의 하는 자(군자)의
두려움으로 오직 군자에게만 있는 두려움이었다. 그 외에는 어떤 두려움도
없는 것이다.

206 사려思慮는 사려邪慮를, 작위作爲는 무위無爲의 반대인 유위有爲로서 어떤
　　인위적인 조작행위를 말한다.

207 불법佛法에서 감응感應이란 부처와 중생의 교감交感이라 할 수 있다. 중생이
　　부처의 모습(마음)에 다가가는 것이 감感이라면, 부처가 중생에게 보여주는
　　모습이 응應이다. 부처는 이미 자비로서 백호광을 비추고 있으나(應), 번뇌
　　망상에 찌든 중생은 부처에 다가가지 못하고 어둠속을 헤맬 뿐이다. 방송국에
　　서는 항상 채널을 열어놓고 전파를 발하고 있으나(應) 채널을 맞추지 못하기
　　때문(感)에 원하는 방송을 못 보는 것과 같은 이치이다.

　　『80화엄경, 여래현상품』에는, "부처님의 몸은 법계에 충만하여(佛身充滿於法

하게 하는 까닭이다. 진실로 괘상象을 관찰하여 말씀(卦·爻辭)을 완미하고, 변화를 관찰하여 점을 완미하는 중에 역易의 무사無事 무위無爲의 묘妙에 계합契合하여, 역의 지극한 신묘함(至神)이 마침내 자신(我)의 지극한 신묘함이 되는 것이다.

【강설】

적연부동寂然不動

무사無思, 무념無念, 무심無心, 무위無爲 등은 비슷한 의미로, 탐욕으로 가득 찬 잡념(雜念: 잡생각), 망념(妄念: 망령된 생각), 망심(妄心: 망령된 마음), 유위(有爲: 인위적으로 조작된)가 없다는 뜻이다. 불교는 물론 도가에서도 사思, 념念, 심心, 위爲 등은 부정적인 의미로 쓰일 때가 많다. 따라서 무사, 무념, 무심, 무위 등은 이중부정이 되어 강한 긍정의 의미로 이해된다. 이러한 경지는 스스로 탐욕(번뇌 망상)을 버려(無念) 마음을 맑게 하고(無思), 맑은 마음에 동요가 없어(不動) 고요함이 극에 이른 적연(寂然: 아주 고요한)의 경지라 할 수 있다.

界) 모든 중생 앞에 나타나시니(普現一切衆生前), 인연 따라 감응이 두루 하지 않음이 없어(隨緣赴感靡不周) 항상 있는 지금 이곳(Now here)이 깨달음의 장이다(而恒處此菩提座)"라고 하였다.

그럼에도 부처님을 보는 사람과 보지 못하는 사람이 있는 것은 연緣에 따라 달리 감응하기 때문이다. 중생의 연에 따라 감응한다 하여 연기緣起라 하나, 화엄華嚴에서는 여래의 성품이 그대로 드러났다 하여 성기性起라 하였다. 여기서 연기는 현상現相을, 성기는 본성本性을 가리키는 것이다.(참조: 최세창, 『대승기신론소별기』, 운주사, 2016.)

이 같은 무념, 무사, 무위의 적연부동한 경지에서 천지와 교감하여 마침내 천하의 이치(物理)에 통달하게 되는 것이다. 즉 굳이 점을 치지 않더라도 스스로 행할 바(천명)를 깨달아 실천하게 된다는 뜻이다. 설시를 하고 점을 치는 행위는 형이하의 단계에 불과하다.

이를 앞의 『상전, 4장』에서는 "적연부동의 경지에서만이 천지의 이치와 어긋나지 않으니, 꿰뚫어 앎(知: 지혜)에 만물(萬物: 천문, 지리, 인사)에 두루(周)하고, 그러한 도道로써 천하를 구제하는 까닭에 지나치지 아니하며(不過: 허물이 없으며), 설령 곁길로 빠질지라도(旁行) 잘못되어 표류하지 아니하며(不流), 하늘의 법칙을 즐겨 따르고(樂) 천명天命을 아는 까닭에 걱정(번뇌)하지 아니한다(不憂). 어느 곳에 처하든(土) 편안히 하여 인(仁: 사랑)을 돈독히 하는 까닭에, 능히 (천지만물을) 사랑할 수 있는 것이다"라고 하였다. 천지만물을 사랑할 수 있는 것이야말로 인仁의 실천이자 보살도(자비)의 실천이다.

이는 『역경』 중지곤(䷁)괘 「문언전」의 "경이직내敬以直內, 의이방내義以方外"의 경지로, 안으로는 삼가(敬) 마음에 흐트러짐이 없게 하여, 밖으로는 의義로써 행동을 바르게 하는 것을 말한다. 주자朱子는 『근사록近思錄』에서 "경敬이란 마음을 한 곳으로 모으는 것이며(敬者, 主一之謂敬), 한 곳이란 마음이 다른 곳으로 달아나지 않는 것을 말한다(無適之謂一)"라고 하였다. 즉 경敬이란 마음을 한 군데 집중하여, 흐트러짐이 없는 것(敬者, 主一無適之謂)이다.

불교에서의 적연부동은 진여본각眞如本覺의 상태로, 무명을 따라 동動하기 이전의 상태를 말한다. 우리의 마음은 경계(대상, 객관)에 따라 죽 끓듯 요동을 친다. 수행을 하기 위해서는 요동치는 마음부터 붙잡아 두어야 한다. 따라서 경계에 따라 요동치는 마음(能見相)을 한 곳에 머물게 하여(흩어지지 않게 집중하여) 고요하게 해야 한다. 즉 마음이 경계에 따라 이리저리 요동치며 번뇌 망상을 짓지 못하게 붙잡아 두어야 한다. 이를 남방불교에서는 사마타(止觀, 定)라 한다.

증자曾子는 『대학大學』에서 "그침(止)을 안 뒤에야 정定이 있고, 정定이 있은 뒤에야 능히 고요할(靜) 수 있으며, 고요한 뒤에야 능히 편안할 수 있으며, 편안한 뒤에야 능히 생각할 수 있고, 깊이 사색한 뒤에야 능히 얻을 수 있다(知止而後有定, 定而後能靜, 靜而後能安, 安而後能慮, 慮而後能得)"라고 하였다. 여기서 고요함(靜)이란 정지 상태(止)가 아니라 외물(外物: 現相)에 의하여 동요되지 않는다는 말이다. 그 상태는 더 큰 움직임을 내재內在한 활물活物로서의 고요함이다. 그 고요함이 때가 되면(時宜) 엄청난 동력으로 솟구쳐 무한한 생명을 키워낸다. 엄청난 동력이 바로 '인仁'이며 사랑의 실천이다.

노자老子도 『노자, 44장』에서 "그침(止)을 알면 위태롭지 않고 가히 오래간다(知止不殆 可以長久)"라고 하였다.

멈춘다는 것(止)은 그냥 멈추는 것이 아니라 움직임(動) 속에서 멈춘다는 뜻이다. 세상에 끊임없이 움직이기만 하는 이치는 없다. 움직임 속에는 그침이, 그침 속에는 움직임이 함께한다. 즉 동즉유정動則有靜이고 정즉유동靜則有動이다. 이를 『역경』 52번째 「중산간괘: ䷳)」에서는 "간은 그침이다(艮 止也) … 그칠 곳에 그침은 제자리에 멈추는 것이다(艮其止 止其所也)"라고 하였다. 제자리에 멈추는 것은 제자리를 찾아 멈출 줄 안다는 뜻이다. 그러기에 편안한 것이다. 멈추어도 편안하지 못한 것은 아직 욕심이 동動하기 때문이다. 아직 제자리가 아닌 것이다.(참조: 정이천, 『역전』.)

이렇듯 유·불·선 공共히 일체의 망념과 인위적 조작을 벗어난 무사無思, 무념無念, 무위無爲의 경지에 이르러야 비로소 적연부동寂然不動할 수 있는 것이기에 적연부동을 수행의 궁극적 경지(本體)로 삼았다. 적연부동에서만이 감응하여 비로소 천하의 이치에 통달할 수 있기 때문이다(寂然不動 感而遂通天下之故). 이 경지는 신神과 또는 하늘(天)과 하나 되는(神人合一, 天人合一, 天人合德), 또는 하늘과 통하는 신통神通의 경지이다. 이 경지에서만이 자기만의 하느님을 만나고 부처님을 만나게 된다. 동서양을 막론하고 기독교, 불교를 포함한 어떤 종교, 철학, 사상도 이 경지를 넘어서는 수행은 없다. 구경열반究竟涅槃을 추구하는 선불교의 선禪사상도 여기에 연유한다.

【주역】 夫易. 聖人之所以極深而研幾也. 唯深也. 故能通天下之志. 唯幾也. 故能成天下之務. 唯神也. 故不疾而速. 不行而至. 子曰, 易有聖人之道四焉者. 此之謂也.

무릇 『역경』은 성인들이 ① 사물의 심오한 이치(深)를 궁극窮極하고, 사물의 변화조짐(幾, 幾微)을 연찬한(研幾) 결과물이다. ② 오직 심오(唯深)한 까닭에 능히 천하의 이치(志)에 능통하며, ③ 오직 조짐을 미리 아는(唯幾) 까닭에 능히 천하에 하여야 할 일들(務)을 이루며(成), ④ 오직 신묘한(唯神) 까닭에 서두르지(疾) 않아도 신속하며, 하려고 하지 않아도 이룰(至) 것이니[208], 공자께서 이르시길, "역易에는 성인의 도가

---

208 이는 즉자적卽自的 자기운동自己運動을 말하는 것이다. 즉 외부의 초월적

넷(四)이 있다"[209]라는 것은 이를 말하는 것이다.

【선해】由此觀之. 則易之爲書. 乃聖人所以極深而硏幾者也. 苟極其
深. 則至精者在我. 而能通天下之志. 苟硏其幾. 則至變者在我. 而能
成天下之務. 苟從極深硏幾處悟其無思無爲寂然不二之體. 則至神
者在我. 故能不疾而速不行而至矣. 謂聖人之道不全寄詮于易書中
可乎. 今有讀易而不知聖人之道者. 何異舍醇醲而味糟粕也.

이로써 관찰하자면 곧 『역경』의 책 됨(爲書)은 성인들이 심오한

존재에 의해서나 연기緣起에 의해서도 아닌 자립자족自立自足하는 존재로서
대시大始하는 건덕乾德과 대성大成하는 곤덕坤德이 상보적相補的으로 주류周
流하는 자기운동을 말한다. 이를 수행의 측면에서 본다면, 무사無思, 무위無爲
한 적연부동의 경지에 이르러 스스로 극심極深하고 연기硏幾한 수행의 결과이
다. 원래 도道는 가고 옴이 없어 적연부동할 뿐이다. 이는 되도 않은 사주쟁이
앞에서 머리를 조아리고 자신의 앞날(運)을 물어본다거나, 되도 않은 주문을
외우면서 도통道通을 기대하는 것과는 차원이 다른 것이다. 또한 제물을
차려놓고 신에게 복이나 구걸하는 기복신앙과도 차원을 달리하는 것이다.
선사의 『선해』에서의 설명 또한 이와 같다.
한편 공자는 『논어, 자로子路』에서 "자신이 바르면, 명령을 내리지 않아도
행해질 것이고(其身正 不令而行), 자신이 바르지 않으면, 명령을 내려도 따르지
않을 것이다(其身不正 雖令不從)"라고 하여 자신이 올바른 것이 무위無爲이며,
바르지 않은 것을 유위有爲인 것으로 설명한다. 즉 무위와 유위의 차이는
'인위적 그릇됨(不正)'이 없고 있음'에 달려 있는 것이다.

209 네 가지 성인의 도란 무사無思, 무위無爲, 극심極深, 연기硏幾를 말한다. 이를
불교의 지관(止, 觀) 수행에 대입하자면 무사, 무위는 사마타(止, 定)에, 극심,
연기는 위빠사나(觀, 慧)에 해당한다고 볼 수 있다.

이치(深)를 궁극하고(極深), 조짐(幾)을 연찬한(研幾) 결과이다. 진실로 그 심오함을 궁극窮極한다면 지극한 정미함이 자신(我)에게 있어(在), 능히 천하의 이치(志)에 능통할 수 있다. 진실로(苟) 그 조짐을 연찬한다면 지극한 변화가 자신(我)에게 일어나니, 능히 천하의 이루어야 할 일들(務)을 이룰 수 있다. 진실로 심오한 이치를 궁극窮極하고 조짐(幾)을 연찬함으로써, 그 무사 무위의 적연寂然하고 불이不二한 바탕(體)을 깨닫게 되면(悟), 지극한 신묘함이 자신(我)에게 있게 된다. 따라서 능히 서두르지(疾) 않아도 신속하며, 가려고 하지 않아도(無爲) 목적지(깨달음, 覺)에 도달하게(至) 된다. (이와 같음에도) 성인의 도가 역서易書에 온전하게 설명되어 있지 않다고 말할 수 있겠는가? 이제 『역경』을 읽고도 '성인의 도'를 알지 못하는 자가 있다면, 순농醇醲[210]을 버리고 술찌끼(糟粕)를 맛보는 것과 다를 바가 무엇인가?

---

210 순농醇醲은 군물을 타지 않은 원액의 전국술을, 조박糟粕은 술을 걸러내고 남은 찌꺼기를 말한다. *순醇은 전국술 순, *농醲은 진한 술.

계사상전 제11장

【주역】子曰. 夫易. 何爲者也. 夫易. 開物成務. 冒天下之道. 如斯
而已者也. 是故聖人以通天下之志. 以定天下之業. 以斷天下之
疑. 是故蓍之德圓而神. 卦之德方以知. 六爻之義易以貢. 聖人
以此洗心. 退藏于密. 吉凶與民同患. 神以知來. 知以藏往. 其孰
能與于此哉. 古之聰明睿知. 神武而不殺者夫.

공자께서 이르시길, 무릇 역易이란 무엇을 하는 것인가?[211] 무릇
역은 만물의 이치를 열어(開物) 사람들로 하여금 뜻한 바를 이루게
하고(成務), 천하의 모든 이치(天下之道)를 아우르니(冒), 역이 하는
일이란 이(斯)와 같을 뿐이다. 이런 까닭으로 성인이 역으로써 천하의
뜻하는 바(志)에 통달하며, 역의 이치로써 천하의 뜻한 바(天下事業)를
정定하며[212], 역으로써 천하의 의심스러운 문제를 판단하는 것이다.

---

211 "무릇 역易이란 어떤 책인가?"『상전, 제4장』에서 "역은 천지의 이치를 좇아(與)
   준칙(準則: 표준)으로 삼은 까닭에, (역은) 능히 '천지의 도(우주 자연의 이치)'를
   담고 있다(彌綸)"라고 하였다. 또한『설괘전, 1장』에서 역이 하는 일이란
   "도덕에 화순하고 올바르고 마땅함(義, 宜)으로 다스려지게 하며(和順於道德而
   理於義), (사물의) 이치를 궁구하고 (타고난) 본성을 다함으로써 천명(天命,
   天理)에 이르게 한다(窮理盡性以至於命)"라고 밝히고 있다.
212 역으로써 천하의 뜻하는 바(志)에 통달함으로써, 각기 뜻한 바(事業, 進路)를

이런 까닭으로 '시초의 덕'은 (세상의 모든 이치를) 다 갖추어서(圓) 신령스럽고, '괘의 덕'은 (세상의 모든 이치를) 널리 행함에(方) 지혜로 우며[213], 육효六爻의 이치(義)는 변화(易)로 세상의 모든 이치를 알려주니(貢), 성인이 역으로써 마음의 때를 씻어내고(洗心)[214] 물러나(退)

정定하게 한다는 뜻이다. 사업이란 회사를 세워 돈을 버는 것만 이야기하는 것이 아니라 개성이나 취향에 따라 음악을 하는 것이나 미술을 하는 것도 사업이다.

213 '괘의 덕'이란 64괘에 세상의 모든 이치를 담았다는 뜻으로 군자가 힘써 행할 바를 말한다. 즉 불교에서의 보살도이다. 시초의 덕은 원圓으로, 괘의 덕은 방方으로 표기한 것은, '천원지방天圓地方'의 연장으로 시초점을 치는 것은 하늘의 뜻을 묻는 것이기에 원(天圓)으로, 괘로써 하늘의 뜻이 땅에서 행해지기에 땅의 방(地方)으로 표기한 것이다.

텅 빈(허공) 하늘에는 일기(一氣: 天氣, 精氣)만 유행流行할 뿐 한 해의 시작도 없고 끝도 없는 무시무종無始無終이다. 또한 계절도 방향도 없다. 그러나 '텅 빈(허공)' 하늘은 모든 생명(성품, 가능성, possibilities)을 부여하기에 '가득 찼다'는 의미에서 하늘의 모습을 원(圓: ○)으로 그린다. 원(○)에는 텅 비었다(虛)는 뜻과 꽉 찼다(滿)는 의미를 갖는다. 진공묘유眞空妙有인 것이다. 이외에도 무시무종, 종시(終則有始)의 의미도 갖는다. 원불교의 일원상一圓相도 여기에서 나왔다.

그러나 땅에서는 하늘의 정기에 감응感應하여 사시四時를 순환하며 계절에 따라 색깔을 달리하므로 땅의 모습을 방(方: □, 네모, 사방)으로 그린다. 이를 태극의 원리(易有太極)라 한다. 단순히 '천원지방'을 '하늘은 둥글고 땅은 네모지다'라는 이해만으로는 이 같은 깊은 의미를 이해할 수가 없는 것이다.

214 범부 중생들의 마음(妄心)은 항상 번뇌 망상(無明)과 육욕칠정肉慾七情으로 오염되어 있기 때문에 씻어내야(洗) 하는 것이다. 세심洗心의 심心은 번뇌 망상으로 가득 찬 망심妄心을 말한다. 무사, 무위의 적연부동한 마음에서 무명無明이 동동動動하면 망심이 된다. 따라서 세심함으로써, 즉 마음을 비움으로

은밀하게 세상사와 거리를 두지만(退藏于密), 길흉에는 백성과 더불어 근심을 함께하며(與民同患)[215], 신묘하게 다가올 일을 미리 알아[216] 지혜

써 무사, 무위의 적연부동한 본래의 마음(一心之源, 心源)으로 돌아가는 것이다. 인도 고대의 민간신앙이나 바라문신앙에 의하면, 물에는 모든 것을 씻어내는 (洗) 신성한 힘이 있다고 한다. 세존께서 성도 후 최초로 설법을 개시한 녹야원에 인접한 바라나시(Varanasi)라는 도시가 있다. 갠지스강(恒河)을 끼고 있는 이곳은 힌두나 자이나교 등의 종교인들은 물론 인도인들이 일생에 한 번은 가야 할, 살아서 가지 못하면 죽어서라도 가야 하는 성지로, 강기슭을 따라 종교의식을 위한 목욕 계단(ghāt)이 수십 킬로(km)나 펼쳐져 있는데, 인도인들은 이 강을 어머니 강이라는 뜻으로 강가(ganger)라 부른다.

계단은 천상계나 해탈의 세계로 가는 플랫폼(platform)이다. 인도문화에서 계단은 '초월'을 의미한다. 이곳에서의 목욕이 종교적 정화와 더불어 모든 위험으로부터 자신과 가족을 보호해 준다고 믿는다. 또한 죽으면 강가에서 화장하는 것을 최고의 행복으로 여긴다. 강가에 몸을 담그는 것은 천상에 태어나거나 해탈을 위한 기원祈願에 앞서 오염된 영육靈肉과 악을 정화하는 의미를 담고 있다. 그 정화된 몸으로 이 언덕(此岸)에서의 고통스러운 윤회의 강을 건너 저 언덕(彼岸), 즉 천상계나 해탈의 세계로 나아가는 것이다. 그러나 강가(ganger)에서의 목욕으로 영육을 정화하여 천상에 태어나게 된다면, 강가에 사는 물고기는 모두 천상에 태어날 것이다.

215 이는 불교의 『유마경』에서, 병문안을 온 문수보살이 병든 이유를 묻자 "보살은 본래 병이 없으나 중생이 병들기 때문에 보살도 병이 든다"라고 답한 유마거사의 동체대비同體大悲의 마음(보살행, 자비심)과 같은 것이다. 본래 자신은 멀쩡하나 중생들이 아파하니 유마거사도 아프다는 것이다. 그러니 자신이 아프지 않기 위해서는 먼저 중생들을 아프지 않게 해야 하는 것이다.

서산 대사의 경우 임진왜란 같은 국난을 당하여서는 승려의 신분임에도 분연奮然히 일어나 승병을 모아 왜군에 맞섰던 것이야말로 '여민동환'의 대표적인 사례이다. 이에 비하면 갖가지 꼼수로 군대도 다녀오지 않은 정치인들이

로써 지난 일(往)을 갈무리하니(藏), 그 누가 이에 참여할 수 있겠는가?
(성인이야말로) 옛날의 총명함과 예지叡智가 있고, 신무神武²¹⁷를 가지
고도 함부로 살생을 하지 않는 자가 아닌가?²¹⁸

【선해】 此欲明易書之妙. 而先示易理之大也. 夫所謂易. 果何義哉. 蓋
　　是開一切物. 成一切務. 包盡天下之道者也. 是故聖人依易理而成易

　　대권이나 국민을 위한 정치를 운운하는 것은 그야말로 가소로운 행태이다.

216 『설괘전, 3장』에 "지난 일을 헤아려 보는 것은 순順이고(數往者 順), 다가오는
　　일을 아는 것은 역逆이니(知來者 逆), 역은 거슬러 헤아리는 것(易 逆數也)"이라
　　했다.

217 무武는 살상용 병기이다. 그러나 신무神武는 함부로 살상을 하는 그런 병장기
　　또는 그런 사람이 아니라, 신묘한 무용武勇과 위용威勇을 갖춰 사람들로
　　하여금 심복心腹하여 따르게 하는 그런 사람, 즉 성인을 말한다. 어떤 폭력도
　　제압할 수 있는 무술(무력)을 갖추었으나 함부로 사용하지 않는 것이 신무이다.
　　강자가 약자에게 함부로 무력을 행사하지 않는 것이 신무이다. 강대국이
　　약소국을 압박하지 않는 것이 신무이다. 다수의 횡포로 소수를 겁박하지
　　않는 것이 신무이다. 오늘날의 국제정치나 국내정치 모두에 해당하는 교훈이
　　아닌가?

218 또는 『역경』을 바르게 공부하게 되면, "옛날의 총명함과 예지叡智가 있고,
　　신묘한 무력武力을 가지고서도 함부로 무력을 행사하거나 살생을 하지 않고,
　　인仁의 덕을 펴는 자(성인)가 된다"라고 해석해도 된다. 그런 자가 성인이므로,
　　성인이 된다는 뜻이다. 신무神武는 뛰어난 무예와 용맹을 가지고 있으면서도
　　무력을 행사하지 않고, 널리 인仁의 덕을 행함으로써 복종하게 하는 사람을
　　말한다.
　　『역경』의 가르침(聖人之道)은 이런 것이다. 점을 치고 길흉을 논하는 것(筮術)
　　은 교화를 위한 방편(수단)일 뿐이 취길피흉이 『역경』의 본질은 아니다.

書. 以通天下之志. 使人卽物而悟理. 以定天下之業. 使人素位而務
本. 以斷天下之疑. 使人不泣歧而徼倖 是故蓍之德. 極其變化而不可
測也. 卦之德. 有其定理而不可昧也. 爻之義. 盡其變通而未嘗隱也.

이는 역서의 신묘함을 밝히고자 먼저 역리易理의 더없이 위대함(大)
을 내보인(示) 것이다. 무릇 이른바 역이란 과연 어떤 뜻인가? 대개
역(是)은 일체 사물의 이치를 열어주고, 일체의 마땅히 이루어야 할
일을 이루게 하니, 천하의 모든 도리를 아우르는(包) 것이다. 이런
까닭으로 성인이 역리易理에 의지하여 역서를 만들었다. 이로써 ①천
하의 뜻한 바(志)에 통달하여, 사람들로 하여금 사물에 나아가서 이치
를 깨닫게(悟) 하고, ②뜻한 바 천하의 사업을 굳건히(定) 하여, 사람들
로 하여금 자신이 처한 상황에 맞게 행하여(素位)[219] 근본에 힘쓰게
하는 것이다. ③천하의 의심스러운 문제를 판단하여, 사람들로 하여금
기로岐路에서 울면서[220] 요행徼倖을 바라지 않게 한다.

---

219 소위素位는『中庸, 14장』에 나오는 공자의 말씀이다. "군자는 자신의 현재
　　처지에 맞게 행할 뿐(君子素其位而行), 그 밖의 것은 구하지 않는다(不願乎其外).
　　부귀한 처지가 되면 부귀한 상황에 맞게 행하고(素富貴 行乎富貴), 빈천한
　　처지가 되면 빈천한 상황에 맞게 행한다(素貧賤 行乎貧賤). 이적의 처지가
　　되면 이적의 처지에 맞게 행하고(素夷狄 行乎夷狄), 환난에 처하면 환난에
　　맞게 행하니(素患難 行乎患難), 군자는 어떤 상황에 처하더라도 그에 맞게
　　행하지 않음이 없다(君子無入而不自得焉). 윗사람으로는 아랫사람을 업신여기
　　지(陵) 않으며(在上位不陵下), 아랫사람으로는 윗사람에게 아첨하지(援) 않는
　　다(在下位不援上). 스스로 바르게 하여 남에게 구하지 않으면 곧 원망함이
　　없으니(正己而不求於人則無怨), 위로는 하늘을 원망하지 않고 아래로는 사람을
　　탓하지(尤) 않는다(上不怨天 下不尤人)."

이런 까닭으로 ①'시초의 덕'은 그 변화가 무궁무진(極)하여 헤아릴 수 없으며, ②'괘의 덕'은 그 정해진 이치가 분명하므로 몽매蒙昧할 수 없으며, ③'효爻의 뜻(義)'은 변통變通이 무궁무진(盡: 극에 달하다)하여 점을 쳐서 드러내지(隱)[221] 못할 게 없다(未嘗).[222]

---

220 읍기泣岐는 기로岐路에 선 사람의 고뇌를 뜻하는 곡기읍련哭岐泣練에서 온 말로, 사람의 바탕은 한가지인데 선택한 행위와 환경에 따라 결과가 달라진다는 것을 깨닫고 울었다는 양자楊子와 묵자墨子의 말이다. "양자는 갈림길을 보고 울었다(楊子見岐路而哭之). 남쪽으로 또는 북쪽으로도 갈 수도 있기 때문이었다(爲其可以南可以北). 묵자는 염색 안 된 명주실을 놓고 눈물을 흘렸다(墨子見練絲而泣之). 그것이 노란색으로 또는 검은색으로도 물들 수 있기 때문이다(爲其可以黃可以黑)."(참조: 유안劉安, 『회남자淮南子』.)

양자는 스스로를 위한다는 주장을 취해서, 한 올의 털을 뽑아서 천하를 이롭게 한다 한들 하지 않겠다(楊子取爲我 拔一毛而利天下 不爲也)는 극단적 이기주의자다. 묵자墨子는 겸애兼愛를 주장해 머리 꼭대기부터 발꿈치까지 털이 다 닳아 없어지더라도 천하를 이롭게 하는 일이라면 하겠다(墨子兼愛 摩頂放踵利天下 爲之)는 극단적 이타주의자다.(참조: 맹자, 『맹자, 진심상盡心上』.)

221 은隱은 '감추다, 숨기다'의 뜻 외에 '점을 치다'의 뜻도 있다. '따라서 '드러내지 못할 것이 없다(未嘗)' 또는 '점을 쳐서 드러내지 못할 것이 없다(未嘗)'라고 풀어도 좋다.

222 『역경』의 보편성에 대한 선해이다. 보편성이란 누구에게나 적용할 수 있는 것으로 객관성과 실용성을 바탕으로 한다.

실용성이란 보통사람이 살아가면서 자신의 지력이나 지혜로는 해결 못할 일을 만날 때, 그 일을 해결할 수 있는 지혜나 경험을 빌릴 수 있는 것을 말하며, 객관성이란 그 같은 지혜나 경험이 누구에게나 적용될 수 있는 공정하고 객관적이야 한다는 것을 말한다.

【선해】 夫蓍圓而神. 卦方以知. 爻易以貢皆所謂寂然不動感而遂通者
也. 聖人卽以此洗心退藏於密. 所謂自明誠謂之敎. 能盡其性. 則能盡
人之性. 故吉凶與民同患. 神以知來. 知以藏往. 不俟問于蓍龜而後知
吉凶也. 此惟古之聰明睿知. 斷惑而無惑可斷者. 乃能與于此耳.

무릇 시蓍는 모든 것을 다 갖추어서(圓) 신묘하며, 괘卦는 (64괘가
각기 괘로서 갖춰야 할 것을) 다 갖추어(方) 지혜로우며, 육효六爻는
역(易: 변화)으로 모든 것(皆)을 알려주니(貢), 이른바 적연寂然 부동不
動하나, 감感하여[223] 마침내(遂) 천하의 모든 이치나 도리(故)에 통하게
되는 것이다. 성인이 이로써 마음의 때를 씻어내고(洗心) 물러나(退)
은밀한 곳에 몸을 감추니, (『중용中庸』에서) "밝음(明)으로 말미암아
(自) 지극히 정성을 다하는(誠) 것을 교敎라 하니, 능히 자기의 타고난
그 성性을 극진히 발현하는 것이 곧 능히 다른 사람의 타고난 성을

---

223 인간이 시초蓍草로 점을 쳐서 역易에게 일의 성패나 길흉화복을 묻는 것은
감感이라면, 역이 인간의 질문에 답하는 것이 응應이다. 이를 감응感應이라
한다.
물론 묻는다고 누구에게나 답하는 것은 아니다. 감이 없다면 결코 응하지
않을 것이기 때문이다. 감이란 부처님 또는 하느님과의 만남(交感)을 말한다.
부처님을 만나고 하느님을 만나는 이치가 바로 역도易道, 역리易理, 천도天道,
성인지도聖人之道인 것이다. 그 이치는 아주 간단하다. 무슨 기도를 하거나
절이나 교회에 갈 필요도 없다. 단지 육욕칠정肉慾七情을 내려놓고 마음만
비우면(空) 된다. 그 비운 공간에서 부처님을 만나고, 하느님을 만나 어떤
답을 얻을 때, 그것이 응應이다. 한 가지 유념할 것은 오직 그 비운 공간에서만
이 부처님을 만나고, 하느님을 만날 수 있다는 것이다. 그 비운 공간이 바로
아공我空이고, 나아가 법공法空이다.

극진히 발현하게 하는 까닭에(故)"²²⁴ 길흉에 대해서는 백성과 더불어 근심을 함께했다. 신묘神妙함에 의지하여 앞으로 다가올 일을 미리 알고, 지혜로써 지나간 일을 갈무리(藏)하니, 시초와 거북점에 물어 기다린(俟問) 후에 길흉을 아는 것이 아니었다. 이는 오직 옛날 성인들이 총명한 예지叡智²²⁵가 있어, 의혹을 끊어 더 이상 끊어야 할 의혹이 없는(無惑可斷)²²⁶ 자만이 이에(乃) 능히 참여할 수 있었던 것이다.

【강설】

개물성무開物成務

이는 『계사, 상전 1장』의 "건작대시乾作大始, 곤작성물坤作成物"의 다른 표현이다. 세상의 유정有情, 무정無情들은 아무렇게나 태어나고 생겨나는 것이 아니라, 저마다 하늘이 부여한 본성(本性, 本有, 天命)을

---

224 『중용, 21장』에 나온다. "지극히 정성을 다함으로 말미암아 밝아지는 것을 타고난 성性이라 하고(自誠明 謂之性), 그렇게 밝아짐(明)으로 말미암아 타고난 성性의 발현에 지극히 정성을 다하는 것을 교敎라 한다(自明誠 謂之敎). (그러므로) 지극히 정성을 다하면 밝아지고(誠則明矣), 밝아지면 곧 타고난 성의 발현에 지극히 정성을 다할 수 있는 것이다(明則誠矣)"라고 하였으며, 이어 『중용, 22장』에, "오직 천하의 지극한 정성을 다해야(唯天下至誠), 능히 타고난 성을 다 발현할 수 있으며(爲能盡其性), 능히 타고난 성을 다 발현해야(能盡其性), 능히 다른 사람의 성도 발현하게 할 수 있는 것이다(則能盡人之性)"라고 하였다.

225 『선해』에 '예지睿知'로 되어 있으나, 『네이버 국어사전』을 참조하여 '예지叡智'로 바꿨다. 예지는 "사물의 이치를 꿰뚫어보는 지혜롭고 밝은 마음"을 말한다.

226 무념, 무사, 무위하여 적연부동한 경지를 말한다.

부여받고 태어난다. 하다못해 길가에 피어나는 이름 없는 들꽃도 이유 없이 피는 것이 아니라, 저마다 하늘(자연)이 부여한 심오한 뜻(天命)이 있기에 짐승이나 사람들의 발길에 밟히면서도 끝내 꽃을 피워낸다. 이렇게 생명을 틔어 꽃을 피게 하고 열매를 맺게 하는 그 끈질긴 생명력이 '개물開物'이다. 짐승이나 사람들의 발길에 밟히면서도 끈질긴 생명력으로 피워낸 꽃은 자연을 아름답게 하고, 보는 사람을 즐겁게 한다. 이것이 꽃으로서의 성性을 다한 '성무成務'이다. 또는 유정 무정의 그 끈질긴 생명력이 작용하는 이치를 열어 보이는 것이 개물이며, 개개 사물의 이치를 알아 백성들로 하여금 하늘이 부여한 바의 목적(꽃을 피워 냄)을 이루게 하는 것이 성무이다. 기독교적 표현으로는 "새 생명을 주는 하느님의 뜻(開物)이 땅에서 이루어지게 하는 것(成務)"을 말한다. '무務'는 의무의 뜻으로 하늘로부터 새 생명을 부여받은 바, 저마다의 개성이나 재능을 살려 인류문명에 기여하여야 하는 것을 말한다.

이렇듯 『역경』이라는 책은 만물로 하여금 하늘이 부여한 시대적 사명이나 저마다의 재능(talent)을 개발하고, 뜻한 바 목표를 성취하게 돕는 세상의 모든 이치(哲理)를 담고 있는 책이다. 역사에는 모함이나 권력투쟁에서 좌절한 사례가 있는가 하면 이겨낸 경우도 있다. 초나라 굴원(屈原, BC 343?~BC 278?)은 정치적 모함의 분을 이기지 못해 '어부사漁父詞'라는 가슴 뭉클한 시를 남기고 멱라수에 몸을 던졌다. 성무를 다하지 못한 것이다. 반면 사마천은 궁형을 이겨내고 『사기』라는 불후의 명저를 남겼다. 다산 정약용도 정조의 죽음 후에 찾아온 강진에서의 귀양살이에서도 『목민심서』, 『경세유표』, 『흠흠신서』,

『주역사전周易四箋』과 같은 저술활동을 하며 18년을 보냈다.『주역』을 깊이 공부한 덕분일 것이다.

주자는『본의』에서, "개물성무는 사람들로 하여금 복서卜筮하게 하여, 길흉을 알아서 사업을 이루게(成) 함을 말한다. 천하의 도道를 아우른다(冒)는 것은 역에 괘효卦爻가 이미 설치되어, 천하의 도가 모두 그 괘효(384효) 중에 들어 있음을 말한다(開物成務 謂使人卜筮. 以知吉凶而成事業. 冒天下之道 謂卦爻旣設而天下之道皆在其中)"라고 하였다.

【강설】

퇴장우밀退藏于密

'퇴장退藏'은 물러나 자취를 감춘다는 뜻으로『역경』33번 째 천산둔(天山遯: ䷠)괘에서의 의미와 같다. ①'퇴退'는 '양보, 겸양'의 뜻으로, 남에게 사양하고 물러나는 것(退讓)을 말한다.『노자, 9장』에는 "공을 세우고도 스스로 물러나는 것이 하늘의 도(功遂身退天之道)"라고 했으며,『노자, 2장』에서는 "공을 이루고도 그 자리에 머물지 않는다(功成而弗居), 공을 이루고도 높은 자리에 머물지 않으므로, 그 공은 사라지지 않는다(夫唯弗居是以不去)"라고 했다.『예기禮記』에는 공경하고 절제하고 사양하고 물러나는(恭敬撙節退讓明禮) 뜻으로, ②'장藏'은 '난세에는 물러나 은둔하다'의 뜻으로, 공자는『논어, 헌문편』에서 "현자는 세상이 어지러울 때는 물러나 후학을 양성하며 수양과 독서에 몰두한다(賢者辟世)"라고 했다.『역경』18번 째 산풍고(山風蠱: ䷑)괘 상구

효사에는 "조정에서 물러나는 것을 높이 숭상한다(不事王侯 高尙其事)"라고 했다. 『대학大學』에는 "불선不善을 보고 거절하고 사양하지 못하거나(見不善而不能退), 물리치되 멀리하지 못하는 것은 허물이다(退而不能遠 過也)"라고 하였다. 이는 불선의 시대, 즉 난세에는 소인배들을 멀리하는 것으로, 불가佛家의 다툼과 분별分別을 멀리하는 것과 다름이 없다. 그러니 중상모략과 다툼이 난무하는 사판事判의 세계와는 거리를 두어야 한다. 가까이로는 퇴옹退翁 성철 스님(1912~1993)을 비롯하여, 멀리는 퇴계退溪 이황이나 『선가귀감禪家龜鑑』을 지은 퇴은退隱 서산 대사의 경우가 그렇다. 모두 물러나 있었다는 말이다.

퇴계의 형인 온계溫溪 이해(李瀣, 1496~1550)는 불의를 용납 않는 올곧은 언행으로 관직에 있으면서도 권세 있는 자에게 아부하지 않았다. 대사헌으로 있을 때는 문정왕후의 오라비 윤원형의 심복이자 훗날 을사사화의 원흉이 되는 이기(李芑, 1476~1552)를 탄핵하여 파직시킬 정도였다. 온유한 성격에 항상 물러나 있는 동생 퇴계에게 "그렇게 물러나 있기만 하면 일평생 배운 것은 언제 펼 것이냐"라며 못마땅해했다. 그럴 때면 퇴계는 고향으로 돌아와 분수를 지키며 살자고 했다. 이에 온계는 "나도 돌아가 함께 휴양休養하기를 기대한다"라고 답했다고 한다. 그러나 훗날 윤원형 일파(小尹)가 득세할 때, 이들의 보복으로 무고 사건에 연루되어 혹독한 고문 끝에 귀양 가는 도중 사망하였으니, 은둔은커녕 물러나(退) 보지도 못하고 죽은 것이다.

이렇듯, 장藏에는 몸을 감춘다는 뜻보다는, 난세亂世에는 때를 기다려 은인자중隱忍自重하며 재능이나 속마음을 감춘다는 뜻으로, 70세에 출사出仕한 고구려의 명재상 을파소나, 80세에 출사한 주周나라의 강태공이 좋은 예이다. 보통 사람은 자기가 아는 것을 드러내지 못해 안달이나 난세亂世에는 쉽게 속마음이나 재주를 드러내면 목숨을 부지하기 어려운 법이다. 옛날 현명한 신하는 "아무리 좋은 활이라도 새를 잡고 나면 창고에 처박아 두고(高鳥盡良弓蔣), 토끼를 잡고 나면 사냥개는 삶아 먹는 법(狡兔死走狗烹)"이라는 말을 명심하여 공을 세우면 즉시 물러나와 천수를 다했었다.

【주역】 是以明於天之道. 而察于民之故. 是興神物. 以前民用. 聖人以此齋戒, 以神明其德夫.

이런 까닭으로 하늘의 도를 밝히고 백성들의 연고(緣故: 實情)를 살펴서, 이에 신물神物²²⁷을 일으켜서(만들어서), 백성들이 쓰도록 인도하니(前), 성인께서 이로써(以此)²²⁸ (마음을) 가지런히 하고(齋), (행동을) 경계하여(戒)²²⁹ 그 덕을 신령하고도 밝게 하였다.

---

227 신물神物에 대해서는 견해가 갈린다. ①주자는 『본의』에서 "신물神物은 시초蓍草와 거북점을 이른다(神物 謂蓍龜)"라고 하였고, ②장재는 『橫渠易說, 繫辭傳』에서 "주역"이라 하였고, ③남회근은 『역경계전별강』에서 역사적 신화를 예로 들면서 "신물이란 인간을 이롭게 하고(神物是利人的), 사회에 공헌하고(貢獻社會的), 인민의 복리를 가져다주는 것(這是人民的福利)"이라 하였다. 필자의 견해로는 모두 다 옳은 것 같다.

228 여기서 차此는 '하늘의 도를 밝히고, 백성들의 연고를 살피는 것(明於天之道, 而察于民之故)'을 말한다.

229 재계齋戒는 '일체의 부정不淨한 일을 멀리하고 심신心身을 깨끗이 하는 것'을 말한다. 이는 제사를 지내거나 신전(神殿: 성당 또는 법당)에 나아가기 전의 목욕재계沐浴齋戒하는 마음 또는 앞에서의 세심洗心의 의미로 이해하면 될

【선해】夫神以知來. 知以藏往. 則又何俟蓍龜之神物. 而後斷民之吉凶
哉. 但聖人能之. 衆人不能. 不藉蓍龜以示. 則民不信也. 是以明于借
物顯理. 乃天之道. 因占決疑. 乃民之習. 故藉此蓍龜以開民用之前.
而聖人亦示現齋戒然後卜筮者. 正欲以此倍神明其德也.

무릇 옛 성인들은 신령스런 지혜로 다가올 일을 미리 알고, 지혜로써
지나간 일을 갈무리하였은즉, 어찌 시초나 거북점 같은 신물神物을
기다린 후에 백성들의 길흉을 판단하였겠는가? 단지 성인만이 능히
그럴(之) 수 있었고, 보통 사람들은(衆人) 불가능했을 것이다. (그러
나) 시초와 거북점을 쳐서(藉: 빌릴 차, 의지할 차) 보여주지 않으면
백성들은 믿지 않았기에, 신물을 빌려(借) 이치를 드러내어 하늘의
도(天道)를 밝혔던 것이다. 점을 쳐서 의심을 해결하는 것(因占決疑)이
당시 백성들의 관습이었기에, 시초와 거북점을 쳐서 백성들을 깨우쳐
(開) 백성들도 쓰도록 인도하였으니, 성인들 역시 재계齋戒한 연후에
길흉을 점치는(卜筮) 것을 백성들에게 드러내 보인(示現) 것은, 바로

것 같다. 재계하고 세심하는 목적은 바로 신명神明과 합일合—을 이루고자
함이다. 이는 오직 재계하고 세심함으로써 무념無念, 무사無思, 무위無爲한
적연부동의 경지에서만이 가능한 것이다.
사마천의 『사기본기』에는 "무왕이 은주殷紂를 정벌한 후 2년이 되는 해에
병이 들었다. 아직 천하는 하나로 통일되지 않았기 때문에 주나라의 대신들은
이를 몹시 두려워했다. 그래서 대신들은 몸을 정결히 한 후에 거북점을
쳤다. 무왕의 동생 주공周公은 목욕재계하고 하늘에 빌며, 무왕 몸에서의
모든 재앙과 사악한 기운을 자신이 받아 무왕(형) 대신 죽게 해 달라고 빌었다.
그러자 무왕의 병은 점점 호전되었다"라는 기록이 있다. 점은 이럴 때 치는
것이며, 이때의 마음과 자세가 재계齋戒인 것이다.

(正) 이로써 그 덕을 더욱(倍) 신명神明스럽게 하고자 함이었다.

【주역】是故闔戶謂之坤. 闢戶謂之乾. 一闔一闢謂之變. 往來不窮謂之通. 見乃謂之象. 形乃謂之器. 制而用之謂之法. 利用出入. 民咸用之謂之神. 是故易有太極. 是生兩儀. 兩儀生四象. 四象生八卦. 八卦定吉凶. 吉凶生大業.

이런 까닭으로, 문을 닫는(闔) 것을 곤坤이라 하며, 문을 여는(闢) 것을 건乾이라 하며, 한 번 닫고 한 번 여는 것을 변變이라 하며, 왕래往來가 끝이 없음(不窮)을 통通이라 한다.[230] 변화가 형상으로 나타

---

[230] 하늘의 문을 '한 번 닫고(闔) 한 번 여는(闢) 것을 변變이라 한다(一闔一闢謂之變)'라는 것은 '일음일양지위도一陰一陽之謂道'의 또 다른 표현이다. 정正하면 반反하고, 반하면 정하고, 분열하면 통일하고, 통일하면 분열하는 것 모두가 '일합일벽一闔一闢'의 다른 모습이다. '일합일벽'하고 '일음일양하는 것이 낮과 밤(晝夜)의 순환이며, 순환이 왕래往來이며, 왕래가 끝이 없는 것(不窮, 無窮)이 불교에서의 '제행무상諸行無常'이다. 제행무상이란 '우주만물은 끊임없이 변화하고 생멸生滅하여 한 모양으로 머물러 있지 않음'을 말한다. 제행이 변變이라면 무상은 통通이다.
징관(澄觀, 738~839)도 『화엄경』「왕복서往復序」에서 "가고(往) 옴(復)은 끝이 없다(往復無際)"라고 했다. 가고 옴이 변變이라면 무제는 통通이다. 이는 끊임없이 변한다는 것이다. 변한다는 것은 발전한다는 것이다. 변화 발전이 끊임없이 이어지는 것이 통通이다. 변하지 않으면 막힌다(不通). 불통은 멈춘 것으로 죽은 것이다. 그러나 죽음도 크게 보면 변變의 한 과정이다. 동식물을 포함한 모든 생명은 죽어서 한 줌의 흙으로 돌아가지만, 그 흙에서 다시 수많은 생명이 나고 죽기를 반복한다. 그렇게 반복하면서 생명이 끊임없이 이어지는 것이 통通이고 도(道, 이치, 이법)이다. 이렇게 '일합일벽'하고 '일음일양하며

난 것(見: 현)을 상상이라 하고[231], 변화하여 형체가 구체화된 것을
기물(器物: 문명의 利器)이라 하고[232], (기물을) 만들어(制) 사용하는 것을
법法이라 하고, 이용이 자유로워(出入) 백성들이 모두 다(咸) 이용하는
것을 신묘하다(神)고 한다. 이런 까닭으로, 역易에 태극太極[233]이 있으

끊임없이 왕래 변통(變, 通)하는 이치가 도이다. 이러한 도는 시작이 없기에
무시無始이며, 끝이 없기에 무제無際이다. 이것이 삼라만상 우주만유宇宙萬有
가 생주이멸生住異滅하고 성주괴공成住壞空하는 원리이다. 세상의 어느 것도
이 원리에서 벗어나는 것은 없다. 이를 『역경』 16번째 뇌지예(雷地豫, ䷏)괘의
단사에는 "천지가 이와 같은 이치에 따라 움직이므로(天地以順動故), 해와
달이 어긋나는 법이 없으며(日月不過), 봄·여름·가을·겨울 또한 어긋나는
법이 없다(而四時不忒)"라고 하였다.

231 상상이란 태극으로부터 양의 → 사상 → 팔괘로 변화가 진행되지만 변화의
과정은 성인의 눈에만 보일 뿐이다. 변화의 결과물인 기器가 있고 나서야
비로소 중생들도 볼 수 있으나, 이는 상象이 아닌 상像이다. 수행을 하여
깨닫는다는 것(覺)은 성인과 같이 상象을 보고자 함이다. 그러나 상象과 상像은
동전의 양면과 같은 것이다.

왕필(王弼: 226~249)은 '득의망상得意忘象'이라 했다. 뜻(覺)을 얻었으면 상象
마저 버리라는 것이다. 상은 도道를 설명하는 수단일 뿐이다. 부처님도 『금강
경』 「정신희유분 제6」에서 "내가 말한 법이라는 것도 뗏목과 같은 줄 알라(知
我說法 如筏喩者)"라고 하셨다. 강을 건넜으면(得意) 뗏목은 버리라(忘象)는
것이다.

232 『상전, 제1장』의 "하늘에서는 상象을 이루고(在天成象), 땅에서는 형形을 이룬
다(在地成形)"를 참조할 것.

233 태극의 '태太'는 ①더 이상 큰 것이 없는 절대적 큼(太), ②더 이상 높은
것이 없는 절대적 높음(崇), ③더 이상 먼저인 것이 없는 절대적 먼저(太初),
'극極'은 '지극'의 뜻으로, 태극은 천지만물의 단초端初이자 원초적 실체로
천지가 분화하기 이전의 혼돈(Chaos) 상태는 물론 음양의 분화가 끊임없이

니, 태극에서 양의(兩儀: 음양)가 생기며, 양의에서 사상四象이 생기며,
사상에서 팔괘八卦가 생기니, 팔괘가 길흉을 정정定하고, 길흉이 대업大
業을 낳는다.[234]

【주역】是故法象莫大乎天地. 變通莫大乎四時. 縣象著明. 莫大
乎日月. 崇高莫大乎富貴. 備物致用. 立成器以為天下利. 莫大
乎聖人. 探賾索隱. 鉤深致遠. 以定天下之吉凶. 成天下之亹亹
者. 莫大乎蓍龜.

이런 까닭으로, 법法과 상象[235]으로는 하늘과 땅(天地)보다 큰 것이

생생이 이어지는 것을 말한다. 태극에는 스스로 그러한 존재원리(體)와 생생
이 끊임없이 이어지는 작용의 원리(用)가 함께한다. 혼돈의 상태란 시종始終과
동정動靜이 없는 상태이다. 따라서 '이것이다, 저것이다'라고도 말할 수 없다.
그럼에도 다양한 설이 있는 것은 설명을 하기 위한 방편일 뿐이다.

234 실은 팔괘가 길흉을 정하는 것이 아니라, 8괘가 중첩하여 64괘를 이룬 후에
괘효사로써 천하사를 살핀 후에 길함과 흉함이 정해지는 것이다. 이로써
길흉이 정해지면 추길피흉趨吉避凶함으로써 대업을 이룰 수 있다(吉凶生大業)
는 뜻이다.
『주역』의 생생 변화체계는 태극이 음양을 낳고, 음양이 사상을, 사상이 팔괘
를, 팔괘가 64괘를, 64괘가 4,096(64×64) 가지의 변화를 낳는다. 변화 속에
길흉이 깃드는 것이다. 서한西漢의 초연수(焦延壽: 생몰미상)는 『주역』 384효를
뛰어넘는 4,096변變의 효사인 『초씨역림焦氏易林』을 찬撰했다. 우주천지의
생생 변화가 어찌 4,096가지에 국한될까마는 그는 역사적 사실과 제자백가
등을 곁들인 삼언시와 사언시 형태를 취함으로써 점占을 시구詩句로 풀어놓은
주역적 문학작품을 남겼다.
235 『상전, 제5장』의 "상象을 이룸을 건乾이라 하고(成象之謂乾), 하늘의 법칙(法)을

없고[236], 변하고 통하는 것에 사계절보다 큰 것이 없고, 상象을 드러내 (縣: 허공에 매달아) 뚜렷이 밝힘에는 해와 달보다 큰 것이 없고, 숭고崇高 함에는 부귀富貴[237]보다 큰 것이 없고, 사물을 발명하여(備) 사용하게

본받음을 곤坤이라 한다(效法之謂坤)"에서의 법法과 상象이다. 상이란 하늘의 법칙으로 하늘이 드리운 상(天垂象)을 말한다. 하늘에 드러나는 상들의 집합이 건이며, 하늘의 상들을 땅에서 드러내는 이치가 법法이며, 이 같은 하늘의 법칙을 땅에서 본받는 것이 곤이다. 따라서 세상에서 하늘의 영향을 안 받는 것은 하나도 없다. 법에는 '본받다'와 '이법理法'의 두 가지 의미가 있다.

236 여기에는 두 가지로 이해해야 한다. ① 이런(앞에서 설한 것들) 까닭으로, 그러한 이치를 본받아(法) 형상形象으로 드러낸 것으로는 하늘과 땅(天地)보다 큰 것이 없다. ② 이런(앞에서 설한 것들) 까닭으로, 그러한 이치를 본받은(法) 작용으로는 하늘과 땅(天地)의 작용보다 큰 것이 없다.

237 부귀富貴는 천하를 잘 다스리고 온 세상을 편안하게 하는 것(治國平天下)을 말한다. 필부가 부를 축적하고 고관대작에 오르는 것은 부귀가 아니라 속물들의 욕심일 뿐이다. 귀가 권력(지위, 勢)이라면 부는 재물이다. 권력과 재물이 있어야 세상을 이롭게 하고 편안하게 할 수 있다. 권력이 있더라도 재물이 없으면 권력은 힘을 쓸 수 없다. 뜻(理想)이 아무리 좋아도 재물이 없으면 뜻을 펼칠 수 없다. 반대로 재물이 아무리 많아도 뜻(이상, 머리)이 없으면 재물을 제대로 쓸 수가 없다. 돈 많은 재벌 2세나 졸부들이 마약이나 도박에 빠지는 것이 좋은 예다.

주자는 『본의』에서 "부귀란 천하를 소유하고 황제의 자리에 오르는 것(富貴 謂有天下 履帝位)"이라 했다. 의미 있는 말이라 할 수 있다. 옛날의 군주나 지금의 대통령은 무소불위의 권력(貴)을 가지고 있기에, 부富가 고르게 분배되어 백성들 모두가 골고루 잘살게 할 수 있기 때문이다. 요즘의 기업가들이 기업을 잘 경영하여 종업원들의 고용과 복지에 헌신하며 사회를 위해 기부 (donation)도 한다면 부귀한 것이다. 이들이야말로 『역경』에서 말하는 사업事 業을 하는 것이다.

하고(致用), 도구(문명의 이기)를 만들어 천하 사람들을 이롭게 하는
것으로는 성인보다 큰 것이 없고[238], 심오한 도리를 찾아내고(探賾)
은미한 것을 찾아내며(索隱), 깊은 곳에 있는 것을 끌어내어(鉤深)
먼 곳까지 이르게 하여(致遠)[239], 천하의 길흉을 정하며, 천하 사업에
결단 분투하여(亹亹)[240] 이루게 하는 것으로는 시초와 거북점보다 큰
것이 없다.[241]

【주역】 是故天生神物. 聖人則之. 天地變化. 聖人效之. 天垂象.
見吉凶. 聖人象之. 河出圖. 洛出書. 聖人則之. 易有四象. 所以

이처럼 부귀는 세상을 이롭게 하고 백성을 편하게 하는 수단인 것이다.
그러기에 공자는 "숭고하기로는 부귀보다 더 큰 것은 없다(崇高莫大乎富貴)"라
고 한 것이다. 세상을 이롭게 하고 백성을 편하게 하는 것보다 더 숭고한
것이 어디 있겠는가?

238 유가에서 천하 사람들을 이롭게 하는 존재가 성인이라면, 불가에서 중생을
　　이롭게 하는 존재는 불보살이다.

239 구심치원鉤深致遠은 '깊이 숨어 있는 것을 갈고리(鉤)로 끌어내듯 찾아내어
　　심원深遠한 곳까지 이르게 하다'의 뜻으로, 탐색색은探賾索隱에 대한 보충설명
　　이다.

240 '미亹'는 '힘쓰다, 부지런하다, 달리다'의 뜻이다. 주자는 『본의』에서 "미미亹亹
　　는 면면勉勉과 같다(亹亹 猶勉勉也). 의심하면 게을러진다. 결단하기 때문에
　　힘쓰는 것이다(疑則怠 決故勉)"라고 하였다.

241 복서卜筮하여 결과가 흉하게 나오면 더욱 근신하고 분발하며, 길하게 나오면
　　용기백배하는 것을 말하고 있다. 천하 사업은 복서卜筮의 결과에 상관없이
　　반드시 해야 할 일이므로 결과가 흉하게 나왔다고 포기할 수 없기 때문이다.
　　천하 사업이란 세상을 이롭게 하고 백성을 편하게 하는 일을 말한다.

示也. 繫辭焉. 所以告也. 定之以吉凶. 所以斷也.

　이런 까닭으로 하늘이 신물神物을 낳음에 성인은 그것(之)을 본받으며(則), 천지가 변화함에 성인은 그것(之)을 본받으며(效)[242], 하늘이 상을 드리워(垂: 縣) 길흉을 나타냄에(見), 성인은 그것을 형상화 하였다. 하수(河水: 황하)에서 하도가 나오고, 낙수洛水에서 낙서가 나옴에[243] 성인이 그를 본받았다(則).[244] 역에 사상四象이 있는 것은 (우주에 법칙

---

[242] "성인즉지聖人則之"의 본받는다(則)는 것은 하늘이 신물(하도와 낙서)을 내는 연유를 말하며, "성인효지聖人效之"의 본받는다(效)는 것은 천지변화의 이치를 말하며, "성인상지聖人象之"의 본받는다(象)는 것은 하늘이 상을 드리워 길흉으로 나타내는 뜻(天命)을 말한다. 본받는다는 깨닫는 것을 말한다.

[243] 하도河圖는 황하黃河에 출현한 용마龍馬의 등에 새겨진 55개의 점으로, 복희伏羲씨가 이를 본받아 역易의 팔괘八卦를 만들었다. 낙서洛書는 우禹씨가 순舜임금의 명을 받아 9년에 걸쳐 치수사업을 하던 중 낙수洛水에서 나온 신령한 거북(神龜)의 등에 새겨진 45개의 점으로, 우씨가 이를 본받아 치수사업에 성공하였다.

[244] 이렇듯 『역경』은 성인들이 자연을 관찰해서 나온 결과물이다. 고대 성인들은 하늘에 드리워진 상(天垂象)들을 관찰하여 그 속에 깃들어진 세상사의 길흉을 찾아냈던 것이다. 고대로부터의 관찰물들이 쌓이고 쌓여 주周대에 이르러 문왕과 그의 아들 주공이 정리한 것이 오늘날과 같은 『주역』이다. 『주역』은 주나라(空)의 역, 또는 주나라 때(時)의 역이라는 뜻으로 시공時空의 의미를 갖는다.
　『역경』은 본래 그림이었다. 그래서 '보여준다(示)'라고 하는 것이며, 후대에 문왕과 그의 아들 주공이 그 그림 밑에 말(辭)을 매달아(繫) 설명했기 때문에 '일러준다(告)'라고 하는 것이다. 괘효사를 붙인 이유는 괘는 원래 그림이었기에 그림만 보고 그 뜻을 알 수 없기에 괘 밑에는 괘사를, 효 밑에는 효사를 붙여 후인들의 이해를 도운 것이다.

이 있음을) 깨우쳐 알려주기(啓示) 위함이다. 계사繫辭란 (우주변화의 법칙을) 일러주기(告) 위함이요,[245] (우주의 법칙으로) 길흉으로 정하는 것은 (의심을) 판단하기 위함이다.

───────────

'시示는 본래 신에게 제사지낼 때 제물을 차려놓던 제단을 형상화한 글자이다. 제단은 일부에게만 보이는 것이 아니라 누구나 볼 수 있도록 차려진다. 그럼에도 일부에서는 시示를 신의 계시啓示로 이해하기도 한다. 이는 『역경』을 신비화하는 지나친 비약이다. 『역경』에는 어떠한 신비함도 없다. 『설괘전, 1장』은 이렇게 말한다. "(혹시 역에 신비함이 있다면, 그 신비함을 자신과 분리하여 대상화하고 객관화시킬 것이 아니라) 스스로 '천지자연의 이법理法을 궁구하고 타고난 성품을 발현하여 천명에 이름으로써(窮理盡性 以至於命)' 그 신비함과 하나가 되는 것이다." 이것이 『역경』에서 추구하는 '천인합일'의 정신이다. 『역경』은 이를 보여주려고(示) 한 것이다. 천인합일이란 지행합일의 실천을 뜻한다.

일찍이 정약용은 『오학론五學論』에서 "성리학은 도를 알고 자신을 알아, 스스로 그 앎을 실천하는 데 의미를 두고 있다(性理之學 所以知道認己 以自勉其所以踐形之義也)"라고 했다. '지도인기知道認己'란 천지자연의 이법(道)을 알았다면, 이법에 맞게 자신을 바로 세워야 하는 것을 말한다. 이는 "너 자신을 알라"는 말과도 통한다. 아폴론 신전 현관 기둥에 새겨져 있던 이 말을 두고 소크라테스는 자신의 무지無知를 깨닫는 것이야말로 자신을 바로 아는 것이라 했다. 이로써 언론에서 말하는 잠룡潛龍이 되는 것이다. 잠룡이란 도를 알고 자신을 알아, 스스로 그 앎을 실천하고자 하는 준비를 마치고 천시天時를 기다리며 은인자중하는 단계를 말한다. 그럼에도 오늘날의 정치판은 도를 알고 자신을 세우는 공부는커녕 자신도 추스르지 못할 얄팍한 지식으로 세상에 나와 사사건건 편을 갈라 상대를 물어뜯는 비난과 요설을 쏟아내는가 하면, 이에 질세라 유튜브 방송들마저 편을 갈라 부화뇌동하고 있으니 나라의 앞날이 참으로 걱정된다.

【강설】

시생양의是生兩儀 양의생사상兩儀生四象 사상생팔괘四象生八卦

이를 획괘설劃卦說이라 하는데, 팔괘는 기(奇: ━)와 우(偶: ╌)의 두 획이 중첩됨으로써 여덟 개의 형태를 구성한다. 일중一重으로는 ━, ╌의 양의兩儀를, 이중二重으로는 ⚌, ⚏, ⚎, ⚍의 사상四象을, 삼중三重으로는 팔괘를 나타내는 것이다. 팔괘의 기원을 탐구한다는 것은 기(━)와 우(╌) 음양 두 획의 분화 발전에 대한 탐구인 것이다. 음양, 건곤, 천지, 일월, 강유 등의 용어는 바탕(體)은 같으나 쓰임(用)을 달리하는 것을 알아야 한다.

八	七	六	五	四	三	二	一	
坤☷	艮☶	坎☵	巽☴	震☳	離☲	兌☱	乾☰	八卦(三重)
母	少男	中男	長女	長男	中女	少女	父	
太陰⚏		少陽⚎		少陰⚍		太陽⚌		四象(二重)
陰╌				陽━				兩儀(一重)
太極☯								
無極○								

이렇듯 양의, 사상, 팔괘 등 단계별로 나누는 것은 편의상 설명일 뿐, 여기에 차서次序가 있는 것은 아니다. 태극을 펼치면 양의, 사상, 팔괘, 64괘로서 무궁한 삼라만상이며, 삼라만상을 접으면 하나의 태극일 뿐이다. 달은 하나이나 천강千江에 비추니 천 개의 달이 있는 것이다(月印千江千江月). 즉 삼라만상(64괘)이 태극이고, 태극이 삼라만상(64괘)이다. 태극 또한 별도로 태극이 있는 것이 아니다. 이러한 이치가 다함이 없기에 태극太極이라 이름했을 뿐이다.

이는 불교에서 말하는 '일법계一法界'와 같은 의미이다. 여기서 '일법계'란 진여眞如 일법계의 이치를 말한다. 이치인즉 진여를 떠나 무명이 따로 있는 것이 아니라, 진여가 무명이고, 무명이 진여인 것이다. 마음에 망념이 일어날지라도 마음의 본성(心體)은 조금도 동動하거나 변變하지 않으니, 그대로 무념無念이다. 이는 법계가 일여一如 평등하기 때문이다. 그래서 보리즉번뇌菩提卽煩惱, 번뇌즉보리煩惱卽菩提라 하는 것이다. 따라서 진여일법계를 떠나서는 무명도 없고, 보리를 떠나서는 번뇌도 없다. 『부증불감경』에서 "일체중생이 일시에 성불하여도 불계佛界는 증增하지 않고, 중생계는 멸하지 아니한다"라고 하는 바와 같이 불계나 중생계가 따로 존재하는 것이 아니라, 중생계 그대로가 불계이자 일법계인 것이다. 일법계에서 오염과 생멸을 반복할 뿐이다. 영가 대사(647~713)는 『증도가證道歌』에서 "무명의 실성(實性: 참 성품)이 곧 불성이요, 환화공신이 곧 법신이다(無明實性卽佛性, 幻化空身卽法身)"라고 했다. 이러한 이치를 알지 못하는 것을 부달不達이라 한다. 이로 인해 마음이 진여와 서로 응應하지 못해 홀연忽然히 망념이 일어나니 이름하여 무명無明이다. 그러나 무명은 무지無智 속에서만 존재할 뿐 실은 없는 것이다.(참고: 최세창, 『대승기신론소별기』, 운주사, 2016.)

계사상전 제12장

【주역】易曰. 自天祐之. 吉無不利. 子曰. 祐者. 助也. 天之所助者順也. 人之所助者信也. 履信思乎順. 又以尙賢也. 是以自天祐之. 吉無不利也.[246]

역에 이르길, "하늘로부터의 도움이 있는지라(自天祐之), 길흉하여 이롭지 않음이 없다(吉無不利)"[247]라고 하였다. 공자께서 이르시길, "우祐는 돕는다(助)는 것이다. 하늘이 돕는 자는 (하늘의 도를) 따르는(順) 사람이요, 사람들이 돕는 자는 신실信實한 사람이니, 신실함을 실천(履)하며 (하늘의 도에) 따를(順) 것을 생각하고 또(又) 그런 마음으로

---

246 선사는 이 부분을 『상전, 11장』의 연속으로 본 것이다.

247 이 말은 『역경』14번째 화천대유(火天大有, ䷍)괘 상구의 효사이다. 정이천은 『역전』에서 "상구는 괘의 맨 위에 있어서 지위가 없는 자리에 거居했으니, 이는 대유大有가 지극하면서도 그 소유물(有)은 차지(居)하지 않는 자이다. … 소유함이 지극하더라도 (지나치게) 차지하지 않으면 영만(盈滿: 가득 참)의 재앙이 없으니, 이치에 순응하는 자이다. … 위(上)에서 뜻을 낮추어 문명文明의 덕德에 응하여, 현자를 높이고 선善을 숭상하는 뜻이다. 그 대처함이 이와 같으면 길吉한 도道가 지극한 것이니, 스스로 마땅히 경복慶福을 누려 하늘의 도움을 받을 것이다. 행실이 천도에 순응하여 하늘의 도움을 얻은 까닭에, 가는 곳마다 모두 길하여 이롭지 않은 바가 없는 것이다"라고 하였다.

현자賢者를 숭상崇尚하는 까닭에(是以), 하늘에서 도우니 길하여 이롭지 않음이 없다"라고 한 것이다.

【선해】 是故德旣神明. 方知易理無所不在. 且如闔戶卽謂之坤. 闢戶卽謂之乾. 一闔一闢卽是變. 往來不窮卽是通. 見卽是象. 形卽是器. 隨所制用卽是法. 隨其民用出入卽是神. 則乾坤乃至神明. 何嘗不卽在日用動靜間哉. 凡此皆易理之固然. 而易書所因作也.

이런 까닭으로, 덕이 이미 신묘하게 밝아 바야흐로 역리易理가 무소부재無所不在함을 알게 된다. 또한(且) 가령 문을 닫는 것(闔)을 곧 곤坤이라 하고, 문을 여는 것(闢)을 곧 건乾이라 한다. 한 번 닫고한 번 여는 것이 곧 변變이며, 왕래往來가 끊임없는 것이 통通이며, 나타내 보이는 것(見: 현)은 곧 형상形象이며, 형상이 있는 것은 곧기물器物이다. 백성들의 필요에(所) 따라 제어하고 사용하는 것이곧 법法이요, 백성들이 (필요에) 따라 나며 들며(出入) 사용하니 곧신묘한 것이다. 건곤乾坤 내지 신명神明도 근본을 따지고 보면 일상생활(日用)의 동動·정靜 사이에 있는 것이 아니겠는가? 무릇 이것이다 역리가 본래 그러하며(固然), 역서易書도 그로 인해 지어진 것이다.

【선해】 是故易者. 無住之理也. 從無住本. 立一切法. 所以易卽爲一切事理本源. 有太極之義焉. 旣云太極. 則決非凝然一法. 必有動靜相對之機. 而兩儀生焉. 旣曰兩儀. 則動非偏動. 德兼動靜. 靜非偏靜. 亦兼動靜. 而四象生焉. 旣曰四象. 則象象各有兩儀之全體全用. 而

八卦生焉. 旣曰八卦. 則備有動靜陰陽剛柔善惡之致. 而吉凶定焉. 旣有吉凶. 則裁成輔相之道方爲有用. 而大業生焉. 易理本自如此. 易書所以亦然也.

이런 까닭으로, 역은 무주의 이치(無住之理)이다.[248] 무주의 근본원리로 일체법一切法이 성립된다. 그런 까닭에 역은 곧 일체 사리一切事理[249]의 본원本源으로 역에는 태극의 이치(義)가 있다. 이제 태극이라고 말하면 결코 굳어 고정된(凝) 하나의 법이 아니다. 반드시 동動과 정靜이라는 상대적 작용(機)이 있기에 양의兩儀를 낳는 것이다. 이제 양의로 말한다면 동動은 동에만 치우치지(偏) 않고, 덕德은 동정을 겸하고 있으며, 정靜도 정에만 치우치지 않고 역시 동정을 겸하고 있기에 사상四象을 낳는 것이다. 이제 사상으로 말한다면 상象과 상이

---

248 무주無住는 머무는 바가 없는 것을 말한다. 여기서는 삼라만상이 무상無常하여 변하지 않는 것이 없다는 의미로 이해할 수 있으나, 무주의 의미는 불교의 핵심으로 너무나 광범위하다. 무상한 것에 집착하지 않는 것도 무주이고, 무념無念, 무사無思, 무위無爲 또한 무주의 다른 표현이다. 여기서 '무無'는 단순히 무엇이 없다(nothing)는 존재의 의미가 아니라 애착·집착·번뇌·망상·망념·편견 등이 없는 적연부동寂然不動한 경지를 나타내는 '무無'이다. 혜능 대사가 나무꾼 시절에 한 번 듣고 깨달았다는 『금강경』의 "응무소주應無所住 이생기심而生其心"이 바로 무주의 경지이다. 우리가 무주할 수 있다면 이미 중생이 아니다.

249 사리事理는 일체 사물의 이치 또는 일체 사물과 이치로, 상대적相對的이며 차별差別이 있는 현상現象을 '사事', 절대적絶對的이며 평등平等한 실상實相을 '이理'로 이해할 수 있다. 사事는 법法, 이理는 성性으로 이해할 수도 있다. 사리는 곧 법성法性이고, 법성이 곧 태극이다.

각기 양의의 온전한 체體와 온전한 용用을 갖추고 있기에 팔괘를 낳는 것이다. 이제 팔괘로 말한다면 동정動靜, 음양陰陽, 강유剛柔, 선악善惡 등의 모든 이치(致)를 갖추고 있기에 길흉이 정해지는 것이다. 이미 길흉이 있기에 재성보상裁成輔相의 도道가 비로소(方) 소용이 됨(有用)으로써 대업을 낳는 것이다. 역리는 본래 스스로 이와 같고, 역서의 소이所以 또한 그러하다.

【선해】是故世間事事物物. 皆法象也. 皆變通也. 乃至皆深皆遠. 皆賾皆隱也. 而法象之大者莫若天地. 變通之大者莫若四時. 縣象著明之大者莫若日月. 崇高之大者莫若天位之富貴. 備物致用利天下者莫若天德之聖人. 探賾索隱. 鈎深致遠. 定吉凶. 令人知趨避. 成亹亹. 使人進德業者. 莫若蓍龜之神物. 是故天生神物. 聖人卽從而則之. 天地變化. 聖人卽從而效之. 天垂象. 現吉凶. 聖人卽從而擬象之. 河出圖. 洛出書. 聖人卽法而爲八卦九疇.

이런 까닭으로 세간의 사사물물事事物物 삼라만상이 모두 다 법상(法象, 現象)[250]이다. 이런 법상들이 모두 변하고 통하여 나아가 모두 심원

---

250 법상法象을 앞의 문단에서 설명한 역리를 본받은(法) 상象이라 해석할 수도 있다. 또는 사사물물 자체가 바로 법(法, 역리)과 현상인 것으로 해석할 수도 있다. 삼라만상森羅萬象의 드러난 만 가지 상(萬象)의 이면에는 역리가, 또는 만상이 존재하는 이법理法이 작용하고 있기 때문이다. 역리가 이법이고, 불교에서의 법성法性이다. 사사물물은 법성法性의 작용으로 드러난 제법실상諸法實相이다. 따라서 법상法象은 곧 불교에서의 법상法相이다. 법상과 법성은 동전의 양면과도 같은 이치이다. 「법성게」의 '법성원융 무이상法性圓融 無二相'

(深遠, 헤아리기 어려울 만큼 깊은)한 곳까지 이르며, 모두 깊고(賾) 은미하여, 법상의 크기(大)로 말하자면 천지만 한 것이 없고, 변하고 통하는 것의 크기(大)로 말하자면 사시(四時, 사계절)만 한 것이 없으며, 허공에 매달린 상으로 뚜렷이 밝은(著明) 것의 크기(大)로 말하자면 해와 달만 한 것이 없으며²⁵¹, 숭고崇高한 것의 크기(大)로 말하자면 하늘의 지위보다 부귀한 것이 없으며, 모든 것(덕과 지식, 지혜)을 갖추어 세상에 이롭게 쓰이는 자(者)로는 천덕天德을 지닌 성인만 한 이가 없다. 깊은 도리(賾)를 탐구하고 은미한 이치를 찾아내어(索隱), 깊은 이치를 찾아내어 덕德이 멀리까지 미치게 하며, 길흉을 바로잡아(定) 사람들로 하여금 추길피흉趨吉避凶을 알게 하며, 부지런히 힘써(亹亹) 이루게 하여, 사람들로 하여금 덕업德業에 나아가게 하는 것으로는

의 이치와 같다고 할 수 있다. 이와 같이 이해하는 것이 선사가 『주역』을 선해禪解하는 본래의 의도이다.

251 불교에서는 이렇게 일월日月이 비치는 우주를 한 세계(一世界: 현대의 태양계에 해당)라고 한다. ① 일세계가 1,000개 모여 소천小千세계(현재의 은하계에 상당), ② 소천세계가 1,000개 모여 중천中千세계, ③ 중천세계가 1,000개 모여 대천大千세계를 이룬다고 한다. 대천大千세계는 소천小千, 중천中千, 대천大千의 삼三 천千이 겹쳤다 하여 삼천대천세계三千大千世界라고 한다. 이를 숫자로 3,000세계라 하는 것은 틀린 것이다. 이와 같은 세계가 겹겹으로 둘러 있으면서 생겼다 무너졌다 하며(如是世界周匝成敗), 중생들이 사는 곳을 일불찰(一佛刹: buddha-kṣetra, 한 부처님이 교화하는 세계)이라 이름한다. 삼천대천세계를 숫자적으로 계산하면 10억 개의 세계라 할 수 있으나, 이는 상징적인 숫자로 우주에는 무한히 많은 세계가 실재한다는 뜻으로 이해해야 할 것이다. 이는 불교 고유의 사상도 아니고, 고대 인도인의 세계관(우주관)을 불교화한 것이다. (참조: 최세창, 원효, 『대승기신론소별기』 역주, 운주사, 2016.)

신물神物인 시초나 거북점(蓍龜)만 한 것이 없다. 이런 까닭으로 하늘이
신물을 낳음에 성인이 곧 좇아서 이를 본받았다(效). 하늘과 땅이
변화함에 성인이 이를 좇아서 본받았다. 하늘이 상象을 드리워(垂)
길흉을 나타냄에 성인이 이를 좇아서 견주어(擬) 괘卦로 형상화했다.
하수河水에서 하도河圖가 나오고, 낙수洛水에서 낙서洛書가 나오니,
성인이 이를 본받아(法) 팔괘와 홍범구주洪範九疇[252]를 만들었다(爲).

【선해】 **然則易之有四象. 所以示人動靜進退之道也. 易有繫辭. 所以昭**
　　告以人合天之學也. 易有吉凶定判. 所以明斷合理之當爲. 而悖理之
　　不可爲也. 故大有上九之辭曰. 自天祐之. 吉無不利. 吾深知其故也.

　그런즉 역에 사상이 있는 것은 사람들에게 동정과 진퇴의 도리를
보여주려는 까닭(所以)이다. 역에 계사繫辭가 있는 것은 사람으로서
하늘에 합치하는 공부를 밝혀 알게 하려는(昭告) 소이이다. 역에 길흉
을 정하여 판단하게 함이 있는 것은 이치에 합당한 것은 마땅히 해야

---

252 하夏나라 우왕禹王이 남겼다는 정치 이념으로, 우왕이 홍수를 다스릴 때
　　하늘로부터 받은 낙서洛書를 보고 만들었다고 한다. 홍범은 대법大法을, 구주
　　는 9개 조條를 말하는 것으로, 홍범구주는 '나라를 다스리는 9개 조항의
　　큰 법(규범)'이라는 뜻이다. 주周나라 무왕이 은殷나라를 정복한 뒤, 주왕紂王에
　　의해 구금되어 있던 은나라의 현자 기자箕子를 석방하였다. 2년 뒤 기자를
　　찾아가 은나라의 멸망 원인을 물었으나, 기자는 차마 은나라의 악정惡政에
　　대하여 말하지 못하였다. 이에 무왕이 하늘이 백성을 다스려 안정시키는
　　상도常道를 물으니 기자가 이 홍범구주로써 교시하였다고 한다.(참고: 이재훈
　　역해, 『書經』, 고려원, 1996.)

하며, 이치에 어긋나는 것(悖理)은 해서는 안 되는 것을 분명하게 판단하게 하려는 소이이다. 고故로 화천대유(火天大有, ䷍)괘의 상구 효사에서 말하기를 "하늘로부터 도움이 있는지라(自天祐之), 길吉하여 이롭지 않음이 없다(吉無不利)"라고 하였으니, 나(지욱 선사)는 깊이 그 까닭(故)을 알겠다.

【선해】夫天無私情. 所助者不過順理而已. 人亦無私好. 所助者不過信自心本具之易理而已. 誠能眞操實履. 信自心本具之易理. 思順乎上天所助. 則便眞能崇尙聖賢之書矣. 安得不爲天所祐. 而吉無不利哉.

무릇 하늘에는 사사로운 정情이 없으니 하늘로부터 도움을 받는 자(所助者)는 역리를 따르는(順理) 것에 불과할 뿐이다.[253] 사람들 역시 사사로이 좋아함이 없으니, 남들로부터 도움을 받는 자는 자신의 마음속에 본래 구족해 있는 역리를 믿는 것에 불과할 뿐이다. 실로 능히 진리에 의지하여(眞操) 착실하게 실천하며(實履), 자기 마음속에 본래 구족해 있는 역리를 믿으며, 높은 하늘(上天)의 도움에 순종하기를 생각한다면(思順), 곧 진실로 능히 성현의 역서易書를 숭상하는 것이라 할 수 있으니, 어찌(安) 하늘의 도움을 받아 길하여 이롭지 않을 수 있겠는가?

---

253 이는 『노자, 79장』 "천도무친天道無親 상여선인 常與善人"의 다른 표현이라 할 수 있다. 천지자연天地自然의 이치와 도리는 무엇을 특별히 좋아하는 편애偏愛함이 없다. 언제나 자애롭고 선량善良한 사람과 함께할 뿐이다.

【주역】子曰. 書不盡言. 言不盡意. 然則聖人之意其不可見乎.
子曰. 聖人立象以盡意. 設卦以盡情僞. 繫辭焉以盡其言. 變而
通之以盡利. 鼓之舞之以盡神. 乾坤其易之蘊耶. 乾坤成列. 而
易立乎其中矣. 乾坤毁. 則無以見易. 易不可見. 則乾坤或幾乎
息矣. 是故形而上者謂之道. 形而下者謂之器. 化而裁之謂之
變. 推而行之謂之通. 擧而措之天下之民謂之事業.

공자께서 이르시길, 글(書, 책)은 말하고자 하는 바(言)를 다하지
못하며, 말은 뜻한 바(意)를 다하지 못하니[254], 그렇다면(然則, 그런즉)
성인의 뜻을 가히 볼 수 없다는 말인가? 공자께서 이르시길, "성인이
상을 세워(立象) 뜻하고자 하는 바를 다하였으며(盡), 괘를 베풀어(設卦)
참과 거짓(情僞)을 다하였으며, 말을 붙임(繫辭)으로써(以) 그 말하고자
하는 바를 다하였으며, 변하고 통함으로써 (백성들에게) 이로움을

---

254 『노자도덕경』에는 80장까지 주옥같은 많은 말을 했으면서도, 마지막 81장에
가서는 "참된 말은 꾸밈이 없으며(信言不美), 꾸민 말에는 진실함이 없다(美言不
信). 진실로 아는 사람은 많은 말을 하지도 않는다(善者不辯). 말이 많은 사람은
진실하지도 않다(辯者不善)"라고 했다. 문자나 말에 대한 경계를 한 것이다.
인간 존재에 대한 궁극적 물음에는 중언부언 너절한 글이나 언어적 요설妖說로
는 답할 수 없는 것이다(書不盡言 言不盡意). 오직 직관直觀, 직각直覺만이
문자나 언어의 장벽을 넘어 내면의 세계를 들여다볼 수 있는 것이다.
그러나 직관이나 직각은 쉽게 얻어지는 능력이 아니기에 장시간의 수행을
요하는지라, 성인이 상을 세우고 괘를 베풀었던 것이다. 하지만 이 또한
쉽게 터득할 수 있는 것이 아니기에 부득이 괘와 효에 말씀을 붙였던 것이다
(繫辭).

다하였으며, 백성들을 고무鼓舞하여²⁵⁵ 역리의 신묘함을 다하였다"²⁵⁶ 라고 하였다.

건곤은 역의 근본 바탕(蘊)이다. 건곤이 펼쳐지면(列)²⁵⁷ 역이 그 가운데에 세워지니, 건곤이 훼손되면 역을 보지 못하고, 역을 보지 못하면 곧 건곤이 혹或 거의(幾) 그치게(息) 되리라.²⁵⁸ 이런 까닭으로 '형이상자'를 도道라 하고, '형이하자'를 기器라 하고²⁵⁹, 변화하여 마름

---

255 고무鼓舞에는 '북을 치고 춤을 춤', '남을 격려하여 더욱 분발하게 함'의 뜻이 있으나, 여기에서는 성인이 밝혀놓은 '역리'를 깨달아(自覺) 일반 백성들이 '역의 이치'를 따르도록 고무한다는 의미이다. 역의 이치는 보이지도 들리지도 않는지라 일반 백성들이 모두 보고 들을 수 있도록 상을 세우고(立象) 설괘設卦하여 말을 붙여(繫辭), 백성들에게 변하고 통하는 이치를 밝혀 백성들의 삶에 이익이 되게 하며, 백성들을 고무하여 따르게 하였다는 뜻이다.

256 성인이 역을 지은(作易) 목적과 성인이 세상 사람들을 위하는 우환의식憂患意識을 밝히고 있다. 대승불교의 보살도菩薩道에 비견할 수 있다.

257 펼쳐진다(列)는 것은 건곤(부모)괘를 위시하여, 나머지 62(자식)괘가 펼쳐지는 것을 말한다.

258 건곤이 곧 역의 본원本源(건곤＝역)이라는 뜻이다.

259 도道와 기器란 구체적 형상을 띠기 이전以前과 이후以後를 나눈 것으로, 구체적 형상이 나타나지 않아 눈으로 볼 수 없고, 귀로도 들을 수 없는 형形 이전의 무형無形의 세계가 도道라면, 무형의 도가 구체적 형상으로 현재화顯在化한 유형有形의 세계는 기器이다. 형形 이전의 무형이 형이상形而上이며, 형形 이후가 유형이 형이하形而下이다. 그렇다고 형이상＝도, 형이하＝기라고 도식적으로 이해하면 안 된다. 아직 형상을 띠기 이전의 형이상의 도란 '한 번은 음이 되고, 한 번은 양이 되는 일음일양—陰—陽'의 작용뿐만 아니라, 그 자체를 포함한 그러한 이치나 소이所以를 일러 '일음일양의 도(—陰—陽之爲道)' 라 하기 때문이다.

질하는(裁) 것을 변變이라 하고, 이를 헤아려(推) 행함을 통通이라 하고[260], 이런 변통의 이치들을 모아서(舉) 천하의 백성들이 사용하게 베푸는(措) 것을 천하 사업事業이라고 한다.[261]

송대의 학자들이 체용體用의 개념을 사용해, 주돈이(周敦頤, 1017~1073)는 '무극이태극無極而太極'을 형이상자로서 천지만물이 생성되기 전의 본체로 보았고, 그 본체에서 동정動靜·음양陰陽·오행五行이 나오고 다시 교감상태交感狀態에서 천지만물이 형성된 것이라고 하였다. 동정·음양을 그 본체의 작용으로 생각한 것이다. 정이(程頤, 1033~1107)는 도道를 이理로, 기器를 기氣로 바꾸어 표현하며, 이理를 관념상의 존재로서 도道, 태허太虛, 무형無形 등으로, 기器를 질료적인 존재로서 기氣, 음양, 유형有形 등으로 표현하였다. 이理를 영구불변의 본체적 존재로서 체體라 하고, 기氣를 변화하고 작용하는 존재로서 용用이라 하였다. 주희朱熹는 이들을 총정리하여 이理를 천지만물의 본체(體)로서의 형상形相으로, 기氣는 그 형상인 체를 구체화하는 작용(用)으로 보았다.(참조: 심우섭, 「중용사상에 관한 연구」, 동국대학교 박사학위논문, 1981.)

260 '화이재지위지변化而裁之謂之變'은 변화變化를 말한다. 변화란 양이 음으로 화化하고, 음이 양으로 변變하는 것을 말한다. '추이행지위지통推而行之謂之通'은 통通을 말한다. 즉 이러한 이치를 미루어 음이 다하면 양이 오고, 양이 다하면 음이 오고, 다시 음이 다하면 양이 오는 것이 끊임없이 이어지는 것이 통通이다. 세상은 이렇게 변하면 통하고, 통하면 변하는 음양변화의 이치로 돌아간다. 이것이 변통變通의 원리이다. 『주역』 공부는 문자에 대한 이해가 아니라 이치(이법)의 이해가 우선되어야 한다.

261 '천하의 사업事業'이란 천하를 평안하게 또는 이롭게 하는 것을 말한다. 성인이 형이상(形而上, 道, 이상, 이론)과 형이하(形而下, 器, 현실, 실제)의 변(裁: 마름질하여)하고 통(推: 미루어)하는 이치를 밝혀 천하 백성들이 널리 사용하여 이롭게 하는 것(擧而措天下之民)을 사업이라 한다(謂之事業). 어느 개인이 일생을 바쳐 세계 인류의 공존과 번영에 공헌하여 영원한 족적을 남길 때 사업事業으로 덕업德業이 된다. 석가모니, 공자, 소크라테스, 예수와 같은 성인들이 일생을

【주역】是故夫象. 聖人有以見天地之賾. 而擬諸其形容. 象其物宜. 是故謂之象. 聖人有以見天下之動. 而觀其會通. 以行其典禮. 繫辭焉以斷其吉凶. 是故謂之爻. 極天下之賾者存乎卦. 鼓天下之動者存乎辭. 化而裁之存乎變. 推而行之存乎通. 神而明之. 存乎其人. 黙而成之. 不言而信. 存乎德行.

　이런 까닭으로, 무릇 괘상卦象은 성인이 천하天下[262]의 심오한 것(賾)들을 관찰하여(見) 그에 맞는 형용(形容: 생긴 모습)에 견주어서(擬), 그 사물의 물상에 맞게(物宜) 형상화하였다. 이런 까닭으로 상象이라고 한다. 성인이 천하의 움직임을 살펴(見) 그 모이고 통함(會通)을 관찰하여, 그 전례典禮를 따라 행하며, 계사(繫辭: 괘사, 효사)로써 그 길흉을 판단하는 까닭에 이를 효爻라고 하는 것이다.

　천하의 심오한 것들을 다 밝히는 이치(極)는 괘에 있고, 천하의 움직임을 고무시키는 것은 사(爻辭)에 있고, 음양의 변화를 마름질하는(裁) 것은 변變에 있고, 음양의 변화로 미루어서 행하는 것은 통通함에 있으니, 이를 신묘神妙하게 밝히는 것은 그 사람에 있고, 묵묵히 도를 이루어내며, 말하지 않아도 믿는 것은 덕행에 있다.[263]

　　통해 추구했던 일들이 덕업이다.

　　오늘날 필부가 삼성이나 현대와 같은 대기업을 이루어 스마트폰이나 자동차와 같은 생필품을 생산하여 동시대인들의 삶에 편리함을 제공하면서도 국가 경제에 기여하고 일자리와 종업원들의 복리福利를 책임지는 일이야말로 '천하 사업(天下之業)'이라 할 수 있다. 이 세상에 왔다가는 삶의 가치로 이보다 더한 것은 없다.

262 『선해』의 원본에는 천지天地로 되어 있다.

【선해】上文發明易理易書. 及聖人作易吾人學易之旨. 亦旣詳矣. 然苟
非其人. 苟無其德. 則隨語生解. 亦何以深知易理易書之妙致乎. 故
更設爲問答. 而結歸其人其德行也. 夫書何能盡言. 言亦何能盡意.
然則聖人之意豈終不可見乎. 詎知聖意不盡於言. 而亦未嘗不寓于
言. 聖言不盡于書. 而亦未嘗不備于書. 且如易書之中. 亦旣立象以
盡意. 聖意雖多. 而動靜二機足以該之. 故乾坤二象卽可以盡聖人之
意也.

위의 글은 역리와 역서에 대해 밝히고, 성인이 역을 지어 우리들이
역을 배우는 취지(趣旨) 또한 자세히 밝혀 놓았다. 그러나 진실로(苟)
그런 사람(其人)이 아니면, 진실로 그런 덕이 없다면, 말꼬리만 잡고(隨
語) 알았다(解)는 상相을 낼 것이니 또한 어찌(何) 역리와 역서의 묘한
이치를 깊이 알 수 있겠는가? 그러므로 다시(更) 문답을 설설하여
성인(其人)과 성인의 덕행에 귀결歸結시켰다. 무릇 글(書)로 어찌(何)
능히 말을 다할 수 있을 것이며, 말(言)로 또한 어찌 뜻(意)을 다할
수 있겠는가? 그렇다면 성인의 뜻을 어찌(豈) 끝내(終) 가히 알(見)
수 없겠는가? 성인의 뜻을 말로 다할 수는 없으나(而) 또한 일찍이

---

263 도道는 구체적 형상이 나타나지 않은 형形 이전 무형無形의 세계이므로 눈으로
볼 수 없고, 귀로도 들을 수 없다. 따라서 도는 말로 그 모습(形)을 설할
수 없다. 『주역』을 공부하는 목적은 말로 설할 수 없는 무형의 도道를 보고
듣기 위함이다. 그렇다고 아무에게나 그 모습(形)을 드러내는 것이 아니기에,
말 이전의 무형의 도, 즉 묵묵히 역리를 믿고 실천하며 덕을 쌓는 그런
사람에게만 드러낸다. 그런 사람만이 성인이 역을 지은 뜻에 참여할 수
있는 것이다.

말씀(言)에 의지하지(寓) 않음이 없고, 성인의 말씀을 글로 다할 수는 없으나(而) 또한 일찍이 글(書) 속에 담아 두지 않음이 없음을 어찌 알겠는가(詎知)? 또한(且) 역서 속에 이미 象을 세워 성인의 뜻을 다 밝혔으니[264], 성인의 뜻이 비록 많을지라도 동과 정의 두 틀(機, 음양)로 족足히 포용되는(該) 까닭에, 건과 곤의 두 형상으로 곧 가히 성인의 뜻을 다 밝힐(盡) 수 있는 것이다.[265]

【선해】又復設卦以盡情僞. 動靜雖只有二. 而其中變態. 或情或僞. 不一而足. 故六十四卦乃能盡萬物之情僞也. 又復繫辭焉以盡其言. 蓋舉天下事物一一言之. 則勞而難遍. 今借六十四卦而繫以辭. 則簡而可周也. 雖六十四卦已足收天下事物之大全. 而不知事事物物中又各互具一切事物也. 故變而通之. 每卦皆可爲六十四. 而天下之利斯盡矣. 雖有三百八十四爻動靜陳設. 若不於中善用鼓舞. 使吾人隨處得見易理. 則亦不足以盡神. 而聖人又觸處指點以盡神矣.

또다시 설괘設卦하여 정위(正, 僞)를 다 밝혔으며, 동정動靜이 비록 다만 두 가지이나, 그중에 변하는 상황(變態)은 혹 참(情) 혹은 거짓(僞)

---

264 이 점이 『역경』의 특징이기도 하다. 선불교에서는 "불립문자 언어도단"이라 하여 진리는 언어로 담을 수 없다고 하였으나, 『역경』에서는 오히려 글(書)과 象 속에 성인의 말(聖言)과 뜻(聖意)을 담아 두었음을 밝히고 있는 것이다. ①하늘: 입상立象 → 무형無形, ②성인이 관찰하여 자각, ③설괘設卦(괘와 효): 괘상卦象 → 유형有形, ④말씀(괘사와 효사)으로 알려줌(告) → 변화(음양) → 수(數: 점), ⑤실천 여부에 따라 길흉이 정해진다.

265 땅에서의 동정 → 하늘에서의 음양 → 철학으로의 건곤으로 승화.

하나로서는 충분(足)하지 못한 까닭에, 64괘라야 이에 능히 만물의
참과 거짓을 다 밝힐 수 있다. 또(又) 다시 계사로써 그 말씀을 다하였으
니, 천하의 사물을 다(蓋) 열거하여 일일이 말하려 한다면 힘만 들고
두루(徧)할 수 없는 까닭에, 이제(今) 64괘를 빌려(借) 말(辭)을 붙여
(繫) 놓았으니, 간략하면서도 두루(周)할 수 있다. 비록(雖) 64괘가
이미 천하사물의 대전(大全: 충분히 갖추어 모자람이 없음)을 족히 아울렀
다(收) 해도(而), 사사물물事事物物의 모든 현상 속에 또한(又) 각기
일체의 사물을 서로(互) 갖추고(具) 있음을 알지 못하는 것이다. 따라
서 각기 변하고 통하여 모든 괘가 다(皆) 가히 64괘가 될 수 있으니,
천하를 이롭게 하는 것이 각각의 괘 속에 다 갖춰져 있는 것이다.[266]
비록 384효에 동정이 진설陳設되어 있다 할지라도, 만약 그중에서
잘 고무시켜, 우리 인간들로 하여금 상황에 따라(隨處) 역리를 깨닫게
(得見) 하지 못한다면 또한 신묘함을 다했다 하기에는 부족하니, 성인

---

[266] 64괘는 태극 → 양의 → 사상 → 팔괘 → 64괘로 분화했으나, 이를 접으면
팔괘이고, 사상이고, 양의이고, 태극이다. 64괘가 태극이고 태극 속에 64괘가
있으니, 의상 대사가 『법성계』에서 노래한 "일중일체다중일一中一切多中一,
일즉일체다즉일一卽一切多卽一, 일미진중함시방一微塵中含十方, 일체진중역
여시一切塵中亦如是"과 같은 의미이다. 하나(태극) 속에 일체(64괘)가 들어
있고, 일체 속에 하나가 있어, 하나가 곧 일체이고 일체가 곧 하나이다.
한 티끌 속에 온 우주가 들어 있고, 어느 티끌 하나 그렇지 않은 것이 없다.
내가 곧 우주이고(全一), 우주가 곧 나인 것이다(個一). 이런 이치를 깨치고
나면 결코 남에게 해로운 짓을 할 수 없는 것이다. 남에게 해로운 짓을
하는 것이 곧 자신에게 해로운 짓을 하는 것이기 때문이다. 이런 이치가
곧 모아서 통하는 '회통會通'인 것이다.

이 또 상황에 따라(觸處) 지침을 두어(指點, 손가락으로 가리켜 보임) 신묘함을 다한 것이다.

【선해】雖復觸處指點. 然收彼三百八十四爻大綱. 總不出乾坤二法. 故乾坤卽易之蘊藏也. 夫本因易理而有乾坤. 旣有乾坤. 易卽立乎其中. 設毀此乾坤二法. 則易理亦不可見. 設不見易理本體. 則乾坤依何而有. 不幾至于息滅哉. 此甚言易外無乾坤. 乾坤之外亦無易也.

비록 다시 상황에 따라(觸處) 지침을 두었다(指點) 할지라도, 저 384효의 대강을 아우르면(收) 모두(總) 건곤의 이법二法을 벗어나지 않는 까닭에, 건곤은 곧 역의 온장(蘊藏: 깊이 쌓아둠)이다. 무릇 본래 역리로 말미암아 건곤이 있으며, 이미 건곤이 있으므로 역은 그 건곤 속에서 성립되는 것이다. 만약(設) 이 건곤 이법이 훼손되면, 역리 또한 성립될 수가 없으며(不可見), 만약 역리의 본체가 성립되지 않으면 건곤은 무엇에 의지하여 있을 수 있겠는가? 아주 사라지는 지경에 이르지 않겠는가! 이는 실로(甚) 역을 떠나 건곤이 없고, 건곤을 떠나 또한 역이 없음을 말하는 것이다.

【선해】蓋易卽吾人不思議之心體. 乾卽照. 坤卽寂. 乾卽慧. 坤卽定. 乾卽觀. 坤卽止. 若非止觀定慧. 不見心體. 若不見心體. 安有止觀定慧. 是故卽形而非形者. 向上一著卽謂之道. 無形而成形者. 向下施設卽謂之器. 道可成器. 器可表道. 卽謂之變. 從道垂器. 從器入道. 卽謂之通. 自旣悟道與器之一如. 以此化天下之民. 卽謂之事業矣.

대개(蓋) 역은 곧 우리 인간들의 불가사의한 마음의 바탕(心體)이다. 건은 비춤이요(照), 곤은 고요함이요(寂). 건은 지혜요, 곤은 선정이다. 건은 관(觀, 위빠사나)이요, 곤은 지(止, 사마타)이다. 만약 지관止觀 정혜定慧가 아니라면, 마음의 바탕은 깨달을(見) 수 없고, 만약 마음의 바탕을 깨달을(見) 수 없다면, 어찌(安) 지관 정혜가 있겠는가?

이런 까닭으로, 형상이면서 형상이 아닌 것은 향상일착向上一著[267]이니, 이를 일러 도道라고 한다. 형상이 없으면서 형상을 이루는 것은 향하시설向下施設이니, 이를 일러 기器라고 한다. 도는 기를 이룰 수 있고, 기는 도를 드러낼(表) 수 있으니, 이를 일러 변變이라 한다. 도를 좇아 기를 드리우고, 기를 좇아 도로 들어가니, 이를 일러 통通이라 한다. 스스로 이미 도와 기가 하나임(一如)을 깨닫게 되면, 그 깨달음으로(以此) 천하의 백성들을 교화시킬 것이니, 이를 일러 사업事業이라 한다.

【선해】是故夫象也者. 不過是聖人見天下之蹟. 而擬諸其形容象其物宜者也. 夫爻也者. 不過是聖人見天下之動. 而觀其會通. 以行其典禮. 繫辭焉以斷其吉凶者也. 是以卦可極天下之蹟. 辭可鼓天下之動. 變可盡化裁之功. 通可極推行之妙. 此終非書之所能盡言. 亦非言之所能盡意也. 神而明之. 必存乎其人. 而默而成之. 不言而信. 又必存乎德行耳. 德行者. 體乾坤之道而修定慧. 由定慧而徹見自心

---

267 향상일착向上一着은 이름과 모양을 떠난 저 먼 곳, 즉 적연부동한 본원本源의 경지를 일컫는다. 법신, 진여본각, 자성청정, 여래장, 일심지원一心之源 등으로 일컬어진다.

之易理者也.

이런 까닭으로, 무릇 상象이라 하는 것은, 성인이 천하의 심오한 것들(賾)을 관찰하여, 그 형용(形容: 생긴 꼴)을 견주어(擬) 그 사물의 특성(物宜)에 맞게 형상화한 것에 불과하다. 무릇 효爻라는 것은, 성인(문왕과 주공)이 천하의 움직임을 관찰하고, 그 움직임들이 모이고 통하는(會通) 것을 관찰하여, 그 전례典禮를 행하게 하고, 효에 말씀을 붙여(繫辭) 그 길흉을 판단하게 한 것에 불과하다.

이로써(是以) 괘卦는 가히 심오한 것들(賾)을 지극히 하고, 사辭는 가히 천하의 움직임을 고무시킬 수 있고, 변變은 가히 교화하여 마름질 (裁)할 수 있는 공功을 극진히 하는 것이요, 통通은 가히 미루어 행하는 묘용妙用을 극진히 하는 것이니, 이는 바로(終) 글(書)로 능히 말(言)을 다 나타낼 수 있는(盡) 것이 아니며, 또한 말로도 능히 뜻(意)을 다 나타낼 수 있는(盡) 것이 아니라는 뜻이다.

신묘하게 그 심오함을 밝히는 것은, 반드시 그 사람에게 있고, 말없이 이루며 말하지 않아도 믿게 하는 것은 또한 반드시 덕행에 있을 뿐이다. 덕행이라는 것은 건곤의 도를 체득하고 선정과 지혜를 닦고, 선정과 지혜로 말미암아 자신의 마음에 내재內在하는 역리[268]를 꿰뚫어(徹) 깨닫는(見) 것이다.

－ 周易禪解卷第八終

---

[268] 여기서 역리는 불성이나 자성청정성과 같은 것이다.

계사하전 제1장

【주역】八卦成列. 象在其中矣. 因而重之. 爻在其中矣. 剛柔相推. 變在其中矣. 繫辭焉而命之. 動在其中矣. 吉凶悔吝者. 生乎動者也. 剛柔者. 立本者也. 變通者. 趨時者也. 吉凶者. 貞勝者也. 天地之道. 貞觀者也. 日月之道. 貞明者也. 天下之動. 貞夫一者也.

팔괘가 차례로 배열되니 상象이 그 가운데 있고[1], 팔괘로 인因하여 그것을 중첩하니 효(6爻, 384爻)가 그 가운데 있고, 강(양)과 유(음)가 서로 밀치니(相推) 변화가 그 가운데 있고[2], 그에 말을 붙여(繫辭) 알려주

---

1 상은 괘가 나타내는 상징表象, 즉 괘상을 말한다. 『설괘전』에서는 8괘에 대해서만 설명하고 있으나, 이는 8괘만으로도 64괘의 상징에 대해서 유추할 수 있기 때문이다. 여기서 상이란 하늘이 드리운 상(天垂象)으로, 세상만사 만물의 이치(天道)가 64괘 속에 들어 있다는 뜻이다(象在其中矣). 달리 말하면 유형의 64괘 속에 무형의 상(天道, 天垂象)이 다 들어 있다는 뜻이다.

2 강유는 음양의 현상을 말하는데, 하늘의 질서가 음양이라면, 땅의 질서는 강유이다. 즉 하늘의 질서가 땅으로 내려왔을 때 강유라 한다. 태극의 두 측면은 음양이고, 하루의 두 측면은 밤낮이며, 인간사의 두 측면은 길흉이다. 그러나 밤낮이나 길흉 또한 음양이며, 순환 반복하는 자연의 법칙일 뿐이다.

니(命: 告) (변화 또는 길흉의) 움직임이 그 가운데 있다. 길흉(吉, 凶), 회린(悔, 吝)은 움직임(動: 마음가짐)에서 생겨나고[3], 강유(剛柔: 음양) 는 근본을 세우는 것이요, 변變하고 통通하는 것은 때(時)에 맞춰 나아가 는 것이다(趣時).[4] 길흉은 '항상 올바름(貞: 正)'이 이기는 것이니(貞勝), 천지의 도는 '항상 올바름(貞)'을 보여주는 것(觀)이요[5], 일월의 도는 '항상 올바름(貞)'을 밝게 드러내는(明) 것이다. (따라서) 천하의 움직임 은 (아무리 복잡하다 해도) 항상 올바름(貞)이라는 하나의 이치로(夫)[6]

밤낮이나 길흉은 시간(때)에 따라 변하지만 순환 반복하는 자연의 질서(이치, 법칙)는 변하지 않는다. "剛柔相推, 變在其中矣"는 이를 말하는 것이다.

3 수행에서 움직임이 멎은 상태(陰), 즉 입정(入定, 禪定)의 경지에서만 천변만화千變萬化가 멈춘다. 이 경지가 불생불멸의 경계이다. 여기서 다시 일양一陽이 동動하면 변화가 일어 길흉이 나타나게 된다.

『대승기신론』에서 말하는 진여의 세계에서 무명이 동하여 생멸의 세계(陽), 즉 생멸문으로 접어들게 된다. 마음은 인연 따라(隨緣) 동하기 때문에 마음이 진여眞如쪽으로 동하면 평상심이 곧 깨달음이요, 망념妄念쪽으로 동하면 분별 망상이다. 이렇듯 마음의 움직임에 따라 깨달음에도, 분별망상으로 인한 고苦에 도 이르게 된다.

『주역』에서는 성인의 말씀(聖人之道, 易理)을 따르면 길하고, 거스르면(逆, 제멋대 로 하면) 흉하다고 한다. 이는 비단 불교만의 이치도, 『주역』만의 이치도 아닌 세상의 이치이다.

4 정이천은 『역전서』에서 "역은 변하여 바뀌는 것이니(易 變易也), 시時에 따라 변하고 바뀌는 것을 따르는 것이 도이다(隨時變易 以從道也)"라고 하였다. 처해 있는 시간적 위치(時位: 효가 위치하고 있는 때)와 상황(時宜: 때에 따른 상황)에 따라 마땅히 해야 할 일이 있고, 하지 말아야 할 일이 있으며, 이에 따라 길흉시비가 다르게 나타나기 때문이다.

5 당 태종의 연호 '정관'은 바로 여기서 빌려온 것이다.

귀결되는 것이다.

【주역】夫乾. 確然示人易矣. 夫坤. 隤然示人簡矣. 爻也者. 效此
者也. 象也者. 像此者也. 爻象動乎內. 吉凶見乎外. 功業見乎變.
聖人之情見乎辭. 天地之大德曰生. 聖人之大寶曰位. 何以守位
曰仁. 何以聚人曰財. 理財正辭禁民爲非曰義.

　무릇 건乾은 확연(確然: 굳센 모습)하니 사람들에게 쉬움(易)으로 보여
주고, 또한 곤坤은 퇴연(隤然: 순한 모습)하니 사람들에게 간명(簡)함으
로 보여주니, 효爻는 이것(此: 건곤지도)을 본받는 것이요, 상象은 이것
(此)을 본뜬(像) 것이다.[7] 효와 상은 괘효 안에서 움직이고, 길과 흉은
밖으로 드러나고(見)[8], 공과 업(功業)은 변화(爻) 속에 나타나고(見)[9],

6　부夫는 어於와 같은 '~로, ~에'의 의미이다.

7　이것(此)은 『상전, 1장』의 연속으로, 건과 곤이 사람들에게 보여주는 쉬움(易)과
　　간명(簡)함을 말한다. 『역경』이라는 것은 바로 건곤의 쉬움(易)과 간명(簡)함의
　　도道이다. 복잡하고 어렵다면 『역경』이 아니다. 쉬움과 간명함의 건곤이 8괘,
　　64괘, 384효 등으로 펼쳐지면서 좀 더 구체적인 변화를 보여주는 것이다.

8　길흉을 제대로 알기 위해서는 효와 상의 변화(動)를 제대로 파악해야 한다.
　　길, 흉(吉凶), 회, 린(悔吝)은 움직임에서 생겨나 밖으로 드러나기 때문이다.
　　즉 효상이 안에서(內) 한 번 동하면 바깥으로(外) 길흉이 드러난다는 뜻이다.
　　움직인다는 것은 교류한다, 변한다(動卽變)는 뜻이다. 움직이면 길로 변하든
　　흉으로 변하든 반드시 변하기 마련이다. 따라서 효상의 변화를 따라가다 보면
　　길흉은 저절로 드러난다. 움직이지 않으면 변화도 없고 길흉도 초월하게 된다.
　　그러나 천하의 움직임은 멈춤이 없으며(無常) 변화 또한 무궁무진하다. 동태적
　　이라는 뜻이다. 그 속에서 움직이지 않는 정태적 경지가 무념, 무사, 무위의

성인의 정(情, 뜻)은 말씀(辭: 괘사와 효사)에 드러난다.[10] 천지의 큰 덕을 생(生: 창조)이라 하고[11], 성인의 큰 보배를 위(位: 위의威儀)라

적연부동이다. 그러나 정태적 적연부동이라 해서 움직임이 없는 것으로 생각해서 안 된다. 적연 속에는 더 큰 움직임의 세계(太動)가 있다는 것을 알아야 한다. 노자는 "실로 큰 소리는 듣지 못한다(大音稀聲)"라고 했다.(참조: 『도덕경, 41장』.)

9 공업현호변功業見乎變은 공을 이루고 사업(功業)에 성공하는 것은 변화(爻) 속에 나타난다(見)는 뜻이다. 따라서 변화를 관찰하여 적시適時에 대응하는 것이 공업을 이루는 지름길이다. 성공은 한 순간의 변통變通에 달려 있다. 1류의 인물은 『역경』을 알기에 변화를 리드하고, 2류의 인물은 변화에 적응하고, 3류의 인물은 변화를 좇아간다. 이렇듯 『역경』은 리더의 학문이자 처세의 도리이다.(참고: 남회근, 『역경계전별강』, 동방출판사, 2015.) *효爻는 '변화, 교류'의 의미이다.

10 성인의 정情은 만백성을 사랑하고 세상사를 걱정하는 '우환의식'을 말한다. 이를 한마디의 말씀(괘사와 효사)에 담아 놓았다는 뜻이다. 선불교에서는 '언어도단 불립문자'라 하여 『역경』의 정의情意와 궤를 달리하고 있다. 그러나 괘와 괘상에 대한 성현의 말씀이 괘사이고 효사이라면, 괘와 괘상은 그 자체가 말씀(괘사와 효사) 이전에 "이뭣고?" 또는 "어째서?"라고 하는 하나의 화두이다.

11 『상전, 5장』에서는 "생하고 생하는 것을 역이라 한다(生生之謂易)"라고 했다. '생생生生'은 만물이 '천지의 기운에 맞춰, 끊임없이 쉬지 않고(恒) 오래도록(久) 변화하며(changing & becoming), 날마다 새롭게 거듭 태어나는 모습이다. 부모의 자식으로 태어나는 것(being)만 생이 아니다. 학생으로, 청년으로, 배우자로, 부모로, 늙은이로, 병들어 본래의 왔던 곳으로 돌아가는 것도 생생이다. 생주이멸生住異滅, 성주괴공成住壞空, 변화생성變化生成, 춘하추동春夏秋冬, 원형이정元亨利貞의 순환 반복 과정이 생생이며, 생생이 또한 불생불멸이다. 무시無始 이래로 이어져 왔으며, 계속해서 이어질 것이기 때문이다.
인도의 소승불교나 힌두교에서의 수행은 멸진정滅盡定의 불생不生이 목적인

하니, 무엇으로 위를 지킬 것인가? 바로 인仁이다. 무엇으로 사람을 모을 수 있나? 바로 재물이다. 재물을 관리하고(理財: 재물을 모으고 쓰는 것), 말을 바르게 하며(正辭), 백성들의 그릇된 행위를 막는 것(禁民 爲非)을 올바른 도리(義)라 한다.

【선해】 此直明聖人作易. 包天地萬物之理. 而爲內聖外王之學也. 蓋自 八卦成列. 而天地萬物之象已皆在其中矣. 因而重之. 而天地萬物之 交亦皆在其中矣. 剛柔必互具剛柔. 而天地事物之變又皆在其中矣. 繫辭焉而命之. 而吾人慧迪從逆之動又皆在其中矣. 夫吉凶悔吝. 皆 由一念之動而生者也. 一念之動. 必有剛柔以立其本. 一剛一柔. 必 有變通以趨於時.

이것은 바로 성인이 역을 지으심에, 천지만물의 이치를 담아(包), 내성외왕內聖外王의 학문으로 삼은 것을 밝힌 것이다. 대개 팔괘가 배열되니 천지 만물의 상이 이미 다(皆) 그 속(中)에 들어 있고, 팔괘로 인因하여 그것을 중첩하니, 천지 만물의 교구交媾 또한 모두 그 속에 있다. 강유는 반드시 서로 강유를 갖추고 있으니, 천지 만물의 변화 또한 모두 64괘 속에 들어 있고, (주공周公이) 괘에 말을 붙여(繫辭) (길흉을) 알려주니(命), 우리들이 도迪를 따르거나(慧迪) 거스르는(從

반면, 대승의 수행은 타他와도 함께하는 생생의 불생불멸을 위한 것이기에, 멸진정에 들더라도 중생구제를 위해 사바세계(중생계)로 다시 나와야 하는 것이다. 『대승기신론』에서의 본각本覺 ⇒ 불각不覺 ⇒ 시각始覺을 순환 반복하는 중생심衆生心이 생생이고 불생불멸이다.

逆)[12] 움직임도 또한 다(皆) 그 속에 들어 있다.

　무릇 길흉, 회린이란 모두 한 생각(一念)의 움직임으로 말미암아 생기는 것이니, 한 생각의 움직임에는 반드시 강유가 있어 그 근본을 세운다. 하나의 강과 하나의 유에는 반드시 변통變通이 있어서, 때에 맞춰 나아간다(趨於時).

【선해】 得其變通之正者則勝. 不得變通之正者則負. 故吉之與凶. 唯以 貞勝者也. 此易中示人以聖賢學問. 全體皆法天地事理. 非有一毫勉 強. 是故天地之道. 一健一順. 各有盈虛消長之不同. 皆以變通之正 示人者也. 日月之道. 一晝一夜. 亦有中昃盈缺之不定. 皆以變通之 正爲明者也. 天下之動. 萬別千差. 尤爲至賾. 實不可亂. 乃歸極于 變通之一正者也.

　그 변통의 바름(正)을 얻은 자는 이기고, 변통의 바름을 얻지 못한 자는 지게 되는 까닭에, 흉에 대하여 길할 수 있는 것은 오직 바름(貞)으로만 (흉함을) 이길 수 있는 것이다. 이 역易 속에서 성현의 학문은 그 전체가 다(皆) 천지의 사리를 본받는(法) 것이며, 털끝만큼도(一毫) 억지로 힘쓰는(勉强) 것이 아님을 사람들에게 보여주는 까닭에, 천지의 도(天地之道)는 한 번 강건하면 한 번 유순하여, 각기 차고 비고(盈

---

12 『위고문상서僞古文尙書, 대우모大禹謨』에 나오는 순舜임금, 섭정을 하던 우禹, 신하 익益 세 사람의 대화에서, 우가 말한 "올바른 길을 따르면, 길할 것이요, 역행하면 흉할 것입니다. (이에 따르는 업보는) 사람의 그림자나 산의 메아리와도 같습니다(惠迪吉 從逆凶 惟影響)"를 인용한 것이다.

虛), 소멸되고 자라나는(消長) 것이 다 같지는 않지만(不同), 다(皆)
변통하는 데는 올바른 이치에 따라 변통하는 하는 것(變通之正)을
사람들에게 보여주는 것이다. 일월의 도(日月之道)는 한 번 낮이 되면
한 번 밤이 되니, 역시 달(月)이 찼다(滿月: 中) 기울어지고(昃), 다시
차고(盈) 이지러지는(缺) 것이 모양은 일정하지 않지만(不定), 모두
변통하는 데는 올바른 이치에 따라 밝아지는 것이며, 천하의 움직임(天
下之動)도 천차만별이니 더더욱 지극히 복잡한 것 같으나, 실상은
어지러울 수 없는 것이니, 끝내는(極) 변통이라는 하나의 바른 이치(一
正)로 돌아가는 것이다.

【선해】 夫乾之變現于六十四卦. 雖有一百九十二爻. 無不確然示人以
易矣. 夫坤之變現于六十四卦. 雖亦一百九十二爻. 無不隤然示人
以簡矣. 此易簡之理. 正所謂千變萬化而貞夫一者也. 爻卽效此易
簡. 象卽像此易簡. 苟吾心之爻象一動乎內. 則事物之吉凶卽現乎
外. 吉可變凶. 凶可變吉. 得此善變之方. 乃見裁成輔相功業. 而聖人
所以敎人之眞情. 則全見乎卦爻之辭. 所應深玩細觀者也.

무릇 건도乾道의 변화는 64괘에 나타나니(現), 비록 양효陽爻는 192
효이나, 사람들에게 확연確然하게 보여주지 않음이 없으니, 쉬운 것이
다(易矣). 무릇 곤도坤道의 변화는 64괘에 나타나니, 비록 또한 음효陰
爻는 192효이나, 사람들에게 유순하게(隤然) 보여주지 않음이 없으니,
간단한 것이다(簡矣). 이것이 바로 이간易簡의 이치이니, 바로 이른바
천변만화千變萬化할지라도 올바름(貞), 그 하나의 이치만 있는 것이다.

효爻는 이렇게 쉽고 간결함(易簡)을 본받은(效) 것이요, 상象은 이렇게
쉽고 간결함을 본뜬(像) 것이다. 진실로(苟) 우리들 마음의 효와 상이
안에서 한번 움직이면, 사물의 길흉은 밖에서 드러나니, 길은 가히
흉으로 변할 수 있고, 흉 또한 길로 변할 수 있는 것이다.[13] 이렇게
선善하게 변하는 방편을 얻으면, 곧 재성보상裁成輔相의 공업功業이
드러나며, 성인이 사람들을 가르치는 참된 뜻(眞情)은 괘사와 효사에
온전히 드러나(全見) 있으니(숨겨져 있으니), 응당 깊이 완미玩味하고
세밀하게 관찰해야 할 것이다.

【선해】 是故生生之謂易. 而天地之大德. 不過此無盡之生理耳. 聖人體
天立極. 其所以濟民無强者則在位耳. 何以守位. 則必全體天地之
德. 純一不已之仁耳. 仁則物我一體矣. 庶必加之以富. 故曰財. 富必
加之以敎. 故曰義. 此內聖外王之學. 一取法于天地事物者也.

이런 까닭으로 '생하고 생하는 것을 일러 역'이라 하며, 천지의

---

13 우리들 마음의 효와 상이 안에서 한번 움직이는 것은 씨를 뿌리는 것으로
인因이며, 사물의 길흉이 밖에서 드러나는 것은 열매를 맺는 것으로 과果이다.
이는 선인선과善因善果 악인악과惡因惡果로 우리 마음을 어떻게 쓰는가에 따라
길흉이 정해진다는 뜻이다.
흉이 길로 변하거나 길이 흉으로 변하는 것은 올바름(貞)의 이치를 따르는가,
아닌가에 달려 있다. 기도나 신神의 의지와는 아무런 상관도 없는 것으로
오직 일체유심조一切唯心造이다. 『주역』에서 일관되게 이를 강조하는 올바름
(貞)의 이치란 '성인지도'로서 이를 따르면 군자이며, 그렇지 못하면 소인배이
다. '성인지도'란 기독교에서는 하느님의 말씀이고, 불교에서는 부처님의 말씀
이다. 여기에 종교의 우열을 따지는 것이야말로 '소인지도'이다.

대덕大德은 이같이 끝없이(無盡) 생하는 이치에 불과하다. 성인이 하늘의 이치를 체득하고, 궁극의 이치를 세워(立極) 백성을 구제함에 끝이 없는(無强) 까닭(所以)은 성인의 지위에 있기 때문이다. 무엇으로 지위를 지킬 것인가? 반드시 천지의 덕(德: 이치)을 온전히 체득하여, 순일純一하고 그치지 않는(不已) 인仁을 실천하는 것뿐이다(純一不已之仁耳).[14] 인은 곧 사물과 내가 하나 되는(物我一體) 경지를 이루는 것이다.[15] 백성들(庶)에게는 반드시 부富를 베풀어야 하므로(加) 재財라 하며, 부富하면 반드시 교화가 더해져야 하므로 의(義: justice, rightness)라 한다. 이러한 것이 내성외왕內聖外王의 학문으로, (역은 그 이치를) 하나같이(一) 천지사물에서 취해서 본받은(法) 것이다.

【강설】

내성외왕內聖外王

내성외왕의 사전적 풀이는, 안으로는 성인聖人이고 밖으로는 임금의 덕을 갖춘 사람으로, 학식學識과 덕행德行을 겸비함을 이르는 말이

---

14 '순일불이지인純一不已之仁'에서 일체중생에 대한 차별 없는 평등심이 순일한 것이며, 지속적으로 순일한 인을 실천하는 것이 불이不已이다. 불이不已의 이已는 '그치다'의 뜻이다.

15 사물과 내가 하나 되는(物我一體) 경지는 바로 자연과 나(我), 타자와 내가 하나 되는 동체대비同體大悲의 마음을 말한다. 그러므로 내가 부유하기 위해서는 먼저 백성들을 부유하게 해야 한다. 그러나 무조건 부유하게만 하면 욕심이 커지는 법이다. 따라서 올바른 가치관과 인생관을 갖도록 교화가 필요한 법이니, 이를 의(義: justice, rightness)라고 한다.

다. 동양철학에서 추구했던 이상은 유가나 도가를 불문하고 '내성외왕'
이었다. 내성內聖은 인격적으로 성인의 경지에 도달하는 것이고, 외왕
外王은 이 최고의 인격을 밖으로 사회화시키는 것으로, 이를 통한
이상사회 건설을 목표로 한다.

이는 불교에서의 상구보리上求菩提 하화중생下化衆生에 다름 아니
다. 상구보리란 수행을 통한 자리自利의 '개인적 완성'이며, 하화중생이
란 중생교화를 통한 이타利他의 '사회적 완성'으로 불교수행의 궁극적
목표이다. 사회적 완성은 '개인적 완성(自利)'을 통한 자비의 실천(利
他)을 말한다. 자비의 실천을 통한 '사회적 완성'이 바로 불국정토의
실현이다. 서방정토니 극락정토니 하는 것도 죽어서 가는 곳도 아니며,
멀리 서방에 있는 것도 아니다. 서방정토나 극락정토는 내 마음속에
있는 것이며, 살아생전에 있는 것이다.

불교를 포함한 동양의 철학사상은 실천방법이나 관점이 달랐을
뿐, 그 궁극적인 목표는 같았다. 공부를 하고 수행을 한다는 것은
안으로는 성인(부처)이 되기 위한 것이고, 밖으로는 백성(중생)을 보살
피는 군자(君子: 보살)의 도리를 실천하기 위한 것이다. 내성외왕을
통한 이상사회는 불교의 불국토이며, 백성을 보살피며 덕행을 베푸는
외왕外王은 군자로서 불교의 보살인 것이다.

예나 지금이나 배운 것 없고, 가진 것 없고, 배경이 없는 백성(중생)들
의 삶은 항상 힘든 법이다. 지옥이란 이를 말하는 것이다. 『천수경』의
육향육서六向六誓에서는 하루 빨리 신통력의 법성신法性身을 얻어 중
생구제에 나설 것을 채근하고 있다. 신통력을 갖춰야 칼산이 부서지고,
화탕지옥이 말라 없어지고, 지옥이 없어지고, 배고픈 아귀의 배를

불려주고, 수라(조폭)에게 조복을 받고, 축생(무지렁이)에게 스스로 지혜를 터득하게 할 수 있는 것이다. 이렇듯 공부(수행)란 자아완성을 통한 올바른 사회참여를 위한 것일 뿐, 곡학아세하면서 권력에 빌붙어 일신의 영달이나 꾀하고 약자에게 군림하기 위한 것이 아니다.

아약향도산我若向刀山　도산자최절刀山自崔折
아약향화탕我若向火湯　지옥자고갈地獄自枯渴
아약향지옥我若向地獄　화탕자소멸火湯自消滅
아약향아귀我若向我歸　아귀자포만我歸自飽滿
아약향수라我若向修羅　악심자조복惡心自調伏
아약향축생我若向蓄生　자득대지혜自得大智慧

【강설】

정부일자야貞夫一者也

일—은 하나의 통일된 우주자연의 법칙을 말한다. 세상만사, 삼라만상, 우주자연의 운행은 복잡한 것같이 보이지만 하나의 통일된 법칙(이치, 이법)에 의해 운행되고 운영될 뿐이다. 불교에서의 '만법귀일萬法歸一, 일심一心'의 일—로 이해해도 될 것이다. 그 하나(一者)의 이치가 정貞이다. 정貞이란 '바름(正)이며, 그 바름이 항상하는 것이 정상正常이다. 그 법칙에 따르는 것(順)이 정도正道이며, 그 결과가 정승貞勝이다. 정승이란 바름이 항상 이기는 것을 말한다. 길흉이라는 것도 이같은 법칙의 순역(順, 逆)에 따라 정해지는 것이다.

『상전, 12장』에서 "하늘은 하늘의 뜻을 따르는(順天) 자를 돕고, 사람은 신실한 사람을 돕는다. 이를 실천하고 하늘의 뜻에 마음으로 따르고(心從), 어진 이(賢)를 숭상한다면, 하늘로부터 도움이 있기에 길하여 이롭지 않을 리 없다"라고 하였다.

주자는 『본의』에서 "천하의 움직임은 그 변화가 무궁하나, 이치를 따르면 길하고 이치를 거스르면 흉한즉, 그 바르고 항상함 또한 하나의 이치일 뿐이다(天下之動 其變无窮. 然順理則吉, 逆理則凶, 則其所正而常者, 亦一理而已矣)"라고 하였다. 여기서 '바르고 항상(正常)한 하나의 이치'가 정貞이다. '바르고 항상 함(貞常)'을 따르면(順) 길하고, 거스르면(逆) 흉한 것은 당연한 이치이다. '순천자흥順天者興, 역천자망逆天者亡'이다.

『주역』은 말한다. "길흉(吉, 凶)과 회린(悔, 吝)은 마음이 어떻게 움직이는가(動: 마음가짐)에 달려 있다. 따라서 길흉은 기도의 대상이 아니라 각자의 마음가짐(因)이 불러들이는(自招) 과果이다"라고. 불교의 일체유심조一切唯心造이다.

도교경전인 『태상감응편』에서도 "화복은 따로 문이 없어(禍福無門) 스스로 불러들일 따름이니(惟人自召), 선악의 과보는(善惡之報) 마치 그림자가 형체를 따르는 것과 같다(如影隨形)"라고 했다.

원효 대사는 『대승기신론별기』에서 "염(染: 더러운 마음)과 정(淨: 깨끗한 마음)이 평등하고, 동(動: 고요한 마음)과 정(靜: 산란한 마음)이 평등하나, 그렇다고 업業의 인과응보因果應報마저 평등한 것은 아니다. 즉 불법佛法은 비록 일미一味이나, 각자의 마음에 차별이 있어 스스로 천차만별의 망상을 짓는 것이니, 스스로 천당을 지어 하늘에 오르기도 하고(昇), 지옥을 지어 땅속으로 떨어지기 하는 것이다(降). 승강의 차별이 있는 것이다"라고 하였다.(참조: 최세창, 『대승기신론소별기』, 운주사, 2016.)

이같이 쉽고도 간단(易簡)한 방법(貞, 道, 一理)을 알려줌(命)에도 불구하고, 세상 사람들은 세상살이에는 스스로 예측할 수 없는 길흉의 비밀이 있다고 믿기에 무엇에 의지하여 흉함을 피하고 길함을 취하려 (避凶取吉) 한다. 그와 같은 욕망에서 점占집을 찾고, 종교를 찾아 밤새워 기도를 하고 주문을 외운다. 참으로 어리석은 것이 중생이다.

【강설】

인仁, 위位, 재財, 의義

이것이 위정자의 본분이다. 의義란 '마땅히 그러해야 하는(宜) 올바른 도리'이다. 인仁으로 위(位, 威, 勢)를 지키고, 재물과 제도(시스템)로 인재를 모으고, 바른 언행으로 정신문화, 문명을 고양하여(正辭), 백성들의 잘못을 막을(禁民爲非) 때 성인의 공업功業을 이룰 수 있다. 이것이 『역경』의 정치철학이자 마땅히 그러해야 하는(宜) 올바른 도리(義)이다. 공업을 이룬다는 것은 이상적인 자기경영, 조직경영, 국가경영을 말한다. 이렇듯 『역경』은 위정자(Leader)의 학문인 것이다.

정도전은 『경국대전經國大典, 정보위正寶位』에서 "역왈易曰, 성인지대보왈위聖人之大寶曰位, 천지지대덕왈생天地之大德曰生. 하이수위何以守位? 왈인曰仁"이라 하여 천지에 앞서 성인을 두고, 재는 취하지 않았다. 위位가 법가적이라면, 인仁은 유가적이다. 위가 치자治者의 입장이라면, 인은 피치자인 백성의 입장이다. 성인(聖人: 이상적인 군주)은 위가 확보될 때에만 군주이다. 위는 충성을 바칠 백성, 즉 세력勢力을 말한다. 그렇다면 무엇으로 위를 확보할 것인가? 바로 인仁이다. 인이란 백성과 함께하며 백성을 어루만지는 것이다(與民同樂). 그러면 백성(勢)들은 저절로 모인다. 정도전이 "사람을 모으는 재(何以聚人曰財)"를 빼버린 이유일 것이다. 그럼에도 예나 지금이나 정치인들은 재물(탐욕)로 인해 감옥에 가고 목숨마저 잃는다. 참으로 어리석은 짓이다.

소동파(蘇東坡, 1036~1101)는 22살 때 응시한 과거시험에서 "인자함은 지나쳐도 군자로서 문제가 없지만, 정의로움이 지나치면 그것이 발전하여 잔인한 사람이 된다. 그러므로 인자함은 지나쳐도 되지만 정의로움이 지나쳐서는 안 된다"라는 명징明澄한 논리로 당시 문단의 영수로 과거시험을 주관했던 구양수의 극찬을 받았다.(참조: 스야후이 지음, 장연 옮김, 『소동파 선을 말하다』, 김영사, 2006.) 그러나 이 같은 소신이 탄핵으로 이어졌고, 평생 좌천과 유배로 지방을 전전하게 만들었다. 윗사람의 눈에 벗어났기 때문이다. 정도전 역시 백성을 향한 확고한 철학이 이방원과의 불화로 목숨을 재촉했던 것이다. 이렇듯 백성을 향한 길은 일신의 영달이 아닌 목숨마저 담보하는 길이다.

맹자孟子는 자기 나라의 이익(利吾國)에만 관심이 있는 양혜왕에게 "일찍이 어질면서 부모를 버린 자가 없었으며(未有仁而遺其親者也), 의로우면서 그 군주를 버린 자도 없었습니다(未有義而後其君者也)"라고 하였다. 군주가 이利를 추구하지 않고 몸소 인의를 행하면 백성들이 교화되어 군주를 친애하고 받들 것이라고 말한 것이다.

고산 윤선도(孤山 尹善道, 1587~1671)는 "나랏일을 하는 자는(爲政), 관직의 높고 낮음이나 지역의 크고 작음을 막론하고(無論官之高卑地之 大小), 반드시 인재를 먼저 얻어야 한다(必以人才爲先也)"라고 하였다. (참조: 『고산유고孤山遺稿』.)

옛날이나 지금이나 사람을 모으고 큰일을 하는 데는 재물이 필요한 법이다. 재물을 모았더라도 재물을 어떻게 관리하는가에 따라 사람이 모이고 흩어지는 법이다. 재물의 관리가 곧 사람의 관리인 것이다. 베푸는 데 독선적이거나 인색하면 사람이 모이지 않는 법이다(財聚時人 散). 초한(楚, 漢)의 쟁패에서 항우의 인색함으로 장량, 한신 등이 그의 진영을 떠나 유방의 진영에 합류함으로서 건곤일척乾坤一擲의 승부는 일찌감치 판가름났던 것이다.

계사하전 제2장

【주역】古者包犧氏之王天下也. 仰則觀象於天. 俯則觀法於地. 觀鳥獸之文. 與地之宜. 近取諸身. 遠取諸物. 於是始作八卦. 以通神明之德. 以類萬物之情.

　옛날 복희씨[16]가 천하에 왕 노릇을 할 때[17], 우러러(仰) 하늘에 드리운

---

[16] 복희伏羲에게 '씨氏'자를 붙이는 것은 고대의 왕에게만 붙이는 호칭이다. 또한 '왕王'자는 왕이 된다는 의미가 아니라, 복희씨로부터 문명이 시작되었다는 것을 말한다.

[17] '천하의 왕 노릇(王天下)'은 천하를 편안하게 하고, 천하의 유정 무정들에게 골고루 이익 되게 하는 것으로 내성외왕內聖外王의 치세를 일컫는다. 『역경』 첫 번째 중천건(重天乾, ䷀)괘의 단사에는 "왕이 된다는 것은 만백성을 편안하게 하기 위한 것이다(首出庶物 萬國咸寧)"라고 했다. 불교의 『법화경, 약초유품』에는 하늘에서 비를 내릴 때, 약초에겐 더 많이 내리고, 독초라 해서 덜 내리는 차별이 없다고 했다. '천하의 왕 노릇'이란 이런 것이다.
　'천하'라는 단어에는 이같이 공평무사公平無私한 하늘의 뜻(天命)이 담겨 있다. 천명은 맹목적으로 하늘에 빌거나 두려워하는 것이 아니다. 하늘이 보여주고 부여한 덕업德業을 실천하라는 것이 천명이다. 천하에는 남북이 없고, 동서도 없다. 그래서 '천하의 왕 노릇'인 것이다. 왕조나 정권이 바뀔 때마다 편을 갈라 적폐라는 이름으로 반대파를 숙청하고, 미운 놈을 몰아내는 것은 소인의 탐욕과 증오가 빚은 '한恨풀이'일 뿐, '천하의 왕 노릇'은커녕 시골 아낙의 밥 짓는 일만도 못 된다. 그래서 왕 노릇은 천명을 아는 자만이 해야 하는

형상을 관찰하고, 굽어(俯) 땅의 법칙을 관찰하며[18], 날짐승(鳥, 天)과 들짐승(獸, 地)의 모습(文)과 더불어(與) 땅의 특성(宜)을 관찰하여, 가깝게는 사람의 몸(身)에서 취하고, 멀리로는 사물에서 취하여[19], 이에(於

것이다. 걸주桀紂나 연산군 같은 자들의 왕위王位는 역사를 더럽힐 뿐이다. 플라톤도 『국가론』에서 같은 주장을 했다. 천명을 아는 자는 정의를 실천할 수 있는 철학자(진리를 사랑하는 자, philosopher)를 말한다. 플라톤은 그런 통치자를 일컬어 철인왕哲人王이라 했다. '천하의 왕'이자, 불교에서의 전륜성왕인 것이다. 그런 지도자가 다스리는 유토피아를 '칼리폴리스(Kallipolis)'라 했다.

『역경』 62번째 뇌산소과(雷山小過, ䷽)괘에서의 '소사小事'는 작은 허물(小過)에도 회개하고 참회하는 자기성찰과 반성을 뜻한다. 하물며 소인(평민)도 이럴진대 권좌에 있는 자가 편협한 사고에 갇혀 편을 갈라 정적을 숙청하고 미운 놈을 몰아내는 것은 결코 왕 노릇이 아닌 것이다. 맹자는 그런 자는 살해를 해서라도 쫓아내라고 하였다. 천하의 왕 노릇(王天下)이 아니기 때문이다. 제선왕이 "신하가 자기 임금을 시해弑害해도 되는 것입니까(曰臣弑其君 可乎)?"라고 묻자, 맹자는 "인仁을 해치는 자를 악질(賊)이라 하고(曰賊仁者謂之賊), 의義를 해치는 자를 잔(殘: 잔혹)이라 하며(賊義者謂之殘), 잔적殘賊한 사람을 '평범한 한 사내'라고 합니다(殘賊之人謂之一夫). 평범한 한 사내 주(紂, 주왕)를 주살誅殺했다는 말은 들었어도(聞誅一夫紂矣) 임금을 시해했다는 말은 듣지 못했습니다(未聞弑君也)"라고 답했다.(참조: 『맹자, 양혜왕 하』.)

18 이는 풍수에서 즐겨 취용하는 구절로, 머리를 들어 천문天文을 관찰을 하고, 굽어 지리地利와 지의地宜를 관찰한 것을 말한다. 『상전, 1장』의 "方以類聚 物以群分"과 연계하여 이해할 것.

19 ① 가까이는 인체에서 취한 바(近取諸身), 『설괘전, 9장』에서의 "건은 머리가 되고(乾爲首), 곤은 배(坤爲腹), 진은 발(震爲足), 손은 다리(巽爲股), 감은 귀(坎爲耳), 이는 눈(離爲目), 간은 손(艮爲手), 태는 입(兌爲口)이 된다"라는 결론을 얻었다고 할 수 있다. 나아가 '사람이 소우주'라는 '인내천人乃天' 사상으로,

是) 비로소(始) 팔괘를 지어, 신명神明한 덕에 통하게 하여, 만물의
모습과 성정(情)을 분류하여 팔괘에 담았다.[20]

【선해】 本法天地身物以作八卦. 旣作八卦. 遂能通神明之德于一念. 類
萬物之情于一身

본래 하늘, 땅, 사람, 만물을 본받아(法) 이로써 팔괘를 지었으니,

─────────

불교에서의 "사람이 부처다"라는 교리와 연결할 수 있다.

②멀리로는 우러러(仰) 하늘의 형상을 관찰하고, 굽어(俯) 땅의 형태나 모습(法
또는 법칙)을 관찰하였으니(遠取諸物), 천지 삼라만상을 모두 취한 것이다. 그러
기에 천지 삼라만상의 모든 이치가 『주역』 속에 담겨 있다.

20 이를 관상입괘설觀象立卦說이라 하는데, 『계사전』과 『역경』에서 설하는 모든
이치(類萬物之情)는 크게는 복희씨의 "仰則觀象於天 俯則觀法於地"한 결과이
다. 나아가 "觀鳥獸之文 與地之宜. 近取諸身. 遠取諸物"하여 비로소 하늘(☰),
땅(☷), 바람(☴), 우레(☳), 불(☲), 물(☵), 산(☶), 연못(☱) 등의 여덟 가지
중요한 자연현상의 변화 속에 만물의 이치가 들어 있음을 깨달아 이에 부호를
부여한 것이 팔괘이다.

팔괘가 비록 여덟 개에 불과하지만 신명한 덕德에 통하게 하고(神明之德),
만물의 모습과 성정(情)을 분류하여 담았기에(萬物之情) 세상에 표현하지 못할
것이 없다. 팔괘로는 인체를 표현할 수도 있고(『설괘전, 제9장』), 짐승(『설괘전,
제8장』)을 표현할 수도 있으며, 가족도 표현할 수도 있다(『설괘전, 제10장』).
이렇듯 팔괘는 유기적 부호논리로써 천문지리, 동식물, 인체, 철학, 종교
등을 모두 포괄하는 종합과학이며 인류문명의 결정체이다.(『설괘전』 참조.)
주자는 『본의』에서 "신명지덕은 건건乾健, 곤순坤順, 진동震動, 간지艮止와
같은 성질(性)이며(神明之德 如健順動止之性), 만물지정은 진뇌震雷, 손풍巽風,
간산艮山, 태택兌澤과 같은 모습(象)이다(萬物之情 如雷風山澤之象)"라고 하였
다. 만물지정에 진뇌 대신에 감수坎水를 포함함이 옳을 것 같다.

이미 팔괘가 지어져 마침내(遂) 신명한 덕을 한 생각(一念)에 통달할
수 있게 하고, 만물의 모습과 성정(情)을 한 틀(一身: 팔괘)로 분류하
였다.

【강설】

여지지의與地之宜 - '방이유취, 물이군분'의 연속이다.

인간은 태어나면서부터 죽는 날까지 땅을 딛고 살면서 땅에서 먹거
리를 취하며, 먹거리의 기운으로 삶을 영위하다 같은 유전자를 남기고
땅으로 돌아간다. 인류의 문명 역시 땅에 터전을 둔 땅의 문명인
것이다. 그렇다면 마땅히 땅에 대한 논리나 철학이 있어야 할 것이다.

이를 『참전계경參佺戒經』에서는 "땅이란 만물을 구제하는 터전을
말한다(地者 濟物地之也). 구제救濟는 마땅히 땅의 논리(이치)에 합당해
야 한다(濟合於地理). 땅은 만물을 아무렇게나 구제하는 것이 아니라
구제의 근본취지에 마땅한 연후에야 구제가 이루어지기 때문이다(地
宜於濟質然後濟)"라고 하였다. 이것이 '땅에 대한 논리나 철학'으로서의
'지의地宜'이다.

구제란 땅이 만물을 싣고, 만물이 살아갈 터전과 환경을 제공하는
것을 말하며, 구제의 근본취지란 인간이 어떻게 땅(자연)을 대하고,
삶의 터전으로 땅을 보존하고 땅과 공존해야 하는가 하는 논리나
철학을 말한다. 자연을 파괴하고, 환경을 오염시키며, 영토분쟁이나
침략전쟁으로 땅을 황폐화시키는 것은 지의地宜에 반하는 것이다.

좁은 의미로서의 지의란 땅의 특성이나 성정이라 할 수 있다. 땅의

특성이나 성정을 살펴보면 지역地域이나 지형地形에 따라 토양과 풍토가 다르고, 산물産物이 다르고, 사람들의 성정 또한 다르다. 『상전, 1장』의 "방이유취方以類聚"와 같은 의미이다. 예로부터 인간들은 땅의 특성이나 성정을 파악하여 실생활 및 농경에 이용하였으며, 전쟁에서도 지형의 특성을 파악하여 공수攻守에 유리한 지역을 찾아 진陳을 치고, 지방의 특색을 파악하여 인사를 하는 등 병법에 응용하였다. 실제로 『손자병법, 시계편始計篇』에서는, 전쟁을 하기 전에 장수가 살펴야 할 사항의 다섯 가지(五事) 중에 세 번째로(地者) "싸움터가 가까운가 먼가(遠近), 험지인가 평지인가(險易), 넓은가 좁은가(廣狹), 사지인가 생지인가(死生也)" 등을 살필 것을 요구하고 있다.

『주례周禮』에 따르면, 은殷나라, 주周나라 사람들은 토지의 특성을 파악하여 도읍지나 거주지로서 적합한 땅인가, 곡식을 재배하기에 적합한 땅인가를 살펴 식물을 재배하고 동물을 사육하는 데 응용하고 있었다. 국가에서는 땅, 산림, 강 등의 특성을 관찰하는 전담부서를 두었으며, 토훈(土訓: 땅의 특성을 관찰하는 책임자)은 왕이 순행할 때 동행하여 지특(地慝: 땅이 인간에게 미치는 나쁜 기운이나 영향)을 살피고, 지특으로 산물産物을 판단하여 그 땅에서 나는 특산물을 왕에게 보고하게 하였다. 우리나라의 나주 배, 대구 사과, 청양 고추, 개성 인삼, 의성 마늘, 영광 굴비, 안동 배, 제주 말 등등의 지역적 특산물이 있는 것이 지의이고 지특이다.

유안(劉安, B.C.179~B.C.122)은 『회남자淮南子, 지형훈地形訓』에서, "토지는 각기 그 땅의 특성(類)에 따라 사람이나 사물을 낳는다(土地各以其類生)"라고 하였다.

송대宋代의 호순신胡舜申은『지리신법地理新法, 택지론擇地論』에서 "단단한 땅에서는 강건한 사람이 나며, 무른 땅에서는 유약한 사람이 나며, 큰 언덕의 땅에서는 큰 사람이 나며, 모래땅에서는 작은 사람이 나며, 살아 숨 쉬는 땅에서는 미인이 나며, 너저분한 땅에서는 추한 사람이 나는데, 대개 각각 그와 같은 기氣를 받음으로써 그렇게 되는 것이다(古人謂, 堅土之人剛, 弱土之人柔, 墟土之人大, 沙土之人細, 息土之人美, 耗土之人醜. 盖, 由各受其氣而然也)"라고 하였다.

정주학程朱學에서는 "천명지성은 순선무악純善無惡하나 기질지성氣質之性은 혹선혹악惑善惑惡"이라 한다. 즉 천명지성은 순선무악하나 기질은 혹은 선하고 혹은 악할 수 있다는 것이다. 한편 풍수에서는 천명지성은 물론이고 기질지성도 태어나고 사는 곳에 따라 '차이(다름)'가 있음을 말하고 있다. 이와 같은 태어나고 사는 곳에 따라 다른 것이 근본적인 '차이(다름)'의 원인이고, 그 같은 '차이(다름)'에 따라 문명의 '차이(다름)'를 만드는 것이다. 이와 같은 '차이(다름)'를 인정함으로써만이 문명 간의 대화가 가능하다.

【강설】
근취제신近取諸身, 원취제물遠取諸物

옛날이나 지금이나 우주변화의 원리(우주정신)를 모르고서는 천하에 왕(지도자) 노릇을 할 수 없다. 이를 깨달은 복희씨가 천변만화하는 천지만물의 특성과 변화현상을 파악하고자 취한 방법이 바로 "가깝게는 몸에서 취하고(近取諸身), 멀리는 사물에서 취하는 것(遠取諸物)"이었다.

"앙즉관상어천仰則觀象於天, 부즉관법어지俯則觀法於地"가 총론이라면, 『설괘전, 제9장』의 "건위수乾爲首, 곤위복坤爲腹, 진위족震爲足, 손위고巽爲股, 감위이坎爲耳, 이위목離爲目, 간위수艮爲手, 태위구兌爲口"는 각론으로 "근취저신, 원취저물"의 실례實例이다. 대우주(大宇宙: 만물, 우주정신과 변화)를 관찰하기 위해서는 먼저 소우주小宇宙인 인간 자신부터 관찰해야 한다는 뜻이다.

①『상전, 1장』의 "세상의 모든 것은 낮은 곳에서 높은 곳으로 펼쳐진다(卑高以陣)"라는 이치와 같은 뜻이다. 자기 자신이 바로 낮은 곳이면서 가까운 곳이라면(近取諸身), 높고 먼 곳은 자신과의 관계인 사물이다(遠取諸物).

②『대학』의 치국治國하고 평천하平天下하기 위해서는 먼저 자기 자신(修身)부터 다스리고(近取諸身), 나아가 가족(齊家)까지 다스려야 한다(遠取諸物)는 이치와도 같다. 세상에는 제가齊家는커녕 수신도 안 된 자들이 나와 역사를 더럽힌 예는 정치계, 종교계 할 것 없이 무수히 많으며, 오늘날에도 진행되고 있다.

③철학의 명제인 '나는 누구이며, 나는 어디서 왔으며, 어떻게 존재하는가?'를 알기 위해서는 먼저 자기 자신부터 관찰해야 한다(近取諸身). '신身'이라 해서 꼭 물리적 자기 육신肉身만을 의미하는 것은 아니다. 여기에는 자기는 물론 인간의 육신을 포함한 무형의 정신적인 것까지를 포함한다. 이를 깨달을 때(近取諸身), 비로소 천지자연과 세상만사의 변화이치, 즉 대우주를 관찰할 수 있는 계기가 마련된다는 뜻이다(遠取諸物). 동양철학의 궁극적 목표인 수기치인修己治人, 내성

외왕內聖外王, 천인합일天人合一 등등의 논리도 여기에서 비롯된다.

④불교에서의 깨달음(覺) 역시 "근취저신, 원취저물"의 과정을 거쳐 온다. 우주정신이란 소우주인 자기 자신(近取諸身)에 대한 관찰과 대우주인 원취저물遠取諸物에 대한 관찰과 깨달음 후에 오는 이타利他 의 보살도이며, 우주정신의 실천이 보살행(利他行)이다.

따라서 팔괘는 이와 같은 "앙즉관상어천, 부즉관법어지"의 총론과 "근취저신, 원취저물"의 각론 과정(觀)을 거쳐 만들어진 깨달음(覺)의 산물이며, 이로부터 인류문명이 시작되었다. 이렇듯 인류문명은 천지 의 실상(實相, 理法)을 '관觀'함으로부터 시작되었다.[21]

【주역】作結繩而為網罟. 以佃以漁. 蓋取諸離.

노끈을 맺어(結繩) 의사를 소통하고, 그물을 만들어 사냥하고(佃) 물고기를 잡았으니(漁)[22] 모두(蓋) 『역경』 30번째의 중화리(重火離, ䷝) 괘에서(諸) 취했다.[23]

---

21 외면의 '현상'을 보는 것은 견見이며, 내면의 '실상'까지 들여다보는 것은 관觀이 다. 『반야심경』에서 "관자재보살觀自在菩薩이 내(我) 몸뚱이를 한 번 비춰보고 는(照見), 오온으로 되어 있는 이 몸뚱이는 다 공한 것이다(五蘊皆空) – 무아無我 이다 –"라고 보는 것이 관觀이다. 그래서 안팎으로 걸림이 없이 자유자재로 관하는 보살이라는 뜻에서 '관–자재보살'이다.

22 같은 그물이라도 물고기를 잡는 그물은 고(罟), 짐승을 잡는 그물은 망網이라 한다.

23 문자가 없던 고대 이집트, 중국, 티베트 등에서 노끈(새끼)으로 매듭을 맺어서(作 結繩) 일의 대소大小를 표시하고, 기억을 되살리며 서로 의사를 소통했었다. 이때의 정치를 '결승지정結繩之政, 결승지치結繩之治, 승지이치結繩而治'라 한

【선해】驅鳥獸魚蛇於山澤. 使民得稼穡者. 乃深明物各宜麗其所者也.
故取諸離.

인간에게 해로운 새, 짐승, 물고기, 뱀을 산과 못에서 몰아내어(驅),
백성들로 하여금 농사를 짓고 수확하게(稼穡) 한 것은, 이에 만물이
각각 마땅히 그 자리에 있어야 함(宜麗)을 깊이 밝힌 것이다. 그래서
중화리(重火離, ䷝)괘에서 취한 것이다.

【주역】包犧氏沒. 神農氏作. 斲木爲耜. 揉木爲耒. 耒耨之利. 以
敎天下. 蓋取諸益.

포희(복희)씨가 죽자(沒) 신농씨가 이어서 나무를 깎아(斲) 쟁기(耜)
를 만들고, 나무를 휘어서(揉) 가래(耒)를 만들어, 밭 갈고(耒) 김매는
호미(耨)의 이로움(耒耨之利)으로써 천하 사람들을 교화하니, 『역경』
42번째 풍뢰익(風雷益: ䷩)괘에서 취한 것이다.[24]

다. 결승의 모습(物象)이 중화리(䷝)괘의 모습(卦象)과 비슷한데서 리離괘를
언급한 것으로 보인다. 리離에는 '붙다, 걸치다(麗)'의 뜻이 있다. 불은 어디에
붙거나 걸치지 않으면 존재할 수 없기에, 중화리괘의 단사彖辭는 "리離는
붙는 것(麗)이니, 해와 달이 하늘에 붙어 있다(彖曰 離麗也. 日月 麗乎天)"라고
하였다. 따라서 리離는 불(火)로 태양, 밝음, 광명을 나타내며, 문명의 시작을
의미한다. 결승으로 의사를 소통하고, 도구(그물)를 만들어 수렵을 하는 자체가
이미 문명의 시작인 것이다.

24 신농씨는 백성들에게 토지의 성질을 판별하여 그곳에 합당한 작물과 오곡을
심게 하였으며, 쟁기나 호미 같은 농기구를 만들어 백성들이 밭 갈고 김매는
데 사용하게 함으로써 힘을 덜 들이고도 생산량을 늘릴 수 있게 하였다.

【선해】 魚鳥之害旣除. 田疇之利方起.

　물고기와 조류의 폐해가 이미 제거되고, 농사짓는(田疇) 이로움이 비로소 일어났다.

【주역】 日中爲市. 致天下之民. 聚天下之貨. 交易而退. 各得其 所. 蓋取諸噬嗑.

　한낮에 시장을 열어 천하의 백성들을 모이게(致) 하여, 천하의 재화 를 모아서 (시장에서) 교역(交易, 물물교환)하고 (집으로) 돌아가게 함으로써, 각자가 그 원하는 것을 얻게 하니, 대개 『역경』 21번째의 화뢰서합(火雷噬嗑: ䷔)괘에서 취했다.[25]

　이는 농경시대의 시작을 알리는 것으로 백성들에게 이익(益)이 돌아가게 한 것이다. 풍뢰익(䷩)괘의 단사象辭는 "이익(益)은 위를 덜어 아래에 베푸니 백성 들의 기뻐함이 끝이 없고, 위로부터 아래로 내려오니 그 도가 크게 빛난다(象曰 益 損上益下 民說(悅)无疆. 自上下下 其道大光)"라고 하였다.

25 신농씨는 농경으로 물자가 풍부해지자 각자에 필요한 재화를 교환할 시장을 개설하여, 천하의 백성과 물자가 모여들어 교역이 이뤄지게 함으로써 농경사회 에서 상업사회로 발전하게 하였으니, 도시문명과 산업을 일으킨 선구자이기도 하다.

　화뢰서합(䷔)괘는 ① 상리하진上離下震으로 해(日)를 나타내는 리離괘와 움직 임을 나타내는 진震괘로 이루어진 괘로서, 해가 밝을 때(日中) 교역을 위해 바빠 움직이는 것을 나타낸다. ②서噬는 씹는다는 뜻이고, 합嗑은 입을 다문다 (턱을 합친다)는 뜻이다. 이는 맛있는 음식이 있어도 씹어야 먹을 수 있다는 것을 뜻한다. ①②를 합치면 좋은 물건이 있어도 교환을 못하면 효용이 없듯이, 좋은 음식이 있어도 씹지를 못하면 먹지를 못하는 것과 일맥상통한다.

【선해】 農事旣備. 商賈隨興.

농사가 이미 갖추어지자, 상업이 따라(隨) 일어났다.

【주역】 神農氏沒. 黃帝堯舜氏作. 通其變. 使民不倦. 神而化之. 使民宜之. 易窮則變. 變則通. 通則久. 是以自天祐之吉無不利. 黃帝堯舜垂衣裳而天下治. 蓋取諸乾坤.

신농씨가 죽자 황제와 요임금과 순임금이 이어 천지자연의 변화에 통하게 하여 백성들로 하여금 게으르지 않게 하고(不倦), 신묘하게 교화하여 백성들로 하여금 마땅히 하여야 할 바(宜)를 하게 하였다. '역은 궁함이 다하면 변하고(窮則變), 변하면 (또 다른 것에) 새롭게 통하고(變則通), 통하면 오래간다(通則久).'

이러한 이치로써(是以) "하늘로부터 도움이 있어 길하여 이롭지 않음이 없다"라고 한다. 황제와 요임금과 순임금이 의상衣裳을 드리우기만(垂)²⁶ 해도 천하가 다스려졌으니, 대개 중천건(重天乾: ䷀)괘와

---

26 의상衣裳은 왕권을 상징하는 옷을 입고 있는 것으로 이해하면 된다. '의상을 드리운다(垂衣裳)'의 의미는 요순시대 같은 성군의 치세로, 임금이 아무 하는 일 없이, 주머니에 손을 넣고 자리만 지키고 있어도 천하가 잘 다스려졌다는 뜻이다. 잘 다스려졌다는 것은 농업과 상업의 발달로 의식주가 풍부하여 남의 것을 탐하지 않아 다툼이나 범죄가 없는 치세를 말한다.
선사는 『건괘, 구오』의 효사 "비룡재천飛龍在天 이견대인利見大人"의 『선해禪解』에서, 수의상垂衣裳을 "위대한 순임금은 의상을 드리우고만 있어도 천하가 잘 다스려졌다(大舜垂衣裳而天下治)"라는 뜻으로 풀이했다. 이는 요즘처럼 복잡하고 어려운 법령에 의해 강제하고 처벌하는 유위有爲의 정치가 아니라, 천지의

중지곤(重地坤: ䷁)괘에서 취했다.

【선해】通變神化. 全體乾坤之德. 所謂自强不息厚德載物者也.

변화에 통하게 하고 신묘하게 교화한다면 건곤의 덕을 온전히 체득한 것이니, 이른바 하늘의 건실한 운행을 본받아 스스로 강해지기 위해 쉬지 않고 노력하고(自强不息), 후덕한 땅이 만물을 싣고 기르듯(厚德載物) 덕행을 쌓아 관대하고 포용하라는 뜻이다.[27]

【강설】

역궁즉변易窮則變. 변즉통變則通. 통즉구通則久

세상의 이치가 궁(窮: 극극)하면 변變하고, 변하면 통通하게 되어 있다. 통하면 다시 궁하고, 변하고, 통하는 순환의 연속이다. 궁함으로써 궁함을 벗어나고자 지혜를 모으고 노력하는 것이다. 변화라는

운행처럼 쉽고(乾以易知)도 간결한(坤以簡能) 건도와 곤도를 본받은 무위의 정치(無爲而治)를 말한다. 주자는 『본의』에서 "건곤은 변화하되 함이 없다(乾坤變化而無爲)"라고 하였다. 무위無爲의 위爲, 무위의 치治인 것이다(無爲之治).

27 자강불식은 건乾괘의 괘상전에, 후덕재물은 곤坤괘의 괘상전에 나오는 말이다. 옛 선비들은 천행天行을 살펴 쉼 없이 운행하는 건도(乾道, 양陽)의 굳건함을 본받아, 스스로 끊임없이 노력하여 강해지고(自强不息), 지리(地理, 地勢)를 살펴 만물을 품고 생장시키는 어머니의 품 같은 곤도(坤道, 음陰)를 본받아, 덕행을 쌓아 관대함으로 천하를 품고자(포용) 하였다(厚德載物). 스스로 강해야(自利, 陽, 父) 천하를 품을 수(利他, 陰, 母) 있기 때문이다. 따라서 『역경』은 제왕학帝王學인 것이다.

것은 본래의 곳에서 벗어났다(窮) 다시 본래의 곳(通)으로 돌아가는 원시반본原始返本의 순환 반복이다. 봄·여름의 분열分裂운동이 다하면 가을부터는 겨울까지 수렴收斂운동을 한다. 이렇게 분열운동을 다하면 수렴운동을 하면서, 원래 나왔던 생명의 근원인 제자리로 돌아가는 것(落葉歸根), 그리고 다시 분열운동을 시작하고 반복하는 것, 이것이 원시반본의 도道이다.

불교에서의 바라밀(paramita: 지혜의 완성)이 끊임없이 완성을 향해 끊임없이 달려가는 '미완의 완성' 또는 '완성을 향한 진행형'이듯이, 통通함 역시 더 큰 통함을 향해 끊임없이 달려가는 '미완의 통함' 또는 '통함의 진행형'이기에, 통함 속에서는 더 큰 통함을 장애障礙하는 궁함이 있기 마련이다. 이를 자각하여 새로운 단계의 변함과 더 큰 통함을 추구할 때, 비로소 통함이 오래갈 수(久) 있는 것이다. 그러나 통한다 해서 영원히 오래갈 수 있는 것은 아니다. 통함 속에는 항상 궁함을 내포하고 있기 때문이다. 물론 궁함 속에도 통함을 내포하고 있기에 변하여 통할 수 있는 것이다. 삼라만상은 궁하지 않는 것이 없고, 변하지 않는 것이 없기에 궁하면 통하고, 통하면 궁하게 되는 것이다. 그러기에 추위가 다하면 여름이 오고, 더위가 다하면 겨울이 오는 계절의 변화는 물론 왕조의 흥망이나 인간사도 이 법칙에서 벗어나는 것은 없다. 이 법칙이 도道이고 불교에서의 '제행무상'이고 '불생불멸'이다. '제행무상'이 현상이라면 '불생불멸'은 실상이다.

『역경』에서도 성취, 완성을 뜻하는 기제(旣濟: ䷾)괘로 끝나는 것이 아니라, 아직 마치지 못한 유전(流轉: 변화)을 뜻하는 미제(未濟: ䷿)괘로 끝맺는다. 완성 또한 새로운 변화 또는 더 큰 변화로 나아가는 유전의 한 모습일 뿐이다. 완성이 완성으로 끝난다면 역(易: 변화)도 아니고, 불교의 제행무상諸行無常도 아니다.

선사禪師들의 깨달음 또한 깨닫는(頓悟) 순간 이미 통通한 것이나 동시에 궁(窮: 極)한 것이다. 그러기에 더 큰 깨달음(通)을 향해 변해야 한다. 돈오란 더 큰 깨달음을 향해 계속해서 페달을 밟아야 하는 자전거와 같은 진행태이다. 자전거는 페달을 밟을 때에만 자전거이다. 멈추는 순간 이미 자전거가 아니다. 따라서 깨달음에는 끝이나 완성은 없는 것이다. 돈오나 깨달음은 단지 견성見性했을 뿐이다. 단지 더 큰 깨달음을 향해 내달릴 수 있는 단계에 이르렀다는 뜻이다. 그러기에 돈오頓悟하면 계속해서 점수漸修해야 하는 것이다. 점수란 보살도(육바라밀)의 지속적인 실천을 말한다. 이것이 대승불교이다.

징관(澄觀, 738~839) 또한 『화엄경소, 왕복서往復序』에서 "가고(往) 옴(復)은 끝이 없으니, 움직임과 고요함은 한 근원이다(往復無際 動靜一源)"라고 했다. 고요함이 돈오라면 움직임은 점수이다. 동과 정, 돈오와 점수가 한 근원이기에 궁하고 통하는 왕복往復이 끝없이 이어지는 것이다. 대승불교는 성불性佛의 불교가 아니라 견성과 육바라밀의 실천을 끊임없이 이어가는 보살불교이다. 육바라밀의 실천이 없는 견성이나 깨달음은 『원각경』에서 설하는 눈병 환자에게 보이는 허화虛華이다. 육바라밀의 실천은 대중과 괴리된 승원僧院이나 산속에서는 불가한 것이다.

승원불교란 기원전 3세기 아쇼카왕의 재정지원으로 승원이 만들어지자, 탁발이 필요 없게 된 게으른 출가자들이 숲속이 아닌 승원에 정주하면서, 수행보다는 번쇄한 교학에만 몰두하였다. 나아가 느슨한

계율을 요구하면서 엄격한 계율을 고수하는 노장(데라와다)들과 맞서면서 파벌이 형성되고, 급기야는 교단이 분열되는 결과를 초래한 폐해를 말한다.

일찍이 원효 대사도 『대승기신론소』에서 "대승은 텅 빈(廓) 듯(焉) 공적하며, 깊고도(湛爾) 아주 오묘하다(沖玄). 오묘하고도 오묘하나 어찌(豈) 만물(萬像)의 모습(表)에서 벗어나겠는가(出)? 고요하고도 고요하나 오히려(猶) 백가百家의 말 속에 들어 있다"라고 하였다. 백가란 여러 사람이 모여 어울리는 대중을 의미한다. 도(道: 진리)는 고요함(靜) 속에만 있는 것이 아니라, 떠들썩한 어지러움(動) 속에도 있다는 말이다. 시장바닥에서도 고요할 수 있어야 진정 고요한 것이다. 도道는 일상생활 속에 있다는 뜻이다. 그러므로 만물(萬像)의 모습(表: 現相)에서 벗어나지 않는 것이다.(참조: 원효, 최세창 역주, 『대승기신론소별기』, 운주사, 2016.)

『역경』은 곤란을 인내하고 극복하는 지혜를 담은 '역경逆境'의 경이라 할 수 있다. 그러기에 ①역경을 공부하는 자만이 "궁함이 다하면 변하고(窮則變), 변하면 (또 다른 것에) 새롭게 통하고(變則通), 통하면 오래간다(通則久)"는 이치를 알아 삼가 근신하며 절차탁마切磋琢磨하기에 "하늘로부터 도움이 있어 길하여 이롭지 않을 수 없는(自天祐之吉無不利)" 것이다. 이로써 중생을 제도하고, 한 시대를 이끄는 보살행을 할 수 있는 것이다. ②변하고 나서 변화에 적응하는 자나, ③변하고 나서도 변화에 적응 못하고 불평이나 하는 자와는 차원이 다른 것이다.

【주역】 刳木爲舟. 剡木爲楫. 舟楫之利. 以濟不通. 致遠以利天

下. 蓋取諸渙. 服牛乘馬. 引重致遠. 以利天下. 蓋取諸隨. 重門
擊柝. 以待暴客. 蓋取諸豫.

나무의 속을 파내어서(刳) 배(舟)를 만들고, 나무를 깎아서(剡) 노(楫)를 만들어, 배와 노의 이로움으로써 통하지 못했던(不通) 곳을 건너게 하고, 먼 곳까지 왕래함으로써 천하를 이롭게 하니, 대개 『역경』59번째의 풍수환(風水渙: ䷺)괘에서 취했다.[28]

소를 길들이고(服牛) 말을 타서(乘馬) 무거운 짐을 끌고 먼 곳까지 이르게 함으로써 천하를 이롭게 하니, 대개 『역경』17번째의 택뢰수(澤雷隨: ䷐)괘에서 취했다.[29]

---

28 풍수환(䷺)괘의 상괘는 손(巽: 나무)으로 목도(木道: 나무), 천도(天道: 하늘의 섭리), 겸손 등을 상징하고, 하괘는 감(坎: 물)으로 험난險難, 하늘의 은택을 상징한다. 이는 배(나무)가 물 위를 지나가는 형상으로, 달리 말하면 하늘의 섭리로 험난을 극복하는 것으로, 큰 내를 건너는 데 유리한 것이다(利涉大川). 그러나 이롭기 위해서는 먼저 바르게 해야 한다는 것이다(利貞). 이것이 『역경』의 근본 가르침이다.

강(江, 川)은 고해苦海를 의미하며, 배는 항상 고통이나 환난(苦海)을 헤쳐나가는 수단으로 '하늘의 섭리(攝理, 天道), 반야지혜'의 의미를 갖는다. 불교에서 바라밀(paramita)은 도피안到彼岸의 의미를 갖는데, 바라밀(paramita)의 'para'는 '저 언덕', 'mita'는 '건너다'를 의미하며, 바라밀은 '이 언덕에서 저 언덕으로 건너다'의 의미를 갖는다(利涉大川). 이는 이 언덕(此岸)의 사바세계(중생세계)에서 반야(지혜)의 배(般若船)를 타고 강을 건너(渡) 저 언덕(彼岸)의 깨달음의 세계로 가는 것(到彼岸)을 말한다. 이는 수행을 말하는 것으로, 수행은 바르기 위해 하는 것이며, 수행은 바르기 때문에 이로운 것이다(利貞).

29 택뢰수(䷐)괘의 수隨는 '따르다'는 뜻을 가지고 있는데, 단사에는 "때를 따르는 의미가 크다(隨時之義 大矣哉)"라고 하였다. 따라서 길들여진 소나 말이 주인의

대문을 이중으로 하고 목탁(柝)을 쳐서(擊) 사나운 도둑(暴客)을 막도록(待) 하였으니, 대개 『역경』16번째의 뇌지예(雷地豫: ䷏)괘에서 취했다.[30]

【선해】坤如重門. 震如擊柝. 暴客. 溫陵郭氏以爲初至之客. 甚通. 蓋使動者得隨地而安也.

곤괘는 이중문과 같고(如), 진괘는 딱따기를 치며 경계하는(擊柝)

뜻에 따라(隨) 등짐이나 마차를 끄는 것을 의미한다. 또한 상괘 태兌는 '기쁨과 소녀'를, 하괘 진震은 '움직임과 장남'을 상징하므로, 소녀가 기쁜 마음으로 혈기왕성한 장남을 따르는(隨) 것으로 이해할 수 있다.

이쯤에 이르러 기구의 발달로 인류의 문명은 발달하고 육신은 편해졌으나 정신은 게을러지고 육신의 즐거움만 추구하며 사악해지기 시작한 것이다. 바로 도둑이 생겨난 것이다. 이에 앞의 예豫괘에서 보듯이, 문을 이중으로 하고, 저녁에는 목탁을 치며 무리지어 순찰을 해야 했던 것이다.

30 뇌지예(䷏)괘의 예豫는 '미리, 먼저, 즐기다, 기뻐하다' 등의 뜻이 있는데, 기뻐하여 즐기지 않고 미리 목탁을 치며 자경自警하여 도둑을 막는 것을 의미한다. 상괘의 진震은 우레(소리), 움직임을, 하괘의 곤坤은 무리, 군사*를 뜻하므로 미래의 안전을 위하여 소리 나는 목탁을 치며 무리지어 순찰을 도는 것으로, 또는 우레가 땅 밖으로 나온 상象으로 새봄을 맞아 새롭게 활동하는 격이니 이에 대한 대비가 필요한 것으로 이해할 수 있다. 그러나 이는 인사적인 면에서의 해석이다. 실로 자경自警하며 막아야 할 도둑은 마음속의 집착이나 번뇌 망상인 것이다.

*곤(坤, ☷)괘를 '무리, 군대'로 보는 것은 예豫괘의 괘사에 "예는 제후를 세우고 군사를 움직이는 데 길하다(豫利建侯行師)"와 지수사(地水師, ䷆)괘의 단사에 "사는 무리이다(師衆也)"에서 '사師'를 '무리(衆), 군사(兵)'의 의미로 이해했다.

것과 같다. 온릉의 곽 씨는 사나운 도둑을 '밤이 되면 찾아오는 손님(初
至之客)'[31]이라고 여겼는데(以爲), 뜻이 잘 통한다. 대개 이동하려는
자로 하여금 처한 곳의 지형지세에 따라 (배, 노, 소, 말들을 이용함으로
써) 편안함을 얻을 수 있게 한 것이다.

【주역】斷木爲杵. 掘木爲臼. 臼杵之利. 萬民以濟. 蓋取諸小過.
弦木爲弧. 剡木爲矢. 弧矢之利. 以威天下. 蓋取諸睽.

　나무를 잘라(斷) 절굿공이(杵)를 만들고, 통나무 속(木)[32]을 파서 절구
(臼)를 만들어, 절구와 절구 공이의 편리함으로써 만민萬民을 구제하
니, 대개 『역경』 62번째의 뇌산소과(雷山小過: ䷽)괘에서 취했다.[33]
　나무를 휘어서(弦) 활(弧)을 만들고, 나무를 깎아서(剡) 화살(矢)을
만들어, 활과 화살을 이용함으로써 천하를 위협하니, 대개 『역경』
38번째의 화택규(火澤睽: ䷥)괘에서 취했다.[34]

---

31 초지지객初至之客은 밤이 되면 찾아오는 손님이니 도둑을 말한다. 초지初至는
　초경初更, 초야初夜와 같은 의미다. 여기서 초야(초저녁)에 찾아오는 도둑은
　실로 자경自警하며 막아야 할 도둑은 수행을 방해하는 수마睡魔라고 할 수
　있다.
　온릉의 곽 씨(溫陵郭氏)에 대해서는 『선해』의 저술동기를 참조할 것.
32 『주역』 통행본에는 굴지위구掘地爲臼로 되어 있으나, 선사는 '굴목위구掘木爲臼'
　로 고쳐 썼다. 필자는 선사의 견해에 따른다. 절구(杵臼)는 통나무를 잘라
　그 속을 파내어 만든 곡식을 빻는 도구이기 때문이다.
33 뇌산소과(䷽)괘의 상괘는 진震, 하괘는 간艮으로, 진은 움직이는 공이(杵)를,
　간은 움직이지 않는 절구(臼)를 의미한다. 괘상으로는 상하 네 음효는 절구가
　되고, 가운데 두 양효는 공이를 의미한다.

【선해】由上明故下悅. 所謂若大旱之望雨者是也.

위(사람)가 밝음으로 말미암아 아래(사람)가 기뻐함이니, 이른바 큰 가뭄(大旱)에 비를 바라는 것과 같은(若) 것이 바로 이것이다.

【주역】上古穴居而野處. 後世聖人易之以宮室. 上棟下宇. 以待

---

34 화택규(☲)괘의 상괘는 불을 상징하는 리離괘, 하괘는 연못을 상징하는 태兌괘로 되어 있다. 단사象辭에는 "불은 위로 향하고(火動而上), 물은 아래로 향하는 성질이 있으니(澤動而下) 중녀中女와 소녀少女가 한 집에 머무르나 뜻이 한 곳으로 행하지 않는다"라고 하였다. 따라서 분리되어 충돌이 있게 되고, 무기(화살)를 만들어 서로를 위협하게 되는 것이다. '규暌'는 어긋나거나 위배되는 것을 말한다.

"호시지리弧矢之利 이위천하以威天下"는 '활과 화살(무기)을 이용하여 천하를 위협하다'로 옮기는 것이 옳을 듯하다. 인구가 늘어나고 문명의 이기들이 발명되면서 물자가 풍족해지자, 사악하고 게으른 무리(도둑)들이 늘어나게 되었다. 무기의 발명도 처음에는 방어용이었을지라도 북한의 핵개발의 예에서 보듯이 나중에는 사악한 무리들이 무기를 만들어 천하를 위협하는 단계로 발전하였다.

한편 인류문명의 발달은 살상무기의 발달이라 할 수 있다. 처음에는 육탄전이었겠지만 토기土器를 만들고, 토기를 이길 목제무기를 만들고(木剋土), 목기木器를 이길 금속무기를 만들고(金剋木), 금기金器를 이길 화학무기를 만들고(火剋金), 화기火器를 이길 수소폭탄을 만드는(水剋火) 단계에까지 이른 것이다. 이로 미루어 볼 때, 인류문명의 발달이 인류에게 도움이 되는 것만은 아니라는 사실이다. 오늘날의 현대문명은 환경문제, 빈부격차, 식량문제, 핵문제, 금융, 자원고갈 등등 수많은 문제를 노정하고 있으나 뚜렷한 해결책은 제시하지 못하고 있다. 이제 수기水氣를 이길 토기의 시대(土剋水), 즉 고향의 전원주택이 기다리는 귀농歸農의 시대로 돌아가야 할 때이다.

風雨. 蓋取諸大壯.

　상고시대엔 굴속이나 들판에서 거처居處했으나, 후세 성인이 (거처
를) 궁실(宮室: 집)로 바꾸어(易之), 위에는 마룻대(棟)를 얹고 아래에는
처마(宇)를 얹어, 비바람(風雨)을 막게 하였으니(待), 대개 『역경』34번
째의 뇌천대장(雷天大壯: ䷡)괘에서 취하였다.[35]

【선해】 震木之下. 別有天焉. 宮室之象也.

──────────

35 뇌천대장(䷡)괘의 두 음효는 처마(宇)를, 아래의 네 양효는 마룻대(棟)를 나타낸
　다. 상고시대에는 야생동물처럼 동굴이나 나무 위에서 거처했다. 『예기禮記·
　예운禮運』편에는 "옛날 선대의 제왕들은 궁실이 없었다(昔者 先王未有宮室).
　겨울에는 토굴을 만들어 살고(冬則居營窟), 여름에는 새처럼 나뭇가지 위에
　둥지를 만들어 살았다(夏則居橧巢)"라는 기록이 있다.
　기원전 1세기 로마의 비트루비우스 폴리오(Vitruvius Pollio, Marcus)가 쓴 『건축
　십서』에는 인류의 주거생활에 대해 다음과 같이 기록하고 있다.

　　선사시대의 인류는 야생동물처럼 동굴이나 숲속에서 태어나서 날것을
　　먹으면서 생존해 갔다. 시간이 지남에 따라 빽빽이 들어찬 수목들이 폭풍우
　　나 바람에 흔들려서 가지와 가지가 서로 마찰되어 불을 일으켰고 주위에
　　있던 사람들은 무서운 불길에 두려움을 느끼고 도망해 버리게 되었다.
　　…… 인간의 왕래나 회합 및 집단거주는 불이 발견된 것에서 비롯되었다고
　　할 수 있다. 인류는 이렇게 군집하기 시작했으며 다른 동물들과는 달리
　　땅 위에서 걸을 수 있음으로 해서 웅장한 우주의 참모습을 바라볼 수
　　있게 되었고, 손을 사용하여 마음대로 도구를 다루게 됨에 따라 비로소
　　인류는 자신을 보호할 안식처를 건설하게 되었던 것이다.(참조: 모리스
　　히키 모건 편저, 오덕성 역, 『建築十書』, 기문당, 2006.)

뇌천대장(䷡)괘는 진목(震木: ☳) 아래에 별도로 하늘(乾: ☰)괘가
있으니, 궁실(집: 大壯)의 형상이다.

【주역】 古之葬者. 厚衣之以薪. 葬之中野. 不封不樹. 喪期無數.
後世聖人易之以棺槨. 蓋取諸大過.

옛날의 장례葬禮는 시신을 섶(薪: 땔나무)으로 두텁게 싸서(厚衣) 들판
한가운데(中野) 장사지냈는데, 봉분도 하지 않고 주위에 나무(표시)도
심지 않았으며, 장례기간도 정해진 날수가 없었으나, 후세에 성인이
관곽棺槨으로 바꾸었으니(易之), 대개 『역경』 28번째의 택풍대과(澤風
大過: ䷛)괘에서 취하였다.[36]

【선해】 以巽木入于澤穴之中.

택풍대과(䷛)괘는 손목(巽木: ☴)이 택괘(澤卦: ☱)의 혈중으로 들어
가는 것이다.

---

36 택풍대과(䷛)괘는 상괘는 연못, 하괘는 나무로, 수생목水生木해야 할 물에
  나무가 잠겨 죽는 상이니 대과인 것이다.
  관곽棺槨의 관棺은 시신을 넣는 널을, 곽槨은 관을 싸는 궤를 말한다. 옛날
  천자의 관곽은 일곱 겹, 제후는 다섯 겹, 대부는 세 겹, 사는 두 겹으로 하였다.
  반면 세존의 장례는 유해를 새 옷으로 감싸고 다시 새 무명베로 감쌌다.
  그 위를 새 옷으로 감싸고, 다시 무명베로 감싸길 5백 번 한 다음, 유해를
  철관에 봉안하였다. 그리고 다시 다른 철관으로 뚜껑을 덮은 다음 온갖 종류의
  향목香木을 쌓아 올려 만든 화장 나무더미 위에 올려 화장하였다.(참조: 민족사
  편집부 엮음, 강기회 역, 『붓다의 마지막 여로』, 민족사, 2003.)

【주역】上古結繩而治. 後世聖人易之以書契. 百官以治. 萬民以察. 蓋取諸夬.

상고시대에는 노끈을 매어서(結繩) 다스렸으나(治), 후세 성인이 문서와 계인(契印: 도장을 찍음)으로 바꾸었으니(易之), 모든 관리들이 (百官) 문서와 계인으로 (백성들을) 다스리며, 만백성들도 문서와 계인으로 살폈으니, 대개 『역경』 43번째의 택천쾌(澤天夬: ䷪)괘에서 취하였다.[37]

【선해】以書契代語言. 遂令之與天同久.

문서와 계인으로써 말(語言)을 대신하게 하니, 마침내(遂) 법령이 하늘과 더불어서 함께(同) 오래가게(久) 되었다.

---

37 택천쾌(䷪)괘의 단사에는 "쾌夬는 결단함이다(夬 決也). 강함으로 유를 결단하니 (剛決柔也), 꿋꿋하게 기뻐하며(健而說), 결단하여 화하다(決而和)"라고 설한다. 이는 이전의 결승에 의한 통치가 유柔라면, 이를 결단하여 유를 몰아낸 서계書契에 의한 통치는 강剛으로 볼 수 있다. 정치적으로나 사회적으로 위태로움이 사라져 안정된 모습이라 할 수 있다.

계사하전 제3장

【주역】是故易者. 象也. 象也者. 像也. 象者. 材也. 爻也者. 效天下
之動者也. 是故吉凶生而悔吝著也.

　이런 까닭으로[38] 역易이란 상象이니, 상이란 (여덟 가지 자연현상을)
본뜬 것(像)이다.[39] 단象이란 한 괘를 대변하는 재료이며[40] 효爻란 천하

---

[38] 『하전, 2장』에서 14개의 괘로 세상을 이롭게 하는 것에 대한 설명을 했다.
　　'시고是故'는 앞에서 설명한 내용을 받아 '그런 까닭으로'로 '역易이란 상象이
　　니…'라는 뜻이다.

[39] ①易者 ②象也. ③象也者, ④像也.
　　①역이란 ②하늘에 드리운 무형의 상(象, 조짐, 기미)이다. ③상象이란 하늘의
　　질서, 즉 여덟 가지 자연현상을 유형有形의 상(像, 팔괘)으로 나타낸 괘상卦象을
　　말하며 ④괘상이란 하늘의 질서(자연)를 인간의 질서로 나타낸 것(像)이다.
　　여기서 하늘이 드리운 무형의 '상象'과 인간의 질서를 나타내는 유형의 '상像'을
　　달리 사용하고 있음을 알 수 있다. 필자는 항상 무형의 상象과 유형의 상像을
　　구분하여 사용한다.
　　『역경』은 하늘의 질서를 본받아 인간의 질서로 삼은 것이다. 인간이란 잠시도
　　하늘의 질서(天序)를 떠나서는 살 수 없기 때문이다.
　　그리스 철학의 시조인 탈레스(Thales, 물이 만물의 근원이다)를 비롯한 아낙시메
　　네스(Anaximense, 모든 사물은 공기의 모임과 흩어짐으로 이루어진다), 엠페도클래
　　스(Empedocles, 만물은 지수화풍의 모임과 흩어짐에 불과하다) 등과 같은 고대철학
　　자들은 모두 하늘(天)의 질서를 탐구하는 자연철학자들이었다. 그리스의 2기

의 움직임을 본받은(效) 것이니[41], 이런 까닭으로 길흉이 생겨나고, 후회와 인색함(悔吝)이 (易으로) 드러나는(著) 것이다.

철학자들에 이르러서야 비로소 인간의 문제를 중시하기 시작하였다. 소크라테스가 말한 정의正義·미美·선善·대大의 개념, 플라톤이 주장한 이상 국가(철인 통치), 아리스토텔레스 윤리학이 말하는 지선至善·중도(中道, Mean)·공평公平·도덕의지·친선友誼과 도덕 같은 것들은 모두 인간 자신에 관한 것이지 인간 밖의 자연(天)의 문제가 아니다. 그런데 그들은 모두 자연을 다루는 방법으로 인간의 문제를 다루었고, 논리적이고 분석적인 태도를 취하였으며, 순순하게 이지적理智的이 사변을 하였다.(참고: 牟宗三, 김병채 외 옮김, 『모종삼 교수의 중국철학 강의』, 예문서원, 2011.)

40 '단彖'의 사전적 의미는 '단정斷定'의 뜻으로 '딱 잘라 내린 결정 또는 판단'이란 의미를 갖는다. 『주역』 괘에서 단사彖辭는 본래 괘사卦辭를 말한다. 따라서 단사만 보고도 괘의 전체적 성질이나 길흉, 회린을 유추할 수 있는 것이다. 괘에서 단왈彖曰이라 하면 공자가 괘나 괘사에 대해 내린 단정을 말한다.

41 효爻란 천하의 움직임(動)을 본받은(效) 것이니, 괘 속의 효는 천하의 움직임을 본받아(效) 변한다는 뜻이다. 움직임이란 선악의 움직임(因)을 말하며, 본받는다는 것은 선악의 움직임에 대한 과(果)를 받는다는 말이니, 이로써 길흉이나 회린이 드러나는 것이다. 이를 『곤괘, 문언전』에는 "선행으로 인해 선과善果라는 변화가 있게 되고(積善之家, 必有餘慶), 악행으로 인해 악과惡果라는 변화가 있게 된다(積不善之家, 必有餘殃)"라고 했다. 전형적인 불교의 연기緣起를 이야기하고 있다.

『대승기신론』에서는 "진여眞如는 무명(無明: 緣)을 따라 동한다고 했다." 세상에 저절로 움직이고 변하는 것은 없다. 움직이게 하는 인자因子 또는 이치(義)가 있어 움직이는 것이다. 이 움직임(因)이 있으면 반드시 결과, 즉 길흉이 생기고 회린이 드러난다(吉凶生而悔吝著也). 또한 원인 없는 결과는 없다. 이것이 불교에서의 인과因果이고 연기緣起이다.

【선해】 由此觀之. 所謂易者. 不過示人以象耳. 而象也者. 則是事物之克肖者也. 所謂彖者. 則是事物之材質也. 所謂爻者. 則是效天下之動者也. 是故得有吉凶悔吝之生著也. 夫動則必有吉凶悔吝之生著. 君子可不思所以愼其動乎.

이로 미루어 보건대, 이른바 역易이란 사람에게 (유형의) 상象으로 보여주는(示) 것에 불과하다. 상象이란 곧 사물의 이치에 가장 비슷한 (克肖: 닮은) 것이다. 이른바 단象이란 곧 사(事: 길흉회린)의 재질이다. 이른바 효爻란 곧 천하의 움직임(動)을 본받는(效) 것이다. 이런 까닭으로, 길흉회린吉凶悔吝이 생겨 (易으로 또는 상으로) 드러남(著)이 있게 되는 것이다. 무릇 움직이면(動) 반드시 길흉회린이 생겨 드러남이 있게 되니, 군자라면 어찌 그 움직임을 신중하게 생각하지 않을 수 있겠는가?

계사하전 제4장

【주역】陽卦多陰. 陰卦多陽. 其故何也. 陽卦奇. 陰卦耦. 其德行何也. 陽一君而二民. 君子之道也. 陰二君而一民. 小人之道也.

양괘陽卦에는 음이 많고, 음괘陰卦에는 양이 많으니, 그 까닭이 무엇인가? 양괘는 홀수요(奇), 음괘는 짝수(耦)이기 때문이다. 그 덕행은 어떠한가. 양은 한 임금에 두 백성이니 군자의 도요, 음은 두 임금에 한 백성이니 소인의 도다.[42]

【선해】欲愼其動, 當辨君民之分于身心, 孟子所謂從其大體爲大人從其小體爲小人也. 觀于陽卦多陰, 陰卦多陽, 可以悟矣. 奇者, 天君獨

---

[42] 양괘인 감(☵, 중남), 진(☳, 장남), 간(☶, 소남)괘에는 양이 하나이고 음이 둘이다. 음괘인 손(☴, 장녀), 태(☱, 소녀), 리(☲, 중녀)괘에는 음이 하나이고, 양이 둘이다. 양은 하나의 임금에 두 명의 백성이 있으니 안정된 모습이고, 음은 두 임금에 하나의 백성이 있으니 분열된 모습이다.

하늘에 태양이 둘일 수 없고(天無二日), 나라에 임금이 둘일 수 없는 것이다(國無二君). 한 뿌리로 서로에 의지해 존재한다는 것이다(互根). 만사는 오직 하나이다(萬事只有一). 하늘은 하나를 얻어 맑고(天得一以淸), 땅은 하나를 얻어 편안하며(地得一以寧), 제후와 왕은 하나를 얻어 천하를 바르게 한다(侯王得一以下貞).

(참조: 南懷瑾, 『易經系傳別講』, 東方出版社, 2015.)

秉乾綱之謂. 耦者, 意念夾帶情欲之謂. 陽一爲君, 而兩陰之二爲民以從之, 所謂志壹則動氣, 故是君子之道. 陰二爲君, 而兩陽之一反爲民以從之, 所謂氣壹則動志, 故是小人之道.

그 움직임을 신중히 하고자 하면, 마땅히(當) 몸과 마음에 있어서, 임금(마음)과 백성(욕망)의 직분을 잘 변별辨別할 수 있어야 한다. 맹자는 이른바 "그 대체(大體: 도덕적 마음)를 따르면 대인이 되고(從其大體爲大人), 그 소체(小體: 육근에 따르는 감각적 욕망)를 따르면 소인이 된다(從其小體爲小人)"[43]라고 하였다. 양괘에는 음이 많고, 음괘에는 양이 많음을 볼 수 있다면, 가히 깨달을 수 있다. 기(奇: 홀수)란 천군(天君: 마음)이 홀로 하늘의 권능(乾綱)을 간직하고(秉) 있음을 말하고, 우(耦: 짝수)란 마음(意念)에 정욕이 뒤섞여(夾帶) 있음을 말한다. 양 하나(一)가 임금이 되니, 두(兩) 음의 둘(二)은 백성이 됨으로서 그를 따르면 이른바 "뜻(마음)이 전일하게 되면 곧 기(氣, 정욕)를 다스린다(志壹則動氣)"라고 하는 것이다. 그러므로 군자의 도(君子之道)이다. 음 둘(二)이 임금이 되고, 두(兩) 양 하나가 도리어(反) 백성이 됨으로서 그를 따르면 이른바 "기(정욕)가 전일하게 되면 곧 뜻(妄心)이 움직이게 된다(氣壹則動志)"라고 하는 것이다. 그러므로 소인의 도다.[44]

---

43 『맹자孟子, 고자상告子上』편에 나오는 말로 불교적 표현과 다를 바 없다. 깨달음의 경지에서 나오는 성현들의 말씀은 불교니 기독교니 하는 종교적 편애를 떠나 별로 다를 바가 없다. 기독교의 근본주의, 이슬람의 원리주의, 힌두교의 민족주의 등등의 교조주의적 독단에 함몰되면 성현들이 남긴 고전들은 무용지물이 될 것이다.

44 "뜻이 전일專一하게 되면 곧 기氣를 움직이고(志壹則動氣), 기가 전일하게 되면

곧 뜻이 움직이게 된다(氣壹則動志)"라는 말은『맹자孟子, 공손추』편에 나온다. 맹자는 의지意志와 기氣의 관계에 있어서, 의지는 기를 통솔하는 주체이므로 대개는 의지가 전일하게 작용하면 기는 그것에 따르게 마련이라고 본다. 그러나 예외적인 경우이기는 하지만 이처럼 때로는 기가 전일하게 작용함으로써 그것이 사람의 마음, 즉 의지를 동요시키는 경우도 있음을 인정하고 있다. 따라서 맹자는 의지를 굳게 지키는 노력과 함께 기 자체를 다스리는 노력도 필요하다고 한 것이다.(참조: 박경환 옮김,『맹자, 공손추』, 홍익출판사, 2012.) 그러나 선사는 의지를 따르면 군자요, 기를 따르면 소인으로 보았다.

계사하전 제5장

【주역】易曰. 憧憧往來. 朋從爾思. 子曰. 天下何思何慮. 天下同歸而殊塗. 一致而百慮. 天下何思何慮. 日往則月來. 月往則日來. 日月相推而明生焉. 寒往則暑來. 暑往則寒來. 寒暑推而歲成焉. 往者屈也. 來者信也. 屈信相感而利生焉. 尺蠖之屈. 以求信也. 龍蛇之蟄. 以存身也. 精義入神. 以致用也. 利用安身. 以崇德也. 過此以往. 未之或知也. 窮神知化. 德之盛也.

『역경』31번째의 택산함(澤山咸: ䷞)괘의 구사九四에 이르기를, "(중심을 잡지 못하고) 생각이 오락가락(憧憧往來) 하면, (너와 친한) 친구(朋: 初六)만이 너(爾)의 생각을 따를 것이다(朋從爾思)"[45]라고 하니, 공자께

---

45 동동왕래憧憧往來에 대해 "자주 가고 오면 벗이 네 생각을 따르리라"라는 다른 번역도 있다. 이는 잘못이다. 동憧에는 '마음이 정해지지 않은, 무디다, 둔하다' 등의 뜻이 있다. 따라서 동동왕래는 마음이 정해지지 않아 오락가락하는 모습이다.

아직 가고 오는 과정으로, 벗이 너의 뜻을 따르지 않은 단계이므로, 구사九四효 소상小象에 이르기를(象曰) "동동왕래는 아직 기세(光)가 크지 않은 것이다(未光大也)"라고 하여 부정적인 의미로 풀이하고 있다.

주자도 『본의』에서 "점으로 인하여 경계하여 능히 바르고 굳으면 길하여 뉘우침이 없을 것이나, 만약 동동왕래하여 정고正固하지 못하고 사사로운

서 이르시길, "천하가 무엇을 (그리 복잡하게) 생각하며(思) 무엇을 염려念慮하겠는가? 천하가 돌아가는 곳(歸: 목적, 목표)은 같아도, 각기 돌아가는 길(塗)은 다르며, 이르는 곳(致: 이치)은 하나이나 생각은 수백 가지이니, 천하 사람들이 무엇을 (그리 복잡하게) 생각하며 무엇

감정에 얽매이면 단지 그런 류의 벗(朋類)만이 따를 것이요, 다시는 멀리까지 미치지 못한다(因占設戒 以爲能正而固 則吉而悔亡. 若憧憧往來 不能正固而累於私感 則但其朋類 從之 不復能及遠矣)"라고 하였다.

한편 23세에 요절한 위魏나라 천재 왕필(王弼, 226~249)은 구사九四爻에 대해 "① 상괘의 초효에 자리해(處上卦之初) 하괘의 초효에 응하고(應下卦之始), 몸의 가운데 거하며(居體之中, 생식기), 넓적다리의 위에 있다(在股之上). 두 몸이 비로소 서로 교감하여(二體始交感, Intercourse) 그 뜻이 통함으로써(以通其志) 심신이 비로소 감응한다(心神始感者也). … ② 처음(初六) 감응함에(始在於感) 아직 감응을 극진히 하지 못했으니(未盡感極) 사심이 없는 지경에 가지 이르지 못하여(不能之於无思) 그 편당(偏黨: 한 쪽에 치우침)만을 짓게 되므로(以得其黨故) 번거롭게 이리저리 오고간 뒤에야(有憧憧往來) 벗이 그 생각을 좇는다(然後朋徒 其思也)"라고 하였다.

본래 택산함(☶)괘의 함咸은 '진리와 함께 한다, 하나가 된다'라는 의미로, 진리와 하나가 되는 과정을 남녀가 하나가 되는 사랑(Sex)의 과정에 비유하여 설명한 괘이므로, 왕필의 주석이 가장 합리적이라 할 수 있다.

「상경」은 만물의 생성변화를 나타내는 천지의 도道인 건곤乾坤으로 시작하고, 「하경」은 인도人道의 윤리를 나타내는 부부의 도道인 함항咸恒으로 시작한다. 따라서 「하경」의 첫 번째인 택산함(☶)괘는 상괘의 소녀와 하괘의 소남이 결합함으로써 합덕合德이 되면, 다음으로 우주가 하나로 되기에 오래갈 수 있는 것이다. 그래서 함괘 다음으로 항구恒久함을 나타내는 뇌풍항(☶)괘가 오는 것이다. 함괘에서 하괘의 소남이 상괘의 소녀에게 교감의 본의를 보였다면, 항괘에서는 하괘의 장녀가 상괘의 장남을 높임이니 분별 있는 부부의 도로서 항구할 수 있는 것이다. 지천태(☷)괘와 천지비(☶)괘를 참고할 것.

을 염려하는가?"라고 하셨다.

해가 지면(往) 달이 뜨고(來), 달이 지면 해가 뜨니, 해와 달이 서로 밀쳐서(相推) 밝음(明)이 생겨나며(하늘의 음양변화), 추위(寒)가 가면 더위(暑)가 오고, 더위가 가면 추위가 와서, 추위와 더위가 서로 밀쳐서 일 년(歲)이 된다(땅에서의 변화). 가는 것은 움츠리고(屈) 오는 것은 펴는(信: 伸) 것이니, 움츠리고 펴는 것이 서로 감응하여 이로움이 생겨난다.[46]

자벌레(尺蠖)가 몸을 움츠리는 것은 다음에 펴기 위함이다. 용과 뱀이 겨울잠(蟄)을 자는 것은 몸을 보존하기 위함이다(인간에게 주는 교훈).[47] 이 같은 이치(義)를 정밀하게 연구하여 신묘한 경지에 들어가는

---

46 "일월상추日月相推", 즉 해(日)+달(月)=밝음(明) ⋯▸ 밤(月, 寒) ⋯▸ 낮(日, 暑) ⋯▸ 추위(寒)=사계절(年) 이것이 도道이자 진리이다. 이것 말고 따로 도라고 할 만한 것이 없다. 세상의 모든 종교와 철학은 모두 여기(明, 밝음)에서 나왔다. 단지 표현하는 방법과 이해하는 방법에 차이가 있을 뿐이다.

47 주자는 『주자어류』에서 "비 내리고, 바람 불고, 사계절이 변화하는 것이 조화의 자취(跡)이고, 이슬, 천둥, 해, 달, 낮, 밤 등도 귀신의 자취이다. … 귀신은 굴신왕래屈伸往來의 자취가 있다. 예컨대 추위가 오면(來) 더위가 가고(往), 해가 지면(往) 달이 뜨고(來), 봄에 싹이 트고, 여름에 생장하고, 가을에 거두고, 겨울에 감추는 것은 모두 귀신의 공용인데 이것들은 다 볼 수 있는 것들이다. 홀연히 왔다가 홀연히 가고, 이와 같다가도 저와 같아져서, 사람으로 하여금 헤아려 알 수 없도록 하는 것, 이것이 바로 귀신의 오묘한 작용(妙用)이다"라고 하였다.

굴신왕래의 굴屈은 움츠리고 오므리는 것(蟄)으로, 더 크게 펴기 위한 에너지 축적의 과정이고, 신伸은 펴는 것으로, 펴야 할 때 굴에서 축적한 에너지의 힘으로 용수철처럼 튀어 나가는 것을 말한다. 이 같은 굴신과 왕래의 조절을

것(精義入神)은 쓰임을 지극히 하기 위함이다(以致用也).[48] 쓰임을 이롭게 하고 몸을 편안케 하는 것(利用安身)은 덕을 높이기(崇) 위함이니, 이(精義入神)를 넘어서는(過) 차원에 대해서는, (나는) 아직 모르지만(未之) 어떤 이는(或) 알지 모르니(或知), 신묘함을 궁구窮究하여 변화를 아는 것(窮神知化)이야말로 덕을 성대히 하는 것이다.[49]

【선해】夫心之官則思. 而不知思本無可思也. 能思無思之妙. 則無思無慮而殊塗同歸. 能達無思之思. 則雖一致而具足百慮. 思而無思. 所

통해 이익이 생겨난다. 펴야 할 때(時) 움츠리거나, 움츠려야 할 때(時) 편다면 이익(성공)은 기대할 수 없다. 입에 진흙을 물고 동면을 하던 양서류는 봄이 되면 입에 물었던 진흙을 뱉고 동면에서 깨어난다. 그때가 경칩驚蟄이다. 경칩은 겨울잠을 자던(蟄) 양서류가 천둥소리를 듣고 놀라 깨어난다(驚)는 뜻이다. 그 전에 깨어난다면 추위에 얼어 죽고 말 것이다. 하물며 미물도 이렇게 자신의 몸을 보존(存身)하는 시의時宜를 알거늘 하물며 사람이 되어서야…. 『역경』을 공부하는 목적은 자연의 순리에 따른 굴신의 시의時宜를 알기 위함이다.

48 "정의입신精義入神"하는 것은 인류사회에 기여하고 공헌하기 위해서다(以致用也). 『역경』을 배운다 한들 혹세무민하고 돈이나 탐한다면 결코 '정의입신'의 경지에는 이르지 못할 것이다. '정의입신'의 경지는 무념, 무사, 무위의 적연부동한 경지이기 때문이다.

49 『역경』을 공부하는 목적이다. 궁신지화窮神知化의 경지에 이르러야 비로소 인류사회에 공헌할 만한 능력을 갖는 것이며 참다운 리더(군자)가 될 수 있는 것이다. 주자는 『본의』에서 "신묘함을 궁구하여 변화를 아는 경지에 이르면(至於窮神知化), 바로 덕德이 성하고 인仁이 무르익어 모든 일이 저절로 이루어진다(乃德盛仁熟而自致耳)"라고 하였다. 이미 사주팔자니 기도니 하는 잡스러움을 초탈超脫한다는 뜻이다.

謂退藏于密. 屈之至也. 無思而思. 所謂感而遂通. 信之至也. 屈乃所
以爲信. 信乃所以爲屈. 觀師所謂往復無際動靜一源. 肇公所謂其入
離其出微. 皆此理耳. 法界離微之道. 豈思議之可及. 故曰未之或知.
苟證此思卽無思無思而思之妙. 則可以窮神知化矣. 殊途同歸. 一致
百慮. 皆所謂一君二民之道也.

무릇 마음이 하는 일(官: 職務)은 생각하는 것(思)이나, 생각이 본래
(생각을) 생각할 수 없음을 알지 못한다. 능히 생각할 수 없는 묘한
이치(無思之妙)를 깨달을 수 있다면, 생각할 것도 없고(无思) 염려할
것도 없으니(无慮), 길은 달라도(殊塗) (결국) 같은 곳으로 돌아가는
것이다(同歸). 능히 생각함이 없이 생각하는 이치(無思之思)[50]에 달통할
수 있다면, 곧 (생각이) 한 곳에 이를지라도(雖一致), 백 가지 생각들을
구족시킨다. 생각하되 생각함이 없다는 것은(思而無思), 이른바 물러
나(退) 은밀한 곳에 몸을 감추는 것이니(退藏于密)[51] 움츠림(屈)이 지극
한 것이다. 생각함이 없이 생각한다는 것은, 이른바 감응해서 마침내

---

50 생각함이 없이 생각함이란 모든 마음 작용(妄念)이 소멸된 선정禪定으로 멸진정
滅盡定이라 한다. 좀 더 구체적으로 말하자면 오온五蘊의 '지각(想: saññā)과
느낌(受: vedanā)의 중지(소멸, nirodha)'를 통해 선정에 이르는 수행법으로,
상(想: 지각)과 수(受: 느낌)에 의해 일어나는 일체의 마음작용을 멸한다 해서
상수멸정想受滅定 또는 멸수상정滅受想定이라 한다. 이는 무소유처無所有處의
경지에 이른 성자聖者가 모든 마음 작용(妄念)을 소멸시켜 비상비비상처非想非
非想處의 경지에 이르기 위해 닦는 선정으로, 멸정滅定, 멸진등지滅盡等至,
멸진삼매滅盡三昧 등등으로도 불린다.

51 『상전, 제11장』聖人以此洗心. 退藏于密.

통하는 것이니(感而遂通)[52] 펼침(信: 伸)이 지극한 것이다. 움츠림은 곧(乃) 펼치기(信) 위한 것(所以)이요, 펼침은 이에 움츠리기 위한 것이다. 관사觀師가『왕복서往復序』에서 "이른바 가고 옴(往復)은 끝이 없으나, 움직임과 고요함은 한 근원이다"[53]라고 하였으며, 조공肇公[54]이『보장론』[55]에서 "그 들어감은 분명하나 그 나옴은 어렴풋하다"라는

---

52 『상전, 제10장』感而遂通天下之故.

53 관사觀師는 징관(澄觀, 738~839) 법사를 말한다.『화엄경』의 대성자로 불리는 현수 법장의 제자로 화엄종의 제4조이다. 오대산 청량사에 있었으므로 청량국 사라고도 한다. 그는『화엄경소, 왕복서』에서 "가고(往) 옴(復)은 끝이 없으나, 움직임과 고요함은 한 근원이라(往復無際 動靜一源)"라고 했다. 왕복(往復: 動)이 한없이 이어지는 것은 작용으로, 동動의 근원은 정靜인 체(體: 바탕)이다. 작용이라는 것은 바탕이 없으면 아무런 작용도 할 수 없기에 동정은 한 근원이라 한 것이다.
일상생활에서 부대끼는 삶이 동이라면, 그 부대낌을 내려놓는 것은 정이다. 움직임은 언제까지나 지속될 수 없다. 언젠가는 그 부대낌을 내려놓아야 한다. 다시 정으로 돌아가야 한다는 것이다. 그러기에 동정은 한 근원이라 한 것이다. 돌아가고 보면 나온 적도 들어간 적도 없는, 나(我)도 없고 너(他)도 없는, 주主도 없고 객客도 없는 원래 그 자리인 것이다.

54 조공肇公은 승조(僧肇, 384~414)를 가리킨다. 십육국 시대의 승려로 가난하여 소년시절부터 서사가書寫家로 고용되어 생계를 꾸려나가면서 유교와 역사의 고전에 통할 수 있게 되었는데, 특히 노장사상을 좋아했다. 그러나 노자의『도덕경』도 흡족하지 못하다고 느꼈는데,『유마경維摩經』을 읽고서 환희가 넘쳐나 불가에 귀의하여, 구마라습鳩摩羅什이 고장姑臧에서 왔다는 말을 듣고 찾아가 대승불교를 공부했다.(참조: 한보광, 임종욱,『중국역대불교인명사전』, 이회문화사, 2011.)

55 승조의 저작으로 알려져 있으나, 일즉일체一卽一體의 화엄사상을 포함하고

것이 다 이런 이치이다.

법계의 분별과 자아를 떠난 진여의 도道(離微之道)⁵⁶에 어찌(豈) 사의 (思議, 알음알이)로 미칠 수 있겠는가(可及)? 그러므로 "(나는) 아직 모르지만(未之) 어떤 이는(或) 알지 모른다(或知)"라고 했으나, 진실로

있고, 곳곳에 노장사상과 불교를 융합한 흔적이 있다. 실차난타實叉難陀가 번역한 『대승입능가경大乘入楞伽經』에 나오는 문장을 인용한 것으로 보아 적어도 701년 후에 저술되었을 것으로 보이나, 내용이 선종의 가르침에 적합하여 많은 선종 어록에 인용되었다는 점에서 8세기 후반 우두선牛頭禪 또는 정중종淨衆宗 계통에 속하는 승려들에 의해 쓰인 것으로 보는 견해도 있다. 선종 어록 이외에 화엄종에서도 이 책을 많이 인용하였으며, 특히 화엄종 제5조 종밀宗密과 송의 정원淨源 등이 애용하였다.(참조: 네이버 지식백과, 『두산백과』.)

일설에 의하면, 환속하여 자신의 정무를 도와달라는 왕명을 거절하여 30대 초반의 나이에 사형에 처해지게 되었는데, 7일간의 여유를 달라 하여 지은 책이 『보장론』이라 한다. 특히 망나니의 칼날 앞에서도 "사대는 원래 주인이 없고(四大元無主), 오온 또한 본래 공空한 것(五蘊本來空). 내 목을 흰 칼날에 내맡기나(將頭臨白刃), 봄바람을 베는 것 같으리(猶如斬春風)"라는 시를 읊었다고 한다.

56 승조의 『보장론, 이미체정품離微體淨品』에 나오는 입리출미入離出微의 줄임말로, 다양한 해석이 있으나 근본적으로는 분별과 자아를 떠난 진여를 일컫는다. ①법성의 본체를 리離, 법성의 묘용을 미微라 했다. 법성의 본체는 모든 모습을 벗어나 남김없이 적멸에 들어감(離諸相而寂滅無餘)이며, 법성의 묘용은 미묘하고 불가사의하다. ②리離는 도道에 들어감이고, 미微는 도에서 나옴이다. 들어가는 리離를 알면 바깥경계에 끄달림이 없고, 나오는 미微를 알면 마음에 할 일이 없다. 끄달림이 없으면 만유가 고요하고, 할일이 없으면 견해가 고르다.

(苟) 이렇게(此) 생각하되 생각함이 없고(思而无思), 생각함이 없이 생각하는 이치(无思之思)의 묘妙를 증득한다면, 가히 신묘함을 궁구窮究하여 변화를 아는 것(窮神知化)이라 할 수 있다. "(천하가) 돌아감은 같아도, 돌아가는 길(塗)은 다르며, 이르는 곳은 하나이나 생각은 수백 가지다"라는 것은 다(皆) 이른바 "한 임금에 두 백성(一君二民)인 (군자의) 도道"인 것이다.

【강설】

동동왕래憧憧往來… 하사하려何思何慮

사마천은 이 부분을 "천하 사람들(제자백가)의 학설은 하나인데 그것에 도달하는 생각은 백 가지나 되고, 같은 곳으로 돌아가는데 가는 길은 다르다"라고 풀이하면서 "이렇듯 음양가·유가·묵가·명가·법가·도덕가 등은 힘써 올바르게 다스리고자 하지만, 그들이 주장하는 바가 서로 달라 어떤 것은 제대로 살폈지만, 어떤 것은 제대로 살피지 못했을 뿐이다('天下一致而百慮, 同歸而殊塗'. 夫陰陽, 儒, 墨, 名, 法, 道德, 此務爲治者也, 直所從言之異路, 有省不省耳)"라고 하였다.(참고: 『사기, 태사공자서』.)

천하 만물에는 오직 하나의 이치(一致, 진리)만이 존재하고, 천하 만인에는 오직 한마음(一心, 진여)만이 존재한다. 흔한 말로 '진리는 하나다(萬法歸一)'라는 말이다. 그 하나인 마음(一心)이 나의 마음이고, 너의 마음이고, 우리의 마음이다. 그래서 하나(一)인 것이다. 두 가지 이치가 없고, 두 가지 마음이 없기에, 한마음에 이르면 천리天理를 저절로 터득하게 된다. 천리란 물리物理, 즉 세상사 또는 만물의 이치를 말한다.

돌아가는 곳(歸: 목적)과 이르는 곳(致)은 같은 개념이다. 어디인지는 모르나 우리는 왔던 곳으로 되돌아간다(一歸何處). 돌아간다(歸)라는 것은 본래의 자리(體: 근본 바탕)에서 벗어났다(차별의 세계)는 뜻이다. 그래서 본래의 자리(평등의 세계, 차별이 없는 세계)로 돌아가는 것이다. 누구나 죽으면 본래의 차별이 없는 자리로 돌아간다. 그러나 죽어서 가는 것은 의미 없는 것이다. 살아생전에 그 자리에 가고자(覺) 수행을 하고 공부를 하는 것이다.

한약재로 쓰이는 당귀當歸에도 '돌아가다, 돌아오다'라는 뜻이 있다. '귀歸'에는 고대에 전쟁에 나가는 남편의 품 속에 당귀를 넣어주며 남편의 안녕과 무사귀환을 빌었던 새색시의 깊은 뜻이 있다. 전장戰場에서 기력이 쇠진했을 때 새색시가 마련해 준 당귀를 먹으면 원기를 회복하여 죽지 않고 무사히 돌아올(歸) 수 있다고 믿었기 때문이다. 이 약을 먹으면 '마땅히(當) 기혈氣血이 제자리로 돌아온다(歸)' 하여 당귀當歸라고 붙여진 이름이라 한다.

어떻든 귀歸는 '돌아가다, 돌아오다'의 뜻을 담고 있는 것이다. 불교에서는 그 자리를 진여본각(佛)으로 일심一心이라고 한다. 일심이 바로 자성청정심이고, 대승大乘이고, 본래의 자리이다. 그래서 지극한 마음으로 목숨 바쳐 돌아간다고 한다(至心歸命). 귀명歸命은 귀의歸依, 계수稽首의 뜻으로, 범어로는 namas 또는 namo이며, 음역하면 나무南無, 남모南謨가 된다. 계수는 '공경하여 예를 올린다, 예경한다, 머리 숙여 절한다'의 뜻으로, 몸을 굽혀 이마가 땅(발등)에 닿도록 절을 하는 인도식 예법이며, 귀명이나 귀의는 몸과 마음을 바쳐 돌아가 의지하는 것을 말한다. 불佛은 생명 또는 생명의 자리를 말한다. 따라서 부처님께 귀명한다 함은 본래의 생명 자리인 자성청정한 자기 자신(本來面目)으로 돌아간다는 주체적 자각을 의미한다. 부처님께 기도한다 는 뜻이 아니다.

『노자, 16장』에서 "만물은 분주히 움직이지만, 그 움직임은 결국 근원根源으로 돌아가는 것이다. 근원으로 돌아가는 것을 고요함(靜, 道)이라 하고, 명命으로 돌아간다고 한다(萬物竝作, 吾以觀復. 夫物云云, 各復歸其根. 歸根曰靜, 是謂復命)"라고 하였다.

원효 대사는 『대승기신론소, 서序』에서 "한마음의 근원으로 돌아가 는 것(還一心之原)'이라 했다. '일심지원'은 중생심의 근원根源 또는 본원本原으로의 심원心源을 말한다. 심원은 본래 텅 비어 있어서 고요 한 무無이다. 그러나 태어나 살면서 온갖 지식(알음알이)과 욕심, 욕망 으로 가득 채워(有) 텅 비어 있지(空) 못하게 한다. 심원에서 벗어나는 것이다. 그러나 이 세상 모든 것은 본래의 텅 빈 무無로 돌아간다. 무는 결국 모든 것이 돌아가는 궁극의 본원이다. 그래서 돌아간다고 한다. 그리고 돌아간다. 이렇게 무無의 일심지원一心之原으로 돌아간 모습이 화쟁和諍의 상태이고 열반의 상태이다.(참조: 원효, 최세창 역주, 『대승기신론소별기』, 운주사, 2016.)

그렇다면 그 돌아가는 곳(一心之原)은 어디인가? 제자 조주(778~ 897) 선사에게 묻기를(僧問趙州) "모든 것(萬法)이 하나로 돌아간다고 (萬法歸一) 하는데, 그 하나는 어디로 돌아갑니까(一歸何處)?" 조주 답하길(州云), "내가 청주에 있을 때(我在靑州), 베적삼 한 벌을 지었는데(作一領布杉), 그 무게가 일곱 근이더라(重七斤)." 만법萬法은 모든 존재의 뜻으로 차별이요, 일一은 그런 차별이 사라진 평등의 세계를 말한다. 이는 승조(僧肇, 384~414)의 『보장론寶藏論』에서 처음으로 쓰인 말로, 『벽암록』 45칙에 나온다.

【주역】 易曰. 困於石. 據於蒺藜. 入於其宮. 不見其妻. 凶. 子曰. 非所困而困焉. 名必辱. 非所據而據焉. 身必危. 旣辱且危. 死期 將至. 妻其可得見耶.

『역경』 47번째 택수곤(澤水困: ䷮)괘 육삼에 이르길, "돌부리에 걸려 곤궁困窮하고 가시덤불(蒺藜) 위에 앉았다. 그 집에 들어간들 그 아내를 만날 수 없으니 흉하다"라고 하니, 공자께서 이르시길, "곤궁할 바가 아님에도 곤궁하니, 이름이 반드시 욕될 것이다.[57] 거처할 곳이 아닌 데서 거처하니, 몸이 반드시 위태로울 것인즉, 이미 욕되고 또한 위태하면 죽을 시기(死期)가 곧 닥칠 것이니(將至), 아내를 그가 가히 볼 수 있겠는가?"[58]라고 하셨다.

---

57 "곤궁할 바가 아님에도 곤궁한 것"이나, "거처할 곳이 아닌 데서 거처하는 것"은 "쓰임을 이롭게 하고 몸을 편안케 하는 것(利用安身)"과는 반대의 상황이다. 지혜의 부족으로 잘못된 판단이나 잘못된 대처를 한 결과이다. 또는 지나친 고집이나 성격 때문에 주변(참모)의 조언에 귀를 기울이지 않았거나 곤궁함에서 벗어나려는 노력이 부족했기 때문일 뿐 운이나 재수가 없어서가 아니다.

58 택수곤(䷮)괘는 상택하감으로 호수가 바닷속에 갇혀 있는 형세로 아주 나쁜 괘다. 점을 쳐서 곤괘가 나오면 사업에 실패하여 부도내고 쫓기는 형국이니,

【선해】 妄計心外有法. 而欲求其故. 所謂困於石也. 不知萬法唯心. 執

有差別. 所謂據於蒺藜也. 無慧故名辱. 無定故身危. 喪法身慧命.

故死期將至. 永無法喜. 故不見其妻. 此二君一民之道也.

망령되이 마음 밖(外)에 따로 법이 있다고 생각(計)하여 그 까닭(故)

을 구하고자 하니, 이른바 돌부리(망념)에 걸려 곤란한 것이다. 만

가지 법이 오직 마음임(萬法唯心)을 알지 못하고 (현상에) 집착하여

차별을 하니, 이른바 가시덤불 위에 앉은 격이다. 지혜가 없는 까닭에

명예가 욕되고, 선정이 없는 까닭에 몸이 위태하여, 법신을 이룰 혜명을

잃어버린 까닭에 죽을 시기(死期)가 곧 닥치는 것이다. 영원히 법의

희열(法喜, 法悅)이 없는 까닭에 그 아내를 보지 못하는 것이니, 이것이

"두 임금에 한 백성(二君一民)인 소인의 도道"이다.

【주역】 易曰. 公用射隼於高墉之上. 獲之. 無不利. 子曰. 隼者.

禽也. 弓矢者. 器也. 射之者. 人也. 君子藏器於身. 待時而動.

何不利之有. 動而不括. 是以出而有獲. 語成器而動者也.

『역경』 40번째 뇌수해(雷水解: ䷧)괘 상육에 이르길, "공公[59]이 활을

쏴 높은 담장 위의 나쁜 매(隼)를 쏘아 잡으니, 이롭지 않음이 없다"[60]

조심 또 조심하며 와신상담해야 한다. 그중에서도 육삼 효가 가장 나쁘니,

육삼에 상응하는 상육도 같은 음효로 배척하니(不應, 敵應), 집으로 돌아가

봐도 사랑하는 아내마저 집을 나가고 없어 의지할 곳이 없기 때문이다.

59 공公은 나이도 많고 지위도 높은 사람을 말한다. 정이천은 『역전』에서 "높은

지위의 사람이나 임금은 아니다(尊高之地 而非君位)"라고 하였다.

하니, 공자께서 이르시길, "매는 맹금(禽)이요, 활과 화살은 도구요, 쏘는(射) 자는 사람이니, 군자가 도구(실력)를 몸에 감추고 때를 기다려 (待時) 움직이면 어찌(何) 이롭지 않음(不利)이 있겠는가? (실력을 갖추고 때를 기다려 움직이면) 움직이더라도 막힘이(括) 없는지라, 이로써 (是以: 실력을 갖추고 때를 기다려) 나아가면 소득(獲: 성과, 성공, 승리) 이 있을 것이니(出而有獲)[61], 기구(능력)를 갖춘(成器) 후에 움직이는

---

60 뇌수해(䷧)괘는 무조건 성공하는 길괘이다. 공공이 담장 위의 나쁜 매(隼)를 쏘아 잡는 것은 지도자(公)가 소인배(隼)를 제거하는 것을 의미한다. "公用射隼 於高墉之上"에는 주석자에 따라 두 가지 견해가 있다. ①담장 위의 나쁜 매(隼)를 쏘아 잡는다. ②담장 위에서 나쁜 매를 쏘아 잡는다. 『상전, 3장』에서 "憂悔吝者存乎介"의 '개介'를 "참회하고 삼가 근심하는가(悔), 아니면 회悔하는 데에 인색한가(吝)의 사이(間) 또는 갈림길이 개介이다"라고 하였다. '개介'와 마찬가지로 '높은 담장(高墉)'은 피아彼我가 경계(介)를 이루는 곳이다. 따라서 담장 위의 나쁜 매를 잡는다는 것은 마음의 갈등이나 번뇌를 잡는 것이다. 나쁜 매를 잡을까 말까? 또는 소인배를 제거할까 말까?

61 공자는 세 가지의 평범하지만 중요한 이야기를 하고 있다. ①장기어신藏器於身: 스스로 안목, 재능, 능력(器)을 갖추되 드러내지 말 것(藏)을 주문한다. 시기, 질투, 모함이 따르기 때문이다. 유자광의 모함으로 28세에 죽은 남이 (1441~1468) 장군 같은 경우이다. ②대시이동待時而動: 움직이되 때에 맞춰 움직여라. 경거망동해서는 안 된다. 재능을 숨기고 때를 기다려야 하는 것이다. 도광양회韜光養晦와 같은 말이다. 도광양회는 조조의 식객으로 있던 유비가 스스로를 낮추어 그의 경계심을 풀고 때를 기다렸던 것에서 유래되었다. ③출이유획出而有獲: 획獲에는 '과녁에 맞히다'의 뜻도 있다. 일단 움직이면 정확하게 과녁에 맞혀야 한다. 즉 기회가 왔으면 확실하게 잡아야 한다는 뜻이다. 역사에는 시운時運을 못 만나 비참하게 생을 마친 영웅호걸도 수없이 많지만 시운이 도래했는데도 과감하게 행동하지 못해 기회를 놓친 경우도

것을 말하는(語) 것이다"라고 하셨다.

【선해】 禽喩惑. 器喩戒定. 人喩智慧. 解之上六. 獨得其正. 而居震體.
　　如人有慧. 故能以戒定斷惑也. 宗門云. 一兔橫身當古道. 蒼鷹才見
　　便生擒. 亦是此意.

　날짐승(禽)은 미혹함에 비유한 것이고, 기器는 계율과 선정에 비유
한 것이며, 사람은 지혜에 비유한 것이다. 뇌수해(☳)괘 상육이 홀로
그 바른 자리(正位)를 얻어서 진(震: ☳)괘에 거처함은 마치 사람에게
지혜가 있는 것과 같은 까닭에, 능히 계율과 선정으로써 미혹을 끊을
수 있는 것이다. 종문(禪宗)에서 말하기를 "토끼 한 마리가 방심하고
다니던 길바닥에 가로 누워 있으니, 사나운 매(蒼鷹)가 마침내(才)
이를 보고 곧(便) 산채로 잡는다(擒)"[62]라고 하였는데, 역시 이러한
뜻이다.

　수없이 많다. 토사구팽의 주인공 한신의 경우이다.

[62] 설두雪竇 선사가 대양현大陽玄 선사 회중에서 지객知客을 맡고 있었는데, 하루는
　　객승과 조주趙州 선사의 '정전백수자庭前栢樹子' 공안公案에 관해서 논쟁을
　　벌였는데 곁에 있던 한 행자가 웃고 가버렸다. 객승이 물러간 후에 설두는
　　행자를 불러 꾸짖으며 물었다. '그대는 조주의 뜻을 알겠는가? 행자는 게송으로
　　답하였다. "토끼 한 마리가 방심하고(橫) 다니던 길에 나타나자(一兔橫身當古道),
　　푸른 매가 보고 재빨리 채어갔는데(蒼鷹才見便生擒). 뒤따라 온 사냥개는 총명하
　　지 못해서(後來獵犬無靈性), 부질없이 전에 봤던 마른 교목(枯椿) 밑만 헤매고
　　있네(空向枯椿舊處尋)." 그 행자가 승천종 선사이다.(참조: 承天宗, 『頌古聯珠通集,
　　卷19』.)

【주역】子曰. 小人不恥不仁. 不畏不義. 不見利不勸. 不威不懲. 小懲而大誡. 此小人之福也. 易曰屨校滅趾無咎. 此之謂也.

善不積. 不足以成名. 惡不積. 不足以滅身. 小人以小善為無益而弗為也. 以小惡為無傷而弗去也. 故惡積而不可掩. 罪大而不可解. 易曰何校滅耳凶.

공자께서 이르시길, "소인은 어질지 못함(不仁)을 부끄러워하지 않으며(不恥), 의롭지 못함(不義)을 두려워하지 않는다(不畏).[63] 이익을 보지 않으면 애써 노력하지 않으며(不勸), 위엄으로 다스리지 않으면 징계로 여기지(두려워하지) 않으니, 가벼운 징계(小懲)로 큰 경계를 삼는다면 이는 소인의 복이다.

『역경』 21번째 화뢰서합(火雷噬嗑: ䷔)괘 초구에 이르길, '(죄가 가벼울 때는) 발 모양의 형틀(校)을 신겨서(屨) 발가락(趾)이 밖으로 보이지 않게(滅) 하니 허물이 없다(無咎)'라고 한 것은 이를 말함이다.[64]

---

63 남회근은 『주역계전별강』에서, "不恥不仁, 不畏不義"를 "난감한 꼴을 당해보지 않고서는(不恥) 어질지 못하다(不仁). 난처한 꼴을 당해보고 나서야 자신의 결점을 고칠 수 있기 때문이다. 두려워하는 마음(畏: 怕)이 있어야 인의仁義가 가능하다. 보통 사람은 법률이나 사회적 지탄을 두려워하기(怕) 때문이다"라고 풀이한다.

64 화뢰서합(䷔)괘의 초구初九 "형틀을 씌워 발꿈치를 멸하니(屨校滅趾) 허물이 없다(无咎)." 이는 죄가 가벼울 때, 발꿈치가 보이지 않도록 형틀을 씌워 발꿈치를 멸하는 것처럼 하여 죄가 커지지 않도록 경각심을 주는 것을 말한다. 큰 죄로 커지지 않으니 허물이 없다고 하는 것이다.

죄질에 따라 나무로 만든 형틀을 채우는 부위가 다르다. 발가락에 채우는 선업善業을 쌓지 않으면 족히 이름(명예)을 이루지 못하고, 악업惡業을 쌓지 않으면 족히 몸을 망치지 않을 것이니, 소인이 작은 선(小善)은 이익이 없다고(無益) 여겨 행하지 아니하며(弗), 작은 악(小惡)은 해(害: 傷)될 것이 없다 하여 버리지(去) 않는다면, 악이 쌓여 가히 숨길(掩) 수가 없게 되고, 죄가 커져 어쩔 수 없게 된다. 화뢰서합(䷔)괘 상구에 이르길, '목에 형틀(校: 枷)을 씌어서(何: 동사) 귀(耳)를 멸滅 하니 흉하다' 라고 하셨다."[65]

【선해】夫戒定之器必欲其成. 障戒障定之惡必宜急去. 勿輕小罪以爲無殃. 懲之於小則無咎. 釀之於終則必凶. 修心者所宜時時自省自改也.

─────────

교校, 목에 거는 가(枷: 칼), 손을 묶는 곡(梏: 수갑), 발을 묶는 질(桎: 족쇄) 등이 있다. 멸지滅趾는 발가락을 자르는 벌이 아니라, 발 모양의 형틀(校)에 발을 넣어 발가락이 보이지 않게(滅) 하는 가벼운 벌이다. 작은 벌로써 큰 경계警戒를 삼게 하니 무구無咎이고 소인의 복이다. 이렇듯 『주역』의 가르침은 처벌을 목적으로 하는 법률 만능주의가 아니라 교화敎化와 인仁을 바탕으로 하는 도덕주의인 것이다.

[65] 초구에서는 가벼운 형벌을 언급하고, 상구에서는 귀를 자르는 중형을 언급하고 있다. 공자께서 이렇게 초구와 상구의 효사를 언급하는 것은, 초구의 단계에서 가벼운 형벌을 받고 경계로 삼았다면 허물이 없을 수 있었으나(無咎), 상구에서는 이미 지은 죄가 중하므로 귀를 자르는 중형을 면하기 어렵다는 교훈을 말하려는 것이다.

2016년 12월 박근혜 대통령 탄핵소추 발의의 경우이다. 2014년 주변인물의 국정개입 문건 유출 사고가 났을 때, 서둘러 의혹을 밝히고 문책을 했더라면 지탄은 받았을지라도(가벼운 처벌), 탄핵으로(중형) 몰리지는 않았을 것이다. 화뢰서합(䷔)괘 초구와 상구의 효사는 이를 말해 주고 있다.

　무릇 계율과 선정이라는 기구(器: 방편)는 필히 완성해야 할 것이며, 계율을 가로막고 선정을 가로막는 악은 필히 하루속히 제거해야 할 것이다(宜). 작은 죄업이라도 가볍게 여기지 말아야(勿) 재앙이 없다. 작은 죄업이라도 징계를 받아야 (더 큰) 허물(咎: 재앙)이 없게 된다. 작은 죄업(之)이라도 키우다 보면(釀) 끝내는(於終) 반드시 흉하게 된다. 마음을 닦는 자(수행자)라면 마땅히(宜) 그때그때(時時) 스스로 살피고 스스로 허물을 고쳐나가야 하는 것이다.

【주역】子曰. 危者. 安其位者也. 亡者. 保其存者也. 亂者. 有其治者也. 是故君子安而不忘危. 存而不忘亡. 治而不忘亂. 是以身安而家國可保也. 易曰. 其亡其亡. 繫于苞桑.

　공자께서 이르시길, "위태로울까 조심하는 사람은 그 자리(位)를 편안히 할 것이요, 망할까 염려하는 자는 그 생존을 보전保全할 것이요, 어지러워질까 조심하는 자는 그 다스림(治: 질서)을 유지할 것이니, 이런 까닭으로 군자는 편안할 때 위태롭게 될 것을 잊지 않고, 번성할(存) 때 망할 것을 잊지 않고(不忘), 잘 다스려질(治: 질서) 때 어지러워질(亂: 무질서) 것을 잊지 않는다"[66]라고 하였다. 이렇게 함으로써 몸이

---

[66] "① 위태롭다는 것은 (과거에) 안정되었다는 뜻이요, ② 망한다는 것은 (과거에) 번성했었다는 뜻이요, ③ 혼란하다는 것은 (과거에) 잘 다스려졌다는 뜻이니, 이런 까닭으로 군자는 ① 편안할 때 위태함을 잊지 않고, ② 번창할 때 망할 것을 잊지 않고, ③ 다스려질 때 혼란을 잊지 않는다"라고 이해해도 된다. 개인이든 국가이든 ① 위태롭고 ③ 혼란하고 ② 망한다는 것은 ① 과거에 안정되고 ③ 잘 다스려져 ② 번성했음에도 현재에 이르러 경거망동하고, 독선

편안하고 나라가 보전될 수 있는 것이니,『역경』열두 번째 천지비(天地否: ䷋)괘 구오에 이르길, "'망ㄴ할까! 망할지도 몰라(其)!' 하는 (긴장을 늦추지 않는) 삼가 두려운 마음을 가져야 뿌리가 튼튼한 뽕나무에 매어(繫) 놓은 것처럼 든든하고 안전하다"[67]라고 한 것이다."

【선해】自有因過而憬悟以進德者. 自有無過而托大以退道者. 故君子
雖未必有過. 尤宜乾乾惕厲. 如否之九五可也. 安其位是德. 保其存
是知. 有其治是力.

자신에게 허물이 있음으로 말미암아 깨달아(憬悟) 덕(德: 道)에 나아가는 자가 있고, 자신에게 허물이 없다 여겨 대인大人인 듯 도(道: 덕)에서 물러나는 자도 있으니, 군자는 비록 반드시 허물이 있지 않다 할지라도 더욱더(尤) 분발하여 부지런히(乾乾) 좋지 않은 일(厲: 不祥事)이 있지나 않을까 두려워하는(惕) 것이 마땅하니[68], 천지비(䷋)괘의 구오와 같이 처신해야 한다. 그 자리(位)를 편안히 할 수 있는 것은

적이고, 안일하게 잘 다스려진다고 자만하고 태만하기 때문이라는 것이다.
67 포포는 '무성하다, 근본' 등의 뜻이다. 여기서는 '뿌리에 털이 무성하여 튼튼하다'
의 뜻으로 '포상苞桑'이란 뿌리에 털이 무성한 뽕나무의 튼튼하고 견실한 것을
표현한 것이다. 왜 하필이면 뽕나무일까? 당시는 이미 뽕나무를 심어 누에를
치고 있었으니, 누에에서 나오는 명주실(silk)은 고가의 수입원이었기에 후손들
은 뽕나무를 보면 뽕나무들을 심어 놓은 선대先代 부모를 생각하였기 때문이다.
선대 부모들이 심어놓은 뽕나무들을 대하듯 공손하고 진심으로 나라를 다스려
야 나라를 보전할 수 있다는 뜻이다.
68 중천건(重天乾, ䷀)괘 구삼 효사 "君子 終日乾乾 夕惕若 厲 无咎"의 인용이다.

덕(德: 仁, 자비)이요, 그 생존을 보전할 수 있는 것은 지혜(智)요, 그 다스림(治: 질서)을 유지할 수 있는 것은 힘(力: 勢)이다.

【주역】 子曰. 德薄而位尊. 知小而謀大. 力小而任重. 鮮不及矣. 易曰. 鼎折足. 覆公餗. 其形渥. 凶. 言不勝其任也.

공자께서 이르시길, "①덕은 박薄하면서 자리는 높으며, ②아는 것(지혜)은 없으면서(小) 이상(謀)만 원대하며. ③능력은 없으면서 책임이 무거우면 (禍가) 미치지 않을(不及) 사람이 드물(鮮) 것이다. 『역경』 50번째 화풍정(火風鼎: ䷱)괘 구사에 이르길, '솥(鼎)의 다리가 부러져(折) 임금의 밥솥(公餗)을 엎어(覆) 그 얼굴(形)이 젖게(渥) 되는지라, 흉하다'라고 하니, 그 맡은 바 임무와 책임(任)을 다하지 못함을 말하는 것이다(不勝)"[69]라고 하셨다.

【선해】 欲居尊位. 莫若培德. 欲作大謀. 莫若拓知. 欲任重事. 莫若充力. 德是法身. 知是般若. 力是解脫. 三者缺一. 決不可以自利利他.

---

[69] 이는 ①②③에 대한 구사의 결론이다. "화풍정(火風鼎: ䷱)괘 구사 상전에 이르길(象曰), 왕의 식사준비를 하면서 밥솥(公餗)을 엎었으니(覆公餗) 그 사람의 능력에 믿음이 가겠는가(信如何也)?" 속餗은 '죽粥, 또는 솥 안에 든 음식물, 흉조凶兆' 등의 뜻이다. 임금에게 올릴 음식(公餗)을 열심히 준비하지만 솥 다리를 부러뜨려 음식을 쏟아지게 하니, 감당할 능력이 없는 자가 일을 맡아 일을 망친 것으로, 그 자체로도 이미 화(禍: 재앙)인 것이다. 처벌은 그 다음이다. 이에 대해 왕필(王弼, 226~249)은 말한다. "그 능력을 헤아리지 않아(不量其力) 결과가 흉한 재앙에 이르렀으니(過致凶災) 어찌 믿을 수 있겠는가(信如何也)?"

①높은 지위에 오르고자 하면, 덕을 기르는(培)것만 한 것이 없고,
②큰일을 도모하고자 하면, 지혜를 넓히는(拓) 것만 한 것이 없고,
③중대한 일을 맡고자 하면, 능력을 키우는(充) 것만 한 것이 없다.
①덕이 곧 법신이요, ②지혜가 곧 반야이며, ③힘이 곧 해탈이니,
셋 중에 하나라도 빠진다면(缺) 결코 자신을 이롭게(自利) 하고, 남도
이롭게(利他) 할 수 없다.

【주역】 子曰. 知幾其神乎. 君子上交不諂. 下交不瀆. 其知幾乎.
幾者動之微. 吉之先見者也. 君子見幾而作不俟終日. 易曰. 介
于石. 不終日. 貞吉. 介如石焉. 寧用終日. 斷可識矣. 君子知微
知彰. 知柔知剛. 萬夫之望.

공자께서 이르시길, "기미(幾微: 낌새)를 아는 것이 신묘하도다. 군자
는 윗사람과 사귐에 아첨하지 않고(不諂), 아랫사람과 사귐에 깔보지
않으니(不瀆), 그 기미를 아는 것이다. 기미라는 것은 움직임이 은미(隱
微: 아직 드러나지 않음)한 것이어서, 길함에 (은미하게) 먼저 나타나는
것이니, 군자는 기미를 보고 (그에 맞게 즉시) 행동을 개시하여(作)
종일토록 기다리지(俟) 않는다. 『역경』16번째 뇌지예(雷地豫: ䷏)괘
육이에 이르길, '절개(介)가 돌과 같으니(于: 如) 종일토록 기다릴 것도
없이 바르고(貞) 길하다'[70]라고 하였으니, 절개가 돌과 같은데 어찌(寧)

---

70 뇌지예(雷地豫: ䷏)괘의 예豫에는 '미리'의 뜻 외에도 '즐거움, 태만'의 뜻이
있다. 즐거움에 빠져 태만하면 실패가 따르기 때문에 미리(豫) 경계해야 한다는
의미가 있다.

종일토록 기다리겠는가(用: 俟)? (기다릴 것도 없이 올바르게) 판단해서 가히 알 수 있다(可識). 군자는 ① 은미한 것도 알고 ② 드러난 것(彰)도 알며, ③ 부드러운 것도 알며 ④ 굳센 것도 아나니 만인이 우러러보는(望) 것이다"라고 하였다.

【선해】 此所謂德厚而位自尊者也. 十法界不出一心. 名之爲幾. 知此妙幾. 則上合十方諸佛本妙覺心. 與佛如來同一慈力. 故上交不諂. 下合十方六道一切衆生. 與諸衆生同一悲仰. 故下交不瀆. 稱性所起始覺. 必能合乎本覺. 故爲吉之先見.

이는 이른바 덕이 후덕해서 지위가 저절로 존귀한 자이다. 시방법계가 한마음(一心)[71]을 벗어나지 않음을 일컬어 기미라 한다. 이 미묘한

―――――――

육이효가 중정中正을 얻어 본분을 지키는 위치에 있으니 절개가 돌과 같은 것이다. 그러니 하루 종일 기다릴 것도 없이 기미를 알아 즉시 움직이니 바르고 길한 것은 당연한 것이다.

육삼효는 "눈을 치켜뜨고 즐거움을 찾으니 후회가 따른다(盱豫 悔). 지체하면 후회가 있을 것이다(遲 有悔)." 이는 "실패가 따르더라도 지체하지 않고 바로 뉘우치고 고치면 더 큰 실패가 없을 것"이라는 의미로, 뉘우치고 고치는 일에 지체하지 않는 것이 바로 예(豫: 미리, 늦기 전에)이다. "실패가 없으면 더욱 좋겠지만, 피치 못하여 실패를 하더라도 더 큰 실패로 이어지지 않게 하는 것"이 『주역』의 교훈이다.

71 한마음(一心)은 주객, 동정을 떠나 나(我)와 상대(他)가 일여一如한 마음을 말한다. 뒤에 나오는 근본 묘각심(本妙覺心)은 바로 한마음(一心)을 말한다. 일심의 일一은 분별이나 차별을 허락하지 않은 전체로서의 일一이며, 주객의 분별을 본질로 하는 지식으로는 포착할 수 없는 통합된 하나(一)의 의미이다.

기미를 알면(知) 위로 시방제불의 근본 묘각심妙覺心과 합습하고, 부처
나 여래와 같이 자애하는 힘(慈力)이 같으므로, 위로는 사귀어도 아첨
하지 않고, 아래로는 시방세계 육도의 일체중생과 합하여, 여러 중생과
더불어(與) 슬퍼하는 마음과 갈망하는 마음(悲仰)이 같으므로(同一)
아랫사람과 사귐에 깔보지(瀆) 않는다.[72] 진여불성眞如佛性이 일으키

여기서 일심으로서의 화쟁사상이 나왔다. 전체를 아우르고(攝) 통합하는 의미
로서의 하나(一)는, 도가道家의 도(道: 一, 無), 『천부경天符經』의 일一, 『주역』의
태극太極, 선진先秦의 상제上帝, 『법화경』의 일불승一佛乘 등과 같은 개념으로,
유불선儒佛仙을 통합하고 회통하는 의미로 볼 수 있다.(참조: 원효, 최세창 역주,
『대승기신론소별기』, 운주사, 2016.)

72 『楞嚴經, 卷六』에서, 관세음보살이 부처님께 "세존이시여! 생각해 보니 제가
옛날 무수한 항하사겁 전 어느 때, 어떤 부처님께서 세상에 출현하셨는데 이름이
관세음觀世音이었습니다. 저는 그(관세음) 부처님에 의지하여 보리심을 발하였습
니다. 그 부처님께서 저에게 문(聞慧), 사(思慧), 수(修慧)를 따라 삼마지(Samādhi:
三昧, 定, 等止, 止)에 들라고 하셨습니다(敎). 먼저 소리를 들으면서(初於聞中),
소리의 흐름(流)을 따라 들어가(入流), 소리(所: 聲塵)가 없어지고(亡所), 소리(所)의
흐름을 따라 들어왔다는(入) 생각마저 이미 고요해져(旣寂), 소리의 동動과 정靜의
두 가지 모습(二相)이 명백하게(了然) 생생하지 않습니다(動靜一如). 이와 같이
점증漸增하여 듣는 주체와 들을 대상(主客)이 사라졌으며(盡) 듣는 주체가 이미
사라져 머물지 않으니, 깨닫는 주체와 깨달은 대상(客)이 공空하여, 공과 깨달음
(覺)이 지극히 원만하여 공한 것도 공할 것(所空)도 사라졌습니다(滅). 생멸이
이미 사라져 적멸이 현전하니, 홀연히 세간과 출세간을 초월하고, 시방이 훤하게
밝아져(圓明) 두 가지의 수승한 경계를 얻었습니다. 하나는 위로는 시방제불의
근본 묘각심(本妙覺心)과 합하여 부처와 여래와 동일한 자비력慈悲力을 얻었으며,
둘째는 아래로는 시방의 일체 육도중생과 합하여 모든 중생들과 동일한 슬퍼하는
마음(悲)과 갈망하는 마음(仰)을 갖게 되었습니다(世尊憶念, 我昔無數, 恆河沙劫,

는 시각始覺이 반드시 능히 본각本覺[73]과 합치하는 까닭에, 길吉한

於時有佛, 出現於世, 名：觀世音. 我於彼佛, 發菩提心. 彼佛教我, 從聞思修, 入三摩地.
初於聞中, 入流亡所. 所入旣寂, 動靜二相, 了然不生. 如是漸增, 聞所聞盡, 盡聞不住. 覺所覺
空, 空覺極圓. 空所空滅. 生滅旣滅, 寂滅現前, 忽然超越, 世出世間, 十方圓明. 獲二殊勝.
一者, 上合十方諸本妙覺心, 與佛如來同一慈力. 二者, 下合十方一切六道衆生, 與諸衆生同
一悲仰."라고 고告하는 이근원통耳根圓通의 관음觀音 소리수행담이다.

[73] 미혹하지 않은 진여 성품의 측면에서 깨달음을 각覺 또는 본각本覺이라 하고,
미혹하여 깨닫지 못한 무명 번뇌의 상태로 있는 것을 불각不覺이라 하며,
불각의 상태에서 수행의 공덕에 힘입어 본각의 상태로 돌아가는 것을 시각始覺
이라 한다. 시각은 불각에서 포고怖苦 발심하여 수행을 시작하는 것에서부터,
본각의 상태로 돌아가 본각과 하나가 되는 것까지를 말한다.

그러나 시각은 외부에서 오는 것이 아니라, 본각 안에서의 훈습薰習에 힘입어
생기는 것이며, 본각 또한 따로 존재하거나 없던 것이 새로 생기는 것이
아니라, 중생들의 마음자리에 본래부터 있었던 분별을 넘어선 본래적 깨달음
(本覺)으로, 단지 무명無明으로 덮여 있어 깨닫지 못하고(不覺) 있었던 것을
말한다. 본각은 이렇게 무명으로 덮여 있던 본래적 깨달음의 모습(本覺)이
시각(수행)에 의해 드러난 것이므로, 불각이 시각에 의해 본각으로 돌아간다고
하는 것이다.

본각과 불각과 시각은 서로 대對해 있는 관계로, 고정된 자성自性도 없는
무자성無自性이다. 따라서 고정된 각覺이 있는 것은 아니다. 본래부터 가지고
있던 본각本覺의 마음이 모습(相)만 달리하여, 본각에서 불각 → 시각 →
본각 → 불각으로 변하는 순환적 구조로, 결국은 심체心體로서 하나의 마음(一
心)만 있는 것이다. 미생전未生前이나 본래면목本來面目이라는 것도 본각의
다른 이름인 것이다.

```
              본각
오계悟界  ↗      ↘  미계迷界
      시각  ←  불각
```

기미가 먼저 드러나는 것이다.

【주역】子曰. 顏氏之子. 其殆庶幾乎. 有不善未嘗不知. 知之未嘗
復行也. 易曰. 不遠復. 無祗悔. 元吉.

공자께서 이르시길, "안 씨의 자식(顏回)[74]은 거의(殆) (성인의 또는
도道의 경지에) 가깝구나(庶幾),[75] 불선(不善: 과실)이 있으면 일찍이
깨닫지 못함이 없었으며, (과실을) 알았으면 일찍이 다시는(履) (불선
을) 행행하지 않았다. 『역경』 24번째 지뢰복地雷復: ䷗과 초구에 이르
기를, '오래지 않아 곧 회복되리니(不遠復), 뉘우치는 단계까지 가지(祗)
않으니, 크게 길하다'[76]라고 하였다."

그러나 본각, 시각, 불각, 미생전, 본래면목 등등은 실재實在하는 것들도 아니
며, 본래면목으로 되돌아간다고 해서 무엇을 새롭게 얻는 것도 아니며, 단지
관념적 인지상의 자각自覺일 뿐이다. 이런 것들에 실유實有인 양 집착하는
것도 분별망상이다. 이를 임제 선사는 『임제록, 시중示衆』에서 업業 짓는
것이라 했다.(참조: 원효, 최세창 역주, 『대승기신론소별기』, 운주사, 2016.)

74 안회(顏回, BC. 521~490)는 공자가 가장 총애한 제자로 31세에 요절했다. 그때
공자는 "하늘이 나를 버렸구나(天亡我)"라고 하면서 제자의 죽음에 통곡했다.
『논어, 옹야雍也』에서 "어질도다, 안회여(賢哉 回也)! 한 그릇의 밥과 한 표주박
의 물을 마시며 누추한 곳에 살면서도(一簞食 一瓢飲 在陋巷), 다른 사람이라면
감내하기 힘든 근심을 참아내며(人不堪其憂), 안회는 그 즐거움을 바꾸지 않는
구나(回也不改其樂). 어질도다, 안회여(賢哉, 回也)!"라고 칭송하였다.

75 서기庶幾는 '가깝다, 근사近似하다, ~에 이르렀다'는 의미다.

76 지뢰복(䷗)괘 초구의 '설령 잘못 되더라도 곧 회복되는(不遠復)' 이유는 수신하기
때문이다(象曰 不遠之復 以修身也)." 수신이란 잘못(不善)이 있으면 바로 깨달아,
두 번 다시 같은 잘못을 저지르지 않는 것을 말한다. 그러므로 뉘우치거나

【선해】此所謂知大而謀自遠者也. 欲證知幾之神, 須修不遠之復.

이는 이른바 앎(지혜)이 커서 도모함이 저절로 멀리까지 미치는 것이다. 기미를 알아차리는 신묘함을 증득하고자 한다면, 모름지기 (須) 오래지 않아 곧 회복되는(不遠之復) 이치(道)를 닦아야 한다.

【주역】天地絪縕. 萬物化醇. 男女構精. 萬物化生. 易曰. 三人行. 則損一人. 一人行. 則得其友. 言致一也.

천지 음양의 두 기운(絪)이 서로 얽혀 섞임(縕)에, 만물이 변화하여 순일해지고(醇), 남녀(陰陽)의 정기가 섞여(構精) 만물이 생겨나니(化生)[77], 『역경』 41번째 산택손(山澤損: ䷨)괘의 육삼에 이르길, "세 사람이 길을 가면 한 사람을 잃고(損), 한 사람이 길을 가면 그 벗을 얻는다"라고

─────────

후회하는 일이 없어(無祗悔) 크게 길할 수 있는 것이다(元吉). 이것이 바로 불원복不遠復의 이치이며, 안회가 바로 그런 사람이라는 뜻이다.

77 천지간의 두(음, 양) 기운이 꽉 참으로써(天地絪縕), 만물의 관계가 순일하게 된다(萬物化醇). 남녀(음양)의 정기가 교합하면(男女構精), 정기가 생명으로 화化해서 만물이 태어나게 된다(萬物化生).
*인絪은 천지의 기운이 성한 모습. *순醇은 '순일하다, 불순물이 섞이지 않아 맑다'의 뜻이다. *구정構精은 음양 정기의 교합交合, 교구交媾, Intercourse, 등의 의미이다.
불교의 『구사론俱舍論』, 『금강경, 대승정종분』 등에 등장하는 화생은 사생(四生: 난생卵生, 습생濕生, 태생胎生, 화생化生)의 하나로, '본래 없었는데 갑자기 태어나는 것' 또는 '다른 것에 의탁하지 않고 업력業力에 의해 출현하는 것' 등의 의미를 갖는다.

하니, 하나로 합일合一됨을 말하는 것이다(言致一也).[78]

【선해】 此所謂力大而任可重者也. 旣有不遠之復. 須有致一之功. 男慧
女定. 不使偏枯. 乃可以成萬德矣.

---

78 세 사람이 길을 가면, 한 사람은 의견이 다르든 어떤 이유로든 분명 외톨이(損)가
된다(三人行, 則損一人). 한 사람이 길을 가면 그 벗을 얻어 하나(合一)가 된다(一
人行, 則得其友). 이는 만고의 진리이다. 동업도 세 사람이 하면, 한 사람은
두 사람과 의견이 다르게 되어, 한 사람과 두 사람의 구도가 된다. 산택손(䷨)괘
의 육삼 상전에 이르기를(象曰), "한 사람이 간다는 것은(一人行) 곧 세 사람이
가면 의심 받는다는 것이다(三則疑也)"라고 하였다.

『역경』의 논리는 항상 상관상의相關相依의 동일성을 바탕으로 한다. 즉 쌍방
(둘)이 합하여 하나가 되는 이치이다. 크게는 천지로부터 음양, 남녀, 영육靈肉,
생태계 등등 대립적 동일성의 관계에 있다. 초원에 초식동물이 증가하면
초원은 황폐해진다. 천적이 없는 멧돼지의 개체수가 증가하면 농가에 피해를
준다. 이렇듯 대립은 적대적 대립이 아니라 상관상의적 동일성을 지향하는
대립인 것이다. 어느 것 하나 독립적으로 존재하는 것은 없다. 이렇듯 삼라만상
의 존재는 하나도 아니면서(不一) 그렇다고 둘도 아닌(不二, 不異) 그런 하나인(言
致一也) 것이다. 불교에서의 연기와 같다.

연기는 인연생기(因緣生起: pratītya-samutpāda)의 준말로 '~에 의존하여
(pratītya) 일어나다(samutpāda)'의 뜻이다. 삼라만상의 모든 존재는 상호 관계
속에서 다른 것과 관계하여 일어난다는 것이다. 기본교리인 사성제四聖諦나
삼법인三法印을 비롯한 오온五蘊, 십이처十二處 등등도 연기법의 다른 표현에
불과한 것이다. 세존의 깨달음은 "이것이 있어 저것이 있고(此有故彼有), 이것이
생하면 저것이 생하며(此生故彼生), 이것이 없으면 저것도 없고(此無故彼無),
이것이 멸하면 저것도 멸한다(此滅故彼滅)"라는 것이다. 이는 시간적, 공간적
관계성을 말하는 것으로, 세상에 홀로 존재하는 것은 없다. 모든 존재는
원인이면서 결과이다.

이것은 이른바 힘이 커져 임무가 가히 무거워진 것이다. 이미 오래지 않아 곧 회복되는(不遠之復) 이치(道)를 닦았다면, 모름지기 하나로 합일合一 되는 공功도 있을 것이다. 남자는 지혜요 여자는 선정이니, 어느 한쪽으로 치우쳐 편고(偏枯: 半身不隨)가 되지 않게 하여야, 비로소 가히 만 가지 덕을 이룰 수 있는 것이다.

【주역】 子曰. 君子安其身而後動. 易其心而後語. 定其交而後求. 君子修此三者故全也. 危以動. 則民不與也. 懼以語. 則民不應也. 無交而求. 則民不與也. 莫之與. 則傷之者至矣. 易曰. 莫益之. 或擊之. 立心勿恆. 凶.

공자께서 이르시길, "군자는 ①그 몸(身)을 편안히 한 후에야 움직이며, ②그 마음(心)을 편안히 한(易) 후에야 말하며, ③그 사귐(交)이 정해진 후에야 (도움을) 구하니, 군자는 이 세 가지를 닦은(修) 까닭에 온전한 것이다. ①위태로운 상태로서 움직이면 백성들이 함께하지 않고(不與), ②위압적으로(懼) 말을 하면 백성들이 호응하지 않고, ③교감(交感: 사귐)이 없이 (도움을) 구하면 백성들이 함께하지 않으니(不與), 백성들과 함께함(與)이 없으면(莫) 그를 해치려는 자가 생기는 법이다"[79]라고 하셨다. 『역경』 42번째 풍뢰익(風雷益: ䷩)괘 상구에

---

[79] ①②③이 원인이라면 ①②③은 부정적인 결과이다. 원인(시작)이 좋으면 결과 또한 좋은 것이다. 이 또한 인과이다. 『하전, 9장』에서 언급하는 원시요종 原始要終의 한 예이다.

①②③은 군자의 길이고, 지도자의 덕목이다. 이를 못 지키면 ①②③의

이르길, "(윗사람이) 되어 자신을 이익 되게(損下益上) 하지 마라. 혹 공격을 받을 것이다. 마음을 바로세우는(효心) 데 항상함이 없으니(勿恒) 흉하다"[80]라고 하였다.

---

80 화를 입고 자신의 몸을 온전히 지키지 못하는(不全) 소인이 되는 것이다. 아래를 덜어 위에 더해 주는(損下益上) 산택손(䷨)괘 다음에 오는 풍뢰익(風雷益: ䷩)괘의 '익益'은 위를 덜어 아래를 이익 되게 한다(損上益下)는 뜻이다. 단전에 이르기를 "익은 위를 덜어 아래에 더해 주니(損上益下) 백성들이 끝없이 기뻐한다(民說無疆)"라고 하였다. 지도자는 항상 아랫사람을 이익 되게 하여야 한다(損上益下). 자신의 손해를 감수하고 백성의 편에 서야 한다는 뜻이다. 그러나 아래를 덜어 위를 이익 되게 하면(損下益上) 흉하게 된다. 상구에서 "아래를 덜어 위(자신)를 이익 되게 하면(損下益上) 아랫사람이 공격할 것이다(莫益之, 或擊之). 항상 바른 마음(損上益下)을 갖지 않으면(立心勿恒) 흉하다"라고 한 것이다. 『잡괘전』에는 "손익은 성盛과 쇠衰의 시작이다(損益盛衰之始也)"라고 했다.

입심立心은 평생을 두고 이루고 해내야 할 일(事業)을 정하고 실천하는 것을 말한다. 사업이 있는 사람은 잠시라도 헛되이 보내지 않는다. 어떠한 난관이 닥치더라도 이루어야 할 사업이 있기에 몸은 고달플지라도 마음은 편안하다. 이미 입심을 하였기 때문이다. 여기서는 손상익하損上益下하여 백성들을 끝없이 기쁘게 하는 것(民說無疆)을 말한다. 사업이란 손익 또는 길흉을 떠나 평생을 두고 해야 할 일로, 천하를 이롭게 하는 일을 말한다. 옳은 일이면 목전의 이익에 상관없이, 조롱이나 남의 눈을 의식하지 않고 해야 한다는 것이다. 공자의 유세遊說는 당시 성문 문지기에게조차도 조롱거리였다. "자로가 석문에서 하룻밤 묵는데(子路宿於石門), 성문 문지기가 묻기를(晨門曰) '어디서 왔소(奚自)?' 자로 답하기를(子路曰) '공 선생 문하에서 오는 길이오(自孔氏)!' 문지기가 조롱조로 말하기를(曰) '거 뭐야, 안 되는 줄 알면서도 굳이 하려 드는 사람 말이지요(是知其不可而爲之者與)?'라고 하였다. 그렇다. 공자는 그런 사람이다. 세상을 바로잡을 수 없음을 알면서도 옳은 일이기에 체념하지 않는,

【선해】 惟仁可以安身. 惟知可以易語. 惟力可以定交. 仁是斷德. 知是
智德. 力是利他恩德. 有此三者. 不求益而自益. 今危以動則德薄.
懼以語則知小. 無交而求則力小. 不亦傷乎.

오직 ①인(仁: 愛人)으로써 가히 몸을 편안히 할 수 있으며, 오직
②지혜로써 가히 편안하게 말할 수 있으며, 오직 ③힘(勢)으로써
가히 교류(관계)를 안정시킬 수가 있다(定交). ①인仁은 단덕斷德이
며, ②지知는 지덕智德이며, ③힘(力)은 곧 남을 이롭게 하는 은덕恩德
이다. 이 세 가지를 갖추면, 이익을 추구하지 않아도 저절로 이롭다.[81]
이제 ①위태로운 상태로 움직임은 덕이 박(薄: 엷다)한 것이고, ②위

그래서 조롱을 받은 것이다.

산택손(䷨)괘와 풍뢰익(䷩)괘의 경우처럼 거꾸로 뒤집으면 손괘가 익괘로 변한
다. 익괘를 거꾸로 뒤집으면 다시 손괘로 변한다. 이를 종괘綜卦 또는 도전괘倒
顛卦라 한다.

손 ䷨ ⇒ ䷩ 익   태 ䷹ ⇒ ䷿ 비 기제 ䷾ ⇒ ䷿ 미제

한 가지에만 집착하다 보면 현실을 제대로 못 보는 경우도 있다. 이럴 때
'도전괘'로 상반된 입장에서 일의 경과를 살펴본다. 이렇듯 『역경』은 곁에서
직언을 해 주는 친구이자 사보師保이다.

81 선사는 공자의 인, 지, 력을 불교 삼덕三德에 비유하여 설하고 있다.
①단덕斷德: 여래如來가 모든 번뇌煩惱를 끊는 덕으로, 단斷에는 '판단하다'의
뜻도 있으나, 나쁜 습관이나 번뇌 등을 '끊다, 단절하다'의 뜻도 있다. 따라서
단덕은 인仁에 반대되는 부정적인 것을 끊는 것의 의미로 이해할 수 있다.
②지덕智德: 여래가 평등한 지혜로 일체 만법을 모두 비추는 덕.
③은덕恩德: 부처가 중생을 구제하려는 덕.
기독교의 삼덕인 믿음, 소망, 사랑과는 결을 좀 달리한다.

압적으로(懼) 말을 하는 것은 지혜가 부족한 것이고, ③교류도 없이 무엇을 요구하는 것은 힘이 약한 것이니 또한 상처받지(해롭지) 않겠는가?

계사하전 제6장

【주역】 子曰. 乾坤其易之門耶(邪). 乾. 陽物也. 坤. 陰物也. 陰陽
合德. 而剛柔有體. 以體天地之撰. 以通神明之德. 其稱名也.
雜而不越. 於稽其類. 其衰世之意耶. 夫易. 彰往而察來. 而微顯
闡幽. 開而當名辯物. 正言斷辭. 則備矣. 其稱名也小. 其取類也
大. 其旨遠. 其辭文. 其言曲而中. 其事肆而隱. 因貳以濟民行.
以明失得之報.

공자께서 이르시길, "건과 곤이 『주역』의 문門이구나.[82] 건은 양물陽
物이요 곤은 음물陰物이니[83], 음양이 합덕(合德: 交媾, 交錯)하여 강유의

---

[82] 『역경』은 전체가 64괘이나 건곤 두 괘에서 변화하여 나머지 62괘가 생겨났다
하여 건곤을 주역의 문門이라 한 것이다. 역리가 건곤이라는 문을 열고 나와
나머지 62괘에 스며든 것이다. 따라서 건곤 두 괘를 이해해야 나머지 62괘에
대한 이해를 바르게 할 수 있다.

[83] 삼라만상을 크게 나누면 양물과 음물, 즉 음물은 음(陰, 坤)의 속성을 가진
것 또는 음의 속성에 관한 것, 양물은 양(陽, 乾)의 속성을 가진 것 또는 양의
속성을 가진 것으로 나눌 수 있다.
양물, 음물의 사전적 의미는 각기 남녀의 성기를 뜻하므로, 양효(ー), 음효(‥)를
각각 남녀 성기의 상상象像으로 보기도 한다. 이는 고힐강顧詰剛, 장태염章太炎
등의 주장으로 일리는 있으나, 남회근은 『역경계전별강』에서 "진한秦漢 이전의

작용으로 인해 체(體: 형체)를 이룬다.[84] 이로써 천지(음양, 강유)의 이치 (撰: 일)를 체득하여, 신묘하게 밝은(神明) 덕에 통달할 수 있는 것이다.

그(卦)를 부르는 이름은 (64괘 384효로) 복잡하나 (음양이라는 일정 한 법칙과 작용을) 벗어나지 않으며(不越), 그(역경의 괘명이나 효사)의 종류를 자세히 살펴보면(稽) 그 쇠퇴한 시대상(衰世: 亂世)[85]을 경계하고

문헌(書)에서는 남성의 성기를 양물이라 하지(叫) 않았다. 공자가 말한 양물, 음물의 물物은, 요즘 말하는 유물唯物의 물物이 아니라, 노자가 말한 물物과 같은 추상적인 의미로, '건은 양물이다(乾 陽物也)'라고 할 때의 양물은 '건괘가 대표하는 양성적 물건(乾卦代表了陽性的東西)'이라는 뜻이다. '남성의 성기는 양물, 여성의 성기는 음호(陰戶)'라는 설說은 송대宋代의 의서醫書에서다. 한조 漢朝 이전의 어떤 의서에서는 찾아볼 수 없다'라고 밝히고 있다. 필자는 남회근 의 주장은 서지학적으로는 인정할 수 있으나, 음양이 교구交媾 합덕合德함으로 써 생생이 이루어진다는 점에서 고힐강, 장태염 등의 주장에 더 많이 동조한다.

84 음양의 다른 표현이 강유이다. 형체를 이룬다는 의미는 하늘에서 음양의 정기를 받아 땅에서 강유가 합덕(合德: 交媾, 交錯, 交接, 構精, Intercourse)함으로 써 새 생명이 태어나는 것을 말한다.

85 쇠세衰世는 난세亂世를 말한다. 『춘추』나 『예기』에서는 역사의 발전단계를 ① 혼탁한 거란세據亂世, ② 태평세로 나아가는 승평세升平世, ③ 대동사회인 태평세太平世 등 삼세설三世說을 언급하고 있다.

이후 후한의 공양학파公羊學派 하휴(何休, 129~182)가 주장하였으며, 청말의 캉유웨이(康有爲, 1858~1927)는 1898년에 간행한 『공자개제고孔子改制考』에서 대동사회로 나아가기 위한 사회변혁의 단계로 ① 거란세: 군주전제, ② 승평세: 입헌군주제, ③ 태평세: 민주공화제 등으로 삼세설을 주장하였다.

『역경』이 만들어지던 당시는 이미 난세(衰世)였다. 실제로 『역경』 21번째 화뢰서합(☲), 36번째 지화명이(☷), 39번째 수산건(☵), 47번째 택수곤(☱), 49번째 태화혁(☱)괘 등에서 난세를 언급하고 있다. 이 같은 쇠퇴한 사회상을

(意) 있지 않는가?"라고 하셨다.

무릇 역易은 지나간 것(往: 과거)을 드러내어(彰) 다가올 것(來: 미래)을 살피며[86], 은미한 것을 드러내 밝히고(微顯), 그윽이 숨겨진 것을 꺼내

경계하고자 하는 뜻(衰世之意)에서 『역경』을 만들었다는 것이다. 이 때문에 『역경』을 '우환의식'의 책이라 한다. 이렇게 쇠퇴한 사회상(衰世之意)을 경계하고자 하는 성인이 마음이 '우환의식'이다.

『역경』 첫 번째 중천건(☰)괘 구삼 효사에 "군자가 종일토록 힘써 노력하며, 잠자리에 들어서조차 삼가 두려운 마음을 내면 비록 위태로울지라도(厲) 허물이 없다(君子終日乾乾 夕惕若厲無咎)." 또한 37번째 풍화가인(☲)괘의 괘사에는 "가인은 여자가 마음이 곧아야 이롭다(家人 利女貞)", 구삼 효사에는 "가인이 냉철하게 후회하고 뉘우치면 위태로울지라도 길할 것이나, 부인과 아이들이 희희낙락하면 마침내 인색吝嗇하여 어렵게 될 것이다(家人嗃嗃 悔厲吉. 婦子嘻嘻 終吝)"라고 하였다.

공자는 『논어, 술이』편에서 "어떤 일에 임할 때에는 항상 두려워하고 근신하며, 깊이 생각하고 또 생각하면서 도모함으로써 성공에 이를 수 있다(臨事而懼, 好謀而成)"라고 하였다.

이처럼 위태로운 상황에서도 회悔, 우우憂虞 등의 삼가 조심하며 뉘우치는 바른 마음을 가짐으로써 위태로운 상황(禍)을 안전한 쪽으로(吉) 변화시킬 수 있음을 역설하고 있다.

따라서 『역경』은 미신을 좇는 점서占書가 아니라, 어떠한 어려움 속에서도(苦諦) 결코 좌절하거나 경거망동지 않고 어려움의 근본원인을 찾아(集諦) 어려움을 극복하고자 근신하고 노력하며(滅諦) 성공의 길로 이르게 하는(道諦) 지혜의 책이라 할 수 있다.

86 "지나간 일(과거)을 드러내어(彰, 밝혀) 다가올 것(미래)을 살피는 것(彰往而察來)" 이 『역경』을 공부하는 목적이다. 64괘, 384효에는 삼라만상의 원인과 결과에 대한 변화의 이치가 담겨져 있기 때문이다. 지나간 일(과거)을 밝혀보면(因), 미래에 어떤 일이 일어날 것인지(변화) 알 수 있다(果). 현재 일어나고 있는

밝혀준다(闡幽). 문왕이 만물의 이치를 찾아(開) 합당하게 괘에 이름을 붙이고, 괘에 따라 사물을 변별하여, 말을 바르게 하고(正言: 길흉선악을 분명하게 구분), 계사繫辭로써 (길흉선악을) 판단하게 하니, 곧 역서가 갖춰지게 된 것이다.

그 부르는 이름(괘명)은 건곤으로 작으나, 그 취하는 종류는 십대하며, 그 뜻은 심원하여 그 말씀(단사, 효사)에는 문리(文理, 조리條理)가 있으며, 그 말씀은 곡진(曲盡: 마음과 정성이 지극함)하면서도 적중(的中: 이치에 맞다)하여, 모든 일에 다 드러나(肆) 있으면서도 이치는 숨겨져(隱) 있다. 이 같은 건곤의 이치로 인하여(因貳) 백성들의 잘못된 행실을 바로 잡음으로써(濟) 길흉실득吉凶失得의 과보(결과)를 밝혔다.[87]

일은 쉬지 않고 지나간 일(과거)로 넘어가고 있다. 현재는 과거의 연속이며, 미래 또한 현재의 연속이다. 따라서 다가올 일(미래, 변화, 果)을 알려고 하기 전에 지나간 일(因)부터 살펴야 한다. 굳이 점을 치지 않아도, 은미하고 숨은 것들(변화)이 저절로 드러나고 밝혀지기(微顯闡幽) 때문이다.

『역경』의 가르침 또한 인과이자 연기이다. 인因이 좋으면 과果 또한 좋게 되어 있다. 인 속에는 이미 과가 들어 있기 때문이다. "보살은 원인을 두려워하고(菩薩畏因), 범부는 결과를 두려워한다(凡夫畏果)"고 한다. 세존은 "과거를 알고 싶으면 '현재'를 보고, 미래를 알고 싶으면 '현재'를 보라"는 명언을 남기셨다. 모든 성현은 인因을 중요시했다. 육바라밀六波羅蜜 수행은 끊임없이 좋은 인(善根)을 심는 수행이다.

『역경』의 공부는 미래사를 알려주는 점술(占術, 테크닉)의 공부가 아니라, 불교의 수행과도 같은 바라밀(波羅蜜: 지혜의 완성)을 향한 끝없는 노정路程이라 할 수 있다.

87 '이貳'에는 이론이 있다. ① 필자는, 앞의 문단에서 건곤을 설명하고 있는 것으로 보아 '이貳'는 건과 곤으로 이해한다. ② 주자는 『본의』에서 "이貳는

【선해】有易理即有乾坤. 由乾坤即通易理. 如城必有門. 門必通城. 蓋
乾是陽物. 在天曰陽. 在地曰剛. 在人曰知. 坤是陰物. 在天曰陰.
在地曰柔. 在人曰仁. 而陰不徒陰. 陰必具陽. 陽不徒陽. 陽必具陰.
故陰陽合德. 而剛柔有體. 即天道而爲地道. 即地道而爲人道. 即人
道而體天地之撰. 通神明之德. 易理旣然. 易書亦爾. 所以六十四卦
之名雜而不越. 雜. 謂大小善惡邪正吉凶之不同. 不越. 謂總不外于
陰陽二物之德. 然使上古之世. 有善無惡. 有正無邪. 則此書亦可無
作. 今惟以衰世旣有善惡邪正之殊. 欲即此善惡邪正. 仍歸於非善非
惡之至善. 非邪非正之至正. 所以方作易耳.

역리가 있음으로 곧 건곤이 있고, 건곤으로 말미암아 곧 역리에
통달할 수 있다. 마치 성城에는 반드시 성문이 있고, 성문을 통해야

의심함(疑)이다"라고 했다. 백성들의 의심하는 바를 풀어주기 위해『역경』을
만들어, 이로써 백성들을 구제한다. ③남회근은『역경계전별강』에서 "이貳는
상대적인 것으로 음양의 양면을 가리킨다.『역경』은 음양의 양면이다. 음이
있어 양이 있는 것이 인과의 관계이며, 우주적 도리이다"라고 하면서 "以明失得
之報"에 대해서도, "만사에는 인이 있으면 과가 있고, 득이 있으면 실이 있고,
성공이 있으면 실패가 있는 것은 바로 환보還報의 '되돌아 다시 오는' 도리로,
노자老子의 천도호환天道好還의 이치이다"라고 풀이 했다. *환還에는 '되돌아
간다'는 뜻 외에도, '갚는다(報)'는 뜻도 있다.
'천도호환天道好還'은 인과인보를 말하는 것으로 세상사 되갚음(還, 報)의 이치
로 ①노자는『도덕경, 제30장』에서 "도道로써 주군을 보좌하는 사람은(以道佐
人主者) 천하에 무력을 앞세우지 않는다(不以兵强天下). 무력을 사용하는 일은
(其事) 그 대가(되갚음)를 치르기 마련이다(好還)"라고 했다. 하늘의 보복이
있게 된다는 뜻이다.

성으로 들어갈 수 있는 것과 같다. 대개 건乾은 양물이니, 하늘에 있으면 양이라 하고, 땅에 있으면 강剛이라 하고, 사람에 있으면 지혜라 한다. 곤坤은 음물이니 하늘에 있으면 음陰이라 하고, 땅에 있으면 유柔라 하고, 사람에 있으면 인仁이라 한다. 음은 단지(徒) 음이 아니고, 음은 반드시 양을 구족하고 있다. 양 또한 단지 양이 아니고, 양은 반드시 음을 구족하고 있는 까닭에, 음양이 덕을 합해 강과 유의 형체가 있는 것이니, 천도가 있어 지도가 있고, 지도가 있어 인도가 있고, 인도가 있어 천지의 이치(撰)를 체득하여, 신묘하게 밝은(神明) 덕에 통달할 수 있는 것이다.

역리가 이미 그러하고, 역서 또한 그러하니, 64괘의 이름은 복잡하나 (음양이라는 일정한 법칙과 질서를) 벗어나지 않는(不越) 까닭이다. 복잡하다는 것은 대소, 선악, 사정(邪·正), 길흉이 같지 않음을 말한다. 벗어나지(越) 않는다는 것은 모두가 음양이라는 두 가지 덕(德: 법칙)을 벗어나지 않음을 말한다. 그러나 가령(使) 상고시대에 선만 있고 악은 없으며, 바름만 있고 사특함이 없었다면, 이 글(易書)은 또한 지을 이유도 없었을 것이다. 이제 쇠퇴한 세상(衰世)에 이미 선악이나 사정의 차별이 있었으니, 이 선악이나 사정으로 인하여(仍) 선도 아니고 악도 아닌 지극한 선(至善)과 사특함도 아니고 바름도 아닌 지극한 올바름(至正: 道)으로 돌아가게(歸: 교화) 하고자(欲), 비로소 역을 짓게 되었던 것이다.

【선해】 是以易之爲書. 能彰往因. 能察來果. 能以顯事會歸微理. 能使 幽機圓成明象. 故以此開示天下萬世. 名無不當. 物無不辨. 言無不

正. 辭無不斷也. 一卦止有一名故小. 一名具含衆義故大. 包盡內聖外王之學故旨遠. 辭不煩而意已達故文. 言偏而意無不圓. 故曲而中. 事定而凡情難測. 故肆而隱. 因決疑以明失得之報. 遂令民之蚩蚩亦可避失而趨得也.

이로써『역경』이라는 글(책)은, 능히 지나간 일들의 원인을 밝혀내고, 능히 미래의 결과를 예측할(察) 수 있게 하며, 능히 드러난 일들을 은미한 이치(微理)로 회귀토록 하며, 능히 숨겨진(幽) 기미(機微: 幾微)를 들어내어(闡) 밝은 형상(明象)을 이루게 하는 까닭에, 이로써 천하만세에 열어 보여주니(開示), 이름에는 합당하지 않음이 없으며, 사물에는 제대로 변별하지 않음이 없으며, 말에는 바르지 않음이 없으며, 계사에는 옳게 판단하지 않음이 없다. 한 괘에는 단지 하나의 이름만 있는 까닭에 작다고 하나, 하나의 이름에 많은 뜻(衆義)을 갖추어 함축하고 있는 까닭에 크다고 한다. 내성외왕의 학문을 다(盡) 포함하고 있는 까닭에 뜻(旨)이 심원하며, 말(繫辭)에는 번잡하지 않으면서 뜻에는 이미 막힘이 없는(達) 까닭에 학문(學問: 道)인 것이다. 말에는 치우친 듯하면서도 뜻에는 원만하지 않음이 없는 까닭에, 곡진하면서도 적중(的中, 適中)하며, 일이 정해져 있으면서도 범부의 뜻(凡情: 머리)으로는 헤아리기 어려운 까닭에, 다 펼쳐(肆) 있음에도 숨겨진(隱) 이치가 있다. 의혹을 풀어(決) 길흉실득吉凶失得의 과보(결과)를 밝혀줌으로 인해, 마침내 어리석은(蚩蚩) 백성들로 하여금(令) 가히 손실을 피하고 이득을 좇도록(趨) 한 것이다.

계사하전 제7장

【주역】 易之興也. 其於中古乎. 作易者. 其有憂患乎.

역이 부흥한 시기는 (은주殷周가 교체되는) 중고中古시대였을 것
이다. 역을 만든 사람(作易者: 문왕)의 우환(憂患: 걱정과 근심)이 있었
겠구나![88]

---

[88] 역은 시대적 측면에서 볼 때 시력삼고時曆三古, 즉 상고上古의 하夏, 중고中古의
은殷, 하고下古의 주周 삼고를 거쳐 완성되었다고 한다. 간괘에서 시작하는
상고(夏)의 연산역連山易과 곤괘에서 시작하는 중고(殷)의 귀장역歸藏易은 이름
만 전해지고, 현재는 건괘에서 시작하는 하고(周)의 『주역』만 남아 있다.
주자는 『본의』에서 "하나라, 상나라 말(夏商之末)에 역도가 쇠미하였는데(易道
中微), 문왕이 유리옥에 갇혀 있으면서 단사를 붙이니(文王拘於羑里而繫彖辭),
역도가 다시 흥하였다(易道復興)"라고 하였다.
상나라 말기에는 주紂왕의 폭정으로 역도가 쇠미衰微한 망국의 길로 접어드는
시기였다. 당시 희창(姬昌: 사후에 문왕으로 추존)은 주紂 임금이 통치하는 서쪽
땅의 제후(西伯)로 백성들의 신임을 받고 있었다. 숭후崇侯인 호虎가 "서백이
적선누덕積善累德해서 제후들이 모두 그에게 향하고 있으니 장차 제(帝, 紂王)에
게 불리합니다"라고 참소하자 이에 불안을 느낀 주왕이 희창을 유리옥에
가두었는데, 그때 희창은 감옥에 있으면서도 어지러운 세상과 백성들의 환난을
걱정하여 복희씨 이래로 괘로만 전해 오던 64괘에 말(卦辭)을 붙이고, 그의
아들인 주공이 효에 말(爻辭)을 붙였다고 한다. 이로 인해 백성들도 이해하고
이용할 수 있게 되었으니 역도가 부흥하게 되었다는 뜻이다.

【선해】 言其有與民同患之深心也.

　그 백성들과 더불어(與) 우환을 함께하는(與民同患) 깊은 마음(우환의식)이 있었음을 말한다.

【주역】 是故履. 德之基也. 謙. 德之柄也. 復. 德之本也. 恒. 德之固也. 損. 德之修也. 益. 德之裕也. 困. 德之辯也. 井. 德之地也. 巽. 德之制也.

　이런 까닭으로, ①『역경』 10번째 천택리(天澤履: ䷉)괘는 덕의 바탕(基)이요[89], ②『역경』 15번째 지산겸(地山謙: ䷏)괘는 덕의 자루(柄)요[90],

---

　이렇듯 중고中古는 은주의 교체기로 사회가 극도로 혼란한 쇠세(衰世, 난세)의 시기였다. 『주역』을 지은 자는 '우환의식'을 가지고 있었기에, 개인의 도덕 수양을 강조하여 사람들로 하여금 몸을 돌이켜 덕을 닦아(反身修德) 상해를 입지 않도록 한 것이다. 여기서는 도덕 수양의 함의含意를 아홉 괘로써 괘덕과 괘용과 환난을 극복하는 방법에 대해 설하고 있다.

[89] 천택리(履: ䷉)괘에는 '예禮, 행하다, 실천하다'의 뜻이 있다. 『서괘전』에 "사물이 모인 뒤에 예가 있기(物畜然後有禮) 때문에 이履로써 받았다"라고 하였다. 사물이 모이면 상하, 귀천의 구별이 있게 되므로, 그 구별이 바로 예이다. 예는 예의뿐만 아니라 규범의 의미를 갖는다. 사회가 유지되기 위해서는 예의와 규범이 필요하며, 이를 실천하는 것이 덕의 기반이 되므로 이履괘를 구덕九德의 첫머리에 둔 것이다.

[90] 지산겸(䷏)괘의 괘상은 높은 산(☶)이 땅(☷) 아래에 있는 상이니 겸허함이며, 덕의 손잡이다. 물건을 잡는 데는 손잡이가 필요하듯 우환을 피하는 데는 겸손이야말로 덕의 자루(柄)가 된다는 뜻이다.
　『서괘전』에서 "더불어 사람들과 함께하는 사람(與人同者)은 재물이나 인재가

③『역경』24번째 지뢰복(地雷復: ䷗)괘는 덕의 근본이요[91], ④『역경』
32번째 뇌풍항(雷風恒: ䷟)괘는 덕의 견고함이요[92], ⑤『역경경』41번째
산택손(山澤損: ䷨)괘는 덕의 닦음(修)이요[93], ⑥『역경』42번째 풍뢰익

반드시 모여들기 때문에(物必歸焉) 화천대유(䷍)괘로 받고(故受之以大有), 크게
가지는 것은(大有者) 가득 차게 할 수 없기 때문에(不可以盈) 지산겸(䷎)괘로
받고(故受之以謙), 크게 가지고도 겸손할 수 있기에(大有而能謙) 반드시 즐겁다
(必豫)"라고 하였다. 크게 가지는 것(大有)은 자기 혼자만의 힘으로 된 것이
아니라 다른 사람들의 도움이 있어야 가능하다(與人同). 자기를 도운 사람들과
함께 나누어야 한다는 뜻이다. 욕심을 부려서는 안 된다(不可以盈). 크게 가지고
도(大有) 함께 나누는 것이 겸謙이다. 함께 나누는 것은 분배이자 사회적
환원이다. 이럴 때 하늘의 도움이 있게 되어(自天祐之) 오래도록 부유함을
유지할 수 있다. 이는 치자治者의 덕목을 말하는 것이다. 치자는 가정, 기업,
사회조직, 국가조직 등의 우두머리(지도층)를 일컫는다.

91 지뢰복(復: ䷗)은 '본래대로 돌아오다, 회복하다, 복귀하다'의 의미를 갖는다.
따라서 덕의 근본이다. 『잡괘전』에서도 "복復은 돌아오는 것이다(反也)"라고
하였다. 이는 음이 다하면 양으로, 양이 다하면 음으로 되돌아가는 '음양소장陰
陽消長'과 '물극필반物極必反'의 자연법칙을 말하고 있는 것이다.
『서괘전』에서도 "박(剝, ䷖)괘는 사물이 끝내 다할 수는 없으니(物不可以終盡),
박(剝: 깎다, 다치다, 벗기다)이 위에서 다하면 아래로 돌아오는 까닭에(窮上反下故)
복괘로 받았다(受之以復)"라고 하였다. 돌아온다(復)는 것은 덕의 근본 바탕으로
돌아온다는 것으로, 잘못이 있더라도(不覺) 참회하고 수행하여(始覺) 본래의
모습으로(德: 眞如本覺, 佛性, 自性淸淨心, 心源) 돌아온다는 것(歸)을 말한다.
92 뇌풍항(䷟)에는 '항상, 변하지 않는'의 의미를 갖는다. 덕이 항상하니 견고한
것이다.
『서괘전』에서 "부부의 도는 오래하지 않을 수 없기에(夫婦之道不可以不久也)
항괘로 받았으니(故受之以恒), 항은 오래함이다(恒者 久也)"라고 하였다. 덕의
항상함과 견고함을 강조한 것이다.

(風雷益: ䷩)괘는 덕의 넉넉함(裕)이요[94], ⑦『역경』 47번째 택수곤(澤水困: ䷮)괘는 덕의 분별함이요[95], ⑧『역경』 48번째 수풍정(水風井: ䷯)괘는 덕의 대지요[96], ⑨『역경』 57번째 중풍손(重風巽: ䷸)괘는 덕의 만듦

---

93 산택손(䷨)괘에는 손하익상의 의미가 있다. 산 아래 연못(☱)의 흙을 파서 산(☶) 위로 올려주면, 연못도 깊어지고 산도 높아지는 것이니, 내 것을 덜어(損下) 남을 이롭게 하는(益上) 의미를 갖는다. 또는 자신의 욕심, 결점 등을 덜어냄으로써(損下) 성인지도에 가까이 간다(益上)는 뜻도 있다. 이처럼 다양한 해석이 있을 수 있는 것은 불경이든 『역경』이든 아는 만큼 말할 수 있기 때문이다.

정이천은 『역전』에서 "손損은 감손減損함이니 무릇 과실을 덜고 손을 억제하여 (凡損抑其過) 의리에 나아감(以就義理)은 모두 손의 도이다(皆損之道也)"라고 하였으며, 주자는 『본의』에서 "분함을 그치고(懲忿), 욕심을 버리고(窒慾), 몸을 닦음으로써(以修身) 지난날의 잘못이나 허물을 고쳐 선이 자라게 해야 한다(遷善改過以長善)"라고 하였으니, 수신의 덕을 강조한 것이다.

94 풍뢰익(䷩)은 아래를 이익 되게 한다는 뜻이다. 단전에 이르기를(彖曰), "익은 위를 덜어 아래에 더해 주니(損上益下) 백성들이 끝없이 기뻐한다(民說無疆)"라고 하였다. 따라서 덕의 넉넉함(裕)인 것이다.

95 택수곤(䷮)은 '괴로움을 겪는 것'이니, 곤궁한 때야말로 경거망동하지 말고 하늘의 때를 기다리며 사태를 옳게 분별하는 지혜가 필요하다. 위대한 철학자, 정치가는 물론 종교지도자들은 모두 인고의 세월을 보내면서도 올바른 판단과 처세로 흐트러진 모습을 보이지 않았기에 위대한 삶과 사상을 남길 수 있었던 것이다. 호의호식하는 향락의 세월을 보내면서 위대한 사상이나 업적을 남긴 사람은 없다.

96 수풍정(䷯)은 단전에서 이르길(彖曰), "물속에 들어가서(巽: 入) 물을 퍼 올리는 (上) 것이 우물이니(巽乎水而上水井), 우물(井)은 만물을 길러내는 데 다함이 없다(養而不窮也)"라고 하였다. 우물은 만물을 품고 길러내는 대지와 같은 것이다.

(制)[97]이다.[98]

【선해】心慈而力健. 故爲德基. 內止而外順. 故爲德柄. 天君爲主. 故是德本. 動而深入. 故德可固. 譬如爲山. 故爲德修. 鼓舞振作. 故爲德裕. 積而能流. 故爲德辯. 入而能出. 故爲德地. 遍入一切. 故爲德制. 素位而行之謂履. 蘊高于卑之謂謙. 爲仁由己之謂復. 動而有常之謂恒. 去惡淨盡之謂損. 積善圓滿之謂益. 歷境煉心之謂困. 有源不窮之謂井. 無入不得之謂巽. 其實六十四卦. 無非與民同患. 內聖外王

---

97 중풍손(☴)은 단전에 이르길(彖曰) "거듭 공손함으로써 명을 받아 펼친다(重巽以申命)." 상전에 이르길(象曰) "바람을 따르는 것이 손이니(隨風 巽) 군자가 이를 본받아(君子以) 신중하게 명을 행한다(申命行事)." 『잡괘전』에는 "복종하는 것이다(巽伏也)"라고 하였으니, 손에는 왕명에 복종한다는 의미를 갖는다. 여기서 왕은 King의 의미도 있겠지만 하늘(天)의 의미로, 왕명은 천도, 천명, 하늘의 섭리 등으로 이해해야 한다. 손巽은 바람이니, 바람은 구석구석 깊은 곳까지 이르지 못하는 곳이 없다. 천도, 천명, 하늘의 섭리 등이 그렇다는 뜻이다.

98 이는 구덕삼진괘九德三陳卦의 일진一陳으로 '덕의 특징과 실천'에 대해 설하고 있다. 구덕삼진괘란 아홉 개의 괘로, 아홉 개의 덕(九德)을 세 번 나열한 것(三陳)을 말한다. 이는 공자의 우환의식으로 백성들이 환난을 당해도 좌절하지 않고 환난을 극복하는 아홉 가지 덕(방법)을 기술한 것이다. 구덕삼진은 반야선을 타고 윤회의 강을 건너 피안으로 가는 것(도피안)으로 이해해도 좋다.

恒 (4巽)	巽 (9離)	謙 (2坤)
復 (3震)	損 (5中)	困 (7兌)
井 (8艮)	履 (1坎)	益 (6乾)

(참고: 대유학당 편집부, 『손에 잡히는 주역인해』, 대유학당, 2012.)

之學. 且就九卦指點者. 以其尤爲明顯故也.

①천택리(䷄)는 마음이 자비롭고 힘이 굳건하니 덕의 바탕(基)이 된다. ②지산겸(䷞)은 안으로 아만我慢을 내려놓고(止) 밖으로 유순하니 덕의 자루(柄)가 된다. ③지뢰복(䷗)은 마음(天君)이 주인이 되니 덕의 근본이 된다. ④뇌풍항(䷟)은 움직여서(動) 깊이 들어가니 덕이 견고할 수 있다. ⑤산택손(䷨)은 비유하면 산이 되려는 것이니 덕의 닦음(修)이 된다. ⑥풍뢰익(䷩)은 고무鼓舞하고 진작振作시키니 덕의 넉넉함(裕)이 된다. ⑦택수곤(䷮)은 쌓아서 능히 흘러감으로 덕의 변별辨別이 된다. ⑧수풍정(䷯)은 들어갔다 능히 나올 수 있으니 덕의 터전(地)이 된다. ⑨중풍손(䷸)은 일체의 모든 것에 두루 들어가므로(遍入) 덕의 제(制: 규정)가 된다.

본래의 자리(素位)에서 해야 할 것을 행하는 것을 ①천택리(䷄)라 하고, 높으면서도 낮게 처신하는 것(蘊)을 ②지산겸(䷞)[99]이라 하고,

---

[99] 지산겸(䷞)은 부귀하면서도(高) 낮은 사람과 같이할(卑) 수 있는 것을 말한다. 정이천은 "덕을 가지고 있으면서도 그 자리에 머물지(享有) 않는 것을 겸(有其德而不居 謂之謙)"이라 했고, 주자 역시 같은 말을 했다(謙者, 有而不居之義). 여기서 덕은 사회적 지위를 말한다.

그렇게 해야 하는 이유는 물극필반物極必反이라는 『역경』의 이치에 따른 것이다. 여기에는 두 가지 원칙이 있다. ①사물의 발전에는 한계가 있으며, 한계에 이르면 다시 퇴보를 한다. 뢰화풍(䷶)괘 단전에 "해는 중천에 이르면 기울고(日中則昃), 달은 차면 기우는(蝕) 법이다(月盈則食)"라고 하였다. 『천자문』에도 "찬 것이 오면 더운 것이 가고, 더운 것이 오면 찬 것이 간다(寒來暑往)"라고 했다. ②높은 산을 보더라도 산꼭대기는 스스로 높은 것이 아니라, 낮은 곳에서부터 높아진다(卑高以陣). 낮은 곳을 바탕으로 높은 것이 있는

자신부터(由己) 어질게(仁) 되는 것을 ③지뢰복(䷗)이라 하고[100], 움직이되 항상함이 있는 것을 ④뇌풍항(䷟)이라 하고, 악을 제거하여 지극히 깨끗하게 되는 것을 ⑤산택손(䷨)이라 하고, 선善을 쌓아서 원만해지는 것을 ⑥풍뢰익(䷩)이라 하고, 역경逆境을 참아내면서 마음을 단련시키는 것을 ⑦택수곤(䷮)이라 하고, 근원이 있어 마르지 않는(不窮) 것을 ⑧수풍정(䷯)이라 하고, 들어가서 얻지 못할 것이 없음을 ⑨중풍손(䷸)이라 한다. 그 실實은 64괘 모두가 백성들과 더불어 같은(同) 걱정과 근심(憂患)을 하지 않음이 없는 내성외왕의 학문인 것이다. 또한(且) 9개의 괘만 좇아 지점(指點: 손가락으로 가리켜 보임)한 것은, (9개의 괘에) 그것이 더욱 밝게 드러나기 때문이다.

것이기에 높은 것도 낮은 곳의 일부일 뿐이다. 그러기에 높은 덕을 가지고 있으면서도 낮은 곳에 거居해야 안전한 것이다. 설령 높은 곳에 머문다 하더라도 언젠가는 다시 본래의 낮은 곳으로 돌아와야 한다. 이것이 세상사世上事이고 세상사의 이치로 '물극필반'이다. 이를 『상전, 1장』에서 "天尊地卑 乾坤定矣 卑高以陣"이라 했다.

100 지뢰복(䷗)은 자신의 욕심을 버리고 사람이 본래 지녀야 할 예도의 마음으로 되돌아가는 것(復)을 말한다(克己復禮). 즉 인간 존재 본연의 모습을 회복하는(復) 것을 의미한다. 되돌아가거나 회복하는 관념적 장소는 『상전, 10장』에서 밝힌 무사, 무위의 적연부동의 자리(마음)로, 『대승기신론』의 심원心源이다. 마음의 바탕, 마음자리, 마음의 근원 등으로 풀이되는 심원心源은 아직 밖으로 나타나지 아니한 관념적 인식의 대상으로, 선과 악, 아름다움과 추악함, 깨끗함과 더러움도 떠나 있어 잡을 수도, 볼 수도, 들을 수도 없는 적연부동寂然不動하여 본원청정한 자리이다. 『대승기신론』에서는 한마음(一心)이라 했다. (참조: 원효, 최세창 역주, 『대승기신론소별기』, 운주사, 2016.)

【주역】 履和而至. 謙尊而光. 復小而辯于物. 恒雜而不厭. 損先難
而後易. 益長裕而不設. 困窮而通. 井居其所而遷. 巽稱而隱.

① 천택리(天澤履: ䷉)의 예(禮: 조화, 온화)는 다른 사람에게 영향을
미치고(至)[101], ② 지산겸(地山謙: ䷎)은 상대를 높임으로써 내가 빛나고,
③ 지뢰복(地雷復: ䷗)은 (기미가 비록) 작더라도 사물을 변별하지 못함
이 없고, ④ 뇌풍항(雷風恒: ䷟)은 (잡다한 것들과) 섞이되 (정도를 지키는
데) 실증내지 아니하고, ⑤ 산택손(山澤損: ䷨)은 처음은 어렵지만 나중에
는 쉽고, ⑥ 풍뢰익(風雷益: ䷩)은 길러(長: raise, cultivate) 여유(餘裕)롭게
해 주지만 (함부로, 헛되이) 베풀지 아니하고, ⑦ 택수곤(澤水困: ䷮)은
궁색하지만 통하게(窮卽通) 되고, ⑧ 수풍정(水風井: ䷯)은 자기 자리에
가만있되 (그 덕은) 옮겨가고(遷)[102], ⑨ 중풍손(重風巽: ䷸)은 (경중대소
를) 저울질하면서도 은밀하여 (아무 때나) 드러내지 않는다.[103]

---

101 『서괘전』에서 "사물이 모이고 쌓인 뒤에는 예禮가 있기에(物畜然後有禮), 리履
    괘로 받았다(故受之以履)"라고 했다. 그 예는 다른 사람에게 좋은 영향을
    미친다(至). 즉 예(禮: 조화, 온화)로써 다툼과 마찰을 막을 수 있다는 것이다.
    『예기禮記』에는 "예가 (다른 사람에게) 미치게 되면 다툼이 없다(禮至則不爭)"
    라고 했다.

102 우물(井)은 제자리에 있으나, 우물의 물은 흘러나와 많은 사람이 마시고,
    농사도 짓게 해 주는 것과 같이, 성인은 제자리에 있으나, 성인의 덕은 많은
    사람에게 옮겨가 감화되는 것이다.

103 이는 구덕삼진괘의 이진二陳으로, '괘의 특징'을 설하고 있다.

巽 (4巽)	損 (9離)	困 (2坤)
井 (3震)	履 (5中)	復 (7兌)
恒 (8艮)	益 (1坎)	謙 (6乾)

【선해】 和卽兌慈. 至卽乾健. 尊卽山高. 光卽坤順. 小卽一陽而爲衆陰
之主. 入于群動. 故雜而不厭. 譬如爲山. 方覆一簣. 故先難而後易.
鼓舞振作. 則自然長裕. 窮卽澤之止水. 通卽坎之流水. 由積故流.
猶所謂隱居求志而行義達道也. 井不動而澤及于物. 巽能遍入一切
事理深奧之域. 故稱而隱.

① 천택리(≣)의 조화는 곧 연못(兌: ☱)의 자애로움이고, 지극함
(至)은 곧 하늘(건: ☰)의 군건함이다. ② 지산겸(≣)의 높다는(尊)
것은 곧 산(艮: ☶)이 높은 까닭이요, 빛난다(光)는 것은 땅(곤: ☷)이
유순한 까닭이다. ③ 지뢰복(≣)의 작다는(小) 것은 곧 하나의 양陽이지
만 여러(衆) 음陰들(一陽五陰)의 주主가 된다는 뜻이다. ④ 뇌풍항(≣)
의 여러(群) 움직임 속으로 들어가는 까닭에 섞이되 싫증내지 않는다.
⑤ 산택손(≣)의 (학문을) 산을 쌓는 데 비유하자면, (마지막으로)
한 삼태기의 흙을 덮는 것과 같으므로[104] 처음에는 어려워도 나중에는
쉬운 것이다. ⑥ 풍뢰익(風雷益: ≣)의 고무하고 진작시키면 자연적으
로 길러져서 넉넉하게(裕) 되는 것이다. ⑦ 택수곤(澤水困: ≣)은 궁색
함은 연못의 고여 있는 물(止水)이요, 통한다는 것은 감(坎: ☵)의

(참고: 대유학당 편집부, 『손에 잡히는 주역인해』, 대유학당, 2012.)

104 공자께서 『논어, 자한』편에 이르시길, "(학문이든 그 밖의 무슨 일이든)
비유컨대 흙을 쌓아 산을 만드는 것과 같으니(譬如爲山), 마지막 한 삼태기를
붓지 못해 산을 완성시키지 못하고(未成一簣) 그만두는 것도(止) 내가 그만두는
것이며(吾止也), 비유컨대 땅을 평평하게 하려고(譬如平地) 흙 한 삼태기를
덮어(雖覆一簣) 나아가도(進) 내가 가는 것이다(吾往也)"라고 하셨다. 모든
것이 나로 말미암는다는 말이다.

흐르는 물(流水)이니, 저수貯水로 말미암아 물은 흐르는 것이다. 마치 이른바 은거隱居하면서 뜻을 구하고, 의로움을 행하여 도에 이르는(達) 것과 같다. ⑧ 수풍정(水風井: ䷯)은 우물(井)은 움직이지 않으면서 윤택이 만물에 미친다. ⑨ 중풍손(重風巽: ䷸)은 바람(巽)은 능히 두루 일체 사리事理의 심오한 영역에까지 스며드는 까닭에, (경중, 대소를) 저울질하면서도 바람처럼 은밀하여 보이지 않는 것이다.

【주역】 履以和行. 謙以制禮. 復以自知. 恒以一德. 損以遠害. 益以興利. 困以寡怨. 井以辯義. 巽以行權.

①리(履: 禮)로써 행동을 조화롭게 하고, ②겸謙으로써 예를 따르고 (制)[105], ③복復으로써 스스로 깨닫고[106], ④항恒으로써 덕을 한결같이 (一) 하고, ⑤손損으로써 해로움을 멀리하고, ⑥익益으로써 이로움을 일으키고, ⑦곤困으로써 원망이 적게 하고, ⑧정井으로써 의리를 변별하고, ⑨손巽으로써 권도權道[107]를 행한다.[108]

---

105 '제制'에 대해서는 옮기는 이에 따라 ①'제정制定하다'로 보는 경우도 있고, ②'따르다(從)'로 보는 경우도 있다.(참고: 成百曉 譯註, 『周易傳義』, 傳統文化硏究會, 2007.)

106 자지自知의 사전적 풀이는 냉난자지冷暖自知의 줄임으로, 남의 말을 듣지 않아도 차고(陰) 더운(陽) 이치를 스스로 안다는 뜻이다. 여기서 안다는 것은 일음일양의 순환 반복하는 자연의 질서, 하늘의 질서(天道)를 배우고(學) 묻고(問) 따르는 것(順)을 말한다. 이로써 "자천우지自天祐之하니 길吉하여 무불리无不利"할 수 있는 것이다.(화천대유괘의 상구 효사)

107 권도權道는 특수하고 예외적인 상황에서 임시적인 정당성을 가지는 행위규범 이며, 상도常道는 영원히 변하지 않는 본질적 규범, 존재, 진리를 말한다.

【선해】 此正明九卦之用如此. 以此而爲內聖外王之學. 所以能歸非善非
惡之至善. 非邪非正之至正. 而聖人與民同患之線索亦盡露於此矣.

위에서 밝힌 9괘의 쓰임(用)이 이와 같음을 바로(正) 밝혔다. 이로써
내성외왕의 학문이 되는 것이니, 능히 선도 아니고, 악도 아닌 지극한
선과 사邪도 아니고 정正도 아닌 지극한 바름(正)으로 돌아갈(歸)
수 있는 까닭이며, 성인이 백성과 더불어 근심을 같이하는 선색(線索:
실마리를 찾음)이 또한 여기에 다(盡) 드러나 있다.

【선해】 ○按此九卦. 亦卽是以餘九法助成不思議觀之旨. 蓋易卽不思
議境之與觀也. 作易者有與民同患之心. 更設九法以接三根.

○이 9괘를 불법의 십승관법十乘觀法으로 살펴보건대(按), 또한 (십
승관법 중에서) 나머지 9법으로 부사의관不思議觀을 도와 이룬다(助
成)는 뜻(旨)이다.[109] 대개(蓋) 『역경』이란 곧 부사의경不思議境[110]과

---

108 이는 구덕삼진괘의 삼진三陳으로, 덕의 실천에 대해 설하고 있다.

井 (4巽)	恒 (9離)	益 (2坤)
困 (3震)	巽 (5中)	謙 (7兌)
復 (8艮)	損 (1坎)	履 (6乾)

(참고: 대유학당 편집부, 『손에 잡히는 주역인해』, 대유학당, 2012.)

109 십승관법十乘觀法은 천태지자가 체계화한 천태종의 전통 수행관법으로, 십승
十乘이란 수행자를 깨달음의 경지로 운반하는 10가지 수레(乘)라는 뜻이다.
이 10종의 관법이 모든 수행자에게 적용된다는 의미는 아니고 수행자의
수준에 따라 ①상근기上根機는 '관부사의경觀不思議境'을 닦는 것만으로도
깨달을 수 있으나 ②중근기中根機는 제2법부터 6법까지 닦아야 하며, ③하근

기下根機는 제7법부터 10법까지 닦아야 한다. 제일 중요한 것은 첫 번째 관법인 관부사의경으로, 나머지 9개는 '관부사의경'의 관법을 이루기 위한 보조관법이라 할 수 있다. 십법성관十法成觀, 십법성승관十法成乘觀이라고도 한다.(참조: 네이버지식백과, 『두산백과』; 諦觀 錄, 李永子 譯註, 『天台四教儀』, 경서원, 1992.) 관부사의경觀不思議境이 총상總相이라면, 나머지는 별상別相이다.(참조: 마명, 『대승기신론』.)

110 ① 관부사의경觀不思議境은 십승관법 중 가장 기본이 되는 수승한(상근기) 관법으로, 원교圓教의 특징을 가장 잘 드러낸 제1 관법이다. 이는 자기 마음대로 헤아리지 않고, 진리의 가르침에 따라 스스로의 마음을 열고 진리를 체험하려고 정진하는 수행으로, 중생들의 눈앞에 나타나는(現前) 일념의 번뇌 망심妄心이 곧 삼제원융三諦圓融의 묘경妙境이라고 관관觀觀하는 것이다. 즉 범부가 일상생활 가운데에서 일으키는 한 생각(一念心) 중에 온갖 번뇌 망심의 현상(삼천세계)이 포함되어(一念三千說) 있음을 관관觀觀할 뿐만 아니라, 그 일념심을 공(空: 眞), 가(假: 俗), 중(中: 非有非空의 中道) 삼제원융三諦圓融의 원리로 관하는(一心三觀) 것이다.

그러나 이는 생각으로는 헤아릴 수 없는 부사의한 경계(不思議境)로 묘경妙境이라 하며, 이 묘경을 관관觀觀한다 하여 관부사의경觀不思議境이라 한다. '부사의경'이란 부처님의 경계로, 번뇌하는 마음에 불가사의한 부처님의 경계가 갖춰져 있음을 말한다.(참조: 諦觀 錄, 李永子 譯註, 『天台四教儀』, 경서원, 1992.) 『마하지관』에 따르면 "스스로 묘경을 깨달으면 곧 서원을 세워 다른 사람을 불쌍히 여기게 된다. 서원을 실현하기 위해 수행하고 서원과 수행이 충분해지면 잘못된 생각을 자유롭게 부술 수 있다. 부수는 가운데 수행이 정밀하게 통했는지, 막혔는지를 알게 되어 여러 가지 불도행이 진전되고 또 보조적인 수행도를 더해 불도수행을 열어 간다. 수행 과정 중에 자기와 타인의 수행계위를 잘 알아 안과 밖에서의 영욕을 잘 참아낸다. 수행 중의 가르침에 조금도 집착하지 않기 때문에 빠르게 보살의 지위에 들어가게 된다"라고 한다.(참조: 네이버 지식백과, 김정희, 『마하지관 해제』 서울대학교 철학사상연구소, 2006.)

그에 관한 9가지 관법觀法[111]인 것이다. 역을 지은 이(作易者)는 백성과
더불어 근심을 함께하는 마음이 있었기에, 다시(更) (십승관법 중에
서) 나머지 9법九法을 베풀어(設) 삼근三根[112]의 중생들이 근기에 따라
접하게 하였다.

【선해】履是眞正發菩提心. 上求下化. 謙是善巧安心止觀. 地中有山.
止中有觀也. 復是破法遍. 一陽動于五陰之下也. 恒是識通塞. 能動
能入也. 損是道品調適. 能除惑也. 益是對治助開. 成事理二善也.

---

111 구법九法은 ① 발진정보리심發眞正菩提心, ② 선교안심지관善巧安心止觀, ③ 파
법변破法遍, ④ 식통색識通塞, ⑤ 도품조적道品調適, ⑥ 대치조개對治助開, ⑦ 지
차위知次位, ⑧ 능안인能安忍, ⑨ 무법애無法愛.

112 삼근三根은 ① 악업惡業을 생기게 하는 뿌리(根)라 하여 탐, 진, 치의 삼독三毒을
말한다. ② 중생의 자질(지혜)이나 근기를 상, 중, 하 삼등三等으로 나눈 것.
여기서는 ②번의 뜻으로 쓰였다.
부처님은 『법화경, 약초유품』에서 가섭존자에게, "가섭이여, 비유하면 삼천
대천세계의 산천과 계곡과 토지에 난 초목과 숲과 모든 약초들은 종류는
몇 안 되나 이름과 모양은 각각 다르니라. 두터운 구름(密雲)이 널리 퍼져
삼천대천세계를 두루 덮고, 일시에 한 줄기 비가 축축하게 대지를 적시면,
초목과 숲과 모든 약초들의 ① 작은 뿌리, 작은 줄기, 작은 가지, 작은 잎사귀와
② 중간 뿌리, 중간 줄기, 중간 가지, 중간 잎사귀와 ③ 큰 뿌리, 큰 줄기,
큰 가지, 큰 잎사귀와 크고 작은 나무들이 상중하에 따라서 제각기 달리
받아들이는 것과 같으니라. 비는 한 구름에서 내리지만 그 (초목과 약초들의)
종류와 성질에 따라(稱) 싹이 나고 자라서 꽃이 피고 열매를 맺느니라. 비록
같은 땅에서 나고 같은 비를 맞지만 모든 초목들에는 각각의 차별이 있느니라"
라고 하신다.

困是知次位. 如水有流止. 不可執性廢修也. 井是能安忍. 謂不動而
潤物也. 異是離法愛. 謂深入於正性也.

①천택리(天澤履: ䷉)는 보리심을 참되고 바르게 발하는 것(眞正發菩
提心)으로[113] 위로는 깨달음(보리)을 구하고(上求菩提) 아래로는 중생을
교화하는 것이다(下化衆生). ②지산겸(地山謙: ䷎)은 훌륭한 방편(善
巧)으로 안심安心하는 지관(善巧安心止觀)[114]으로, 땅속에 산이 있는
것처럼, (마음의 번뇌를) 그치는 지관(止觀: 선정) 속에 관관(觀觀:
지혜)이 함께 있는 것이다. ③지뢰복(地雷復: ䷗)은 불법(佛法: 진리)에
만 집착하려는 편집증을 깨뜨리는 것이니(破法遍)[115] 하나의 양이 5개의

---

113 발진정보리심發眞正菩提心은 십승관법의 둘째 항목으로 원교圓敎에서 진정한
   보리심을 내는 것이다. 원교를 제외한 나머지 3교에서 내는 보리심은 미혹된
   감정에서 내는 보리심으로 진정한 보리심이 아니다. 그러나 원교에서 내는
   보리심은 미혹된 감정을 깨뜨리고 본래 갖추어져 있는 지혜에서 나오는
   서원이라는 것이다. 따라서 수행자는 초관(初觀: 관부사의경)에서 실패하면,
   묘경에 의해 낸다는 생각 없이 내는, 지음 없는(無作) 진정한 서원인 사홍서원
   을 발해야 하는 것이다(依妙境發無作四弘誓願).
114 선교안심지관善巧安心止觀은 십승관법의 셋째 항목으로, 교안지관巧安止觀이
   라고도 한다. 직역하자면, 교묘하게 마음을 평안하게 하는 지관이라는 뜻이
   다. 지止란 모든 생각을 멈추고, 마음을 한 곳(대상)으로 집중하는 것이고,
   관觀은 지에서 바른 지혜를 대상을 관하는 것이므로 곧 정定과 혜慧를 말한다.
115 파법편破法徧은 십승관법의 넷째 항목으로 번뇌 망상을 남김없이 깨뜨리는
   것이다. 어떤 객관적인 확실성을 갖고 있는 법이라 할지라도 법성法性의
   지혜로 관조해 보면 그릇된 견해에 의한 주관적 표상에 지나지 않는다.
   이를 『반야심경』에서는 전도몽상이라 한다. 파법편은 바로 이를 깨뜨리는
   것이다.

음 아래에서 움직이는 것이다. ④뇌풍항(雷風恒: ䷟)은 통할지 막힐지를 아는 것이니(識通塞)[116] 능히 움직이고 능히 들어갈 수 있는 것이다. ⑤산택손(山澤損: ䷨)은 37조도품調道品을 적절히 조절하는 것이니(道品調適)[117] 능히 미혹을 제거하는 것이다. ⑥풍뢰익(風雷益: ䷩)은 사邪나 장애를 대치對治하여 바른 관행을 열어가는 것으로(對治助開)[118] 사(事: 현상)와 리(理: 실상)의 두 가지 선善을 이루는 것이다. ⑦택수곤(澤水困: ䷮)은 수행의 계위를 아는 지차위知次位[119]로, (지형에 따라) 물이 흐르기도 그치기도 하는 것처럼, 불성佛性에 집착하여 닦기를 그만둘(廢) 수 없는 것이다.[120] ⑧수풍정(水風井: ䷯)은 능히 편안히

---

116 식통색識通塞은 십승관법의 다섯째 항목이다. 이것은 관행에 있어 통함과 막힘(通塞)을 아는(識) 것을 말한다. 통하는 것은 증장시키고, 막히는 것은 멀리하여 소멸시키는 것이다. ①통하는 것에는 도道, 멸滅, 인연을 없애는 지혜(滅因緣智), 육도六度, 일심삼관一心三觀 등이 있으며, ②막히는 것에는 고苦, 집集, 십이인연十二因緣, 육폐六蔽, 진사塵沙, 무명無明 등이 있다.

117 도품조적道品調適은 십승관법의 여섯째 항목이다. 수도품修道品이라고도 한다. 삼십칠도품三十七道品을 하나하나를 자신의 근기에 맞게 적당하게 조절하는 수행이다. 이상의 발진정보리심에서 도품조적까지의 다섯 가지가 중근기가 닦아야 하는 수행관법이다.

118 대치조개對治助開는 십승관법의 일곱째 항목이다. 조도대치助道對治라고도 한다. 보조행을 닦아서 장애를 대치對治한 후, 바른 관행을 닦음으로써 묘한 이치를 얻는 것을 말한다. 여기서부터 하근기 수행법이다.

119 지차위知次位는 십승관법의 여덟째 항목이다. 초심자는 수행 중에 조금이라도 얻는 바가 있으면, 그것을 과대시하는 경향이 있으므로, 수행계위를 알아서 깨달음과 미혹함의 차이를 바르게 알아야 하는 것이다.

120 불성佛性이 있음만 주장하며 수행을 폐廢하거나 게을리한다면, 윤회의 길(惡趣)로 떨어지게 되는 것이다.

참는 것이니(能安忍)[121] 움직이지 않으면서 만물을 윤택하게 하는 것이다. ⑨중풍손(重風巽 : ䷸)은 법에 대한 애착을 여의는 것으로(離法愛), 바른 성품을 깨달아 깊이 들어가는(深入於正性)[122] 것을 이른다.[123]

---

121 능안인能安忍은 십승관법의 아홉째 항목이다. 도를 이루기까지 내외의 역경逆境이나 순경順境 등의 유혹에 동요되지 않으며, 능히 잘 참아냄(安忍)을 말한다.

122 무법애無法愛는 십승관법의 열째 항목이다. 이법애離法愛라고도 한다. 법에 대한 애착을 없애는 것을 말한다.

『天台四敎儀』에서는 "말하자면 심신의 상사지도(相似之道: 유사한 도)에 집착하지 말고(莫著十信 相似之道), 반드시 초주의 진실한 이치(부사의경)에 들어야 하는 것(須入初住 眞實之理)"이라 하였다.

『법화경, 비유품』에서는 무법애의 경지에 드는 것을 "이 보배로운 수레(일승)를 타고 곧바로 도량에 이르게 한다(乘此寶乘 直至道場)"라고 하였다.

123 이상의 십승관법에 대한 각주는 주로 『天台四敎儀』를 참조하여 가필(加筆)하였다.(참고: 諦觀 錄, 李永子 譯註, 『天台四敎儀』, 경서원, 1992.)

계사하전 제8장

【주역】 易之爲書也不可遠. 爲道也屢遷. 變動不居. 周流六虛. 上下無常. 剛柔相易. 不可爲典要. 唯變所適.

其出入以度. 外內使知懼. 又明于憂患與故. 無有師保. 如臨父母. 初率其辭. 而揆其方. 既有典常. 苟非其人. 道不虛行.

　『역경』이라는 책은 가히 멀리할 수 없다(늘 가까이해야 하는 책이다).[124] 『역경』의 도 됨(爲道)이 (한 곳에 머무르지 않고) 자주(屢) 바뀐다(遷). 변하고 움직여서 (한 곳에) 머무르지 아니하여(不居), 육허六虛[125]에 두루 흘러, 오르고 내림에 고정된 것이 없다(無常). 강과 유가 서로 바뀌어(相易) 가히 고정된 전요(典要: 고정된 틀)로 삼을 수가 없고[126],

---

124 『역경』은 문자(한자와 한문)가 어려울 뿐 그 내용은 학문적이라기보다는 일상생활에서 일어나고 겪을 수 있는 우리의 삶을 이야기하기 때문에 고등학생도 이해하리만큼 아주 평이하고도 쉽다. 그러면서도 삼라만상이 생주이멸生住異滅 순환하는 우주변화의 법칙을 이야기하므로, 그 가르침은 심오하고 아주 교훈적이다. 남회근은 『역경계전별강』에서 "역경은 알기 쉽고 평범해 우리들의 일상생활과 아주 가깝고 관계가 깊은 학문이다. 결코 저 멀리 높은 하늘에 있어 오르지 못할 바가 아니다"라고 한다.

125 상하 사방(동서남북), 천지 사방, 전 우주, 육효六爻를 나타낸다.

126 이는 괘·효사에서 밝히는 하늘의 뜻을 어떻게 읽어낼 것인가를 말하는 것이다.

오직(唯) 처해진 상황에 맞게(所適) 변화해 갈 뿐이다(唯變所適).[127]

역경은 그 나고 드는(出入, 즉 변화) 데는 법도法度로써 하기에, 안팎(內外)의 조심하고 두려워할(懼) 바를 알게 하며[128], 또(又) 다가올 걱정거리

『역경』뿐만 아니라 모든 성현의 공부는 자구字句나 문자적 전요(틀)에 갇히면 사구死句가 되고 만다. 성철 스님이 책을 보지 말라고 한 것이나 임제 선사의 "부처를 만나면 부처를 죽이고, 조사를 만나면 조사를 죽여라"는 뜻도 이와 같은 것이다.

"도를 찾는 이들이여(道流), 여법한 견해를 얻고자 하면(儞欲得如法見解), 다만 남들이 빠지는 미혹에 속지 말고(但莫受人惑), 안에서나 밖에서나(向裏向外) 닥치는 대로 곧바로 죽여라(逢著便殺). 부처를 만나면 부처를 죽이고(逢佛殺佛), 조사를 만나면 조사를 죽이고(逢祖殺祖), 아라한을 만나면 아라한을 죽이고(逢羅漢殺羅漢), 부모를 만나면 부모를 죽이고(逢父母殺父母), 친속을 만나면 친속을 죽여라(逢親眷殺親眷). 그래야 비로소 해탈하여(始得解脫) 사물에 구애되지 않고(不與物拘) 환하게 깨달아 자유 자재하게 된다(透脫自在)."(참조: 『임제록』.)

한편 "독서백편의자현讀書百遍義自見"이라는 말도 기억해야 한다. 책이나 글을 백 번(많이) 읽으면 그 뜻은 저절로 알게 된다는 뜻이다. 중국 후한後漢 말에서 삼국 초까지 활동했던 동우董遇라는 학자의 고사에서 나온 말이다.

127 변화가 마구잡이로 변하는 것이 아니라, 당시의 상황이나 사정과 딱 들어맞게 변하는 시의성時宜性(timeliness)을 말한다.

128 매사에 조심하고 두려워하는 마음이 있어야 한다. 경거망동하면 실수가 따르고 위험에 처하게 된다. 위험은 안팎으로 도처에 있으나 이를 알기란 쉽지 않다. 따라서 항상 근신하고 조심해야 한다. 그러나 『역경』을 공부하면 그런 위험을 미리 알게 된다는 뜻이다. '안팎(內外)의 조심할(懼) 바'란 육효 내의 변화를 말한다. 변화는 겉으로 드러나는 것과 더불어 보이지 않는 내부에서도 동시에 일어나지만 등하불명燈下不明이라 이를 간과하기 쉬운

(憂患)와 걱정거리의 원인(故)을 밝혀주는지라, (『역경』을 공부한다면)
사보師保[129]의 도움이 없더라도, 마치 부모님이 옆에 계시는(臨) 것과
같으니, 먼저(初) 그 계사(繫辭: 괘사와 효사)를 따라(率) 그 방도方道를
가늠해(揆) 보면, 이미 전상(典常: 어떤 불변의 규칙이나 규범)이 있으니,
진실로(苟) 그럴 만한 사람(其人)[130]이 아니라면 도는 함부로 헛되이
행해지지 않는다.[131]

【선해】易書雖具陳天地事物之理. 而其實切近于日用之間. 故不爲遠.
雖近在日用之間. 而初無死法. 故爲道屢遷. 隨吾人一位一事中. 具
有十法界之變化. 故變動不拘. 周流六虛. 界界互具. 法法互融. 故上
下無常. 剛柔相易. 所以法法不容執著而唯變所適.

것이다. 이를 지괘之卦와 '교호괘交互卦'로써 살펴보는 것이다.
129 문왕이나 주공같이 역리를 깨달아 실천할 수 있는 사람이라면, 사보師保의
   가르침이 없다 할지라도 부모가 옆에서 자상하게 가르쳐 주시는 것 같아,
   어떤 실수나 잘못을 저지르지 않을 수 있다. 사보는 귀족의 자제를 가르치는
   스승을 말한다.
   『예기, 문왕세자』에는 "궁중에 들어와서는 보保가 있고(入則有保), 나가서는
   사師가 있어서(出則有師), 가르치고 깨우쳐 덕을 이루게 한다(是以敎喩而德成
   也)"라고 하였다.
130 문왕이나 주공같이 역리를 깨달아 실천할 수 있는 그런 사람(其人: 성인,
   도인)을 말한다. 도는 기인을 통해서만 실천되고 구현된다. 공부(수행)의
   목적은 부처님, 하느님 앞에서 자신을 부정하며 구원을 구걸하는 기복자祈福
   者가 아니라 스스로 자기구원의 기인其人이 되는 것이다.
131 『하전, 8장』의 전반부가 변역變易에 대한 이야기라면, 후반부는 불역不易에
   대한 이야기를 하고 있다.

역서가 비록 천지와 사물의 이치를 갖추어 펼쳐 놓았을지라도, 실제에 있어서는(其實)은 일상생활(日用之間)에 매우 밀접한(切近) 까닭에 멀리할 수 없는 것이다. 비록 일상생활(日用之間)에 매우 가깝게 존재하지만 처음부터 죽은 법(死法)이 아닌 까닭에, 도는 계속해서(屢) 변하는(遷) 것이다.[132] 우리 인간(吾人)이 처한 모든 상황(一位)이나 일상사(一事) 속에는 십법계十法界[133]의 모든 변화가 다 들어 있는(具有) 까닭에, 변하고 움직이는 것에 구애받지 않고, 육허에 두루 흘러든다. 십법계의 계界마다 서로를 갖추고, 현상마다(法法) 서로 융합融合하는 까닭에, 오르내림에 무상하며, 강유가 서로 서로 바뀌는(相易) 것이다. 이러한 까닭에 현상(法)과 현상이 서로 집착하는 것을 용납하지 않으며, 오직 변화해 갈 뿐이다.

【선해】 唯其一界出生十界. 十界趣入一界. 雖至變而各有其度. 故深明外內之機. 使知競業於一念之微. 又明示憂患之道. 及所以當憂當患之故. 能令讀是書者. 雖無師保. 而如臨父母. 可謂愛之深敎之至矣.

---

132 '도는 계속해서(屢) 변하는(遷) 것이다(爲道屢遷)'에서, 실로 변하는 것은 도(道, 實象)가 아니라 인간들의 눈에 비친 도의 모습(現像)인 것이다. 가령 봄이 가면 여름이, 여름이 가면 가을이, 가을이 가면 겨울이 오는 것은 도의 모습으로 현상現像이다. 밤낮이 바뀌고, 계절이 변하는 이치, 즉 실상實象은 변하지 않는다. 도道에서 현상과 실상의 관계는 『대승기신론』에서 설하는 아리야식阿梨耶識을 진망화합식(眞, 妄 和合識)으로 보는 것과 같은 이치이다.

133 십법계란 천상, 인간, 아수라, 지옥, 아귀, 축생의 육도六道와 성문, 연각, 보살, 부처의 세계로 십계十界라고도 한다.

오직 그 같은 일계가 십계를 낳고, 십계 또한 일계 속에 들어가니, 비록 변화에 이르더라도(至變) 각기 고유한 법도를 지니는 까닭에, 안팎의 기미(機微: 낌새)를 깊이 밝혀, 미미한 한 생각에도 있을지 모를 다툼의 까닭을 미리 깨닫게 하고, 또(又) 우환의 도리(憂患之道)와 근심하는 소이所以와 환란을 겪는 연고를 밝게 보여 주는 까닭에, 능히 이『역경』을 읽는 사람들로 하여금 비록 스승이 없다 할지라도, 마치 부모가 옆에 임한 것과 같으니, 사랑이 깊고 가르침이 지극하다 할 수 있는 것이다.

【선해】 是以善讀易者. 初但循其卦爻之辭. 而深度其所示之法. 雖云不可爲典要. 實有一定不易之典常也. 然苟非其人. 安能讀易卽悟易理. 全以易理而爲躬行實踐自利利他之妙行哉.

이로써『역경』을 제대로 공부하고자 한다면, 처음에는 단지 그 괘사와 효사를 좇아(循) 그 괘사와 효사가 보여주는 법칙(이치)을 깊이 헤아려야(度: 탁) 한다. 비록 가히 고정된 전요로 삼을 수가 없다 할지라도, 실로 일정한 변하지 않는(不易) 전상(典常: 불변)은 있는 것이다. 그러나 진실로 그러한 이치를 깨달아 실천할 사람(其人)이 아니라면, 어찌(安) 능히『역경』을 읽고(讀) 곧 역리를 깨달아, 온전히 역리를 몸소(躬) 행하고 자리이타의 묘행妙行을 실천할 수 있겠는가!

계사하전 제9장

【주역】易之爲書也. 原始要終. 以爲質也. 六爻相雜. 唯其時物也. 其初難知. 其上易知. 本末也. 初辭擬之. 卒成之終.

『역경』이라는 책은 처음(원인)을 근원하여 끝(결과)을 살피는 것을[134] 바탕(質)으로 삼고, 여섯 효가 서로 섞임은 바로 그 때(時宜)와 그 때 각 효에 나타나는 물상物象이다.[135] 그 초효는 (기미이고 시작이니) 알기 어렵고, 그 상효는 (결과이고 종말이니) 알기 쉬우니[136] 이것이(초

---

134 원시요종原始要終은 일의 시초를 깊이 궁구하여 결말을 잘 알아차린다는 뜻으로 학문하는 자세를 말한다. 이는 인과를 말하는 것으로, 무슨 일을 하든 시작(因)을 바르게 하면, 그 일의 마지막(果)은 저절로 바르게 되며, 또한 시작을 깊이 궁리하면 결말은 저절로 알게 된다. 기미를 알아차리는 것도 시작을 바르게 하기 위한 것이고, 초효를 잘 살펴야 하는 것도(因) 괘 전체를 바르게 이해하기 위한 것이다(果). 『역경』은 시작(因)을 궁구하여 과果를 밝히는 것(原始要終)을 본질로 삼고 있다(以爲質也). 원시原始가 한 괘의 시작(因)으로 초효라면, 요종要終은 한 괘가 완성되는 과果로서 상효이다.

135 시時는 시의時宜와 시위時位, 물物은 시의에 각 효가 나타내는 물상物象을 말한다. 시와 물은 시간과 공간(時空)을 말하는 것으로, 따로 떨어져 있는 것이 아니라, 그 시간(때)에 각 효가 보여주는, 또는 나타내는 물상을 말한다.

136 점을 칠 때, 처음 나오는 초효를 보고 이 괘가 어떻게 전개될지는 알기 어려우나(其初難知), 상효가 갖춰지면 알기 쉬운(其上易知) 법이다. 이는 세상

효와 상효는) 본본과 말末이다. 처음의 말(初爻辭)을 헤아려 보면(擬), 마침내는(卒: 상효사) 끝(終: 결과)을 이루는 것이다.

【주역】 若夫雜物撰德. 辯是與非. 則非其中爻不備. 噫. 亦要存亡 吉凶. 則居可知矣. 知者觀其象辭. 則思過半矣.

만약 무릇 뒤섞여 있는 사물(雜物)의 덕(성질)을 가려내는(撰德) 것과 시是와 비非를 변별하는 것들은 그 중효(中爻: 2, 3, 4, 5효)가 아니면 알지 못한다(不備).[137] 아! 또한 존망과 길흉을 알고자 하면(要), 가만히 앉아서도(居) 가히 알 수 있다. 지혜로운 자는 그 단사(象辭: 문왕의 괘사)만 봐도 그 괘(일: 事)의 의미를 반 이상 알 수 있을 것이다(思過半).

사에도 그대로 적용되는 법칙이다. 신입사원을 보고 그가 중역이 될지, 중간에 명퇴를 할지는 알 수 없으나 부장급쯤 되면 중역이 될지 부장급에 머무를지 알 수 있다.

137 잡물雜物이란 점을 쳐서 알고자 하는 개인사, 즉 사업, 합격, 당선, 질병, 출행, 결혼, 미래사 등등의 잡다한 것을 말한다. 선덕撰德은 잡물에 내재한 성질(德)을 가리는 것을 말하며, 이러한 것들의 시·비와 길·흉을 변별하는 것은 중효中爻이다.

초효와 상효는 시종(始終: 시작과 끝)을 대표하지만, 강유(음양)가 섞여(雜) 나타내는 성질이나 시의時宜, 시위時位, 물상物象 등을 판단하고, 변별하기 위해서는 중간에 있는 2, 3, 4, 5효의 중中과 부중不中, 정정正과 부정不正, 당當과 부당不當, 응과 불응不應, 비比와 불비不比, 교효괘 등등에 대한 이해가 필요하다. 효위에 따른 길흉은 그것이 처해 있는 시간적 위치(時位: 효가 위치하고 있는 때)와 상황(時宜: 때에 따른 상황)에 따라 다르기 때문이다.

【주역】 二與四同功而異位. 其善不同. 二多譽. 四多懼. 近也. 柔之爲道. 不利遠者. 其要無咎. 其用柔中也.

  2효와 4효는 음효로서 공능(功能: 역할)은 같으나, 자리(位, 하괘와 상괘)가 달라서 그 좋고 나쁨이 같지 않으니, 2효에는 득중하여 명예로운(譽) 경우가 많으나, 4효에는 두렵고 조심해야(懼) 할 경우가 많으니, 이는 군주의 자리인 5효에 가깝기(近) 때문이다.[138] 유(柔: 陰)의 도道는 멀리 있는 것이 이롭지 않지만(不利), 그 중요한 점은 허물이 없다(無咎)는 것으로, 이는 유(柔: 음)가 음위陰位에서 중정을 지키기 때문이다.

【주역】 三與五同功而異位. 三多凶. 五多功. 貴賤之等也. 其柔危. 其剛勝邪.

  3효와 5효는 공능(작용)은 같으나 자리(位)가 다르므로, 3효에는 흉한 경우가 많고, 5효에는 공공이 많으니, 이는 귀천의 차등(等)이 있기 때문이다. 3효와 5효에 유(柔: 음효)가 있으면 위태롭고, 강(剛: 양효)이 있으면 이겨낼 것이다.[139]

---

138 동공同功은 공능(역할, 작용)이 같다는 뜻이다. 2효와 4효는 음위陰位로서 똑같이 5효의 군주를 보좌하고는 있으니 역할이 같으나(同功), 2효는 중정한 덕을 갖추고 군주인 5효와 멀리 떨어져 있어 명예로울 수 있으나, 4효는 중위中位를 벗어나 군주와 가까이 있으므로, 항상 조심스럽고 위태할 수밖에 없는 것이다. 이는 위(位: 처지)가 다르기 때문이다.

139 3효와 5효 또한 양위陽位로서 공능(작용)은 같다(同功). 3효와 5효는 모두 양위陽位이므로, 마땅히 강한 양효陽爻가 와야 한다. 3효에 유약한 음효가 오게 되면 더더욱 힘이 부쳐 직분을 다하지 못하므로, 공적을 세우지 못하여

【선해】夫離卻始終之質. 則無時物. 離卻時物. 亦無始終. 故學易者.
須得其大體. 盡其曲折. 乃可謂居觀象動觀變也. 然雖發心畢竟二不
別. 而初則難知. 上則易知. 以二心中先心難故. 旣發心已. 終當克
果. 一本一末法如是故. 是以初辭擬之. 卒以此而成終. 顧爲學者又
不可徒恃初心已也.

무릇 처음(원인)과 끝(결과)이라는 본질을 벗어나면(離卻), 시물時物
도 없고, 시물을 벗어나면 또한 시작과 끝도 없는 것이다. 따라서
역을 배우는 자는 모름지기 그 대체(大體, 큰 줄기, 요점)를 터득하여
그 곡절曲折을 다 알아야 한다. 이에(乃) 머무를 때는 형상을 관찰하고,
움직일 때는 변화를 관찰하라고 말할 수 있다. 그러나 발심하는 것과
깨닫는 것(畢竟: 究竟) 두 가지에는 차별이 없으니(二不別), 초기 발심단
계에서는 알기가 어려우나(難知) 향상(向上: 수행이 익어가는 것)하면서
쉽게 알아지는(易知) 것이다. 두 마음 중에 일단 발심(先心)하기가
어려운 까닭에, 일단(旣) 발심을 하고 나면, 마침내 마땅히(當) 깨달음

위태롭게 되며(三多凶), 5효 역시 유약한 음효가 오게 되면 천자의 자리는
유지하나 신하에 휘둘리는 유약한 천자로서 위험에 처하게 된다. 그러나
강한 양효가 오게 되면 일을 과감하게 추진할 수 있으므로, 임무를 충실히
감당할 수 있게 되어 커다란 공적을 쌓을 수 있는 것이다. 특히 5효의 경우
백성들의 추앙을 받는 천자의 위에 있으므로 강한 군주로서 많은 공적을
세울 수 있는 것이다(五多功).
그러나 3효와 5효는 모두 양위에 있어 공능은 같으나, 하괘의 3효는 신하의
자리에 있고, 상괘의 5효는 천자의 자리에 있으므로, 상하의 귀천이 있게
되는 것이다.

을 이루게 되는(克果: 능히 해냄) 것이다. 하나의 본본과 하나의 말末이
되는 이치(一本一末法)[140]가 이와 같은 까닭에, 이로써 초사(初辭: 초효의
효사)를 다른 효와 견주어 잘 살펴야(擬: 計較) 마침내(卒) 이로써
한 괘 전체를 이해할 수 있게 되는 것이다(成終). 다만(顧) 『역경』을
배우는 자는 또한 헛되이(徒) 초심에만 의지해서도(恃) 안 될 것이다.[141]

【선해】 若夫遍涉於萬事萬物之雜途. 而撰成其德行. 及深辯修行之是
　　非. 則非其中之四爻不備. 夫事物雖有萬殊. 是非雖似紛糅. 豈眞難
　　辯也哉. 噫. 亦要歸于操存舍亡迪吉逆凶之理. 則所以自居者斷可知
　　矣. 知者觀于象. 辭. 提綱挈領以定大局. 則雖時物相雜. 而是非可
　　辯. 思過半矣.

만약 만사만물의 잡다한 길(雜途)을 두루 섭렵하여 그 덕행을 가려내
고, 수행의 옳고 그름(是非)을 깊이 변별해 내려면, 초효와 상효를
제외한 4효(2, 3, 4, 5효)가 아니면 갖춰지지 않는다(不備). 무릇 사물은
비록 천차만별(萬殊)이나, 옳고 그름은 비록 어지럽게(紛) 뒤섞여(糅)
비슷하게 보일(似)지라도, 어찌(豈) 진실로 변별하기가 어렵겠는가?

---

140 『역경』에서 말하는 시종, 본말, 강유 등의 상대적 개념들은, 불교에서의
　　생과 사, 보리와 번뇌, 일一과 다多 등등의 개념과 다를 바 없는 불이不二의
　　개념들이다.

141 윗글에서 '始 ↔ 終, 無時物 ↔ 時物, 大體 ↔ 曲折, 居觀象 ↔ 動觀變, 發心
　　↔ 畢竟, 初則難知 ↔ 上則易知, 旣發心已 ↔ 終當克果, 一本 ↔ 一末, 初辭辯擬之
　　↔ 卒以此而成終'와 같이 문맥이 대구對句로 이어지는 것을 파악하면 더욱
　　이해가 빠를 것이다.

아아! 또한 반드시(要) "마음은 잡으면 있다가도 버리면 사라지는 법이니"[142] "따르면(迪) 길하고 거스르면 흉한"[143] 이치로 돌아가야(歸) 하거늘, (옆에 사보師保나 부모가 없이) 혼자 머무르는(自居) 경우에도, 어떤 판단을 해야 할지 알 수 있는 것이다. 지혜로운 자는 단사만 관觀해도 요점을 간명하게 파악하여(提綱挈領)[144] 대국을 결정하게 된다. 그런즉 비록 시물時物이 서로 얽히고 섞였으나 시비是非를 변별하니, 그 괘(일: 事)의 의미를 반 이상 알 수 있는 것이다(思過半).

---

[142] 『맹자, 고자(상)』에는, "공자께서 이르시길, '마음은 잡으면 있다가도 버리면 사라지는데, 나가고 들어옴에 때가 없고 그 나가는 곳(鄕)도 알 수 없다'라고 하셨는데, 이는 오직 인간의 마음을 말씀하신 것이다(孔子曰 操則存舍則亡 出入無時 莫知其鄕 惟心之謂與)"라고 하였다. 그러나 『논어』에는 이런 말이 나오지 않는다. 아마도 맹자께서 공자를 흠모한 나머지 — 불교의 대승경전 작자作者들이 아란야에서의 좌선(坐禪: 선정) 중에 세존의 말씀을 청문聽聞했던 것처럼 — 명상 속에서 공자의 목소리를 들었을지도 모른다.

[143] 『위고문상서僞古文尙書, 대우모大禹謨』에 나오는 내용으로, "올바른 길을 따르면 길할 것이요, 역행하면 흉할 것입니다. (이에 따르는 업보는) 사람의 그림자나 산의 메아리와도 같습니다(惠迪吉 從逆凶 惟影響)"에서 인용한 것이다.

[144] '제강설령提綱挈領'은 '그물의 벼리를 잡고 옷깃을 거머쥐다'라는 뜻으로, 요점을 간명하게 파악하거나 제시하는 것을 비유한 말로 『순자, 권학勸學편』에 나온다. "선왕의 가르침을 바탕으로 하고, 인의를 근본으로 한다면, 예禮는 사방으로 통할 수 있는 지름길이 될 것이다. 이는 마치 가죽옷의 깃을 내리는 것과 같아서, 다섯 손가락을 구부려 그것을 쓸어내리면, 그대로 되는 것은 헤아릴 수 없을 정도로 많다(將原先王本仁義 則禮正其經緯蹊徑也. 若挈裘領, 詘五指而頓之, 順者不可勝數也)."

【선해】 何謂是之與非. 且如二與四同是陰也. 而譽懼不同. 則遠近之分
也. 三與五同是陽也. 而凶功不同. 則貴賤之分也. 柔宜近不宜遠.
四之位近君. 故雖多懼. 而其要無咎. 二之位遠君. 但用柔中. 故多譽
也. 剛宜貴不宜賤. 五之位貴. 上位必須剛德乃克勝也. 此約時位如
此. 若約修證者. 知慧宜高遠. 行履宜切實穩當. 故知內聖外王之學.
皆于一卦六爻中備之.

무엇을 일러 옳다거나 더불어 그르다고 하는가? 또한 2효와 4효는
똑같이 음위陰位이나, 2효의 명예로운 것과 4효의 두려워하는 것이
같지 않은 것은, 군주인 5효와 멀고(遠) 가깝고(近)의 차이(分) 때문이
다. 3효와 5효는 같은 양위이나, 흉함이 많은 3효와 공능(吉)이 많은
5효가 길흉이 같지 않은 것은 귀貴하고 천賤하고의 차이 때문이다.
유(柔: 陰爻)는 (陽5효에) 가까이 있는 것이 마땅하고, 멀리 있는
것은 마땅하지 않으니, 4효의 자리는 임금인 5효와 가까이 있는 까닭에,
비록 두려움은 많겠으나 중요한 것은 허물이 없다(無咎)는 것이다.
2효의 자리는 군주의 자리인 5효에서 멀리 떨어져 있으나, 다만 유순한
(陰) 중정中正을 쓰는 까닭에 명예로움이 많은 것이다. 강(剛: 陽位)은
마땅히 귀해야 하며, 강하면서 천할 수는 없는 것이다. 5효의 자리는
강하고 귀하지만, 상효上爻의 자리는 반드시(必) 강(剛: 陽)한 덕을
갖추어야(須) (온갖 고난을) 극복하고 마침내 승리할 수 있다. 이것은
때(時)와 자리(位)가 이와 같음을 말하는 것이다. 만약 수행과 증득(證
得: 깨달음)으로 말한다면(約) 지혜는 마땅히 높고 원대해야(高遠) 하
며, 수행의 실천(行履)은 마땅히 절실하고 온당(穩當: 사리에 맞음)해야

하는 까닭에, 내성외왕의 학문(사상이나 철학)은 모두(皆) 하나의 괘와
여섯 효 속에 갖춰져 있음을 알아야 한다.

계사하전 제10장

【주역】易之爲書也. 廣大悉備. 有天道焉. 有人道焉. 有地道焉.
兼三才而兩之. 故六. 六者非他也. 三才之道也. 道有變動故曰
爻. 爻有等故曰物. 物相雜故曰文. 文不當故吉凶生焉.

　『역경』이라는 책은, 광대(廣大: 넓고 커서)하여 세상 모든 이치를 다(悉)
갖추고 있다. 천도가 있고, 인도가 있고, 지도가 있으니, 삼재三才를
겸하여 둘(음과 양)로 짝하는 까닭에 6효(3×2)가 되는 것이다.[145] 육이란
다름 아닌 삼재의 도이니, 도에는 변變과 동動이 있는 까닭에 효爻[146]라고
하고, 효에는 (상하 귀천의) 차등이 있는 까닭에 물(物, 양물과 음물)이라
고 하고, 물은 서로 섞이는(相雜) 까닭에 문채文彩라고 하고, 문채는

---

[145] 『설괘전, 2장』에도 "옛날 성인이 역을 지어(昔者聖人之作易也) 장차 이로써
　　성명의 이치에 따르려 했다(將以順性命之理). 이로써 하늘의 도를 세워 음과
　　양이라 했고(是以 立天之道曰陰與陽), 땅의 도를 세워 유와 강이라 했고(立地之道
　　曰柔與剛), 사람의 도를 세워 인과 의라 했다(立人之道曰仁與義). 삼재를 아울러
　　이것을 두 번 한 까닭에(兼三才而兩之故), 역이 6획으로 괘를 이루게 되었다(易
　　六畫而成卦)"라고 하였다. 이로써 『역경』은 점서에서 천도와 지도와 인사의
　　이치를 밝힌 철학서로 변모하게 된 것이다.

[146] 이는 이미 『하전, 3장』에서도, "효爻란 천하의 움직임(動)을 본받는(效) 것이다
　　(爻也者. 效天下之動者也)"라고 밝힌 부분이다.

부당不當한[147] 경우도 있는 까닭에 길흉이 생겨나는 것이다.

【선해】上明質與時物. 且約人道言之. 而實三才之道無不備焉. 且如三畫便是三才. 而三才決非偏枯單獨之理. 當知一一才中還具兩才事理. 故象之以六畫. 而六者非他. 乃表一一畫中又各還具三才之道. 不但初二爲地. 三四爲人. 五上爲天而已矣. 是故三才各有變動之道名之曰爻. 爻有初終中間之等故名曰物. 物又互相夾雜不一故名曰文. 文有當與不當. 故吉凶從此而生. 而所以趨吉避凶裁成輔相于天地者. 則其權獨歸於學易之君子矣.

위는 괘의 성질(質)과 시물時物을 밝힌 것이다. 또한 인도人道를 약約하여 말하였으나 실제로는 삼재三才의 도道가 갖추지 않음이 없는 것이다. 또한 삼획(三劃: 소성괘의 3효)은 곧(便) 삼재와 같은 것이며, 삼재는 결코 편고단독偏枯單獨의 이치가 아니니, 마땅히 하나하나의 재才 중에는 다시(還) 두 개의 재(兩才)라는 사물의 이치(事理)를 갖추

---

147 문채는 64괘의 6효가 교착交錯함으로써 384개(爻)의 다양한 문채를 이루는 것이다. 주자는 『본의』에서 "도에 변동이 있다는 것은 괘의 일체一體를 말하고, 등等은 원근과 귀천의 차등을 말한다. 서로 섞인다는 것은 강유剛柔의 자리가 서로 사이(間)함을 말하고, 부당不當하다는 것은 효의 자리(位)가 마땅하지 않다는 것을 말한다(道有變動 謂卦之一體. 等 謂遠近貴賤之差. 相雜 謂剛柔之位相間. 不當 謂爻不當位)"라고 하였다. "효의 자리(位)가 마땅하지 않다(爻不當位)"는 것은 양효 자리에 음효가 오거나, 음효 자리에 양효가 오는 것을 말한다. 예를 들어 2효 음의 자리에 양효가 오거나, 3효 양의 자리에 음효가 오면 부당으로 흉한 것이며, 반대로 5효 양의 자리에 강효인 양효가 오면 길한 것이다.

고(具) 있음을 알아야 한다.[148] 따라서 여섯 획(六畫)으로써 형상하였으

---

148 천지인의 삼재三才는 각기 하나의 재에 나머지 두 재의 도를 갖추고 있다는
것이다. 즉 천재에는 지재와 인재의 도를, 지재에는 천재와 인재의 도를,
인재에는 천재와 지재의 도를 갖추고 있다는 것이다.

이는 화엄華嚴의 법계연기法界緣起를 바탕으로 하는 설명과 다를 바 없다.
즉 만유萬有는 저마다(個) 고립된 존재가 아니라 모두 전일全一의 관계에
있다. 일즉일체一卽一切이며, 일체즉일一切卽一이다. 또한 일즉다一卽多이며,
다즉일多卽一이다. 이를 의상 대사(625~702)는 『법성게法性偈』에서 "일미진중
함시방一微塵中含十方, 일체진중역여시一切塵中亦如是, 무량원겁즉일념無量遠
劫卽一念, 일념즉시무량겁一念卽是無量劫"이라 했다. 그렇다. "하나의 티끌(微
塵) 속에 우주가 들어 있고, 하나하나의 티끌 또한 그러하다. 무량無量한
시간도 한 생각에서 시작되며, 한 생각이 곧 무량겁의 시간이다."

이 같은 '개체(個, 一)가 곧 전체(多)이며, 전체가 곧 개체(一卽多 多卽一)'라는
논리는 현대 복잡계(複雜系: Complex System) 이론의 자기조직화(Self-Organ-
ization)와 프랙탈(Fractal)의 논리로도 뒷받침되고 있다.

① 자기조직화란 개(個, 一)와 다多의 관계에 관한 복잡계의 논리로, 불균형
상태에 있는 시스템이 외부의 개입도 없는 상태에서 구성요소들 스스로의
집합적인 상호작용을 통해 조직화된 질서를 만들어 내는 현상을 말한다.
예를 들어 철새나 아프리카 동물들(個)은 서로 부딪치지 않고 목적지로 집단이
동을 하며, 실리콘밸리의 기업들(個) 역시 다양한 상호작용을 통해 전체적(多)
으로는 새로운 산업변화(個)를 지속해 나간다. 이들은 저마다(個) 단순한
행동을 되풀이하면서 전체적인 질서(多)를 이루고 있는 것이다.

② 프랙탈(Fractal)이란 확대된 부분과 전체가 똑같은 모양을 하고 있는 자기
유사성(Self-Similarity)을 갖는 기하학적 구조를 말한다. 예를 들어 꽃송이,
눈송이, 성에(frost), 고사리, 나뭇잎 등은 똑같은 모습의 개체가 끊임없이
증식하면서 전체의 구조를 이루고 있다. 이 역시 '일즉다一卽多 다즉일多卽一'
의 표상表象인 것이다.(참조: 원효, 최세창 역주, 『대승기신론소별기』, 운주사,

며, 여섯이라는 것은 다름이 아니고(非他), 이에 하나하나의 획 중에 또(又) 각각 다시(還) 삼재의 도(三才之道)를 갖추고 있음을 드러낸(表) 것이니, 단지 초효·2효는 땅(地)이 되고, 3효·4효는 사람(人)이 되며, 5효·상효는 하늘(天)이 되는 것만은 아닌 것이다. 이런 까닭으로 삼재에는 각각 변하여 움직이는 도(變動之道)가 있으니, 이름하여 효爻라고 하며, 효에는 처음(初)과 마지막(終)과 중간의 차등이 있는 까닭에, 사물이라고 이름한다. 사물은 또한 서로 간에(互相) 뒤섞여서 (夾雜) 한 모습이 아닌(不一) 까닭에 문채文彩라 이름한다. 문채에는 (도에) 합당함과 합당하지 않음이 있는 까닭에, 길흉이 이로부터 생겨난다. 그러한 까닭에(所以) 추길피흉趨吉避凶하고, 천지간에 재성 보상裁成輔相[149]하는 것이며, 곧 그러한 권능은 오직(獨) 『역경』을 공부하는 군자에게로만 돌아갈 뿐이다.

2016.)

149 주자는 『본의』에서 "마름질(裁成, 財成)하여 그 지나침(過)을 제어制御하고, 서로 도와서(輔相) 그 모자람(不及)을 보충하는 것이다"라고 하였다.

계사하전 제11장

【주역】易之興也. 其當殷之末世. 周之盛德邪. 當文王與紂之事
邪. 是故其辭危. 危者使平. 易者使傾. 其道甚大. 百物不廢. 懼
以終始. 其要无咎. 此之謂易之道也.

『역경』이 부흥復興한 시기는, 은나라 말기에서부터 주나라의 덕이
성하는(周初) 때까지가 아닐까? 은말주초의 문왕과 주紂왕 때일 것이
다. 이런 까닭으로 괘효사(其辭)에 위태로움(危)[150]에 대한 말이 있으며,

---

150 남회근은 『주역계전별강』에서 위危를 "직설直說, 직언直言"으로 옮겨, "그
말이 직언, 직설적이다. 이는 천하태평을 위해서이다"라고 풀이하고 있다.
*위危에는 '바르다, 똑바르다'의 뜻도 있다.

백이숙제伯夷叔齊의 고사로 미루어 볼 때, 당시는 폭정과 패륜과 전쟁으로
매우 불안정한 난세였다. 괘효사에 위태로움(危)에 대한 언급이 많은 것은
그러한 세태를 반영하는 것이다.

백이와 숙제는 변방의 작은 영지인 고죽군孤竹君 영주의 아들이었는데, 아버
지가 죽자, 이 둘은 서로에게 왕위를 양보하며 끝까지 사양했다. 결국 두
사람은 나라를 떠났고, 세월이 흘러 백이와 숙제는 노인을 잘 돌본다는
문왕(西伯昌)의 명성을 듣고 주나라로 갔으나, 이미 문왕은 죽고 그의 아들인
무왕이 왕위에 올라 아버지(문왕)의 위패를 수레에 싣고 주왕紂王을 치러
가는 중이었다. 백이와 숙제는 무왕의 말고삐를 잡고 간언했다.
"부친이 돌아가셨는데 장례로 치르지 않고 전쟁을 하려는 것을 어찌 효孝라

위태로이 여기며 조심하는 자에게는 평안하게 하고(使平), (그렇지
않고) 안이하게 여기는 자에게는 일이 기울어지게(使傾) 하니[151], 그
도가 매우 커서(甚大) 온갖 만물의 일들을 다 포함시켜 (하나라도)
버리지 않으며(不廢)[152], 조심하고 두려워하는 마음으로 한 가지 일을
마치면(終) 다시 조심하고 두려워하는 마음으로 (새롭게) 시작하게(始)
하니, 요는 허물이 없게 하는 것으로(其要無咎), 이를 일러 '역의 도(易道:
天道)'라 한다.[153]

하겠으며, 신하의 몸으로 군주를 시살弑殺하는 것을 어찌 인仁이라 하겠습니
까? 주왕이 비록 잔인하고 포악하지만 폭력으로 폭력을 다스리는 것은 결코
옳지 않습니다."

그러나 무왕은 상나라를 평정하고 주나라를 세웠다. 그러자 두 사람은 상나라
가 망한 뒤에도 상나라에 대한 충성을 버릴 수 없다며 수양산으로 들어가
고사리를 캐먹었다. 나중에는 주나라에서 나는 고사리를 먹은 것마저 부끄럽
게 여겨 굶어 죽었다. 백이伯夷와 숙제叔弟의 백伯은 형, 숙叔은 아우라는
뜻이다.(참조: 사마천, 『사기』.)

151 이는 『맹자, 이루』에서 말하는 "하늘의 뜻(天道)에 따르는 자는 살아남고(順天者
存), 하늘의 뜻에 거역하는 자는 망한다(逆天者亡)"라는 의미와 같다. 세상의
모든 불행은 하늘의 뜻(天道, 天命)을 거역함으로써 초래되는 것이다. 『역경』은
역리(易理: 천도, 천명)를 따름으로써 위태로운 자에게는 평안하게 하고, 넘어지
는 자는 넘어지지 않게 하는 지혜를 주는 학문이다.

152 백물불폐百物不廢는 '천하 만사만물이 『역경』의 이치를 벗어나지 않고(不廢)
있다', 또는 '『역경』의 이치는 천하 만사만물에 두루 통한다'라는 뜻이다.
백(百, 100)이라는 숫자는, 하늘(하도)의 수를 합한 55와 땅(낙서) 수를 합한
45를 합한 수이다. 따라서 백百이라는 수는 하늘과 땅을 나타낸다. 즉 모두,
everything, all, whatever 등의 뜻이다.

153 이 또한 『역경』을 지은 자의 우환의식을 말하는 것으로, 『역경』을 공부하는

【선해】此正明學易之君子. 於末世中而成盛德. 自旣挽凶爲吉. 又能中
  興易道以昭示于天下萬世也.

　이는 바로 역을 배우던 군자(주 문왕)가 말세(은나라)에 성덕盛德을
이루어, 스스로 이미 흉함을 만회挽回하여 길하게 되었고, 또한 능히
역도를 중흥시켜, 온 천하 만세에 명백히 밝혀 보여준(昭示) 것이다.

【강설】

구이종시懼以終始. 기요무구其要無咎

　여기서 구구懼와 종시終始 두 가지를 이야기하고 있다.

　①구구懼는 공포나 전율이 아니라 계신공구戒愼恐懼, 즉 매사에 위기의
식을 갖고 경계하고 삼가고 두려워하고 조신操身하는 태도로써 임하면
어떠한 위험이나 고난도 극복할 수 있다는 의미이다.

　『역경』 51번째 중뢰진(重雷震: ䷲)괘에는 "상에 이르기를(象曰), 중
첩된 우레가 진괘이니(洊雷震,) 군자가 괘상을 본받아 이로써 두려워하
고 위태롭게 여겨 몸을 바르게 닦아 잘못을 반성한다(君子 以 恐懼脩省)"
라고 밝히고 있다.

　『중용, 1장』에서는 "군자는 보는 사람이 없는 곳에서도 삼가 조심하

　목적(其要)은 길흉화복이나 이로움을 찾기 이전에, 항상 계신戒愼하고 공구恐
懼하여 재앙이 없도록(無咎) 끊임없이(終始) 수양하는 데 있다(其要無咎). 불교
에서 이고離苦가 목적이라면, 『역경』에서는 허물이 없는 무구无咎가 목적이
다. 이런 마음으로 끊임없이 수양, 수행하는 과정이 역도易道이고, 천도天道이
고 불도佛道이고 우리의 삶이다.

고(君子 戒愼乎其所不覩), 듣는 사람이 없는 곳에서도 두려워한다(恐懼 乎其所不聞)"라고 하였다. 이는 하루 24시간을 불안 속에서 조심하고 살라는 뜻이 아니라, 『상전, 10장』에서 밝힌 무사, 무위한 적연부동의 자리(마음), 심원心源의 자리로 돌아가라는 뜻이다. 그곳은 허물이 없는 곳일 것이다(其要無咎). 『역경』을 배우든 불교를 배우든 공부(수행)의 목적은 무사 무위의 적연부동한 무구의 자리(其要無咎)로 돌아감에 있는 것이다. 그곳이 '부모미생전父母未生前의 본래면목本來面目'의 자리이기 때문이다.

②종시終始는 끝나면(終) 다시 시작하길(始) 끊임없이 반복하는 종시원리를 말한다. 이단(異端, 불교에서는 외도)에서 말하는 종말론이 아니라 '끝나면 새롭게 시작'하길 반복하는 종시관이다. 이것이 『역경』에서의 시간관이다.

불교에서 '반야바라밀'이라 할 때, 바라밀(波羅蜜: paramita, 到彼岸)은 지혜의 완성(깨달음)을 말하나, (지혜의) 완성은 없는 것이며, 끊임없이 완성을 향해 나아가는 미완의 완성이자 찰나의 완성일 뿐이다.

종시終始 또한 완성(終)이 완성으로 끝나는 것이 아니라 또 다른 시작을 말한다. 『역경』에서도 건, 곤괘로 시작해서 완성을 뜻하는 수화기제(水火旣濟: ䷾)가 아닌 화수미제(火水未濟: ䷿)로 끝난다. 63번째의 '수화기제'로 끝나면(旣濟) 64번째는 '화수미제'로 새로운 시작을 준비해야 하기에 아직 끝나지 않은 미제로써 다시 건(☰), 곤(☷)으로 돌아가니 64괘 전체가 미제未濟이다. 육효六爻도 초효에서 시작해서 상효에서 끝나면 다시 초효로 돌아오는(復) 것이다. 이 또한 종시의 반복이다.

『대학』에서도 "사물에는 본말이 있고(物有本末), 일에는 끝과 시작이 있다(事有終始). 선후의 일을 알면(知所先後), 곧 도에 가깝다(則近道矣)"라고 하였다.

세상에 완성이나 끝은 없다. 인생, 역사, 사업, 수행, 깨달음, 우주, 과학, 철학 그 어디에도 완성이나 끝은 없다. 우주에 완성이나 끝이 있다면 우주나 지구는 존재할 수 없을 것이다. 『역경』과 불교의 공통점은 끊임없이 완성을 향해 나아간다는 것이다. 완성을 이룸으로써 어느 시점에서 멎는다면 불교나 『역경』의 가르침과는 거리가 먼 것이다. 불교의 무상無常하다는 것과 『역경』의 끊임없이 변한다는 것(變易)은 결코 다름이 없는 불이(不二, 不異)의 가르침이다.

*바라밀은 '피안의(param)＋도달한(ita)'이라는 설과 '피안에 도달한 (parami)＋상태(ta)'라는 설이 있으나, 후자의 설에 따라 '완성, 도피안到彼岸'이라는 번역을 따랐다.

계사하전 제12장

【주역】 夫乾. 天下之至健也. 德行恒易以知險. 夫坤. 天下之至順也. 德行恒簡以知阻. 能說諸心. 能研諸(侯之)慮. 定天下之吉凶. 成天下之亹亹者.

 무릇 건乾은 천하의 지극히 굳센(健) 것이니, 덕을 행함에 항상 쉬움(易)으로써 험한(險) 것을 알고, 무릇 곤坤은 천하의 지극히 유순한 것이니, 덕을 행함에 항상 간이簡易함으로써 막힌(阻) 것을 알고[154]

---

[154] 이는 『상전, 1장』에서 언급한 "건이이지乾以易知, 곤이간능坤以簡能"의 "이간易簡의 법칙"의 반복이다. 이를 깨달아 실천할 때, 험난함과 막힘(險阻)을 분간하여 거기에 빠지지 않는 평안한 삶을 영위할 수 있는 것이다. 이는 쉽고 평이한 일에는 위험이 도사리고, 어렵고 막힌 일에는 의외로 평이함이 있음을 알아야 한다는 뜻이다. 이것이 "이간易簡의 법칙"이다.

주자는 『본의』에서 "지극히 굳세면 행함에 어려움이 없기에 쉽고(至健則所行无難故易), 지극히 순하면 행함에 번잡하지 않기에 간략하다(至順則所行不煩故簡). 그러나 일에 있어(然其於事) 모두 그 어려움을 알기에 감히 함부로 대처하지 않는다(皆有以知其難而不敢易以處之也). 이러한 까닭으로 우환이 있으면 굳센 이는(有憂患則健者) 마치 높은 곳에서 아래로 임하듯 하여 그 험함을 알고(如自高臨下而知其險), 순한 이(順者)는 마치 아래로부터 위로 달려가듯 하여 그 막힘을 아니(如自下趨上而知其阻), 비록 쉬우나 험함을 알면(蓋雖易而能知險) 험함에 빠지지 않고(則不陷於險矣), 이미 간략하면서도 또한 막힘을 능히 마음으로(諸心) 기뻐하며(說: 悅), 능히 생각하는 바(諸慮)를[155] 연찬하고(能研), 천하의 길하고 흉한 것을 결정하여, 천하에 힘써 이루어야 할 일(亶亶者)을 이루는 것이다.

【주역】是故變化云為. 吉事有祥. 象事知器. 占事知來. 天地設位. 聖人成能. 神謀鬼謀. 百姓與能. 八卦以象告. 爻象以情言. 剛柔雜居. 而吉凶可見矣. 變動以利言. 吉凶以情遷.

이런 까닭으로 어떤 일의 변화(진행)와 인간의 말과 행동(云為)[156]에 있어, 좋은 일(吉事)에는 상서로운 기미機微가 있는 것이다(吉事有祥).[157]

___

알면(旣簡而又知阻) 막혀서 곤란에 빠지지 않는다(則不困於阻矣). 이 때문에 능히 위태롭게 여길 줄 알고, 두려워할 줄 알면, 경솔하게 대처하여 낭패를 보는 일(傾覆)이 없는 것이다(所以能危能懼而无易者之傾也)"라고 하였다. 이는 『역경』 중천건괘 3효의 "종일건건"의 의미와 같은 맥락이다.

155 '능연제능研諸(侯之)려慮'의 '후지侯之'에 대해서는 의견이 갈린다. 주자는 『본의』에서 "후지 두 글자는 연문이다(侯之二字 衍)", 소동파도 『동파역전』에서 "후지는 연문이다(侯之衍文也)"라고 밝히고 있으나, 한강백은 『한강백주韓康伯注』에서 "제후는 만물의 주인으로 유위하는 자이다(諸侯 物主有爲者也)", 남회근도 『역전계전별강』에서 '제후의 생각(諸侯之慮)'로 옮기고 있다. *연문衍文은 '글 가운데 낀 쓸데없는 군더더기 글귀'라는 뜻이다.

156 운위云爲는 말과 행동(言行)이라는 뜻이다. 일상의 언행(云爲)에도 길흉과 상서로운 기미 나타나는 것이니, 항상 언행(言行: 말과 행동)을 가려 해야 한다. 요즘처럼 상대에 대한 저주의 악담을 주고받는 정치권과 종교계의 언행에는 상서로운 기미가 깃들 여지가 없다. 옛말에 입이 보살이라는 말이 있다. 노는 입에 염불한다는 말도 있다. 어떤 운위를 할 것인가?

157 변화는 음양의 변화, 건곤의 변화, 즉 천도의 변화를 말한다. 이러한 변화의

어떤 일(事)을 유추(象: 돌아가는 꼴)하여 일의 크기(器)를 알며(知)[158],

이치를 깨달은 사람은 말과 행동(云爲)이 분명 다를 것이니, 음양변화의 이치에 따라 행동한다면 길사가 있을 것이며, 길사에는 길한 조짐(낌새, 징조)이 먼저 있게 된다. 굳이 신에게 기도하며 복을 구걸하지(祈福) 않더라도 변화의 이치에 따라 행동하면 길사가 있게 된다는 뜻이다. 『역경』을 공부하는 목적도 변화의 이치에 따라 말하고 행동하기(云爲) 위한 것이다. *운위云爲는 말과 행동, 즉 언행言行을 말한다.

괘효는 이 같은 변화의 이치(易理)를 나타내고 있으니, 괘효의 관찰만으로도 길흉의 전조를 미리 알 수 있다. 괘효를 통해, 하늘이 화복禍福에 앞서 길흉의 전조(前兆, 기미)를 미리 보여주기 때문이다. 이는 『상전, 10장』의 "『역경』에는 성인의 도가 넷(四)이 있으니(易有聖人之道四焉) ①『역경』으로(以) 말하는 자는 괘효의 말씀(辭: 괘사와 효사)을 중시(尙)하고(以言者尙其辭), ②『역경』으로 행동하는 자는 괘효의 변화를 중시(尙)하고(以動者尙其變), ③『역경』으로 기물器物을 만드는 자는 괘효의 상(卦象: 現相)을 중시(尙)하고(以制器者尙其象), ④『역경』으로 점을 치는(卜筮) 자는 괘효의 점占을 중시(尙)하는 것이다(以卜筮者尙其占)"라는 표현의 반복이다.

158 상사지기象事知器의 '기器'에는 두 가지 설이 있다.

①기존의 설: 『하전, 2장』의 연속으로, 문명의 이기利器는 『역경』에 근거해서 시작되었다는 뜻이다. 그러한 흔적으로는 광화문 정면에는 곤坤, 리離, 손巽괘가, 양 측면에는 태兌, 진震괘가, 후면에는 간艮, 감坎, 건乾괘가 그려져 있다. 이렇듯 한양(서울)의 도성 축조는 물론이고, 궁궐과 현판도 『역경』의 이론에 의해 축조되었다.

②필자의 설: 일을 유추해서(象) '판세, 그릇'을 읽는 것을 말한다. ㉠선거든 경영이든, 무슨 일에는 '판세(器)'를 읽어야 성공한다. ㉡'그릇(器)'이란 일을 유추해서(象) 일의 크기 또는 그 일을 감당할 수 있는 그릇(器)인가를 판단하는 것을 말한다. 유권자들은 투표를 할 때, 그 일을 감당할 만한 '그릇'인가를 보고 찍어야 하는 것이다.

어떤 일(事)을 접쳐서 미래사를 알게 된다.[159] 천지가 제자리를 잡음에 (設位)[160], 성인이 (易을 지어 백성들을 이롭게 하는) 공능(功能: 공들인 보람)을 이루니(成能: 성공), 사람에 모의謀議하고 귀신에 모의함으로써 백성들과 더불어 능하게 되는 것이다.[161]

팔괘는 괘상으로 알려주고, 효사와 단사는 정황(情)으로[162] 알려주

---

159 이는 '꼭 점을 쳐서 미래사를 안다(知來)'라기보다는 일이 돌아가는 꼴을 유추(象事知器)해서 미래사를 안다고 이해할 수 있다. 이렇게 이해함이 역에 능한 사람은 점을 치지 않는다는 순자의 말에 어울릴 것이다.

160 '천지설위天地設位'는 『상전, 1장』의 '건곤정의乾坤定矣'와 같은 의미이다.

161 무슨 일이든 그 일이 아무리 어렵다 한들, 사람과 상의하고, 귀신과 상의하면, 모든 사람(백성)과 더불어 공능을 이룰 수 있다는 뜻이다. 이런 사람이 군자이고 대승의 보살이다. 우리나라 정치권에 주는 교훈이다.

『서경書經, 홍범편』에는 무왕이 기자箕子를 찾아가 하늘이 백성을 다스려 안정시키는 상도를 묻자, 기자는 "당신에게 의문이 있으면(汝則有大疑), 마음 속으로 헤아려보고(謀及乃心), 경사들과 의논하고(謀及卿士), 서민들과 의논하고(謀及庶人), 거북점과 시초점에 물어보시오(謀及卜筮). 당신이 따르고(汝則從), 거북점이 따르고(龜從), 시초점이 따르고(筮從), 경사가 따르고(卿士從), 서민들이 따르면(庶民從) 이를 대동이라 하니(是之謂大同), 몸이 편안하고(身其康彊) 자손이 창성할 것으로(子孫其逢) 길吉한 것이오"라고 답했다. 고대에도 국가 중대사를 결정할 경우, 왕이 독단적으로 결정하거나 복서卜筮로만 결정하지 않고 중론을 모았다.

162 "효단이정언爻象以情言"에서의 정情과 "길흉이정천吉凶以情遷"에서의 정情은 같은 의미로 괘사와 효사가 나타내려는 사물(괘)의 정황, 상황, 실정, 실상(凡易之情)을 말한다. 그 괘(사물)가 무슨 괘인가(괘상), 효가 어느 자리에 있는가에 따라 정황(괘효사)이 달라진다. 즉 정위正位와 부정위, 응효應爻와 불응, 득중得中과 부중不中, 비比 등의 효가 처한 정황에 따라 이익과 길흉이 달라지며(吉凶

니, 강(剛: 陽)과 유(柔: 陰)가 뒤섞여 있어서(雜居) 길함과 흉함을 볼(見) 수 있는 것이다[163]. 변하고 움직이는 것은 이해관계로서 말하고, 길흉은 정황에 따라 변한다(遷: 變).[164]

【주역】 是故愛惡相攻而吉凶生. 遠近相取而悔吝生. 情僞相感而利害生. 凡易之情. 近而不相得. 則凶. 或害之. 悔且吝. 將叛者其辭慚. 中心疑者其辭枝. 吉人之辭寡. 躁人之辭多. 誣善之

以情遷), 괘사와 효사 또한 달리 말해 주는 것이다.

[163] 강효와 유효가 뒤섞여 하나의 괘를 이루면, 그 괘가 바로 나타내고자 하는 사물의 괘상卦象이다. 따라서 괘상만 보면 사물의 길흉을 바로 알 수 있다. 그러지 못한 사람은 괘사와 효사를 완미玩味함으로써 길흉을 알 수 있다. 『역경』에서의 길흉은 역리(천도, 성인지도)를 따르면 길하고(得理則吉), 역리에 반하면 흉한 것(失理則凶)이다. 역리는 『역경』의 이치만 말하는 것이 아니라, 『불경』이나 『성경』의 이치도 모두 역리인 것이다. 독실한 기도나 불공은 역리에 따라 살겠다는 의지의 표현일 뿐 기복祈福은 아니다. 그렇다고 기도나 불공 자체가 역리는 아니다.

[164] 변하고 움직이되(變動) 이로움을 취하고 해로움을 피하려는(趨吉避凶) 것이 『역경』의 취지이기에, 변동은 이해관계로서 말하는 것이다(變動以利言). 또한 길흉은 정황에 따라 변한다(옮겨간다).

징관(738?~839)은 『화엄경수소연의초華嚴經隨疏演義鈔』에서 『계사전』을 인용하여 "기쁨과 근심은 이해에서 생기고, 이로움과 해로움은 참과 거짓에 있고, 고락은 길흉에 있고, 길흉은 사랑하는 것과 미워하는 것에 있다(優喜生乎利害, 利害存乎情僞, 苦樂存乎吉凶, 吉凶存乎號憎惡). (사랑하는 것과 미워하는 것이 사라지면 길흉고락이 모두 없어지고, 참과 거짓이 그치면 이로움과 해로움, 근심과 기쁨이 끊어진다(則利害憂喜用斷)"라고 했다.(참조: 하금화, 정병주·김대수 옮김, 『불교와 주역』, 영남대학교출판부, 2021.)

人其辭游. 失其守者其辭屈.

　이런 까닭으로 사랑과 미움이 서로 공격함으로써(相攻) 길흉이 생겨
나며, 멀고 가까움(遠近)이 서로 취(取)하여 뉘우침과 인색함(悔吝)이
생겨나며, 진정과 거짓(情僞)이 서로 느껴서(相感) 이로움과 해로움이
생겨나니, 무릇 『역경』의 뜻(이치)은 가까이 있어도 서로의 마음을
얻지 못하면(近而不相得) 흉하거나 혹은 해로우며, 뉘우치게 되고 또한
인색하게 되는 것이다.

　장차 배반할 자의 말에는 부끄러움(慚)이 있고, 마음속에 의심이
있는 자의 말은 이리저리 일관성이 없고(枝), 길한 사람(吉人)[165]은
말수가 적고(辭寡), 조급한 사람(躁人)은 말이 많고, 착한 척하는(誣善)
사람(위선자)의 말은 허황되고(游), 지조(守)를 잃은 사람의 말은 비굴하
다.[166]

---

165 길인吉人은 역리를 이해하고 깨달은 사람을 말한다. 이런 사람은 굳이 말이
　　필요 없다. 『노자, 56장』에도 "아는 사람은 말이 없고, 말이 많은 사람은
　　알지 못한다(知者不言, 言者不知)"라고 하였다. 여기서 아는 사람(知者)은 역도
　　(易道, 易理)를 깨우친 길인, 성인, 군자, 도인을 말한다. 이들은 도道와 하나가
　　된 사람들이다. 따라서 세상에 자기 존재나 공적을 드러내지 않는다. 세상의
　　모든 것과 하나가 되었기에 세상에 있으면서도 초월한 경지에 있는 것이다.
　　이를 현동玄同이라 한다.

166 이 부분은 지금까지 언급한 역리와는 좀 어울리지 않는 내용이다. 누군가에
　　의해 덧붙여졌다는 것이다. 그러나 64괘 384효를 통해 삼라만상의 물상物象을
　　읽어내는 것에는 인간의 성정을 읽는 것도 포함된다면 이 또한 역리라 할
　　수 있을 것이다.

【선해】夫易道雖甚大. 而乾坤足以盡之. 乾易而知險. 坤簡而知阻. 惟
其知險. 故險亦成易. 否則易便成險矣. 惟其知阻. 故阻亦成簡. 否則
簡亦成阻矣. 悟此簡易險阻之理于心. 故悅. 知此挽回險阻以成簡易
之不可草率. 故其慮硏. 旣悅其理. 又硏其慮. 則知行合一. 全體乾坤
之德. 遂可以定吉凶成亹亹也.

무릇 역도가 비록 심대할지라도 건곤이 족히 (심대함을) 다할(盡)
수 있으니, 건乾은 (주어진 일을) 쉽게 해내지만 험함을 알고, 곤坤은
간략하지만 막힘(阻)을 안다. 건乾은 오직 그 험險함을 아는 까닭에
험한 것도 또한 쉽게 이룬다. 그렇지 않다면 쉬운 것도 곧 힘들게(險)
이룰 것이다. 곤坤은 오직 그 막힘을 아는 까닭에 막힌 것도 또한
간략하게 이룬다. 그렇지 않으면 간략한 것도 또한 힘들게(阻) 이룰
것이다. 이러한 간이簡易와 험조險阻의 이치를 마음으로 깨닫는 까닭에
기뻐하는(悅) 것이다. 이같이 험조를 만회(挽回: 바로 잡아 돌이킴)하고
간략하고도 쉽게(簡易) 이루어 내는 일은, 경솔하게 아무렇게나 대강
대강 할(草率) 수 없는 것(不可草率)[167]임을 아는 까닭에, 그 생각(慮:
마음)을 연찬하는 것이다. 이미 이치를 깨달아 기뻐하고 또한 그 마음을
연찬하게 되면, 곧 앎과 실천이 하나가 된다(知行合一).[168] 온전히 건곤
의 덕을 체득하면 마침내(遂) 가히 길흉을 다스릴(定) 수 있게 됨으로
써, 힘써 노력하여(亹亹) (천하의 이루어야 할 일을) 이룰 수 있는

---

167 초솔草率은 모양새가 정밀하지 못한 거칠고 엉성한 것을 말한다.
168 안다고 하는 것(知, knowledge)은 지행합일이 되었을 때, 비로소 진정한 앎(智,
wisdom)인 것이다. 그러나 『논어, 옹야편』의 "인자요산仁者樂山, 지자요수知者
樂水"에서 보듯이 옛날에는 "知"와 "智"의 엄격한 구분이 없었다.

것이다.

【선해】是故世間之變化云爲. 舉凡吉事無不有祥. 聖人于此. 卽象事而
可以知器. 卽占事而可以知來矣. 由此觀之. 天地一設其位. 易理卽
已昭著于中. 聖人不過卽此以成能耳. 然其易理甚深奧. 亦甚平常.
以言其深奧. 則神謀鬼謀. 終不能測. 以言其平常. 則百姓何嘗不與
能哉. 夫百姓何以與能. 卽彼八卦未嘗不以象告. 卽彼爻象未嘗不以
情言. 卽彼剛柔雜居. 而吉凶未嘗不可見也.

이런 까닭으로 세간의 변화와 언행(云爲)에 있어, 대개 (괘효사가)
길사에는 상서롭지 않음이 없다. 성인이 이에 곧 사물을 형상화하여(象
事) 가히 기물을 만들어 낼 줄 알고, 곧 일을 점쳐서 가히 미래에
닥칠 일을 아는 것이다. 이로 말미암아 살펴보건대, 천지가 각각 있어야
할 자리(位)를 정하자(設) 역리易理가 곧 그 가운데에 이미 환하게
드러났으며(昭著), 성인이 이를 지나치지 않고(不過) 공능功能을 이루
었을 뿐이다. 그러나(然) 역리는 매우(甚) 심오하면서도 또한 매우
평상적이다. 그 심오함으로 말한다면, 신령神靈이 모의하고 귀신鬼神
이 모의해도 끝내(終) 헤아릴 수가 없다. 그 평상적으로 말한다면,
백성들이 어찌 일찍이 그 능함에 함께하지 않았겠는가? 무릇 백성들은
무엇으로 그 능함에 함께하였겠는가? 곧 저 팔괘가 일찍이 형상으로써
알려주지 않음이 없었고, 곧 저 효사와 단사가 일찍이 정황情況으로써
말해 주지 않음이 없었으며, 곧 저 강과 유가 뒤섞여 있으니 길흉이
일찍이 나타나지 않음이 없었다.

【선해】是故易卦之變動. 不過以百姓之利言也. 易辭之吉凶. 不過以百
姓之情令其遷善也. 是故百姓之愛惡相攻而吉凶生. 遠近相取而悔
吝生. 情僞相感而利害生. 此百姓之情. 卽易中卦爻之情也. 凡易之
情. 近而相得則吉. 不相得則凶. 或害之. 悔且吝矣. 而此相得不相得
之情. 能致吉凶悔吝者. 豈他人强與之哉. 試觀將叛者其辭慚. 乃至
失其守者其辭屈. 可見一切吉凶禍福無不出于自心. 心外更無別法.
此易理所以雖至幽深. 實不出於百姓日用事物之間. 故亦可與能也.

이러한 까닭으로, 『역경』에서 괘의 변화와 움직임은 백성들을 이롭
게 하는 것에 대해 말하는 것에 불과하고, 『역경』에서 괘사나 효사의
길흉은 백성들의 정황이 좋은 방향(善)으로 옮겨가게 하는 것에 불과하
다. 이런 까닭으로, 백성들의 사랑하고 미워함(愛惡)이 서로 부딪혀(相
攻) 길흉이 생겨나며, 멀고 가까움을 서로 취하여 뉘우침과 인색함(悔
吝)이 생겨나며, 참(情)과 거짓(僞)이 교감하여 이해(利, 害)가 생겨나
는 것이다. 이러한 백성들의 정황이 곧 역에서의(易中) 괘와 효의
정황이다. 무릇 역의 정황은 가까우면 서로 도와(相得) 길하고, 서로
돕지 못하면 흉하거나 혹 해롭고, 뉘우치거나 또한 인색하게 된다.
이러한 서로 돕느냐 혹은 서로 돕지 못하느냐 하는 정황에 따라,
능히 길, 흉, 회, 린에 이르게 되는 것이니, 어찌 다른 사람이 강제로
그렇게 할 수 있단 말인가? 시험 삼아 보건대, 장차 배반할 자의
말에는 부끄러움(慚)이 있고, 나아가 지조(守)를 잃은 사람의 말은
비굴하다. 일체의 길흉화복은 자신의 마음(自心)에서 나오지 않음이
없음을 볼 수 있으니, 마음 밖(心外)에 다시(更) 별다른 법(法: 진리)이

없는 것이다. 이같이 역리易理가 비록 지극히 깊고 그윽하다(幽深)
할지라도, 실은 백성들이 일상적으로 겪는 일(사건)과 물건 사이(日用
事物之間)[169]를 벗어나지 않는 까닭에, 또한 가히 더불어 (역리에) 능통
할 수 있는 것이다.

---

169 '日用事物之間'은 날마다 겪는 일(日用之事)로 사물事物이란 모든 일(事)과
물건(物件)을 말한다.

참고도서

蕅益智旭, 周春塘 譯注, 『周易禪解』, 臺灣 五南文庫, 2016.

夏金華, 『易學與佛學』, 臺灣 新文豊出版公司, 1997.

高懷民, 鄭炳碩 譯, 『주역철학의 이해』, 文藝出版社, 1995.

구보타 료온, 최준식 옮김, 『중국 유불도 삼교의 만남』, 민족사, 1990.

귀지엔, 이지연 옮김, 『천추흥망』, 따뜻한 손, 2011.

금장태, 『불교의 주역·노장해석』, 서울대학교출판부, 2007.

기시모토 미오 외, 정혜중 옮김, 『동아시어 속의 중국사』, 혜안, 2015.

김희영 편저, 『이야기 중국사』, 청아출판사, 1986.

니와노 닛쿄, 박현철·이사호 역, 『法華經의 새로운 해석』, 가야원, 2007.

나카가와 다카(中川孝) 주해, 양기봉 옮김, 『육조단경』, 김영사, 1993.

다카다 이쓰시, 李基東 譯, 『주역이란 무엇인가』, 여강출판사, 1991.

모로하시 데츠지, 심우성 옮김, 『공자 노자 석가』, 동아시아, 2001.

牟宗三, 김병채 옮김, 『모종삼 교수의 중국철학 강의』, 예문서원, 2011.

문성환, 『전습록, 앎은 삶이다』, 북드라망, 2012.

미찌하다 료오수(道端良秀) 저, 계환 옮김, 『중국불교사』, 우리출판사, 2003.

박문기, 『한자는 우리글이다』, 양문, 2001; 안호상, 『배달동이는 동아문화의
　　발상지』, 흔뿌리, 2006.

사라알란, 오만종 옮김, 『공자와 노자 그들은 물에서 무엇을 보았는가』, 예문서원,
　　1999.

모리 미키사부로(森三樹三郎), 임병덕 옮김, 『중국사상사』, 온누리, 1986.

成百曉, 『論語譯註』, 傳統文化硏究會, 2001.

成百曉, 『大學·中庸譯註』, 傳統文化硏究會, 2000.

成百曉, 『周易傳義』, 傳統文化硏究會, 2006.

양훼이난, 원필성 역, 『불교사상사』, 정우서적, 2010.

원효, 최세창 역주, 『대승기신론소별기』, 운주사, 2016.

위중(喩中), 이은호 옮김, 『상서尚書 깊이 읽기』, 글항아리, 2013.

유명종, 『왕양명과 양명학』, 청계, 2002.

이강수, 『중국고대철학의 이해』, 지식산업사, 1999.

이민수, 『양명학이란 무엇인가』, 서문당, 1997.

이재훈, 『書經』, 고려원, 1996.

周階鈿, 문재곤 외 옮김, 『중국철학』, 예문지, 1992.

청화靑和, 『주역선해연구』, 운주사, 2011.

최세창, 『천수경 제대로 공부하기』, 운주사, 2022.

키무라 키요타카, 장휘옥 옮김, 『중국불교사상사』, 민족사, 1989.

풍우란, 정인재 역, 『중국철학사』, 형설출판사, 1989.

하금화, 정병석·김대수 옮김, 『불교와 주역』, 영남대학교출판부, 2021.

한장경, 『역학원리총론』, 靑林社, 1971.

저자 우익지욱(藕益智旭, 1599~1655)

명말청초明末淸初 인물인 선사는 12세 무렵 유학에 뜻을 두고 공부하면서 석가와 노자의 도를 없애기로 맹세하고 수십 편의 벽불론闢佛論을 지었으나, 17세 때 운서주굉의 『죽창수필』과 『자지록』을 읽고 불교를 비방하는 자신의 글들을 모두 불살라 버렸다. 20세 때는 『논어』의 '천하는 인으로 돌아간다(天下歸仁)'는 구절에 의문을 품고, 침식마저 잊은 채 3일 밤낮 궁구 끝에 홀연대오하여 공자와 안자의 심학心學을 곧바로 깨달았다. 20세 때 부친이 세상을 떠나자 『지장경』을 듣고 출가의 마음을 내었다. 23세 이후로 천태에 천착했으나 스스로 종파적 울타리에 갇히길 원하지 않았기에 천태의 자손만을 고집하지 않았다. 당시의 천태종은 자신의 문중과 교의만을 고집하여 선종, 화엄종 및 법상종과 화합을 이루지 못하고 있었기 때문이다. 선사는 종파적 울타리에 갇히기에는 너무나 큰 그릇이었다.

강설 최세창(Choi, Se Chang, Ph. D)

태백산맥 자락에서 태어나, 동국대와 연세대 경영대학원(국제 경제)에서 공부하였다. 경희대 대학원에서 『풍수, 길흉 감응론의 철학적 배경』으로 박사학위를 받았다. 영국정부(NDC) 한국 대표로 일하면서 삼성전자의 영국 Winyard 전자제품생산복합단지(25만평) 투자를 유치했으며, 한국무역협회 무역연수원에서 「해외투자 및 기술수출」에 대한 강의를 하였다. 경기도 지정 유망중소기업(2000), 한국 최초로 UN 승인 하에 이라크 정부에 주사기제조플랜트 수출(2001), 수출산업공로 국무총리 표창을 받았다(2002). 유엔(UNIDO)의 「HIV/AIDS 예방 프로젝트」 컨설턴트로 참여하였으며, 현재는 주로 해외에 체류하며, 원전(Nuclear Power)을 비롯한 플랜트 수출, 해외투자 및 국제 Project Financing(PF) Consultant로 활동하고 있다. 어려서 부친에게 한학을, 유충엽 선생에게 주역 명리를, 김혁규 선생에게 육임, 기문둔갑, 풍수이기론 등을 사사하였다. 박사과정 이후 다양한 경론經·論과 선어록을 섭렵하며, 2005년 이래로 매일 아침 108배 참회명상과 더불어 유·불·선의 회통을 위한 수행을 이어오고 있다.
지은 책으로 『청와대 풍수논쟁』, 『대승기신론 소·별기』, 『천수경 제대로 공부하기』 등이 있다.

불교로 풀어보는 주역철학

초판 1쇄 인쇄 2023년 5월 20일 | 초판 1쇄 발행 2023년 5월 27일
지은이 우익지욱 | 강설 최세창 | 펴낸이 김시열
펴낸곳 도서출판 운주사

(02832) 서울시 성북구 동소문로 67-1 성심빌딩 3층
전화 (02) 926-8361 | 팩스 0505-115-8361
ISBN 978-89-5746-736-7 93150 값 27,000원
http://cafe.daum.net/unjubooks 〈다음카페: 도서출판 운주사〉